KB091414

# 독학사 [2단계]

심리학과

## 감각 및 지각심리학

**SD에듀**
㈜시대고시기획

# 머리말

학위를 얻는 데 시간과 장소는 더 이상 제약이 되지 않습니다. 대입 전형을 거치지 않아도 '학점은행제'를 통해 학사학위를 취득할 수 있기 때문입니다. 그중 독학학위제도는 고등학교 졸업자이거나 이와 동등 이상의 학력을 가지고 있는 사람들에게 효율적인 학점 인정 및 학사학위 취득의 기회를 줍니다.

학습을 통한 개인의 자아실현 도구이자 자신의 실력을 인정받을 수 있는 스펙으로서의 독학사는 짧은 기간 안에 학사학위를 취득할 수 있는 가장 빠른 지름길로 많은 수험생들의 선택을 받고 있습니다.

독학학위취득시험은 1단계 교양과정 인정시험, 2단계 전공기초과정 인정시험, 3단계 전공심화과정 인정시험, 4단계 학위취득 종합시험의 1~4단계 시험으로 이루어집니다. 4단계까지의 과정을 통과한 자에 한해 학사학위 취득이 가능하고, 이는 대학에서 취득한 학위와 동등한 지위를 갖습니다.

이 책은 독학사 시험에 응시하는 수험생들이 단기간에 효과적인 학습을 할 수 있도록 다음과 같이 구성하였습니다.

**01 빨리보는 간단한 키워드**
핵심적인 이론만을 꼼꼼하게 정리하여 수록한 '빨리보는 간단한 키워드'로 전반적인 내용을 한눈에 파악할 수 있습니다.
→ '빨리보는 간단한 키워드' 무료 동영상 강의 제공

**02 기출복원문제**
'기출복원문제'를 수록하여 최근 시험 경향을 파악하고 이에 맞춰 공부할 수 있도록 하였습니다.
→ 기출복원문제 해설 무료 동영상 강의 제공

**03 핵심이론**
시험에 출제될 수 있는 내용을 '핵심이론'으로 수록하였으며, 이론 안의 '더 알아두기' 등을 통해 내용 이해에 부족함이 없도록 하였습니다.

**04 실제예상문제**
앞서 공부한 이론이 머릿속에 잘 정리되었는지 확인해 볼 수 있도록 해당 출제 영역에 맞는 핵심포인트를 분석하여 '실제예상문제'를 수록하였습니다.

**05 최종모의고사**
최신 출제 유형을 반영한 '최종모의고사(2회분)'로 자신의 실력을 점검해 볼 수 있으며, 실제 시험에 임하듯이 시간을 재고 풀어 본다면 시험장에서의 실수를 줄일 수 있을 것입니다.

시간 대비 학습의 효율성을 높이기 위해 이론 부분을 최대한 압축하려고 노력하였습니다. 문제들이 실제 기출 유형에 맞지 않아 시험 대비에 만족하지 못하는 수험생들이 많은데, 이 책은 그러한 문제점을 보완하여 수험생들에게 시험에 대한 확신을 주고, 단기간에 고득점을 획득할 수 있도록 노력하였습니다. 끝으로 이 책으로 독학학위취득의 꿈을 이루고자 하는 수험생들이 반드시 합격하기를 바랍니다.

편저자 드림

BDES

# 독학학위제 소개

## 독학학위제란?

「독학에 의한 학위취득에 관한 법률」에 의거하여 국가에서 시행하는 시험에 합격한 사람에게 학사학위를
수여하는 제도

- ⓒ 고등학교 졸업 이상의 학력을 가진 사람이면 누구나 응시 가능
- ⓒ 대학교를 다니지 않아도 스스로 공부해서 학위취득 가능
- ⓒ 일과 학습의 병행이 가능하여 시간과 비용 최소화
- ⓒ 언제, 어디서나 학습이 가능한 평생학습시대의 자아실현을 위한 제도
- ⓒ 학위취득시험은 4개의 과정(교양, 전공기초, 전공심화, 학위취득 종합시험)으로 이루어져 있으며 각 과정별
  시험을 모두 거쳐 학위취득 종합시험에 합격하면 학사학위 취득

## 독학학위제 전공 분야 (11개 전공)

※ 유아교육학 및 정보통신학 전공 : 3, 4과정만 개설
  (정보통신학 경우 3과정은 2025년까지, 4과정은 2026년까지만 응시 가능하며, 이후 폐지)
※ 간호학 전공 : 4과정만 개설
※ 중어중문학, 수학, 농학 전공 : 폐지 전공으로 기존에 해당 전공 학적 보유자에 한하여 응시 가능

※ SD에듀는 현재 4개 학과(심리학과, 경영학과, 컴퓨터공학과, 간호학과) 개설 완료
※ 2개 학과(국어국문학과, 영어영문학과) 개설 진행 중

# 독학학위제 시험안내

## 과정별 응시자격

| 단계 | 과정 | 응시자격 | 과정(과목) 시험 면제 요건 |
|---|---|---|---|
| 1 | 교양 | 고등학교 졸업 이상 학력 소지자 | • 대학(교)에서 각 학년 수료 및 일정 학점 취득<br>• 학점은행제 일정 학점 인정<br>• 국가기술자격법에 따른 자격 취득<br>• 교육부령에 따른 각종 시험 합격<br>• 면제지정기관 이수 등 |
| 2 | 전공기초 | | |
| 3 | 전공심화 | | |
| 4 | 학위취득 | • 1~3과정 합격 및 면제<br>• 대학에서 동일 전공으로 3년 이상 수료<br>(3년제의 경우 졸업) 또는 105학점 이상 취득<br>• 학점은행제 동일 전공 105학점 이상 인정<br>(전공 28학점 포함) ➜ 22.1.1. 시행<br>• 외국에서 15년 이상의 학교교육과정 수료 | 없음(반드시 응시) |

## 응시방법 및 응시료

• 접수방법 : 온라인으로만 가능
• 제출서류 : 응시자격 증빙서류 등 자세한 내용은 홈페이지 참조
• 응시료 : 20,400원

## 독학학위제 시험 범위

• 시험 과목별 평가영역 범위에서 대학 전공자에게 요구되는 수준으로 출제
• 시험 범위 및 예시문항은 독학학위제 홈페이지(bdes.nile.or.kr) ➜ 학습정보 ➜ 과목별 평가영역에서 확인

## 문항 수 및 배점

| 과정 | 일반 과목 | | | 예외 과목 | | |
|---|---|---|---|---|---|---|
| | 객관식 | 주관식 | 합계 | 객관식 | 주관식 | 합계 |
| 교양, 전공기초<br>(1~2과정) | 40문항×2.5점<br>=100점 | – | 40문항<br>100점 | 25문항×4점<br>=100점 | – | 25문항<br>100점 |
| 전공심화, 학위취득<br>(3~4과정) | 24문항×2.5점<br>=60점 | 4문항×10점<br>=40점 | 28문항<br>100점 | 15문항×4점<br>=60점 | 5문항×8점<br>=40점 | 20문항<br>100점 |

※ 2017년도부터 교양과정 인정시험 및 전공기초과정 인정시험은 객관식 문항으로만 출제

## 합격 기준

■ 1~3과정(교양, 전공기초, 전공심화) 시험

| 단계 | 과정 | 합격 기준 | 유의 사항 |
|---|---|---|---|
| 1 | 교양 | 매 과목 60점 이상 득점을 합격으로 하고, 과목 합격 인정(합격 여부만 결정) | 5과목 합격 |
| 2 | 전공기초 | | 6과목 이상 합격 |
| 3 | 전공심화 | | |

■ 4과정(학위취득) 시험 : 총점 합격제 또는 과목별 합격제 선택

| 구분 | 합격 기준 | 유의 사항 |
|---|---|---|
| 총점 합격제 | • 총점(600점)의 60% 이상 득점(360점)<br>• 과목 낙제 없음 | • 6과목 모두 신규 응시<br>• 기존 합격 과목 불인정 |
| 과목별 합격제 | • 매 과목 100점 만점으로 하여 전 과목<br>(교양 2, 전공 4) 60점 이상 득점 | • 기존 합격 과목 재응시 불가<br>• 1과목이라도 60점 미만 득점하면 불합격 |

## 시험 일정

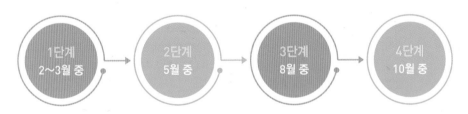

■ 심리학과 2단계 시험 과목 및 시간표

| 구분(교시별) | 시간 | 시험 과목명 |
|---|---|---|
| 1교시 | 09:00~10:40(100분) | 이상심리학, 감각 및 지각심리학 |
| 2교시 | 11:10~12:50(100분) | 사회심리학, 생물심리학 |
| 중식 12:50~13:40(50분) | | |
| 3교시 | 14:00~15:40(100분) | 발달심리학, 성격심리학 |
| 4교시 | 16:10~17:50(100분) | 동기와 정서, 심리통계 |

※ 시험 일정 및 세부사항은 반드시 독학학위제 홈페이지(bdes.nile.or.kr)를 통해 확인하시기 바랍니다.
※ SD에듀에서 개설되었거나 개설 예정인 과목은 빨간색으로 표시하였습니다.

# 독학학위제 단계별 학습법

## 1단계 평가영역에 기반을 둔 이론 공부!

독학학위제에서 발표한 평가영역에 기반을 두어 효율적으로 이론을 공부해야 합니다. 각 장별로 정리된 '핵심이론'을 통해 핵심적인 개념을 파악합니다. 모든 내용을 다 암기하는 것이 아니라, 포괄적으로 이해한 후 핵심내용을 파악하여 이 부분을 확실히 알고 넘어가야 합니다.

## 2단계 시험 경향 및 문제 유형 파악!

독학사 시험 문제는 지금까지 출제된 유형에서 크게 벗어나지 않는 범위에서 비슷한 유형으로 줄곧 출제되고 있습니다. 본서에 수록된 이론을 충실히 학습한 후 '실제예상문제'를 풀어보면서 문제의 유형과 출제의도를 파악하는 데 집중하도록 합니다. 교재에 수록된 문제는 시험 유형의 가장 핵심적인 부분이 반영된 문항들이므로 실제 시험에서 어떠한 유형이 출제되는지에 대한 감을 잡을 수 있을 것입니다.

## 3단계 '실제예상문제'를 통한 효과적인 대비!

독학사 시험 문제는 비슷한 유형들이 반복되어 출제되므로, 다양한 문제를 풀어 보는 것이 필수적입니다. 각 단원의 끝에 수록된 '실제예상문제'를 통해 단원별 내용을 제대로 학습하였는지 꼼꼼하게 확인하고, 실력을 점검합니다. 이때 부족한 부분은 따로 체크해 두고, 복습할 때 중점적으로 공부하는 것도 좋은 학습 전략입니다.

## 4단계 복습을 통한 학습 마무리!

이론 공부를 하면서, 혹은 문제를 풀어 보면서 헷갈리고 이해하기 어려운 부분은 따로 체크해 두는 것이 좋습니다. 중요 개념은 반복학습을 통해 놓치지 않고 확실하게 익히고 넘어가야 합니다. 마무리 단계에서는 '최종모의고사'와 '빨리보는 간단한 키워드'를 통해 핵심개념을 다시 한 번 더 정리하고 마무리할 수 있도록 합니다.

COMMENT
# 합격수기

> 저는 학사편입 제도를 이용하기 위해 2~4단계를 순차로 응시했고 한 번에 합격했습니다.
> 아슬아슬한 점수라서 부끄럽지만 독학사는 자료가 부족해서 부족하나마 후기를 쓰는 것이 도움이 될까 하여
> 제 합격전략을 정리하여 알려드립니다.

## #1. 교재와 전공서적을 가까이에!

학사학위 취득은 본래 4년을 기본으로 합니다. 독학사는 이를 1년으로 단축하는 것을 목표로 하는 시험이라 실제 시험도 변별력을 높이는 몇 문제를 제외한다면 기본이 되는 중요한 이론 위주로 출제됩니다. SD에듀의 독학사 시리즈 역시 이에 맞추어 중요한 내용이 일목요연하게 압축·정리되어 있습니다. 빠르게 훑어보기 좋지만 내가 목표로 한 전공에 대해 자세히 알고 싶다면 전공서적과 함께 공부하는 것이 좋습니다. 교재와 전공서적을 함께 보면서 교재에 전공서적 내용을 정리하여 단권화하면 시험이 임박했을 때 교재 한 권으로도 자신 있게 시험을 치를 수 있습니다.

## #2. 시간확인은 필수!

쉬운 문제는 금방 넘어가지만 지문이 길거나 어렵고 헷갈리는 문제도 있고, OMR 카드에 마킹까지 해야 하니 실제로 주어진 시간은 더 짧습니다. 1번에 어려운 문제가 있다고 해서 시간을 많이 허비하면 쉽게 풀 수 있는 마지막 문제들을 놓칠 수 있습니다. 문제 푸는 속도도 느려지니 집중력도 떨어집니다. 그래서 어차피 배점은 같으니 아는 문제를 최대한 많이 맞히는 것을 목표로 했습니다.
① 어려운 문제는 빠르게 넘기면서 문제를 끝까지 다 풀고 ② 확실한 답부터 우선 마킹한 후 ③ 다시 시험지로 돌아가 건너뛴 문제들을 다시 풀었습니다. 확실히 시간을 재고 문제를 많이 풀어 봐야 실전에 도움이 되는 것 같습니다.

## #3. 문제풀이의 반복!

여느 시험과 마찬가지로 문제는 많이 풀어 볼수록 좋습니다. 이론을 공부한 후 실전예상문제를 풀다 보니 부족한 부분이 어딘지 확인할 수 있었고, 공부한 이론이 시험에 어떤 식으로 출제될지 예상할 수 있었습니다. 그렇게 부족한 부분을 보충해가며 문제 유형을 파악하면 이론을 복습할 때도 어떤 부분을 중점적으로 암기해야 할지 알 수 있습니다. 이론 공부가 어느 정도 마무리되었을 때 시계를 준비하고 최종모의고사를 풀었습니다. 실제 시험시간을 생각하면서 예행연습을 하니 시험 당일에는 덜 긴장할 수 있었습니다.

학위취득을 위해 오늘도 열심히 학습하시는 동지 여러분에게도 합격의 영광이 있으시길 기원하면서 이만 줄입니다.

# 이 책의 구성과 특징

---

## 기출복원문제

▶ 온라인(www.sdedu.co.kr)을 통해 기출문제
무료 동영상 강의를 만나 보세요.

※ 본 문제는 다년간 독학사 심리학과 2단계 시험에서 출제된 기출문제를 복원한 것입니다. 문제의 난이도와 수험경향 파악용으로 사용하시길
권고드립니다. 본 기출복원문제에 대한 무단복제 및 전재를 금하며 저작권은 SD에듀에 있음을 알려드립니다.

01 다음 내용과 가장 관련 깊은 것은?

오디오에서 노래가 나오면서 잡음이 섞여 있었지만, 이미 알
고 있는 노래라서 가사나 음을 이해하는 데 전혀 문제가 없다.

① 수용기처리
② 상향처리
③ 신경처리
④ 하향처리

01 하향처리(개념주도적 처리)는 지식
에 기반하는 처리를 의미한다. 따라
서 아는 노래를 듣는다면 잡음이 섞
여 있어도 노래를 이해하는 데 문제
가 없다.

02 다음 내용에서 괄호 안에 들어갈 수치로 적절한 것은?

어떤 물체가 1,200g일 때 차이역이 60g이라면, 베버(Weber)
의 법칙에 따를 경우 차이역이 100g일 때 어떤 물체는
(      )g이다.

02 Weber의 차이역은 두 자극이 다르
다는 것을 구분하기 위해 필요한 최
소한의 강도 차이를 뜻하며, 자극의
강도가 아닌 자극의 비율로 설명한
다. (1200 : 60 = X : 100)

### 01 기출복원문제

'기출복원문제'를 풀어 보면서 독학사
심리학과 2단계 시험의 기출 유형과 경
향을 파악해 보세요.

---

제 1 장  **이론적 접근법**

이번 단원에서는 지각과정에 대한 일반적 정의와 환경 자극이 어떻게 수용기에서 그리고 신경시스템에서 처리
되어 지각 및 재인 단계로 넘어가는지를 순차적으로 설명한다.

**출제 경향 및 수험 대책**

1단계 심리학개론에서도 언급되었던 지각과정이지만 보다 구체적이고 전문적인 내용들이 본 단원에 기술되어 있다.
따라서 감각과 지각이라는 분야의 낯선 접근법과 용어들을 이해하고 암기할 것을 권장한다.

제 1 절  **지각과정**

**1  지각과정**

(1) 지각과정 단계
① 지각과정은 주변의 '자극'(예, 나무)에서 시작해서 물체의 존재를 '지각'하고, 그 사물이 나무라
는 것을 알아보고, 나무에 대해 어떤 행동을 취하는 의식적인 경험으로 마무리된다.
② 지각, 재인, 행위 사이에 양방향 화살표가 그려진 이유 : 지각이나 재인이 어떤 행위를 일으킨
경우(예 '무슨 나무지?') 행위가 지각과 재인을 바꿀 수도 있다(예 '잣나무가 아니라 소나무군').
③ [그림 1-1]의 각 처리 단계는 단순화시킨 것이다. 두 과정은 동시에 일어날 수도 있고, 심지어
순서가 바뀔 수도 있다.

### 02 핵심이론

평가영역을 바탕으로 꼼꼼하게 정리된
'핵심이론'을 통해 꼭 알아야 하는 내용을
명확히 파악해 보세요.

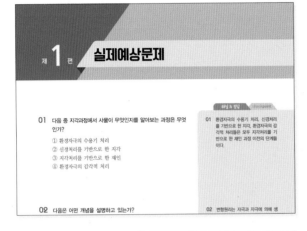

# 03 실제예상문제

'핵심이론'에서 공부한 내용을 바탕으로
'실제예상문제'를 풀어 보면서 문제를
해결하는 능력을 길러 보세요.

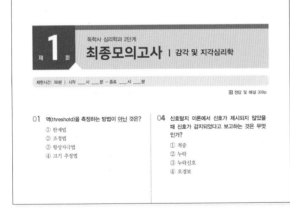

# 04 최종모의고사

'최종모의고사'를 실제 시험처럼 시간을
정해 놓고 풀어 보면서 최종점검을 해
보세요.

## + P / L / U / S +

시험 직전의 완벽한 마무리!
# 빨리보는 간단한 키워드

'빨리보는 간단한 키워드'는 핵심요약집으로 시험 직전까지
해당 과목의 중요 핵심이론을 체크할 수 있도록 합니다.
또한, SD에듀 홈페이지(www.sdedu.co.kr)에 접속하시면
해당 과목에 대한 핵심요약집 무료 강의도 제공하고 있으니
꼭 활용하시길 바랍니다!

# CONTENTS
# 목차

Bachelor's Degree
Examination for
Self-Education

www.sdedu.co.kr

당신이 저지를 수 있는 가장 큰 실수는 실수를 할까 두려워하는 것이다.

- 앨버트 하버드 -

# 부록

# 빨리보는 간단한 키워드

시/험/전/에/ 보/는/ 핵/심/요/약/ 키/워/드/

훌륭한 가정만한 학교가 없고, 덕이 있는 부모만한 스승은 없다.

– 마하트마 간디 –

# 부록 | 빨리보는 간단한 키워드

| 제1편 | 이론적 접근과 연구법 |
|---|---|

## 제1장 이론적 접근법

### ■ 지각과정 단계

① 자극

② **수용기 처리/변환**

　㉠ 감각 수용기란 환경 에너지에 반응하도록 특화된 세포로, 각 감각 시스템의 수용기는 특정 형태의 에너지에 반응하도록 특화되어 있음(시각 수용기-빛 에너지, 청각 수용기-공기 중의 압력 변화, 촉각 수용기-피부를 통해 전달되는 압력)

　㉡ 수용기는 환경 에너지를 전기 에너지로 변형하고, 수용기가 자극에 반응하는 방식에 의해 지각이 조형됨

③ **신경처리**

　㉠ 수용기에서 망막을 통해 뇌로 신호를 전달하고, 신호가 전달되는 동안 신호를 처리(변화)함

　㉡ 신경세포의 연결을 거쳐 전달되는 동안 신호가 변하는 것을 '신경처리'라 함

　㉢ 각 감각 양상별로(시각, 청각, 촉각, 후각) 발생한 전기신호는 대뇌겉질(대뇌피질)의 해당 1차 수용 영역에 도달함

　　• 시각 1차 수용 영역은 뒤통수엽(후두엽), 청각 1차 수용 영역은 관자엽(측두엽)의 일부, 피부감각(촉각, 온도, 통증) 수용 영역은 마루엽(두정엽)에 위치함

　　• 이마엽(전두엽)은 모든 감각에서 받은 정보를 조정함

　㉣ 단계를 거치며 신호는 모두 변하지만, 여전히 같은 대상을 표상하고 있다는 점이 중요함

④ 행동반응

⑤ **지식**

| 상향처리<br>(자료주도적 처리) | • 수용기에 도달한 정보에 기초한 처리를 의미함<br>• 시각의 경우 망막에 맺힌 상이 상향처리의 기초가 되는 입력 자극이 됨 |
|---|---|
| 하향처리<br>(개념주도적 처리) | 지식에 기반하는 처리를 의미함 |

### ■ 정신물리학적/생물학적 접근법

| 정신물리학적 접근 | 자극과 행동 반응 간의 관계를 측정함 |
|---|---|
| 생물학적 접근 | 자극과 생리적 반응 간의 관계와 생리적 반응과 행동 반응 간의 관계를 측정함 |

## 제2장 지각과정 연구법

### ■ 역 측정

① **절대역**

가까스로 탐지될 수 있는 자극의 최소강도를 의미함

② **역 측정**

마음을 과학적으로 측정하기 위해, Fechner가 1860년대에 제안한 3가지 방법이 있음

| 한계법 | 자극의 강도를 순차적으로 제시했을 때 반응하는 전환점의 자극 강도들을 평균내어 절대역으로 설정 |
|---|---|
| 조정법 | 자극을 가까스로 탐지할 때까지 관찰자가 강도를 서서히 조정하며, 이 과정을 여러 번 반복하여 전환점의 평균을 역으로 설정 |
| 항상자극법 | 자극이 탐지되는 가장 강한 강도와 가장 약한 강도를 선택한 후, 두 강도 사이의 자극을 여러 번 제시하여 그 강도에서 시행의 50%에서 자극이 탐지된 자극의 강도를 역으로 설정 |

③ **차이역**

㉠ Ernst Weber의 차이역이란 두 자극이 다르다는 것을 구분하기 위해 필요한 최소한의 강도 차이를 뜻함

㉡ 차이역은 자극의 강도가 아니라 자극의 비율로 설명함

㉢ Weber는 표준 자극이 달라져도 Weber 소수(무게는 0.02)는 일정하다는 Weber의 법칙을 주장함

〈여러 가지 감각 차원의 Weber 소숫값〉

| 전기 충격 | 0.01 |
|---|---|
| 무게 | 0.02 |
| 소리 강도 | 0.04 |
| 빛의 강도 | 0.08 |
| 맛(짠맛) | 0.08 |

### ■ 크기 추정

① **크기 추정 절차**

역치보다 훨씬 강한 자극에 대한 지각을 측정하는 방법, 자극의 물리적 강도와 지각된 강도 사이의 관계를 찾는 방법임

| 반응압축 | 지각된 크기의 증가가 자극 강도의 증가보다 작다는 결과를 의미함 |
|---|---|
| 반응확장 | 자극의 강도가 증가하면 지각된 강도는 그 이상으로 증가하는 관계를 의미함 |

② 자극의 물리적 강도와 지각된 크기가 함수 관계에 있으며, 이 관계는 지수 함수로 표현됨

③ Stevens의 지수 법칙

 ㉠ $P = KS^n$ : 지각된 크기 P는 상수 K 곱하기 자극의 물리적 강도 S의 n승과 같음

 ㉡ 강도 10 : $P = (1.0) \times (10)^2 = 100$

 ㉢ 강도 20 : $P = (1.0) \times (20)^2 = 400$

 ㉣ 강도가 두 배 증가하면 지각된 크기는 네 배로 증가하여, 반응확장의 예가 됨

 ㉤ K가 1보다 작으면 반응압축과 연합되어 있고, K가 1보다 크면 반응확장과 관련되어 있음

## ■ 신호탐지이론

① 수행 결과의 지표는 자극에 대한 민감도와 반응기준으로 나타낼 수 있음

② 두 사람의 역의 차이가 서로 다른 민감도의 차이인지 아니면 반응기준에서의 차이인지 구분할 수 있어야 하며, 이를 구분하는 절차가 바로 신호탐지이론임

③ 용어

| 적중<br>(hit) | 자극이 제시되었을 때 '네'라고 정확반응하는 것 |
|---|---|
| 누락<br>(miss) | 자극이 제시되었는데 '아니오'라고 오반응하는 것 |
| 오경보<br>(false alarm) | 자극이 없는데 '네'라고 오반응하는 것 |
| 정기각<br>(correct rejection) | 자극이 없는데 '아니오'라고 정확반응하는 것 |

④ 민감도

민감도는 평균 적중 비율(hit)과 평균 오경보율(false alarm)의 표준화된 z값의 편차 값으로 표현함

$$d' = z(\text{hit rate}) - z(\text{false alarm rate})$$

⑤ 반응기준(criterion : c)

 ㉠ 반응기준은 오경보율과 누락률이 같다면 0임

 ㉡ 오경보율이 누락률보다 크다면 c는 음수를, 반대로 누락률이 오경보율보다 크다면 c는 양의 값을 갖게 됨

 ㉢ 즉, 'c = 0'이면 반응편파가 없는 관찰자를 의미하고, 'c < 0'이면 관대한 반응기준, 'c > 0'이면 보수적 반응기준을 의미함

$$c = -1/2 \times [z(\text{hit rate}) + z(\text{false alarm rate})]$$

⑥ **수용자 반응 특성 곡선(ROC curve, Receiver Operating Characteristic curve)**

적중률을 세로축으로, 오경보율을 가로축으로 표시한 곡선으로, 반응기준과 민감도에 따라 곡선의 형태가 바뀜

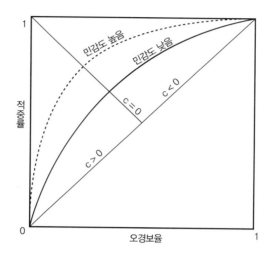

㉠ 곡선에서 더 굽은 선(점선)의 관찰자가 덜 굽은 선(실선)의 관찰자에 비해 더 민감도가 높은 관찰자임

㉡ 반응기준은 'c = 0' 중심으로 'c > 0'인 영역과 'c < 0'인 영역으로 나뉘고, 각각은 앞서 설명한 바와 같음

## ■ 영아 연구법

① **습관화**

되풀이되는 자극이나 사건을 무시하는 것을 학습하게 되는 것임

② **탈습관화를 이용한 영아 연구법**

'탈습관화'가 나타나면 새로운 자극에 반응을 한 것으로 기록함

예 아기의 고개 돌리기(head turning)를 비디오로 촬영해 회수와 시간을 측정하는 방법 또는 가짜 젖꼭지를 빠는 시간당 비율(sucking rate)을 측정하는 방법 등

## 제2편 │ 시감각의 기초

### 제1장 지각의 시작

■ 지각과정

① 시각의 경우 물체에 의해 반사되어 눈으로 들어오는 빛에 의해 지각과정이 시작됨

② 시지각의 4단계

| 단계 1 | 환경 속 자극인 나무 |
|---|---|
| 단계 2 | 나무에서 반사된 빛이 시각 수용기로 가면서 변형 |
| 단계 3 | 빛이 시각 수용기에서 전기적 신호로 변형, 빛에 대한 민감도, 반사되는 빛 중 우리에게 보이게 될 부분이 결정됨 |
| 단계 4 | 전기적 신호가 신경세포를 따라가며 처리 |

■ 눈

① 각막을 통해 빛이 들어옴

② 각막을 통과한 빛은 동공을 지나 수정체를 통과하고, 각막과 수정체의 작용 덕분에 빛의 초점이 맞아 망막 위에 상이 형성됨

③ 생성된 상은 망막의 시각 수용기(막대세포와 원뿔세포)를 자극함

④ 이들 수용기 속에는 시각 색소라고 하는 화학물질이 들어 있어 빛에 대한 반응으로 서로 다른 전기적 신호를 내놓음

⑤ 수용기에서 생성된 신호는 망막을 구성하는 신경막을 거친 후, 눈의 뒤쪽에 있는 시각신경을 따라 뇌로 전달됨

⑥ 우리가 보는 것은 두 가지 변형작업에 의해 조형됨

　㉠ 물체에서 반사된 빛을 망막상으로 바꾸는 변형작업

　㉡ 망막 위에 맺힌 물체의 상을 전기적 신호로 바꾸는 변형작업

■ 근시

① 근시는 멀리 있는 물체를 선명하게 볼 수 없는 조건을 말함

② 평행 광선의 초점이 망막 앞에 맺히기 때문에 망막 위에 맺힌 상은 흐려지게 됨

③ 근시를 유발하는 두 가지 조건

| 굴절성 근시 | 각막이나 수정체 또는 둘 다에 의해 빛이 지나치게 굴절되는 조건 |
| --- | --- |
| 축성 근시 | 안구가 너무 길어서 생기는 조건 |

④ 근시의 해결 방법
 ㉠ 보고자 하는 물체를 눈 가까이 놓으면 물체에서 투사된 상의 초점은 뒤로 밀려나 선명해짐
 ㉡ 초점이 망막 위에 형성되는 물체까지의 거리를 '원점'이라 하고, 안경이나 렌즈를 끼면 눈으로 들어오는 빛을 굴절시켜 그 빛이 마치 원점에서 들어오는 것처럼 만들어 상이 선명해짐
 ㉢ 라식 수술은 조직에 열을 가하지 않는 엑시머 레이저를 이용하여 각막의 굴곡을 바꿔 눈으로 들어오는 빛의 초점이 망막 위에 맺히도록 함

■ 수용기와 지각

① 빛에서 전류로의 변환
 시각 수용기는 빛 에너지를 전기적 에너지로 변환하는 기능을 가지고 있음
② 암순응
 ㉠ 어둠 속에서 머무는 시간이 길어짐에 따라 빛에 대한 시각 시스템의 민감도가 높아지는 과정
 ㉡ 망막을 구성하는 원뿔세포와 막대세포의 빛에 대한 민감도가 높아지는 과정에서 잠시 잘 안 보이는 현상
 ㉢ 암순응 과정 요약
  • 실험실 내 조명이 꺼지자마자 막대세포와 원뿔세포의 민감도는 모두 증가함
  • 불을 끈 직후에는 우리의 시각은 원뿔세포에 의해 좌우되고, 초기의 암순응 곡선은 원뿔세포의 민감도에 의해 결정됨(암순응 초기에는 원뿔세포가 막대세포보다 훨씬 더 민감하기 때문임)
  • 3~5분이 경과한 후에는 원뿔세포의 순응이 끝나서 암순응 곡선이 평평해지고, 7분 정도가 되면, 막대세포의 민감도는 계속 높아져서 막대세포가 원뿔세포보다 더욱 민감해짐
  • 이때부터 시각은 막대세포에 의해 통제되며, 암순응 곡선이 막대세포의 순응에 의해 좌우되기 시작하는 이 지점을 '원뿔세포-막대세포 분절(cone-rod break)'이라 함
③ 파장별 민감도
 가시광선을 구성하는 상이한 파장의 빛에 대한 민감도를 의미함

## ■ 신경세포의 기본구조

① 전기적 신호는 신경세포(세포체 + 가지돌기 + 축삭)라는 구조물 안에서 발생함

ⓐ 세포체(cell body)에는 세포의 생존을 지켜주는 기제가 담겨 있음

ⓑ 세포체에서 가지처럼 뻗어 나온 가지돌기(dendrite)는 다른 신경세포로부터 전기적 신호를 받아들임

ⓒ 축삭(axon)은 전기적 신호를 전도하는 액체로 채워져 있음

② 감각 수용기란 환경 자극에 반응하도록 특화된 신경세포임(다음 그림에서 왼쪽은 감각 수용기이고, 오른쪽은 신경세포임)

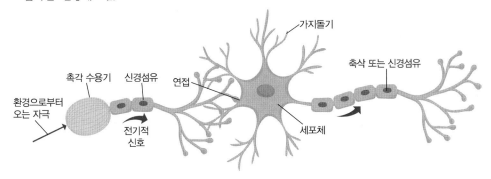

## ■ 신경세포에서 전기적 신호 기록하기

① 전기적 신호는 신경세포의 축삭(또는 신경섬유)에서 기록됨

② 신경세포의 축삭에 두 개의 전극(기록용 전극, 기준 전극)을 꽂아 신호를 측정함

## ■ 활동전위의 기본 속성

① 생성된 활동전위는 축삭 끝까지 동일한 크기로 전도됨(이러한 속성 덕분에 신경반응이 멀리까지 전달될 수 있음)

② 활동전위를 유발한 자극에 관계없이 그 크기가 동일함

③ 활동전위는 실제로 피부에 압력이 가해지기 전부터 발생하며, 환경으로부터 가해지는 자극이 없는데도 일어나는 이러한 반응을 '자발적 활동'이라 함

■ **활동전위의 화학적 기초**

① 신경세포는 이온이 가득한 용액으로 둘러싸여 있음

② 이온이란 분자가 전자를 잃거나 얻게 됨으로써 만들어짐

| 활동전위의<br>상승 국면 | 활동전위의<br>하강 국면 |
|---|---|
| • 활동전위가 전극 쪽으로 다가오면 이온통로가 열려 $Na^+$ 이온이 축삭 안으로 신속하게 유입되어 전위가 -70mV에서 +40mV까지 올라감<br>• 양전하를 가진 $Na^+$ 이온이 축삭 안으로 유입되면서 축삭 안쪽에 양전하가 증가함<br>• 축삭 안쪽의 $Na^+$ 이온이 증가하여 세포막 전위가 +40mV로 기록된 후에는 세포막에 있는 $Na^+$ 통로가 닫히고 $K^+$ 통로가 열림<br>• $K^+$ 통로가 열리면 이번에는 $K^+$ 이온이 축삭 밖으로 쏟아져 나옴 | • 축삭 안쪽의 양이온($K^+$)이 빠져나가면 축삭 안쪽은 다시 음이온의 양이 상대적으로 많아짐<br>• 전위가 +40mV에서 다시 0mV를 지나 -70mV로 되돌아감<br>• -70mV로 되돌아오고 나면 $K^+$ 통로는 닫히고 $K^+$ 이온의 유출이 중단됨<br>• 나트륨-칼륨 펌프가 작동하면 세포막 안쪽의 $Na^+$ 이온을 밖으로 퍼내면서 세포막 바깥에 있는 $K^+$ 이온을 끌어들임 |

■ **연접(시냅스)에서 벌어지는 일**

① 신경세포들 사이에는 연접(synapse)이라고 하는 아주 작은 공간이 있음

  ㉠ 활동전위가 축삭 끄트머리에 도착하면, 그곳에 있는 신경전달물질이라는 화학 물질을 세포막 밖으로 방출하며, 신경세포의 축삭 끝에 있는 연접낭이라는 구조물을 이용함

  ㉡ 방출된 신경전달물질은 신호를 받는 신경세포(연접 후 세포)막에 흩어져 있는 작은 영역인 수용 부위라는 곳으로 흘러들어감

  ㉢ 수용 부위는 특정 신경전달물질만을 받아들이도록 특화되었음

  ㉣ 신경전달물질이 그 모양에 맞는 수용 부위에 부착되면 그 부위를 활성화시켜 연접 후 세포의 세포막 전압을 바꿈

② 흥분성 반응/억제성 반응

| 흥분성 반응 | 억제성 반응 |
|---|---|
| • 연접 후 세포의 세포막 안쪽에 있는 양전하가 증가할 때 일어나는 반응임<br>• 세포막 안쪽의 양전하가 증가하는 이 과정을 '탈분극화'라 함<br>• 흥분성 반응은 활동전위보다 훨씬 약함<br>• 흥분성 반응이 많아져 탈분극화가 역치를 넘어서야 함<br>• 역치를 넘어서면 활동전위 발발함 | • 연접 후 세포의 세포막 안쪽에 있는 음전하가 증가할 때 일어나는 반응임<br>• 세포막 안쪽의 음전하가 많아지는 이 과정을 '과분극화'라 함<br>• 세포막 안쪽의 음전하가 증가하면 세포막의 전위가 탈분극화에 필요한 수준(역치)에서 점점 멀어짐 |

③ '흥분'은 연접 후 세포의 활동전위가 생성될 가능성을 높여 놓고 이에 따라 신경 발화율이 높아짐

④ 반대로 '억제'는 연접 후 신경세포의 활동전위가 생성될 확률을 낮추어 놓고 그에 따라 신경 발화율이 낮아짐

⑤ 각 신경세포의 반응은 억제성과 흥분성의 상호작용으로 결정됨

⑥ 억제가 존재하는 이유는 신경세포의 기능이 정보전달에만 있는 것이 아니고, 정보를 처리하는 일도 하기 때문임

⑦ 정보를 처리하는 과정에는 흥분과 억제가 모두 필요함

# 제2장 신경처리와 지각

## ■ 측면억제

망막에서 옆으로 전달되는 억제를 측면억제라 함

## ■ 밝기 지각

측면억제로 설명되는 몇몇 지각 현상들 각각은 밝기 지각을 수반함

| 헤르만 격자 | • 헤르만 격자에서 흰색 골목길의 교차로에 회색 반점을 볼 수 있음<br>• 교차로에서 발견되는 회색 반점을 측면억제로 설명할 수 있음 |
|---|---|
| 마하의 띠 | 마하의 띠는 밝고 어두운 영역의 경계 근처에서 밝고 어두운 띠가 보이는 착시현상으로, 측면억제로 설명이 가능한 또 다른 지각적 효과임 |
| 동시대비 | 양쪽의 작은 정사각형 두 개는 실제로는 동일한 음영의 회색인데, 그것이 다르다는 착시가 나타나는 이유는 정사각형을 둘러싸고 있는 영역의 차이 때문이며, 이를 '동시대비 효과'라고 함 |

## ■ Hartline이 정의한 수용장과 그 특징

① 수용장은 특정 섬유(신경세포)의 반응을 얻기 위해 조명해야 하는 망막의 영역임
② 한 섬유의 수용장은 '단일 원뿔세포/막대세포'보다 훨씬 넓은 영역을 담당함
③ 한 섬유의 수용장은 수백, 수천 개의 수용기를 담당하고 서로 다른 많은 수용장은 중첩되므로, 망막의 특정 지점의 자극은 많은 시각신경섬유를 활성화시킴

## ■ 수용장 연구에 대한 Hubel과 Wiesel의 연구의 의의

① 시각계의 수용장 연구를 겉질로 확장하였음
② Hubel과 Wiesel의 연구는 시각계의 상위 수준으로 갈수록 신경세포가 어떻게 더 특정 종류의 자극에 동조되는지를 보여줌
③ Hartline의 절차를 변형하여 눈에 빛을 비추는 대신, 스크린에 자극을 투사하여 보게 하였음

## ■ 시각겉질 신경세포의 수용장

① 단순겉질세포
② 방위조율곡선
③ 복합세포
④ 끝-멈춤세포
⑤ 세부특징 탐지기
   ㉠ 단순세포, 복합세포, 끝-멈춤세포들은 방위, 운동 방향 등 자극의 특정한 특징에 반응하여 발화하므로, '세부특징 탐지기'라고도 불림
   ㉡ 망막으로부터 더 멀리 떨어질수록 신경세포는 더 복잡한 자극에 발화함

## 제3장 겉질 조직화

### ■ 조직화된 시각계 : 조직화의 필요성

① 시각계는 크기, 모양, 방위, 색깔, 운동 및 공간적 위치 등의 다양한 개별적 특성을 처리하는 것뿐만 아니라 정보를 결합시켜 일관성 있는 지각을 만들어 내는 데 필요함

② 시각계는 공간적 조직화를 통해 여러 가지 다양한 방식으로 조직화 작업을 수행함

### ■ 공간적 조직화에 대한 연구

① 망막상의 공간적 조직화

ㄱ 공간적 조직화란 환경 내의 특정 위치에 있는 자극이 신경계 내 특정 부위의 활동으로 표상되는 방식을 말함

ㄴ 망막 수준에서의 상은 본질적으로 그 장면의 그림인데, 그 그림이 전기적 신호로 변환되면, 시각계의 더 상위 수준에 있는 구조들에서 망막의 전자적 지도의 형태로 새로운 유형의 조직화가 일어남

② 뇌 영상법

ㄱ 양전자방출단층촬영술(PET : Positron Emission Tomography)

ㄴ 기능성 자기공명영상법(fMRI : functional Magnetic Resonance Imaging)

### ■ '무엇'과 '어디'에 대한 정보의 흐름

① 절제기법을 통해 줄무늬겉질에서 뇌의 다른 영역으로 정보를 전송하는 경로를 구분 짓는 실험이 수행되었음

② Ungerleider와 Mishkin(1982)의 연구는 관자엽이 절제된 원숭이가 대상 변별 문제를 매우 수행하기 어렵다는 것을 확인하였으며, 이를 통해 줄무늬겉질에서 관자엽에 이르는 무엇 경로(what pathway)를 확인하였음

③ Ungerleider와 Mishkin(1982)의 연구에서 마루엽이 절제된 원숭이는 위치 변별 문제의 수행에 어려움을 나타냄으로써, 줄무늬겉질에서 마루엽에 이르는 어디에 경로(where pathway)를 확인하였음

④ 무엇 경로는 배쪽 경로(복측 경로 : ventral pathway)라 불리며, 어디에 경로는 등쪽 경로(배측 경로 : dorsal pathway)라고도 불림

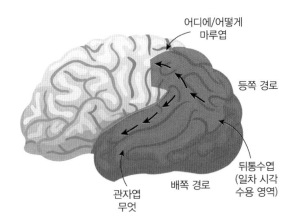

- **■ '무엇'과 '어떻게'에 대한 정보의 흐름**

① David Milner와 Melvyn Goodale(1995)은 등쪽 흐름이 단순히 어떤 대상이 어디에 있는지 알려주는 것 이상으로 물건을 집는 것과 같은 어떤 행위를 위한 것이라는 가설을 제안했음

② 행위를 한다는 것은 그 물건의 위치를 안다는 것이고, 이는 '어디에'라는 개념과 들어맞는데, 하지만 그것은 '어디에'를 넘어서서 그 물건과의 물리적 상호작용을 포함함(즉, 등쪽 흐름은 어떤 자극과 관련된 행위를 어떻게 수행할지에 관한 정보를 제공함)

③ **신경심리학에서의 이중 해리**

　㉠ 신경심리학의 기본 원리 중 하나는 이중 해리(double dissociation)를 확인함으로써 뇌손상의 효과를 이해할 수 있다는 것임

　㉡ 이중 해리의 예로, 관자엽 손상을 겪은 앨리스(a)와 마루엽의 손상을 입은 버트(b)의 상반된 사례는 대상을 인식하는 것과 대상의 위치를 찾는 것이 서로 독립적으로 작용한다는 것을 보여줌

| 구분 | 대상의 이름을 말하기 | 대상의 위치를 말하기 |
|---|---|---|
| (a) 앨리스 : 관자엽 손상(배쪽 흐름) | 못함 | 잘함 |
| (b) 버트 : 마루엽 손상(등쪽 흐름) | 잘함 | 못함 |

## 제3편　시각 체계

### 제1장 물체와 장면의 지각

#### ■ 지각적 조직화에 대한 게슈탈트 접근

① **구조주의**
　㉠ 게슈탈트 접근이 나오기 전 제안된 이론으로, 감각기관의 자극 때문에 생긴 기초 과정인 감각과, 물체의 자각과 같은 복잡하고 의식적인 경험인 지각을 구분하고자 하였음
　㉡ 구조주의자는 감각을 화학의 원자에 비유하였는데, 원자가 조합되어 복잡한 입자 구조를 이루는 형태와 같이, 감각이 조합되어 복잡한 지각을 구성한다고 보았음
　㉢ 구조주의자는 감각이 조합되어 지각을 이룰 때 관찰자의 과거 경험의 도움을 받는다고 주장함
　㉣ 반면, 게슈탈트 심리학자들은 감각을 '더해서' 지각이 이루어진다는 생각을 거부하고, 과거 경험이 지각에 중요한 역할을 한다는 생각도 받아들이지 않음

② **가현운동**
　㉠ 실제로 아무것도 움직이지 않지만 운동이 지각되는 착시를 말함
　㉡ 가현운동 현상으로 내린 결론
　　• 가현운동은 감각으로 설명될 수 없음(점멸하는 이미지 사이 어두운 공간에는 아무것도 없기 때문임)
　　• 전체는 그 부분의 합과 다름(지각체계가 실제로 아무것도 없는데 운동의 자각을 만들기 때문임)

③ **착시적 윤곽**
　감각을 거부하고 전체가 그 부분의 합과 다르다는 예는 착시적 윤곽에서 나타남

#### ■ 게슈탈트 조직화 원리

| 좋은 연속성 원리 | • 직선이나 완만한 곡선으로 연결되는 점들은 함께 속한 것으로 지각됨<br>• 선들은 가장 완만한 경로를 따르는 것으로 지각되는 경향이 있음 |
|---|---|
| 프래그난츠 원리<br>(좋은 형태 원리,<br>단순성 원리) | 모든 자극 패턴은 가능한 한 가장 간단한 구조를 내는 방향으로 보임 |
| 유사성 원리 | 비슷한 사물은 함께 집단을 이룸 |
| 근접성 원리 | 가까운 사물들은 함께 집단화되어 보임 |
| 공통 운명 원리 | 같은 방향으로 움직이는 사람들은 함께 집단화됨 |
| 공통 영역 원리 | 같은 공간 영역 내의 요소들은 함께 집단화됨 |
| 균일 연결성 원리 | 밝기, 색, 표면 결 또는 운동과 같은 시간 속성들로 연결된 영역이면 한 단위로 지각됨 |

## ■ 환경의 규칙성 : 지각하기의 정보

① **물리적 규칙성**
  ㉠ 규칙적으로 발생하는 환경의 성질임
  ㉡ 예를 들어, 비스듬한 방향보다 수직과 수평 방향이 환경에 더 많으며, 이러한 환경은 인공 환경(건물)과 자연 환경에서 많이 발생함

② **의미적 규칙성**
  ㉠ 보고 있는 장면에서 무슨 일이 일어나고 있는지에 대한 의미를 가리킴
  ㉡ 의미적 규칙성을 인식하고 있음을 확인하는 방법은 어떤 장면이나 물체 유형을 상상해 보도록 요구할 때 나타남
  ㉢ 장면과 물체의 시각화
  ㉣ 같은 물건이라도 그 방향과 그것이 있는 맥락에 따라 각기 다른 물체로 지각됨

## ■ 얼굴의 특별성

| | |
|---|---|
| 얼굴은 물체와 달리 특별한 점이 있음 | 사람의 기분, 시선에 관한 정보를 주며 관찰자에게 평가적인 판단을 유발함 |
| 얼굴에만 반응하는 신경세포가 존재함 | 신경세포에는 많은 방추형 얼굴 영역처럼 뇌에 특별한 장소들이 있어 얼굴에 빠르게 반응함 |
| 얼굴을 뒤집은 경우 두 뒤집힌 얼굴이 같은지 다른지 판단하기 어려움 | 뒤집힌 얼굴의 판단이 어렵다는 점은 얼굴 인식이 총체적으로 처리됨을 보이는 증거로 해석됨 |
| 얼굴은 분산처리의 증거도 나타남 | 얼굴 재인과 관련하여 뇌에서는 광범위한 활동이 나타남 |
| | 얼굴 정체 관련 정보   후두 겉질 처리 후 방추회로로 신호가 전달된 후 재인됨 |
| | 얼굴 표정과 감정 반응 정보   편도체의 활성화 |
| | 사람의 입 운동 지각   위관자고랑 |
| | 얼굴의 매력 정도   뇌 이마엽 |
| | 낯익은 얼굴과 그렇지 않은 얼굴   정동 관련 영역 |
| 영아의 얼굴 지각 | • 어른과 비교해 영아의 시력은 매우 나쁘지만, 첫 해 동안 자세한 내용을 보는 능력이 매우 빨리 향상됨<br>• 전문화된 얼굴 영역의 발달이 느린 까닭은 얼굴과 표정을 재인하는 능력, 얼굴 특징들의 총체적인 구조를 지각하는 능력의 성숙과 관련이 있음 |

## 제2장 시각 주의

### ■ 주의는 생리적 반응에 영향을 미칠 수 있음

① 주의는 뇌 특정 영역의 반응을 증가시킴

    ㉠ O'Craven 등(1999)의 연구에서는 관찰자가 얼굴과 집을 중첩하여 보도록 하되 두 자극이 양쪽 눈에 모두 제시되도록 하여 양안경쟁은 일어나지 않도록 하였음

    ㉡ 실험자가 관찰자에게 둘 중 하나의 자극에 주의를 기울이도록 유도한 결과, 얼굴에 주의를 기울이면 FFA 영역이 활성화되었고, 집에 주의를 기울이면 PPA 영역이 더욱 활성화되었음

    ㉢ 본 실험은 각기 다른 대상의 유형에 대한 정보를 처리할 때, 서로 다른 뇌 영역의 활성화에 영향을 미친다는 것을 확인할 수 있음

② 위치에 대한 주의는 뇌의 특정 위치의 반응을 증가시킴

    ㉠ 암묵 주의 실험에서는 참가자가 디스플레이의 중심을 응시하게 한 뒤, 주의를 다른 위치로 이동시켰을 때의 fMRI를 측정하였음

    ㉡ 실험 결과, 참가자가 자신의 주의를 어느 곳에 기울이는가에 따라 활성화되는 뇌의 영역이 달라진다는 것을 확인하였음

③ 주의는 신경세포의 수용장 위치를 이동시킬 수 있음

    ㉠ Womelsdorf 등(2006)의 실험에서 원숭이가 작은 다이아몬드를 응시하는 경우와 작은 원을 응시하는 경우의 망막 수용장을 기록하였음

    ㉡ 원숭이가 화면의 왼쪽 다이아몬드에 주의를 둘 때는 수용장이 왼쪽으로 이동하는 반면, 주의를 오른쪽 원으로 이동시키면 수용장이 오른쪽으로 이동함

    ㉢ 이는 수용장이 특정 위치에 고정되지 않고 원숭이가 주의를 기울이는 곳에 반응하여 움직임으로써, 주의가 시각 시스템의 조직을 부분적으로 변화시키고 있다는 것을 의미함

### ■ 우리가 주의를 기울이지 않을 때 무슨 일이 일어나는가?

| 무주의 맹시<br>(inattentional blindness) | • 어떤 것을 직접적으로 바라보고 있을지라도 주의를 주지 않으면 놓칠 수 있는 현상<br>• Simon과 Chabris(1999)의 무주의 맹시(농구게임-고릴라복장 주의 실험) |
|---|---|
| 변화 맹시<br>(change blindness) | • 장면에서 변화를 탐지하는 것이 어려운 현상<br>• 예를 들어, 영화에서 다른 샷으로 장면이 변할 때 물건이 없어지거나 행동이 바뀌어도 주의를 주목하지 않아 알아차리기 어려운 경우인 '연속성의 오류'가 대표적 변화 탐지의 예임 |

### ■ 주의 부하 이론(load theory of attention)

주의 부하 이론은 지각용량과 지각부하의 핵심 개념을 포함함

| 지각용량<br>(perceptual capacity) | 한 사람이 지각과제를 수행하기 위해 사용 가능한 어느 정도의 용량 |
|---|---|
| 지각부하<br>(perceptual load) | • 특정한 지각과제를 수행하기 위해 요구되는 그 사람의 지각용량의 양<br>• 예를 들어, 매우 쉽고 충분히 연습된 과제들은 낮은 지각부하를 지님 |

| 저부하 과제<br>(low-load tasks) | 그 사람의 지각용량의 적은 양만 사용함 |
|---|---|
| 고부하 과제<br>(high-load tasks) | 어렵거나 잘 연습되지 않은 과제로, 개인의 지각용량을 더 많이 사용함 |

## ■ Treisman의 세부특징 통합론(feature integration theory)

Treisman은 우리가 어떻게 동일한 대상의 부분으로서 개개의 특징을 지각하는가의 문제를 제기하며, 다음과 같이 단계별로 설명하였음

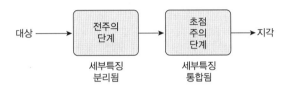

| 전주의 단계<br>(preattentive stage) | 대상의 이미지 처리의 첫 번째 단계로, 대상은 분리된 특징으로 분석되며 처리 단계는<br>서로 독립적임 | |
|---|---|---|
| 초점주의 단계<br>(focused attention stage) | • 세부특징이 결합되는 두 번째 단계로, 세부특징이 결합되면 대상을 지각하게 됨<br>• 대표적인 증거로는 착각 접합(illusory conjunctions)과 발린트 증후군이 있음 | |
| | 착각 접합 | 목표한 자극에 주의를 둘 때 이전 다른 자극이 가졌던 세부특징<br>이 목표 자극의 세부특징과 조합되는 것임 |
| | 발린트 증후군 | 개별적 대상에 주의를 집중하지 못하여 세부특징의 결합이 어려<br>운 증상을 말함 |

## ■ 시각 검색(visual search)

① 결합에서 주의의 역할을 연구하는 또 다른 접근으로 시각 검색이 쓰임
② 시각 검색은 군중 속에서 친구를 찾거나 "월리를 찾아라" 그림책에서 월리를 찾는 것과 같이, 많은 사물 속에서 어떤 사물을 찾을 때 우리가 항상 하는 일임

## ■ 지각 완성(대상 통합성)

① 가려진 물체 뒤에 대상이 존재하고 있음을 인식하는 것을 지각 완성이라고 함
② 아동의 지각 완성을 알아보기 위한 방법 중 하나로 '습관화' 절차를 사용함
③ '습관화'란 유아가 새로운 자극을 볼 가능성이 크므로 자극을 아이에게 반복적으로 노출시켜 자극에 대한 선호도를 높이거나 그렇게 하지 않음으로써 선호도를 낮추는 방법임

## 제3장 깊이와 크기 지각

### ■ 단안 단서

#### ① 회화 단서

회화 단서(pictorial cue)는 망막상의 이미지와 같은 회화에서 표현되는 깊이 정보의 출처임

| 가림<br>(occlusion) | • 한 대상이 다른 대상을 전체 또는 부분적으로 가려서 보이지 않게 할 때 일어남<br>• 산이 선인장과 산기슭보다 더 멀리 보이는 것처럼, 부분적으로 가려진 대상은 더 멀리 있는 것처럼 보임<br>• 그러나 가림이 한 대상의 절대적 거리에 대한 정보는 주지 않음(얼마나 떨어져 있는지는 알 수 없다는 의미임) |
|---|---|
| 상대적 높이<br>(relative height) | • 사진의 프레임에서 높이는 우리의 시각장의 높이와 대응하며, 시각장에서 더 높이 있는 물체는 보통 더 멀리 있음<br>• 바닥이 지평선에서 더 근접한 물체가 보통 더 멀리 있는 것처럼 보임<br>• 반면, 하늘에 걸린 물체 중 시각장에서 더 낮게 있는 것이 더 멀리 있는 것으로 보임 |
| 상대적 크기<br>(relative size) | 두 대상이 동일한 크기라는 것을 알고 있을 때, 멀리 있는 대상은 가까운 대상보다 시각장에서 더 작은 면적을 차지함 |
| 조망 수렴<br>(perspective convergence) | 멀어질수록 수렴하는 것처럼 보임 |
| 친숙한 크기<br>(familiar size) | 10원, 100원, 500원이 모두 같은 크기로 보인다면 우리는 10원, 100원이 가까이 있다고 말할 것임 |
| 대기 조망<br>(atmospheric perspective) | 대상이 멀리 떨어져 있을수록 공기와 입자들(먼지, 수증기, 대기오염 등)을 통해서 봐야 하므로, 먼 대상이 가까운 대상보다 덜 선명하고 더 푸른빛을 띠게 됨 |
| 결 기울기<br>(texture gradient) | 동일한 공간간격을 가진 요소들은 거리가 증가함에 따라 촘촘히 모여짐 |
| 그림자<br>(shadows) | 공이 바닥에 붙어 있으면 공과 그림자의 거리가 줄어들고, 공이 바닥으로부터 떨어져 있으면 공과 그림자의 거리가 커짐 |

#### ② 운동-생성 단서

㉠ 운동시차(motion parallax)는 우리가 움직일 때 일어나는데, 가까이 있는 대상은 우리를 빠르게 지나쳐 가는 것처럼 보이고 멀리 있는 대상은 더 느리게 움직이는 것처럼 보이게 함

㉡ 잠식과 증식 : 관찰자가 옆으로 이동하면 어떤 것은 가려지고 어떤 것은 드러나게 됨

### ■ 양안 깊이 정보

#### ① 양안부등(binocular disparity)

㉠ 왼쪽과 오른쪽 망막상의 차이(부등)

㉡ 대응 망막점 : 두 눈이 서로 중복되었을 때 겹쳐지는 망막상의 위치

#### ② 입체시

㉠ 입체시(stereopsis)란 양안부등에 의해 제공된 정보에서 만들어진 깊이감임

㉡ 입체시의 예로는 입체경(stereoscope)이 있으며, 입체경은 두 개의 약간 다른 그림을 사용하여 깊이에 대한 확실한 착각을 유발하는 것임

■ **크기를 지각하기**

① **시각도(Holway와 Boring의 실험)**

관찰자의 눈에 상대적으로 주어지는 대상의 각도를 뜻함

② **크기 항등성(size constancy)**

각기 다른 거리에서 물체를 바라보더라도 물체의 크기에 대한 지각이 비교적 항상적이라는 것을 의미함

③ **크기 항등성의 계산**

크기-거리 척도화 : S = K(R × D)

※ S는 대상의 지각된 크기, K는 상수, R은 망막상의 크기, D는 대상의 지각된 거리

ⓐ 어떤 사람이 나로부터 멀어짐에 따라 나의 망막에서 그 사람의 영상 크기 R은 작아지지만, 그 사람과의 거리 지각 D는 커지게 되며, 이 두 가지 변화가 서로 균형을 이루고, 그 결과 그 사람의 크기 S가 항상적으로 유지됨
ⓑ 원을 오래 보면 망막에서 시각 색소의 작은 원 영역이 표백됨
ⓒ 이 영역이 잔상의 망막 크기를 결정하며, 어디를 보든지 항상적으로 유지됨
ⓓ 잔상의 지각된 크기는 잔상이 투사되는 표면의 거리에 의해 결정됨
ⓔ 잔상의 가현적 거리와 그 지각된 크기와의 관계성을 Emmert의 법칙(Emmert's law)이라고 함
ⓕ 잔상이 멀리 있는 것으로 보이면 보일수록 그것은 크게 보임
ⓖ 망막에 표백된 영역의 크기 R은 항상 동일하게 유지되고, 잔상의 거리 D를 증가시키면 'R × D'는 증가되므로, 따라서 잔상의 크기 S는 먼 벽을 보게 되면 더 크게 보임

■ **착시**

① **Muller-Lyer 착시**

〈크기의 오지각을 보이는 이유〉

| 잘못 적용된 크기 항등성 척도화 (misapplied size constancy scaling) | • 크기 항등성이 통상 거리를 고려함으로써 대상의 안정된 지각을 유지하는 것을 도움<br>• 그러나 2차원 표면에 그려진 대상에 적용될 때는 착시를 낳음 |
|---|---|
| 갈등 단서 이론 (conflicting cues theory) | 선 길이 지각은 두 가지 단서에 의존함(수직선의 실제 길이, 그림의 전체 길이) |

② Ponzo 착시
③ Ames 방
④ **달 착시**
ⓐ 가현 거리 이론(apparent distance theory)
ⓑ 각 크기-대비 이론(angular size-contrast theory)

# 제4장 움직임 지각

## ■ 주의 포획

① 주의 포획이란 주의를 끄는 움직임을 의미하는데, 의식적으로 무언가를 찾고 있을 때만 나타나는 현상이 아니며, 무의식적 상황에서도 나타남

② 주의 포획은 다른 일에 주의를 쏟고 있을 때도 일어나는데, 우리가 다른 사람과 대화를 나누고 있는데 무언가가 움직여 옆 눈을 자극하면 우리는 즉각 주의를 그 무언가에 빼앗기게 됨

③ 주의 포획이 나타나는 움직임의 특징은 동물의 생존에 중요한 역할을 수행하는데, 예를 들어 쥐가 고양이에게 발각된 후 부동자세를 취해버리면 움직임에 의한 주의 포획 효과를 제거할 수 있음

## ■ 움직임 지각을 위한 망막/안구 정보

① Reichardt 탐지기
　㉠ Reichardt 탐지기는 특정 방향으로의 움직임에 반응하도록 고안된 신경회로임
　㉡ 흥분성 세포와 억제성 세포를 적절하게 배치하여 한 방향으로의 움직임은 이 탐지기의 출력반응을 억제하고 그와 반대 방향으로의 움직임은 출력반응을 조장하도록 고안되었음

② 동반 방출(결과 유출) 이론
　㉠ Reichardt 탐지기는 특정 방향의 움직임을 탐지할 수 있지만, 물체의 상이 수용기를 지나가는 상황밖에 설명하지 못함
　㉡ 망막 위에서 벌어지는 상의 움직임뿐만 아니라 눈의 움직임도 고려하는 동반 방출 이론을 고려해야 함
　㉢ 망막으로부터의 신경신호와 안근으로부터의 신경신호
　　• 상 움직임 신호(IDS)
　　• 운동신호(MS)
　　• 동반 방출 신호(CDS)
　㉣ 동반 방출 이론을 지지하는 행동적 증거
　　• 잔상을 이용해 상 움직임 신호를 제거해 보기
　　• 안구를 밀어붙여 움직임 경험하기

## ■ 뇌 속의 움직임 관장 영역

① 중간관자겉질(MT)은 움직임의 방향에 민감하게 반응하는 신경세포가 많이 모여 있음

② Newsome과 동료들은 자극판 속 점이 같은 방향으로 움직이는 정도를 지적하기 위해 통일성이라는 용어를 이용했음

③ 통일성이 높아짐에 따라 움직임의 방향에 대한 원숭이의 판단이 더욱 정확하고 MT 신경세포가 더욱 빠른 속도로 발화하였음

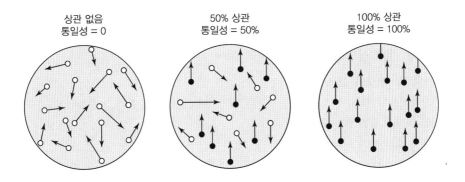

④ 자극-지각-생리적 반응과의 관계

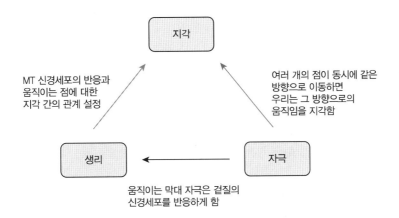

| 자극-지각 관계 | • 제시된 자극이 움직이는지를 결정함<br>• 눈앞에 있는 어떤 물체가 상당한 속도로 이동하면, 우리는 움직임을 지각함<br>• 한 무리의 점이 같은 방향으로 움직일 때도, 우리는 그 방향으로 진행되는 움직임을 지각함 |
|---|---|
| 자극-생리 관계 | • 움직이는 자극을 제시하고 그에 대한 신경반응을 측정함<br>• 막대 자극의 움직임이 원숭이의 시각겉질에 있는 신경세포의 반응을 유발함 |
| 생리-지각 관계 | 움직이는 점에 대한 MT 신경세포의 반응을 측정하고, 움직이는 점에 대한 원숭이의 지각을 측정함 |

## 제5장 색채 지각

### ■ 색채 시각에 관한 삼원색 이론의 행동적 증거

① Helmholtz의 색 대응 실험
- ㉠ 관찰자에게 '비교장'에 섞여 있는 세 개의 파장의 비율을 조정해서 그 혼합색이 '검사장'에 있는 단일 파장과 같게 보이도록 만듦
- ㉡ 실험의 주된 결과
  - 비교장에 대한 세 파장의 비율을 정확하게 조정하면, 검사장의 빛이 어떤 파장이든 대응시킬 수 있음
  - 비교장에 두 개의 파장만 주어지면, 모든 파장에 대해 색 대응을 할 수는 없음

② 정상적인 색채 지각을 하는 사람이 검사장에 있는 어떤 파장의 빛이라도 색 대응을 하려면 적어도 세 개의 파장이 필요하다는 결과에 기초해 색채 시각의 삼원색 이론이 제안되었음
- ㉠ 이 이론은 Young-Helmholtz의 색채 시각 이론이라고도 불림
- ㉡ 중심 아이디어는 '색채 시각은 각기 다른 스펙트럼 민감도를 갖는 세 개의 수용기 기제에 달려 있다'는 것임
- ㉢ 특정한 파장의 빛은 세 가지 수용기 기제를 각기 다른 정도로 자극하는데, 이 세 가지 기제의 활동양상이 색채 지각으로 이어짐
- ㉣ 각각의 파장은 세 가지 수용기 기제의 활동양상으로 신경계에 표상됨

### ■ 색채 시각에 관한 삼원색 이론의 생리적 증거

① **원뿔세포의 색소**
모든 시각 색소는 '옵신'이라 불리는 커다란 단백질 요소와 '레티날'이라 불리는 작지만 빛에 민감한 요소로 되어 있는데, 긴 옵신 부위의 구조의 차이에서 세 가지 다른 흡수 스펙트럼이 나옴

② **원뿔세포의 반응과 색채 지각**
- ㉠ 만약 색채 지각이 세 가지 수용기 기제의 활동양상에 기초한다면, 이 세 가지 기제의 반응을 알면 우리는 우리가 어떤 색을 지각하는지 알 수 있어야 함
- ㉡ 특정 파장이 수용기의 특정 반응양상을 야기하는 것으로 보는 것은 우리가 여러 색의 빛을 혼합하면 어떤 색을 보게 될지 예상하는 것을 도와줌

| 이성 | 물리적으로 다른 두 개의 자극이 지각적으로는 같은 상황 |
|------|----------------------------------------------|
| 이성체 | 색 대응 실험의 검사장과 비교장처럼 지각적으로 같게 지각되는 물체 |

- ㉢ 이성체가 같게 보이는 것은 세 개의 원뿔세포 수용기에서 같은 반응양상을 이끌어 내기 때문임
- ㉣ 검사장과 비교장에 있는 빛이 물리적으로 달라도 똑같은 생리적 반응양상을 산출해 내므로, 뇌의 입장에서 보면 두 불빛은 동등하며, 따라서 우리 눈에 같게 지각됨

■ **색채 시각에 관한 대립과정이론의 생리적 증거**

① 대립 신경세포

단파장의 빛에 대해서는 신경 흥분을 증가시키고, 장파장의 빛에 대해서는 신경 흥분이 감소하는 반응을 망막과 가쪽무릎핵에서 발견하였음

② 세 개의 수용기에서 대립적인 반응이 만들어질 수 있는 이유

색대응 결과는 시각계의 처음 단계인 원뿔세포 수용기에서 나온 것이고, 잔상과 동시 색채 대비 등에서 관찰된 파랑과 노랑, 초록과 빨강이 지각적으로 짝지어져 있다는 것은 시각계의 후기 단계에 있는 대립세포에서 만들어진 것임

■ **겉질에 있는 대립 신경세포**

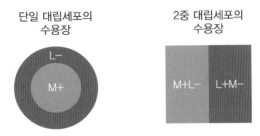

| 단일 대립 신경세포 | M+L− 신경세포가 수용장 가운데에 주어지는 중파장에 대해 흥분을 증가시키고, 수용장의 주변부에 주어지는 장파장에 대해서는 흥분을 감소시킴 |
|---|---|
| 2중 대립 신경세포 | 단순겉질세포처럼 두 개의 수용장이 옆으로 붙어 있으며, 수용장의 왼쪽에 중파장의 수직 막대, 그리고 수용장의 오른쪽에는 장파장의 수직 막대가 주어질 때 가장 많이 반응함 |

■ **색채와 형태의 관계**

① 시각계가 물체의 형태를 알아내면 색이 그 형태를 채운다는 생각에 따르면 형태가 정해지고 난 뒤 색이 더해짐

② 최근 연구 결과에서는 형태 처리와 색채 처리가 아주 밀접하게 연결되어 있으며, 심지어 색이 형태를 알아내는 데 참여할 수도 있다는 것을 시사함

③ 형태와 색은 나란히 붙어 있는 신경세포로 생리학적으로 연결되어 있으며, 이런 신경세포는 밝기의 차이 없이 색으로만 막대의 형태가 구분될 경우에도 흥분함

## 제6장 지각과 환경(행위 지각)

### ■ 다른 사람의 행위를 비추기

| | |
|---|---|
| 거울신경세포<br>(mirror neuron) | • 다른 개체의 행동을 관찰할 때 마치 자신이 그 행동을 하는 것처럼 활성화하는 신경세포임<br>• 이 신경세포는 원숭이가 자신이 음식을 쥘 때와 다른 사람이 음식을 쥐는 것을 볼 때 똑같이 반응함 |
| 시청각 거울신경세포<br>(audiovisual mirror neuron) | • 원숭이가 손 행위 및 이 행위와 관련된 소리를 들을 때 반응함<br>• 예를 들어, 실험자가 땅콩을 까는 것을 원숭이가 보거나 듣는 것 모두 원숭이의 땅콩 까기 행위와 관련된 뉴런 활동을 유발함<br>• 이 신경세포는 어떤 구체적인 움직임 패턴이 아니라 땅콩 까기처럼 '일어나는' 무엇에 반응함 |

## 제4편 　 청각 체계

## 제1장 청각 체계

### ■ 역과 음량

① 음량과 그 수준

　　㉠ 역(threshold)

　　　겨우 탐지될 수 있는 가장 작은 양의 소리 에너지임

　　㉡ 음량(loudness)

　　　'겨우 들을 수 있는'~'매우 큰'의 범위를 갖는 소리의 지각된 강도로, 데시벨로 표현되는 소리 자극의 수준 혹은 진폭과 밀접하게 관련되는 지각적 질

　　㉢ 크기 추정법

　　　데시벨 수준−음량 관계(물리적−지각적 관계)

　　㉣ 더 높은 데시벨이 더 큰 음량에 상응하는 것은 아니며, 역과 음량은 데시벨뿐만 아니라 주파수에도 의존하므로 음량 지각에서 주파수를 평가하는 방법인 가청 곡선을 고려해야 함

② 가청 곡선

　　㉠ 가청 곡선(audibility curve)

　　　• 여러 주파수에서의 청각역을 나타낸 것임

　　　• 낮은 역을 가지는 주파수는 매우 작은 소리 압력 변화만으로도 들을 수 있는 반면, 높은 역을 가지는 주파수는 소리 압력의 큰 변화가 필요함

　　　• 이처럼 주파수별로 각기 다른 '기저선'을 가지므로 곡선의 형태로 청각의 역이 나타나게 되며, 이 곡선 아래쪽의 소리는 들을 수 없음

　　ⓛ 청각 반응 영역(auditory response area)
　　　　• 인간이 음들을 들을 수 있는 가청 곡선과 느낌의 역 사이의 영역임
　　　　• 인간은 20~20,000Hz 사이의 소리를 들을 수 있고, 말을 이해하는 데 가장 중요한 주파수인
　　　　　2,000~4,000Hz 사이에서 가장 민감함(청각 역이 가장 낮음)
　　ⓒ 느낌의 역
　　　　느낌(feeling)의 역은 청각 반응 영역의 위쪽 경계로, 이 위의 소리는 고통을 주며, 청각계에 손상
　　　　이 일어날 수 있음
　　ⓔ 등음량곡선(equal loudness curves)
　　　　• 등음량곡선은 여러 주파수에서 같은 음량의 지각을 나타내는 소리 수준을 표시함
　　　　• 한 주파수와 음량을 가진 순수 기준음을 제시하며, 역 수준은 주파수에 따라 달라도, 같은 역
　　　　　위의 어떤 수준에서는 여러 주파수가 같은 데시벨 수준에서 비슷한 음량을 가질 수 있음

## ■ 음고

　① 음고(pitch)
　　　㉠ 소리가 '높다' 혹은 '낮다'고 할 때의 지각적 질로, 소리가 음계에서 배열될 수 있도록 하는 청각의
　　　　속성으로 정의됨
　　　ⓛ 주파수와 달리, 물리적인 것이 아닌, 심리적인 것이기 때문에 물리적으로 측정할 수 없음
　　　ⓒ 낮은 기초주파수는 낮은 음고, 높은 기초주파수는 높은 음고와 연관되는 등 기초주파수와 관련이
　　　　높음
　② 음계 높이(tone height)
　　　㉠ 음의 기초주파수 증가에 수반하는 음고의 증가라고 하는 지각경험임
　　　ⓛ 피아노에서 저음에서 고음부로 이동할 때, 주파수와 음계 높이가 증가함

## ■ 옥타브

　① 반음계 음조(tone chroma)
　　　같은 음표를 가진 음들은 비슷한 소리가 나며, 이런 유사성에 의해 같은 문자를 가진 음표들을 같은
　　　반음계 음조를 가지고 있다고 함
　② 옥타브(octave)
　　　같은 문자를 통과할 때마다 옥타브라는 간격을 올라가며, 옥타브만큼 떨어진 음은 같은 반음계 음조
　　　를 가짐

## ■ 반복 비율과 음고 지각

### ① 반복 비율의 항상성

　㉠ 기초주파수가 제거되었을 때에도 음의 반복 비율은 그대로 유지됨

　㉡ 따라서 기초주파수 혹은 고차 배음을 소리로부터 제거하여도 그 소리의 음고 지각에 영향을 미치지 않음

### ② 기초주파수 누락의 효과(effect of the missing fundamental)

기초주파수 혹은 다른 배음들이 제거되었을 때에도 그 소리의 음고 지각에 영향을 미치지 않으며, 이러한 음고 지각의 항상성을 기초주파수 누락의 효과라고 함

### ③ 주기성 음고(periodicity pitch)

　㉠ 배음이 제거된 소리에서 지각되는 음고임

　㉡ 음고는 소리 파형의 주기/반복 비율에 의해 결정됨을 보여주며, 기초주파수의 존재가 아닌, 기초주파수 연관 정보에 의해 결정됨을 보여줌(배음의 간격/파형의 반복 비율)

## ■ 음색

### ① 음색(timbre)

음량, 음고, 지속시간이 같은 두 음을 구분하게 해 주는 지각적 질

### ② 서로 다른 음색을 만드는 요인

| 배음 | • 음고는 소리의 배음 구조와 밀접한 관련을 가짐<br>• 배음의 상대적 강도와 그 수가 악기마다 다름<br>• 배음의 주파수는 항상 기초주파수의 배수이지만, 배음은 없을 수 있음 |
|---|---|
| 개시와 쇠퇴 | • 개시(attack)란 음의 시작부에서 음의 축적을, 쇠퇴(delay)는 음의 뒷부분에서 음의 약화를 말함<br>• 음색은 음의 개시와 쇠퇴의 시간 경과에 따라 달라질 수 있음<br>• 같은 음을 서로 다른 악기로 연주했을 때, '개시/지속부분/쇠퇴' 부분을 들으면 쉽게 구별되는 반면, '개시/쇠퇴' 부분을 제거하면 클라리넷/플루트 등을 구별하기 어려움 |

■ 내이(inner ear)

① 달팽이관(cochlea)

내이의 주요 구조로, 액이 채워져 있으며, 이 액은 난원창에 기대어 있는 등골의 운동에 의해 진동함

② 달팽이관 분할(cochlea partition)

완전히 풀린 달팽이관의 구조를 보면, 달팽이관의 위쪽 반인 전정계, 아래쪽 반인 고실계는 달팽이관 분할로 분리되며, 이는 등골 쪽의 기저(부)(base)부터 끝 쪽의 정점(부)(apex)까지 확장되어 있음

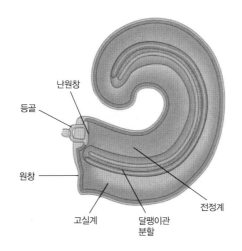

③ 달팽이관의 횡단면

㉠ 코르티 기관(organ of Corti)

청각 수용기인 융모세포(hair cells)를 포함하는 기관임

㉡ 기저막(basilar membrane)과 개막(tectorial membrane)

융모세포를 작동시키는 데 결정적인 역할을 하는 두 개의 막임

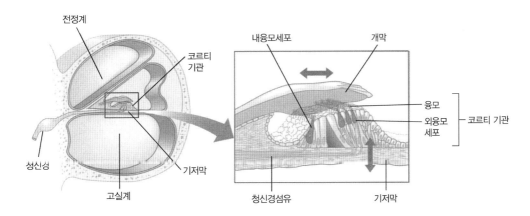

■ **융모세포와 두 개의 막**

① **융모(cilia)**

세포의 머리부분에서 튀어나온 가느다란 처리기로, 융모세포는 압력 변화에 반응해 휘어짐

② **내융모세포(inner hair cells)와 외융모세포(outer hair cells)**

㉠ 코르티 기관의 다른 기관에 위치해 있으며, 인간의 귀에는 내융모세포와 외융모세포가 1:3의 비율로 존재함

㉡ 외융모세포의 융모의 가장 긴 줄은 개막과 접촉해 있는 반면, 내융모세포의 융모는 개막과 접촉하지 않음

■ **진동이 융모를 구부림**

① **기저막의 상하 운동의 위치**

기저막의 상하 운동은 융모세포 위로 개막이 아치를 이루는 기저막 위의 코르티 기관에서 이루어짐

② **기저막의 상하 운동의 과정**

㉠ 중이의 등골의 진동이 난원창의 앞뒤 운동을 유발함

㉡ 진동을 달팽이관 안의 액체로 전달함

㉢ 기저막에 운동이 일어남

③ **기저막의 상하 운동의 결과**

㉠ 코르티 기관을 상하로 진동하게 함

㉡ 개막이 앞뒤로 움직이게 함

㉢ 위 두 가지 운동은 내융모세포의 융모 위의 개막이 앞뒤로 미끄러진다는 의미를 가짐

④ 외융모세포는 융모가 개막에 접촉하고, 내융모세포는 융모 주변의 액체에 있는 압력파 때문에 진동의 결과 융모는 휘어지게 됨

■ **구부림은 전기신호를 유발함**

① **압력파(환경 자극)의 전기신호로의 변환**

청각의 변환에는 이온 흐름이 필요하며, 융모세포의 융모가 휘어짐에 따라 발생함

② **청신경섬유 흥분 과정**

㉠ 전기신호 흥분

• 융모가 한 방향으로 움직이면 끝 고리 구조가 펴지며, 융모 막의 이온 채널이 열림

• 이온 채널이 열려 있을 때, 양극의 칼륨이온이 세포 안으로 유입됨

㉡ 비전기신호

• 융모가 반대 방향으로 휘어지면 끝 고리가 느슨해지며, 이온 채널이 닫힘

• 이때 전기신호 생성을 멈추게 됨

ⓒ 청신경섬유 흥분 과정
- 융모세포의 앞·뒤 휘어짐이 전기신호 흥분과 비전기신호를 교대로 일으킴
- 전기신호는 신경전달물질 방출을 유발함
- 이는 연접을 가로질러 확산하며 청신경섬유들을 흥분시킴
- 연접은 청신경섬유와 내융모세포가 분리되어 있음

## ■ 소리의 주파수는 전기신호의 시의성을 결정함

① 소리 자극의 압력 변화와 융모세포의 휘어짐

| 압력 증가 | 융모가 오른쪽으로 휘며, 융모세포가 활성화되고, 융모에 부착된 청신경섬유가 흥분함 |
|---|---|
| 압력 감소 | 융모가 왼쪽으로 휘며, 어떠한 흥분도 일어나지 않음 |

② 위상결속(phase locking)

청신경섬유는 단순음의 압력 증가·감소와 동시에 흥분하며, 이처럼 소리 자극의 같은 위치에서 흥분하는 속성을 위상결속이라 부름

③ 시간적 부호화(temporal coding)
- ㉠ 고주파수 음의 경우, 압력 변화에 따라 단일 신경섬유는 불응기가 필요하므로 매번 흥분하지 않을 수 있음
- ㉡ 그러나 음파의 정점에서 흥분하는 많은 신경섬유의 반응을 결합하면, 전반적 흥분 패턴은 소리 자극의 주파수에 대응함
- ㉢ 이처럼 소리의 주파수는 전기신호의 시의성을 결정하며, 이를 시간적 부호화라고 함

## ■ 청각의 장소설(place theory of hearing)

① 기저막의 진동은 주파수에 따라 더 많이 진동하는 위치가 달라짐
② 기저부는 고주파수에 조율되어 있고, 정점은 저주파수에 조율되어 있으며, 최상의 주파수는 이 두 극단들 사이에서 기저막을 따라 계속 변동함
③ 소리 주파수가 달팽이관을 따라 있는 신경 흥분이 최대인 장소에 의해 표시됨
④ 기저막의 각 장소는 여러 주파수에 가장 잘 반응하도록 조율되어 있음(달팽이관의 장소와 소리의 주파수를 연결)

## 제2장 청각의 기본 기능

### ■ 청각 경로의 겉질

① 겉질하 구조(subcortical structure)

ⓐ 달팽이관에서 나온 청신경섬유가 연접하는 겉질 아래의 일련의 구조들임

ⓑ 청각신호가 달팽이관에서부터 청각 겉질에 이르는, '달팽이관핵 → 상올리브핵 → 하구 → 안쪽무릎핵'의 경로임

| 달팽이관핵<br>(cochlea nucleus) | 청각 겉질하 구조의 시작으로, 두 귀의 신호를 상올리브핵으로 전달함 |
|---|---|
| 상올리브핵<br>(superior olivary nucleus) | • 뇌간에 위치한 상올리브핵은 두 귀에서 온 신호가 처음으로 만나는 지점으로, 여기서의 처리는 두 귀 위치 파악에서 중요한 역할을 함<br>• 청각 구조에서 양측 간 정보 교차가 일어날 수 있음을 보여줌 |
| 하구<br>(inferior colliculus) | 중뇌에 위치한 하구는 상올리브핵과 마찬가지로 두 귀 단서를 처리함 |
| 안쪽무릎핵<br>(medial geniculate nucleus) | 시상에 위치한 안쪽무릎핵은 청각 겉질하 구조의 마지막 구조로, 청신경섬유는 안쪽무릎핵에서 겉질의 관자엽에 있는 1차 청각겉질 또는 청각 수용 영역으로 계속됨 |

② 1차 청각겉질(primary auditory cortex) / 청각 수용 영역(A1 : auditory receiving area)

1차 청각겉질은 관자엽에 위치하고, 청각 신호를 겉질의 다른 청각 영역으로 이동시키며, 핵심 영역(core area)에 포함됨

③ 겉질의 주요 청각 영역

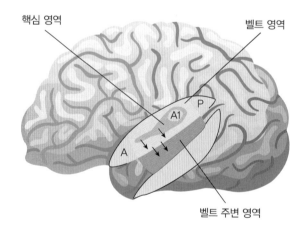

| 핵심 영역<br>(core area) | • 1차 청각겉질과 인근 영역을 포함하는 영역임<br>• 청각적 위치 파악과 소리 재인에 중요한 역할을 함 |
|---|---|
| 벨트 영역<br>(belt area) | • 핵심 영역을 둘러싸고 있는 영역임<br>• 핵심 영역과 마찬가지로 청각적 위치 파악과 소리 재인에 중요한 역할을 함 |

## 제3장 청각 패턴 지각

### ■ 말소리의 기본 단위

① 음소(phoneme)는 말소리의 가장 작은 단위이며, 음소가 바뀌면 단어의 의미가 바뀜
② 음소의 수는 각 특정 언어마다 다르므로, 음소는 그 언어에서 사용되는 소리의 측면에서 정의됨
③ 한 단위의 소리가 끝나면 다른 단위의 소리가 시작되는 식이 아니라, 이웃한 소리들이 서로 겹쳐 있음

### ■ 범주적 지각(categorical perception)

연속선상에 있는 자극이 별개의 범주로 구분되어 지각되는 경우에 발생함

① 음성구동시간(VOT : Voice Onset Time)
  말소리의 연속성을 보여주는 특성으로, 소리의 시작과 유성화에 동반되는 성대 떨림의 시작 사이에 존재하는 시간적 지연임

② 음소 경계(phonetic boundary)
  ㉠ 컴퓨터를 이용한 연구에서 /da/와 /ta/ 사이의 음성 자극을 들려준 결과, VOT가 넓은 범위에 걸쳐 연속적으로 변화함에도 피험자들은 /da/ 또는 /ta/만 들었다고 보고했음
  ㉡ 음소 경계는 /da/가 /ta/로 변화해서 지각할 때의 VOT를 말하며, 음소 경계의 왼쪽에 있는 VOT에서는 /da/가, 오른쪽에 있는 VOT에 대해서는 /ta/가 지각됨
  ㉢ 변별 검사(discrimination test)
    음소 경계를 이용하여, VOT가 상이한 두 자극을 제시하였을 때 두 소리가 같게 들리는지, 다르게 들리는지 알아보는 검사임
  ㉣ 음소 경계가 같은 편에 있는 모든 자극이 동일한 범주로 지각되는 것은 청각에서의 지각적 항등성의 예시임

### ■ 말소리 지각의 대뇌겉질 위치

① 브로카 영역(Broca area)
  ㉠ 이마엽에 위치하며, 말소리 생성에 중요한 역할을 함
  ㉡ 브로카 실어증(Broca aphasia)
    브로카 영역이 손상된 환자는 말소리 이해는 온전한 반면, 말을 하는 데 어려움을 겪으며, 짧은 문장만을 말할 수 있음

② 베르니케 영역(Wernicke area)
  ㉠ 관자엽에 위치하며, 말소리 이해에 중요한 역할을 함
  ㉡ 베르니케 실어증(Wernicke aphasia)
    베르니케 영역이 손상된 환자의 경우 말을 유창하게 할 수 있지만, 말하는 내용이 체계가 없고 의미가 없으며, 말소리 이해에 어려움을 겪음
  ㉢ 단어농(word deafness)
    가장 극단적인 베르니케 실어증의 형태로, 순음을 듣는 능력은 이상이 없는 반면, 단어를 인식할 수 없음

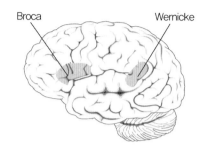

③ **목소리 영역과 목소리 세포**

   ⊙ 목소리 영역

     Pascal Belin과 동료들(2000)이 fMRI를 통해 찾은 영역으로, 인간의 위관자 고랑(STS : Superior Temporal Sulcus)에 위치하며, 다른 소리보다 사람의 목소리에 더 활성화됨

   ⓛ 목소리 세포(voice cell)

     Catherine Perrodin과 동료들(2011)이 기록한 신경세포로, 다른 동물들의 부르는 소리 또는 '목소리 아닌' 소리보다 원숭이끼리 부르는 녹음된 소리에 더 강하게 반응하는 세포임

   ⓒ '목소리 영역'과 '목소리 세포' 둘 다 관자엽에 위치하며, '무엇' 경로에 포함됨

④ **말소리 지각의 이중-흐름 모형(dual-stream model of speech perception)**

   말소리 지각과 관련하여 대뇌겉질 조직이 복측(무엇) 또는 배측(어디) 경로라는 이중 흐름으로 구성된다는 제안임

| 복측(또는 무엇) 경로 | 관자엽에서 시작하는 경로로, 목소리의 재인을 담당함 |
|---|---|
| 배측(또는 어디) 경로 | 마루엽에서 시작하는 경로로, 말을 생성하는 움직임과 음향신호의 관련을 담당함 |

■ **대뇌겉질 신호로부터 말소리를 재구성하기**

① '말소리 해독기'란 말소리 영역에 있는 전기적 신호 패턴이 말소리로 표상되는 방식임

   ⊙ Pasley와 동료 연구자들(2012)은 뇌 수술이 필요한 간질 환자를 대상으로, 뇌 표면에 전극을 부착하여 말소리를 제시 후 전극의 신호를 기록하였음

   ⓛ 다양한 전극에서 기록된 활동으로부터 나온 말소리 자극에서 주파수 패턴의 여부를 파악하고, 이 활동 패턴을 말소리 해독기가 분석했음

② **'재구성된' 분음파형도**

   제시된 말소리를 바탕으로 말소리 분음파형도를 재구성하며, 이는 뇌에 부착된 전극 배열이 기록한 전기적 신호로부터 구성되었기 때문에, '재구성된' 분음파형도라고 부름

③ **결과 활용**

   ⊙ 재구성된 분음파형도의 주파수 패턴을 소리로 바꿔 주는 재생 기구를 사용했을 때, 환자가 듣고 있는 단어처럼 재인될 수 있는 말소리로 듣는 것이 가능했음

   ⓛ 이러한 기구를 활용하면 말을 하지 못하는 환자들이 자신의 생각을 말소리로 변환하여 의사소통을 할 수 있게 해 주는 것이 가능할 것임

| 제5편 | 피부감각과 미각, 후각 |

## 제1장 피부감각

### ■ 체감각 겉질

① **체감각 수용 영역과 체감각 겉질**

시상에서 신호는 겉질의 마루엽에 있는 체감각 수용 영역(S1, somatosensory receiving area) 혹은 이차 체감각 겉질(S2, secondary somatosensory cortex)로 이동함

② **뇌소인(homunculus)**

㉠ 체감각 겉질의 중요한 특성인 그것이 몸의 위치에 상응하는 지도로 조직되어 있는 것으로, '작은 사람'이라는 라틴어인 '뇌소인'이라 불림

㉡ 뇌소인은 피부의 인접한 부위를 뇌의 인접 부위로 투사하는데, 어떤 피부 부위는 비례에 맞지 않게 큰 뇌 영역으로 표상함

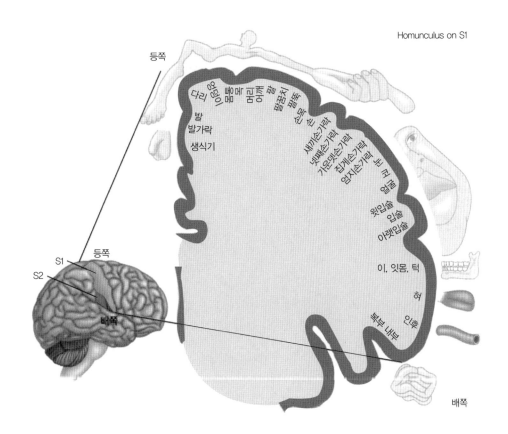

## 제2장 미각 및 후각

### ■ 미각

① 기본 맛은 짠맛, 신맛, 단맛, 쓴맛, 우마미로 분류함
② 우마미는 화학조미료인 MSG의 맛으로, 다섯 번째 기본 맛으로 인정되었음

### ■ 향미 지각

① 향미(flavor) 또는 맛은 혓바닥에 있는 수용기를 자극하여 생기는 미각과 후각 점막에 있는 수용기를 자극하여 생기는 후각이 조합된 결과임
② 향미를 느끼는 데에는 후각이 결정적인 역할을 하므로, 일반적으로 코를 막았을 때 맛의 정체를 파악하기가 어려움
③ 향미를 지각하는 곳이 입인 것처럼 느끼는 이유는 음식물이 입안의 촉각 수용기를 자극하기 때문이며, 후각 수용기와 미각 수용기의 작용을 입에서 벌어지는 작용으로 간주하는 구강 포획 현상이 입안에서 발생하여 향미가 입안에서 느껴지게 함
④ Proust 효과
　㉠ 오랫동안 생각도 해 보지 못했던 기억이 미각과 후각 때문에 생생하게 되살아나는 현상을 의미함
　㉡ 냄새로 유발된 기억과 '되돌아간' 느낌 및 강한 정서적 경험이 서로 관련되어 있다는 가정이 있을 수 있음
　㉢ 그러나 이를 규명하기 위해서는 추가적 연구가 필요함

SD에듀와 함께, 합격을 향해 떠나는 여행

# 감각 및 지각심리학

# 기출복원문제

출/ 제/ 유/ 형/ 완/ 벽/ 파/ 악/

교육은 우리 자신의 무지를 점차 발견해 가는 과정이다.

– 월 듀란트 –

※ 본 문제는 다년간 독학사 심리학과 2단계 시험에서 출제된 기출문제를 복원한 것입니다. 문제의 난이도와 수험경향 파악용으로 사용하시길 권고드립니다. 본 기출복원문제에 대한 무단복제 및 전제를 금하며 저작권은 SD에듀에 있음을 알려드립니다.

**01** 다음 내용과 가장 관련 깊은 것은?

> 오디오에서 노래가 나오면서 잡음이 섞여 있었지만, 이미 알고 있는 노래라서 가사나 음을 이해하는 데 전혀 문제가 없다.

① 수용기처리
② 상향처리
③ 신경처리
④ 하향처리

**01** 하향처리(개념주도적 처리)는 지식에 기반하는 처리를 의미한다. 따라서 아는 노래를 듣는다면 잡음이 섞여 있어도 노래를 이해하는 데 문제가 없다.

**02** 다음 내용에서 괄호 안에 들어갈 수치로 적절한 것은?

> 어떤 물체가 1,200g일 때 차이역이 60g이라면, 베버(Weber)의 법칙에 따를 경우 차이역이 100g일 때 어떤 물체는 (      )g이다.

① 1,500
② 1,800
③ 2,000
④ 2,200

**02** Weber의 차이역은 두 자극이 다르다는 것을 구분하기 위해 필요한 최소한의 강도 차이를 뜻하며, 자극의 강도가 아닌 자극의 비율로 설명한다. (1200 : 60 = X : 100)

정답 ( 01 ④    02 ③ )

**03** 적중은 자극이 제시되었을 때 '네'라고 정확반응하는 것을 말한다.
① 누락은 자극이 제시되었을 때 '아니오'라고 오반응하는 것을 말한다.
② 반응기준은 얼마나 신중하게 반응하는지를 의미한다.
③ 오경보는 자극이 없는데 '네'라고 오반응하는 것을 말한다.

**03** 다음 내용에 해당하는 반응은 무엇인가?

> 아이에게 불빛을 보면 버튼을 누르라고 요구했는데, 아이가 불빛을 보고 버튼을 눌렀다.

① 누락
② 반응기준
③ 오경보
④ 적중

**04** 민감도는 표적 자극과 비표적 자극을 구별하는 관찰자의 능력을 의미하는 반면, 반응기준은 얼마나 신중하게 반응하는지를 의미한다.

**04** 다음 내용에서 괄호 안에 들어갈 적절한 용어를 순서대로 고른 것은?

> 신호탐지이론에서 소음이 있더라도 신호를 지각하는 경우, ( ㉠ )이/가 ( ㉡ )고 할 수 있다.

| | ㉠ | ㉡ |
|---|---|---|
| ① | 민감도 | 높다 |
| ② | 반응기준 | 높다 |
| ③ | 민감도 | 낮다 |
| ④ | 반응기준 | 낮다 |

**정답** 03 ④  04 ①

**05** 다음 중 신생아의 시력에 대한 설명으로 옳지 <u>않은</u> 것은?

① 신생아의 뇌에서 시각 영역의 발달은 미흡하다.
② 신생아의 빛을 흡수하는 능력은 성인의 빛을 흡수하는 능력에 비해 높다.
③ 신생아는 이후 6~9개월 사이 시력이 갑작스럽게 향상된다.
④ 신생아의 중심와에 들어오는 빛의 대부분은 원뿔세포를 자극하지 못한다.

**06** 시각신경세포의 수렴과정에 대한 설명으로 옳지 <u>않은</u> 것은?

① 수용기에서 생성된 신호는 양극세포로 흘러가고, 거기서 다시 신경절세포로 전달된다.
② 신경절세포에 도달한 신호는 시각신경을 따라 망막을 빠져 나가게 된다.
③ 아마크린세포는 한 수용기에서 생성된 신호를 다른 수용기로 전달한다.
④ 신경수렴은 여러 개의 신경세포가 하나의 신경세포와의 연접으로 연결될 때 일어난다.

**07** Hubel과 Wiesel이 위치기둥과 그 속의 방위기둥을 모두 합쳐 부른 것의 명칭은?

① 초기둥
② 수직기둥
③ 조직기둥
④ 눈 우세 기둥

**05** 신생아의 원뿔세포가 빛을 흡수하는 능력은 성인의 원뿔세포가 빛을 흡수하는 능력에 비해 훨씬 뒤처진다.
① 신생아의 시각겉질에 있는 신경세포는 성인의 시각겉질에 비해 개수도 적고, 연접 또한 풍성하지 못하다.
③ 신생아는 이후 6~9개월 사이 신경세포와 연접이 급격히 증가하고, 중심와에서는 원뿔세포 간 간격이 촘촘해지며, 시력이 갑작스럽게 향상된다.
④ 성인의 원뿔세포 수용기는 중심와의 68%를 덮고 있는데, 신생아의 원뿔세포 수용기가 덮고 있는 부분은 중심와 전체의 2%밖에 되지 않는다.

**06** 아마크린세포는 양극세포 간 신호전달 및 신경절세포 간 신호전달을 한다. 한 수용기에서 생성된 신호를 다른 수용기로 전달하는 역할을 하는 것은 수평세포이다.

**07** Hubel과 Wiesel은 위치기둥과 그 속의 모든 방위기둥을 합쳐 '초기둥'이라 하였다. 초기둥은 망막의 작은 영역 내에 떨어지는 모든 가능한 방위에 관한 정보를 받으며, 따라서 시야의 작은 영역으로부터 들어오는 정보를 처리하기에 매우 적합하다.

**정답** 05 ② 06 ③ 07 ①

08 Ungerleider와 Mishkin(1982)의 연구에서 마루엽이 절제된 원숭이가 위치 변별 문제의 수행에 어려움을 나타냄으로써, 줄무늬겉질에서 마루엽에 이르는 어디에 경로(where pathway)를 확인하였다.

**08 다음 내용에서 괄호 안에 들어갈 가장 적절한 용어는?**

> Ungerleider와 Mishkin(1982)의 연구에서는 원숭이의 대뇌겉질에서 (     )을 제거하면 '어디에'에 대한 정보를 인식하지 못하게 된다는 것을 발견하였다.

① 뒤통수엽
② 관자엽
③ 마루엽
④ 이마엽

09 사람은 보는 각도에 따라 계속 변하는 물체를 같은 물체로 지각하지만, 컴퓨터는 불분명하다. 여러 시점에서 본 한 물체를 재인하는 능력을 '시점 불변성'이라 한다.
① 망막상을 낸 물체를 지정하는 일을 '역투사 문제'라고 한다.
③ '집단화'란 시각적 사건이 함께 묶여 단위나 물체가 되는 과정이다.
④ '지각적 조직화'란 환경의 요소들이 지각적으로 묶여 우리로 하여금 물체를 지각하게 하는 과정이다.

**09 의자는 사람이 관찰하는 위치에 따라 다르게 보이지만, 결국 같은 모양으로 인식하게 되는데, 이를 의미하는 용어는?**

① 역투사 문제
② 시점 불변성
③ 집단화
④ 지각적 조직화

10 '균일 연결성 원리'는 밝기, 색, 표면결 또는 운동과 같은 시간 속성들로 연결된 영역이면 한 단위로 지각한다는 원리이다.
① '근접성 원리'는 가까운 사물들은 함께 집단화되어 보인다는 원리이다.
② '공통 운명 원리'는 같은 방향으로 움직이는 사람들은 함께 집단화된다는 원리이다.
③ '공통 영역 원리'는 같은 공간 영역 내의 요소들은 함께 집단화된다는 원리이다.

**10 다음 내용에 해당하는 원리는?**

> 다음과 같이 두 개의 사각형이 겹쳐 있을 때, 한 쪽에 구멍이 난 것처럼 인식하지 않고 가능성이 높은 겹쳐져 있는 것으로 인식하는 것을 의미

① 근접성 원리
② 공통 운명 원리
③ 공통 영역 원리
④ 균일 연결성 원리

**정답** 08 ③  09 ②  10 ④

11 다음 중 착시 전체는 그 부분의 합과 다르다는 것을 의미하는 용어는?

① 구조주의 접근
② 게슈탈트 접근
③ 지각적 조직화
④ 지각적 분리

11 게슈탈트 심리학자들은 감각을 '더해서' 지각이 이루어진다는 생각을 거부하고, 과거 경험이 지각에 중요한 역할을 한다는 생각도 받아들이지 않았다. 그 예로 '가현운동'과 '착시적 윤곽' 등이 있다.
① '구조주의 접근'은 게슈탈트 접근이 나오기 전 제안된 이론으로, 감각기관의 자극 때문에 생긴 기초 과정인 '감각'과, 물체의 자각과 같은 복잡하고 의식적인 경험인 '지각'을 구분하고자 하였다.
③ '지각적 조직화'는 환경의 요소들이 지각적으로 묶여 우리로 하여금 물체를 지각하게 하는 과정이다.
④ '지각적 분리'는 형-배경 문제로 불리며, 별개의 한 물체를 볼 때는 배경에서 튀어나온 형으로 물체를 인식하게 된다는 내용이다.

12 다음 내용에서 괄호 안에 들어갈 말로 가장 적절한 것은?

> 다음에 나오는 고속도로 나들목 사진처럼 도로가 복잡하지만 이어서 인지하는 것을, 게슈탈트 이론에서는 (    ) 원리라고 한다.
>
>

① 좋은 연속성
② 프래그난츠
③ 유사성
④ 근접성

12 직선이나 완만한 곡선으로 연결되는 점들은 함께 속한 것으로 지각되고, 선들은 가장 완만한 경로를 따르는 것으로 지각되는 경향을 '좋은 연속성 원리'라 한다.
② '프래그난츠 원리'는 모든 자극 패턴은 가능한 한 가장 간단한 구조를 내는 방향으로 보인다는 원리이다.
③ '유사성 원리'란 비슷한 사물은 함께 집단을 이룬다는 원리이다.
④ '근접성 원리'란 가까운 사물들은 함께 집단화되어 보인다는 원리이다.

정답 11 ② 12 ①

13 어떤 것을 직접적으로 바라보고 있
지라도 주의를 주지 않으면 놓칠 수
있는 현상을 '무주의 맹시'라고 한다.
①·② '변화 맹시'는 장면에서 변화
를 탐지하는 것이 어려운 현상을
말한다. 그 예로는 영화에서 장면
이 변할 때 물건이 없어지거나 행
동이 바뀌어도 주의를 주목하지
않아 알아차리기 어려운 경우인
'연속성의 오류'가 있다.
④ '이중-과제 절차'란 주의를 요구
하는 '중심과제'와 장면의 내용에
대해 판단하는 '주변과제'를 동시
에 수행해야 하는 절차이다.

## 13 다음 내용에 해당하는 현상은 무엇인가?

> 농구 게임처럼 세 명의 경기자로 구성된 두 팀 중, 한 팀은
> 흰 옷을 입고 볼을 패스하며 다른 팀은 그들을 계속 따라다니
> 면서 팔을 올려 방어하는 것을 보여주는 75초 분량의 비디오
> 자극을 관찰자들이 보도록 하였다. 관찰자들은 흰 옷을 입은
> 팀의 볼 패스 개수를 세도록 요구받았기 때문에 흰 옷을 입은
> 팀에 주의를 기울였다. 비디오 자극에서는 56초가 경과한 뒤
> 우산을 들고 가는 여인이나 고릴라 복장을 한 사람이 농구 게
> 임 장소 가운데를 지나가는 장면이 5초 동안 제시되었고, 비
> 디오를 본 관찰자에게 6명의 경기자 외에 다른 사람을 보았는
> 지 물어보았으나 관찰자의 절반 가량인 46%가 여인이나 고릴
> 라를 보지 못하였다.

① 변화 맹시
② 연속성의 오류
③ 무주의 맹시
④ 이중-과제 절차

14 Womelsdorf 등(2006)의 실험에서
수용장이 특정 위치에 고정되지 않
고 원숭이가 주의를 기울이는 곳에
반응하여 움직임으로써, 주의가 시
각 시스템의 조직을 부분적으로 변
화시키고 있다는 것을 확인하였다.

## 14 다음 중 주의를 집중할 때 나타나는 현상이 아닌 것은?

① 주의는 자극의 위치에 대한 반응을 빠르게 한다.
② 주의는 자극 그 자체에 대한 반응을 빠르게 한다.
③ 주의는 신경세포의 수용장 위치를 이동시킬 수 없다.
④ 주의는 뇌 특정 영역의 반응을 증가시킨다.

**정답** 13 ③  14 ③

**15** 다음 중 착각 접합에 대한 설명으로 **틀린** 것은?

① 목표한 자극에 주의를 둘 때 이전 다른 자극이 가졌던 세부특징이 목표 자극의 세부특징과 조합되는 것이다.

② Treisman의 세부특징 통합론에서 초점주의 단계를 설명하는 내용이다.

③ 세부특징이 결합되면 대상을 지각하게 된다는 내용의 증거이다.

④ 개별적 대상에 주의를 집중하지 못하여 세부특징의 결합이 어려운 증상을 말한다.

**16** 다음 중 30m 이상의 깊이 단서 인지와 관련이 **없는** 것은?

① 입체시

② 크기 항등성

③ 대기 조망

④ 조망 수렴

**17** 달 착시 현상에 대한 설명으로 틀린 것은?

① 각기 다른 거리에서 달을 바라보더라도 달의 크기에 대한 지각이 비교적 항상적이다.

② 달이 지평선에 있으면 머리 위 하늘보다 더 멀어 보이는 지평선을 배경으로 보기 때문에 더 크게 보인다.

③ 달이 지평선에 있으면 더 넓은 하늘이 둘러싸고, 따라서 더 크게 보이게 된다.

④ 지평선에 걸린 달이 중천에 뜬 달에 비해 확대되어 보이는 현상이다.

---

**15** 개별적 대상에 주의를 집중하지 못하여 세부특징의 결합이 어려운 증상이란 발린트 증후군을 의미한다.

**16** 크기 항등성은 각기 다른 거리에서 물체를 바라보더라도 물체의 크기에 대한 지각이 비교적 항상적이라는 것을 의미한다.

① 입체시는 양안부등에 의해 제공된 정보에서 만들어진 깊이감을 의미한다.

③ 대상이 멀리 떨어져 있을수록 공기와 입자들을 통해서 봐야 하므로, 먼 대상이 가까운 대상보다 덜 선명하고 더 푸른빛을 띠게 된다.

④ 멀어질수록 수렴하는 것처럼 보인다.

**17** 크기 지각 중 크기 항등성에 대한 설명이다.

② 가현 거리 이론에 대한 설명이다.

③ 각 크기-대비 이론에 대한 설명이다.

④ 달 착시 현상에 대한 정의이다.

**정답** 15 ④ 16 ② 17 ①

18 양안부등에 의해 제공된 정보에서 만들어진 깊이감을 입체시라 한다.

**18** 단안 단서에 대한 설명으로 **틀린** 것은?

① 단안 단서에는 조절, 회화 단서, 움직임-기반 단서가 포함된다.

② 회화 단서 중에서 멀어질수록 수렴하는 것처럼 보이는 것을 조망 수렴이라 한다.

③ 우리가 움직일 때 일어나며, 가까이 있는 대상은 빠르게 지나가는 것처럼, 멀리 있는 대상은 느리게 움직이는 것처럼 보이게 하는 것을 운동시차라 한다.

④ 단안부등에 의해 제공된 정보에서 만들어진 깊이감을 입체시라 한다.

19 빛의 흐름이라고 하는 움직임은 보행자가 나아가는 방향과 속도에 관한 정보를 제공한다.

**19** 지각과 움직임의 기능에 대한 설명으로 옳지 <u>않은</u> 것은?

① 움직임은 주변 환경 속 사건에 대한 이해를 돕는다.

② 움직임은 주의를 끈다.

③ 빛의 흐름이라고 하는 움직임은 보행자가 나아가는 방향에 관한 정보를 제공하지만, 속도에 관한 정보는 제공하지 않는다.

④ 주의 포획이란 주의를 끄는 움직임을 의미한다.

**정답** 18 ④  19 ③

**20** (a)~(c)와 같이 로켓 그림이 주어졌을 때 움직임이라고 인지하는 것과 관련이 <u>없는</u> 설명은?

(a)　　　　　(b)　　　　　(c)

① 사람들은 로켓이 위로 올라가고 있다고 지각한다.

② 이 장면을 움직이는 물체로 지각하는 현상을 유도 움직임이라 한다.

③ 실제로 로켓이 올라가는 영상을 봤을 때와 비슷한 시각겉질 내 영역이 활성화된다.

④ 실제 움직임과는 다른 착각성 움직임이라 표현한다.

**21** 구름에서 달의 움직임을 인식하는 것과 관련이 <u>없는</u> 설명은?

① 한 물체의 움직임 때문에 이웃에서 움직이지 않고 있는 다른 물체가 움직이는 것으로 지각될 때 일어나는 현상의 예시이다.

② 움직이는 자극을 주시한 후 고정된 자극을 바라볼 때 일어나는 현상이다.

③ 대개의 경우 큰 물체의 움직임에 의해 움직이지 않고 있는 작은 물체가 움직이는 것으로 지각될 때 일어난다.

④ 유도 움직임의 예시이다.

**20** 실제로 움직이지 않는 물체를 움직이는 물체로 지각하는 현상을 '착각성 움직임'이라 한다. '유도 움직임'은 한 물체의 움직임 때문에 이웃에서 움직이지 않고 있는 다른 물체가 움직이는 것으로 지각될 때 일어난다.

**21** ②는 움직임 잔효에 대한 설명이다. 움직이는 자극을 주시한 후 고정된 자극을 바라보면, 고정된 자극이 앞서 주시했던 움직이는 자극의 방향과 반대 방향으로 움직이는 것처럼 보인다.

**정답** 20 ② 21 ②

22 문제에 제시된 현상은 액체의 움직임을 지각하지 못해 잔이 차오르는 것을 지각하지 못해 일어나는 것이다.
① · ② 주의 포획에 대한 설명이다.
③ 지각의 문제에 의해 발생하는 현상이다.

**22** 커피에 액체를 따를 때 액체를 마치 얼음처럼 인지하여 제대로 따르지 못하는 현상에 대한 설명으로 옳은 것은?

① 다른 일에 주의를 쏟고 있을 때 일어나는 현상이다.

② 의식적으로 무언가를 찾고 있을 때만 나타나는 현상이 아니며, 무의식적 상황에서도 나타난다.

③ 주의의 문제에 의해 발생하는 현상이다.

④ 뇌졸중으로 대뇌겉질의 움직임 지각 영역이 손상된 환자에게 일어날 수 있는 현상이다.

23 색채 시각은 각기 다른 스펙트럼 민감도를 갖는 세 개의 수용기 기제에 달려 있다.

**23** 다음 중 삼원색 이론에 대한 설명으로 틀린 것은?

① 색채 시각 이론이라고도 불린다.

② 색채 시각은 모두 같은 스펙트럼 민감도를 갖는 세 개의 수용기 기제에 달려 있다.

③ 삼원색 이론에 따르면 빛의 파장은 세 가지 수용기의 활동양상에 의해 신호된다.

④ 어떤 파장의 빛이라도 색 대응을 하려면 적어도 세 개의 파장이 필요하다는 결과에 기초해 제안되었다.

24 물감을 혼합하면 더 적은 파장이 반사되고, 빛을 혼합하면 더 많은 파장이 반사된다.

**24** 다음 중 색채 혼합에 대한 설명으로 틀린 것은?

① 물감을 혼합하면 더 많은 파장이 반사되고, 빛을 혼합하면 더 적은 파장이 반사된다.

② 빛 혼합을 가산 색혼합이라 한다.

③ 각 물감 덩어리는 특정 파장을 흡수하는데, 물감을 혼합할 때에도 이 파장들을 흡수한다.

④ 색을 섞었을 때 나오는 혼합된 색도 눈에 반사되어 들어가는 파장과 연합되어 있다.

**정답** 22 ④ 23 ② 24 ①

**25** 다음에 제시된 내용과 관련이 <u>없는</u> 것은?

> 조명이 달라져도 빨강이나 초록과 같은 유채색을 비교적 일정하게 지각하듯, 무채색(흰색, 회색, 검은색 등)도 조명의 밝기와 무관하게 항등적으로 지각한다. 이를 규명하기 위해 얼마나 많은 빛이 물체에 비춰지는가와 물체의 반사율에 연구자들의 관심이 집중되어 있다.

① 강도 관계 : 비율 원리
② 크기 항등성
③ 반음영과 밝기 지각
④ 표면의 방향

**26** 잘 익은 토마토를 빨간색으로 인지하는 것에 대한 원인으로 옳은 것은?

① 빨간색 음식은 사람에게 식욕을 불러일으키기 때문에
② 빨간색은 장파장의 파장이 반사된 색이기 때문에
③ 빨간색과 같은 유채색은 조명이 달라져도 비교적 일정하게 지각되기 때문에
④ 빨간색의 토마토가 잘 익은 토마토였다는 기억이 있기 때문에

**27** 그네 방 실험에 대한 설명으로 <u>틀린</u> 것은?

① 시각은 균형 상태를 위한 참조틀일 뿐 근육이 균형을 유지하도록 조정되지는 않는다.
② 눈을 감으면 균형 상태를 유지하기 힘들다는 것을 보여주는 실험이다.
③ 그네 방 실험은 시각이 내이의 근육, 관절 수용기들이 제공하는 습관적인 균형 정보원을 압도함을 보여준다.
④ 그네 방 실험은 시각이 균형의 강력한 결정인자인 것을 보여준다.

---

**25** 제시문은 밝기 항등성에 관한 내용이다. 크기 항등성은 각기 다른 거리에서 물체를 바라보더라도 물체의 크기에 대한 지각이 비교적 항상적이라는 것을 의미한다.

**26** 색채 항등성에서 물체의 전형적인 색에 대한 사전 지식이 지각에 미치는 영향을 기억색이라 한다.

**27** 시각은 균형 상태를 위해 참조틀을 주며, 이것이 근육으로 하여금 균형을 계속 유지하도록 조정한다.

**정답** 25 ② 26 ④ 27 ①

**28** 거울신경세포는 다른 개체의 행동을 관찰할 때 마치 자신이 그 행동을 하는 것처럼 활성화하는 신경세포이다.

**28** 다음 내용에서 괄호 안에 들어갈 용어로 가장 적절한 것은?

> 다른 사람이 물건을 쥐는 것을 보면 본인이 움직이지 않아도 전운동피질의 (　　　)이/가 활성화된다.

① 거울신경세포
② 후두엽
③ 측두엽
④ 내상측두영역

**29** 뇌염으로 해마가 손상된 T.T. 사례를 보면, 그는 집 주변처럼 자주 돌아다닌 길임에도 길을 잃었다. 이에 관하여 Eleanor Maguire 등(2006)은 오래 전 학습한 길의 자세한 내용을 처리하려면 해마가 중요하다고 결론지었다.

**29** 다음 중 환경에서 길 찾기와 관련된 뇌영역은 무엇인가?

① 거울신경
② 관자엽
③ 해마
④ 내상측두영역

**30** 제시문은 관찰자 주체가 움직일 때 변화하는 환경에 대한 지각과 관련된 내용이다. ④는 움직이는 관찰자가 환경에서 만드는 정보에 대한 내용으로, 광학 흐름에 대한 설명이다.
① 조망 수렴에 대한 설명이다.
② 밝기 항등성의 비율 원리에 대한 설명이다.
③ 달 착시에서 가현 거리 이론에 대한 설명이다.

**30** 다음 내용과 가장 관련 깊은 것은?

> 예전에는 환경 그 자체를 지각하는 방법에 대해 연구하였는데, 요즘에는 환경과 관련하여 사람이 움직일 때 환경은 어떻게 지각되는가에 대한 연구를 추구한다.

① 물체가 멀어질수록 수렴하는 것처럼 보인다.
② 어떤 물체와 주위에 있는 물체의 반사율의 비율이 같게 유지되면, 지각된 밝기는 일정하게 유지된다.
③ 지평선에 걸린 달이 중천에 뜬 달에 비해 확대되어 보인다.
④ 운전을 하고 있을 때 바깥의 모든 사물들은 정지 상태이지만, 내가 움직임으로써 사물들이 반대쪽으로 지나간다.

**정답** 28 ① 　29 ③ 　30 ④

**31** 청각체계에서 공기 진동을 전기신호로 바꾸는 세포는 무엇인가?

① 공명세포
② 융모세포
③ 음고신경세포
④ 음파세포

**32** 다음 내용에서 괄호 안에 들어갈 용어를 순서대로 고른 것은?

> 귓구멍의 구조는 관 끝의 (  ㉠  )을 보호하고, 귓구멍에서 소리는 (  ㉡  )된다.

|  | ㉠ | ㉡ |
|---|---|---|
| ① | 귀청 | 증폭 |
| ② | 이소골 | 증폭 |
| ③ | 중이근 | 감소 |
| ④ | 달팽이관 | 감소 |

**31** 융모세포는 압력 변화에 반응해 휘어진다. 청각의 압력파(공기 진동)가 전기신호로 변환되기 위해서는 이온 흐름이 필요하며, 이온 흐름은 융모세포의 융모가 휘어짐에 따라 발생한다.

**32** 귓구멍의 구조는 관 끝의 귀청(고막)을 보호한다. 귓구멍의 폐쇄된 끝에서 반사된 음파가 귓구멍으로 들어오는 음파와 상호작용할 때 공명이 일어나는데, 이는 소리의 강도를 증가시키는 역할을 한다. 공명을 통해 소리의 주파수 중 1,000~5,000Hz의 주파수의 소리 압력이 약간 증폭된다.
② 이소골은 중이의 구조 중 하나로 추골, 침골, 등골로 구성된다.
③ 중이근은 중이에 있는 신체에서 가장 작은 골격근으로, 이소골에 붙어 있다.
④ 달팽이관은 내이의 주요 구조로, 액이 채워져 있다. 이 액은 난원창에 기대어 있는 등골의 운동에 의해 진동된다.

**정답** 31 ②  32 ①

**33** 소리 주파수가 달팽이관을 따라 있는 신경 흥분이 최대인 장소에 의해 표시된다.

**33** 청각 장소이론에 대한 설명으로 **틀린** 것은?

① 기저막의 진동은 주파수에 따라 더 많이 진동하는 위치가 달라진다.

② 기저부는 고주파수에 조율되어 있으며, 정점은 저주파수에 조율되어 있다.

③ 최상의 주파수는 이 두 극단들 사이에서 기저막을 따라 계속 변동한다.

④ 소리 주파수가 달팽이관을 따라 있는 신경 흥분이 최소인 장소에 의해 표시된다.

**34** 방위각, 고도, 거리라는 위치 단서의 세 차원에서 사람들의 청각적 위치 파악 능력에 대한 연구가 이루어진다.

**34** 소리 위치 단서에 대한 설명으로 **틀린** 것은?

① 소리 위치 단서는 청각계가 소리의 위치를 파악하기 위해 사용하는 경로를 말한다.

② 청자의 머리와 귀가 소리와 상호작용하는 방식에 의해 만들어진다.

③ 두 귀 단서와 한 귀 단서의 두 종류가 있다.

④ 방위각, 고도, 크기라는 위치 단서의 세 차원에서 사람들의 청각적 위치 파악 능력에 대한 연구가 이루어진다.

**35** 시각에서의 노안과 달리 노인성 난청은 나이 외에도 소음 노출 시간, 융모 손상을 유발하는 약물 등 다양한 원인에 의해 유발된다.

**35** 노인성 난청에 대한 설명으로 **옳지 않은** 것은?

① 노화에 의한 퇴화 등에 걸쳐 축적된 영향에 의해 발생하는 융모세포 손상이다.

② 시각에서의 노안과 같이 나이에 의해서만 유발된다.

③ 노인성 난청 관련 민감도 손상은 고주파수에서 가장 크게 나타난다.

④ 융모 손상을 유발하는 약물에 의해서도 발생할 수 있다.

**정답** 33 ④  34 ④  35 ②

**36** 다음 내용에 해당하는 현상은 무엇인가?

> 컴퓨터를 이용한 연구에서 /da/와 /ta/ 중간에 다른 소리를 넣어도 피험자들은 /da/와 /ta/만 들었다고 보고했다.

① 말소리 분절
② 지각적 항등성
③ 음소복구 효과
④ 맥거크 효과

**36** 음소 경계가 같은 편에 있는 모든 자극이 동일한 범주로 지각되는 것은 청각에서의 지각적 항등성의 예시이다.
① 연속적인 말소리 신호에서 개별 단어를 분절하여 지각하는 것을 '말소리 분절'이라 한다.
③ 음소가 제시되지 않는데도 실제로는 맥락에 따라 들은 것으로 지각하는 효과를 '음소복구 효과'라 한다.
④ '맥거크 효과'는 청시각적 말소리 지각의 대표적인 예로, /ba-ba/ 소리를 듣고 있음에도 화면에 /ga-ga/ 소리를 낼 때의 입술 움직임을 보이는 사람이 나온 경우, 청자는 /da-da/ 소리를 듣게 된다.

**37** 다음 내용과 가장 관련 깊은 것은?

> 코끼리의 코는 다른 동물들이 후각에만 사용하는 것과 달리 물건을 집을 때 자주 사용되기 때문에 다른 부위에 비해 더 민감한 촉감능력을 가진다.

① 피부 수용장
② 피부 표면 역학 수용기
③ 피부 심부 역학 수용기
④ 경험-의존 가소성

**37** 경험-의존 가소성은 겉질 조직화의 기본 원리 중 하나로 특정 기능에 대한 겉질 표상은 그 기능이 자주 쓰인다면 더 커질 수 있다는 것이다. 촉감 정밀도(피부의 세부를 탐지할 수 있는 능력)가 더 정확해질 수 있다는 뜻이다.
① 피부 수용장은 자극을 받았을 때, 신경세포의 흥분에 영향을 미치는 피부의 영역이다.
② 피부 표면 역학 수용기는 피부 표면, 즉 표피 가까이에 있는 역학 수용기이나.
③ 피부 심부 역학 수용기는 피부 깊숙이 위치하며, 더 넓은 수용상을 가지고 있다.

**정답** ( 36 ② / 37 ④ )

38 통증은 기대, 주의 전환, 정서적 산만의 내용, 최면 암시 등의 영향을 받는다.
① 염증 통증은 조직의 손상과 관절의 염증 혹은 종양 세포에 의해 유발된다.
② 신경병 통증은 신경계의 절제나 다른 손상에 의해 유발된다.
③ 위해 통증은 피부에 막 주어지는 손상을 경고하기 위해 피부에 있는 위해수용기의 활동에 의해 발생한다.

38 통증을 뇌에서 느낀다고 지지하는 증거로 옳은 것은?

① 염증 통증
② 신경병 통증
③ 위해 통증
④ 인지능력과의 연관성

39 향미를 느끼는 데 후각이 결정적인 역할을 한다. 일반적으로 코를 막았을 때 맛의 정체를 파악하기가 어렵다.

39 다음 중 후각과 미각에 대한 특징으로 옳지 <u>않은</u> 것은?

① 기본 맛은 짠맛, 신맛, 단맛, 쓴맛, 우마미로 분류한다.
② 미각은 맛의 질과 그 물질의 효과를 관련시킴으로써 문지기 기능을 수행한다.
③ 향미 또는 맛은 혓바닥에 있는 수용기를 자극하여 생기는 미각과 후각 점막에 있는 수용기를 자극하여 생기는 후각이 조합된 결과이다.
④ 일반적으로 코를 막았을 때 맛의 정체를 파악하기는 어렵지 않다.

40 프루스트(Proust) 효과는 오랫동안 생각도 해 보지 못했던 기억이 미각과 후각 때문에 생생하게 되살아나는 현상을 의미한다.
① 팔이나 다리를 절단 당한 사람이 그 부위가 존재한다고 지속적으로 경험하는 것을 환상지 효과라 한다.
② 맥거크 효과는 청시각적 말소리 지각의 대표적인 예이다.
③ 위약 효과는 어떠한 약물적 효과도 없는 물질로부터 통증이 감소하는 현상을 말한다.

40 오랜 기억이 후각과 미각을 통해 다시 인지되는 현상을 무엇이라 하는가?

① 환상지 효과
② 맥거크 효과
③ 위약 효과
④ 프루스트 효과

정답 38 ④  39 ④  40 ④

SD에듀와 함께, 합격을 향해 떠나는 여행

제 **1** 편

# 이론적 접근과
# 연구법

*I wish you the best of luck*

독학사 심리학과 2단계

혼자 공부하기 힘드시다면 방법이 있습니다.
SD에듀의 동영상강의를 이용하시면 됩니다.
www.sdedu.co.kr ➜ 회원가입(로그인) ➜ 강의 살펴보기

# 이론적 접근법

단원 개요 이번 단원에서는 지각과정에 대한 일반적 정의와 환경 자극이 어떻게 수용기에서 그리고 신경시스템에서 처리되어 지각 및 재인 단계로 넘어가는지를 순차적으로 설명한다.

**출제 경향 및 수험 대책**

1단계 심리학개론에서도 언급되었을 지각과정이지만 보다 구체적이고 전문적인 내용들이 본 단원에 기술되어 있다. 따라서 감각과 지각이라는 분야의 낯선 접근법과 용어들을 이해하고 암기할 것을 권장한다.

## 제 1 절  지각과정

### 1  지각과정

#### (1) 지각과정 단계

① **지각과정**은 주변의 '자극'(예, 나무)에서 시작해서 물체의 존재를 '지각'하고, 그 사물이 나무라는 것을 알아보고, 나무에 대해 어떤 행동을 취하는 의식적인 경험으로 마무리된다.

② 지각, 재인, 행위 사이에 양방향 화살표가 그려진 이유 : 지각이나 재인이 어떤 행위를 일으킨 경우(예 '무슨 나무지?') 행위가 지각과 재인을 바꿀 수도 있다(예 '잣나무가 아니라 소나무군').

③ [그림 1-1]의 각 처리 단계는 단순화시킨 것이다. 두 과정은 동시에 일어날 수도 있고, 심지어 순서가 바뀔 수도 있다.

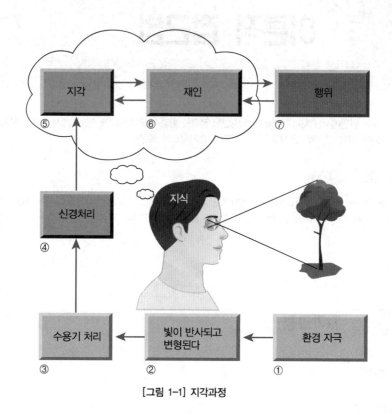

[그림 1-1] 지각과정

## (2) 자극(단계 1과 단계 2)

① **신체 밖에 있는 환경 자극**

② **환경 자극**

환경 자극이란 지각 과정의 출발점을 의미한다. [그림 1-1]에서 사람이 보고 있는 '나무'를 의미하고, 나무에서 반사되어 나온 빛에 지각은 기초한다.

③ **빛이 반사되고 변형된다(변형 원리)**

자극과 자극에 의해 생성된 반응은 환경 자극과 지각 사이에서 변형되고 변화한다는 원리이다. 빛이 나무에 부딪히고 반사되어 사람 눈에 들어올 때 첫 변형이 일어난다. 즉, 맑은 날이냐 흐린 날이냐, 나무의 결이나 형태, 빛이 통과하는 공기의 속성(먼지가 많으냐, 깨끗하냐)에 달려있다.

④ **환경 자극(단계 1)과 수용기 상의 자극(단계 2)**

## (3) 수용기 처리/변환(단계 3) 종요도 중

① **감각 수용기**

㉠ 환경 에너지에 반응하도록 특화된 세포, 각 감각 시스템의 수용기는 특정 형태의 에너지에 반응하도록 특화되어 있다. 시각 수용기는 빛 에너지에, 청각 수용기는 공기 중의 압력 변화에, 초각 수용기는 피부를 통해 전달되는 압력에 특화되어 있다.

㉡ 수용기는 환경 에너지를 전기 에너지로 변형하고, 수용기가 자극에 반응하는 방식에 의해 지각이 조형된다.

### (4) 신경처리(단계 4) 중요도 중

① 수용기에서 망막을 통해 뇌로 신호를 전달하고 신호가 전달되는 동안 신호를 처리(변화)한다.

② 신경세포의 연결을 거쳐 전달되는 동안 신호가 변하는 것을 '신경처리'라 한다.

③ 각 감각 양상별로(시각, 청각, 촉각, 후각) 발생한 전기신호는 대뇌겉질(= 대뇌피질)의 해당 1차 수용 영역에 도달한다.

　　㉠ 시각 1차 수용 영역은 뒤통수엽(후두엽), 1차 청각 수용 영역은 관자엽(측두엽)의 일부, 피부 감각(촉각, 온도, 통증) 수용 영역 마루엽(두정엽)에 위치한다.

　　㉡ 이마엽(전두엽)은 모든 감각에서 받은 정보를 조정한다.

④ 단계 1에서 단계 4까지 신호는 모두 변하지만 여전히 같은 대상을 표상하고 있다는 점이 중요하다.

### (5) 행동반응(단계 5 ~ 단계 7)

① **단계 5** : 단계 4의 전기신호에서 나무라는 물체의 존재를 지각하고 그 물체가 나무라고 재인(단계 6)한다.

② 행위(단계 7)는 동작을 포함하는 행동 반응을 의미한다. 가령 나무에 다가가거나 나무 밑에서 볕을 피하는 반응 등을 의미한다.

③ 지각 과정을 환경 자극에서 시작해서 지각, 재인, 행위에서 끝나는 일련의 과정으로 서술하기는 하지만 전체 지각 과정은 역동적이며 계속 변화한다.

### (6) 지식

① 지각자가 지각 상황에 가지고 오는 모든 정보를 의미한다.

② 지식은 오래 전에 학습한 것일 수도 있고, 직전에 일어난 사건에서 얻은 지식일 수도 있다.

③ 쥐-사람 시연은 최근에 획득한 지식이 지각에 어떤 영향을 미치는 지를 잘 보여준다.
쥐에 가까운 [그림 1-2]를 보고 [그림 1-4]를 보면 쥐 그림 같다고 말하지만, 사람 얼굴에 가까운 [그림 1-3]을 보고 [그림 1-4]를 보면 사람 얼굴 같다고 더 많이 보고한다.

**[그림 1-2] 쥐 그림**

출처 : Bugelski, B. R., & Alampay, D. A. (1961). The Role of Frequency in Developing Perceptual Sets. Canadian Journal of Psychology, 15, 205-211

**[그림 1-3] 얼굴 그림**

출처: Bugelski, B. R., & Alampay, D. A. (1961). The Role of Frequency in Developing Perceptual Sets. Canadian Journal of Psychology. 15, 205-211

**[그림 1-4] 모호한 그림**

출처: Bugelski, B. R., & Alampay, D. A. (1961). The Role of Frequency in Developing Perceptual Sets. Canadian Journal of Psychology. 15, 205-211

④ **상향처리(자료주도적 처리)** : 수용기에 도달한 정보에 기초한 처리를 의미한다. 시각의 경우 망막에 맺힌 상이 상향처리의 기초가 되는 입력 자극이 된다.

⑤ **하향처리(개념주도적 처리)** : 지식에 기반하는 처리를 의미한다.

⑥ 지각처리에 상향처리와 하향처리가 상호작용한다.

## 2 정신물리학적 생물학적 접근법

### (1) 정신물리학적 접근

① 자극과 행동 반응 간의 관계를 측정한다.

② 예를 들어, 자극에서 아주 가는 선분들을 얼마나 잘 볼 수 있는지 알아보는 실험에서 여러 방향의 선분이 제시되었을 때 사람들은 사선보다 수평선과 수직선에서 더 가는 선을 볼 수 있었다 (경사효과).

### (2) 생물학적 접근

① 자극과 생리적 반응 간의 관계와 생리적 반응과 행동 반응 간의 관계를 측정한다.

② **경사효과의 자극**: 생리학 관계를 측정하기 위해 흰 족제비의 시각피질의 활동을 광학 뇌영상법으로 측정하였다. 측정결과 사선보다 수평선과 수직선 방향이 뇌 활동을 더 많이 일으킨 것으로 관찰되었다.

# 지각과정 연구법

지각과정을 측정하는 방법을 소개한다. 특히 초기 Fechner가 제안한 방법을 바탕으로 한 역 측정법은 현재까지도 널리 사용하는 방법이다. 자극의 크기를 추정하는 방법과 개인의 컨디션과 여러 조건에 의해 측정 결과가 달라질 수 있다는 신호탐지 이론도 매우 중요하다.

**출제 경향 및 수험 대책** 📋

각각의 개념과 특히 측정 방법을 이해한다. 신호탐지에서 사용하는 용어와 개념은 낯선 개념이지만 반드시 숙지해야 한다.

## 제 **1** 절 ▶ 역 측정

### (1) 절대역 `중요도 상`

가까스로 탐지될 수 있는 자극의 최소강도를 의미한다.

### (2) 역 측정 `중요도 중`

마음을 과학적으로 측정하기 위해 Fechner가 1860년대에 제안한 3가지 방법

#### ① 한계법

자극의 강도를 기준으로 내림 또는 올림차순 방법으로 순차적으로 제시했을 때 참가자가 '보입니다'에서 '안보입니다'라고 반응하는 전환점 또는 '안보입니다'에서 '보입니다'라고 반응하는 전환점의 자극 강도들을 평균내어 절대역으로 설정하는 방법이다([그림 1-5] 참고).

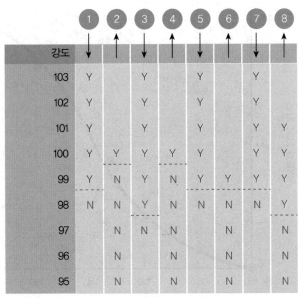

전환점의 값 → 98.5  99.5  97.5  99.5  98.5  98.5  98.5  97.5

역 = 전환점의 평균 = 98.5

[그림 1-5] 한계법을 사용해서 역을 알아본 실험의 결과, 점선은 전환점을 의미한다.

② **조정법**

한계법과 유사하나, 자극을 가까스로 탐지할 때까지 관찰자가 자극의 강도를 서서히 조정한다. 이 과정을 여러 번 반복하여 전환점의 평균을 역으로 설정한다.

③ **항상자극법**

실험자가 강도가 다른 다섯 개에서 아홉 개의 자극을 무선적으로 제시한다. 각 시행에서 관찰자는 '네', '아니오' 라고 반응한다. 실험자는 항상 자극이 탐지되는 강도를 가장 강한 강도로, 그리고 반대의 경우 가장 약한 자극 강도로 선택한다. 이 두 강도 사이의 자극을 강도별로 여러번 제시해서 그 강도에서 시행의 50%에서 자극이 탐지된 자극 강도가 역으로 설정된다. [그림 1-6]의 자극탐지 백분율 50% 지점이 빛의 역에 해당한다.

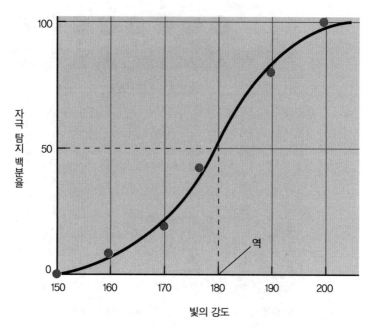

[그림 1-6] 항상자극법으로 불빛을 보게 될 때의 역치를 측정한 가상 실험의 결과

## (3) 차이역

① Ernst Weber의 차이역 중요도 상

두 자극이 다르다는 것을 구분하기 위해 필요한 **최소한의 강도 차이**를 뜻한다.

ⓐ 사람의 경우 무게의 차이역은 2%이다. 이 의미는 이상적인 상황에서 양쪽 손에 100원 짜리 동전을 100개씩 올려놓았을 때 차이를 느끼려면 한쪽 손에 최소 2개의 동전을 올려야한다는 의미이다.

ⓑ 차이역은 자극의 강도가 아니라 위와 같이 자극의 비율로 설명한다. Weber는 표준 자극이 달라져도 Weber 소수(무게는 0.02)는 일정하다는 Weber의 법칙을 주장했다. 다음 표는 감각 유형별로 Weber 소숫값을 제시하였다.

▶ 여러 가지 감각 차원의 Weber 소숫값

| 전기 충격 | 0.01 |
|---|---|
| 무게 | 0.02 |
| 소리 강도 | 0.04 |
| 빛의 강도 | 0.08 |
| 맛(짠맛) | 0.08 |

**크기 추정**

## 1 크기 추정

### (1) 크기 추정 절차

크기 추정 절차는 비교적 간단하다. 역치보다 훨씬 강한 자극에 대한 지각을 측정하는 방법, 자극의 물리적 강도와 지각된 강도 사이의 관계를 찾는 방법이다.

예를 들어 밝기의 강도를 측정하는 방법은 다음과 같다. 실험자가 제시하는 '표준 밝기'에 비해 제시한 불빛이 몇 배 밝아 보이는지를 관찰자가 보고한다. 가령 표준보다 두 배 밝으면 20, 반으로 밝아 보이면 5라고 답하는 방식이다.

### (2) 반응압축 : 지각된 크기의 증가가 자극 강도의 증가보다 작다는 결과를 의미한다. 즉, 자극의 강도를 두 배로 늘린다고 해서 지각된 강도가 두 배로 되지 않는다.

### (3) 반응확장 : 자극의 강도가 증가하면 지각된 강도는 그 이상으로 증가하는 관계를 의미한다. 즉, 전기 충격의 경우 20에서 40으로 강도를 증가시키면 지각된 강도는 그 이상으로 증가한다.

### (4) 자극의 물리적 강도와 지각된 크기가 함수 관계에 있다. 이 관계는 지수 함수로 표현된다. 다음 식은 Stevens의 지수 법칙이다.

① $P = KS^n$, 지각된 크기 P는 상수 K 곱하기 자극의 물리적 강도 S의 n승과 같다.

② 강도 10 : $P = (1.0) \times (10)^2 = 100$

③ 강도 20 : $P = (1.0) \times (20)^2 = 400$

④ 강도가 두 배 증가하면 지각된 크기는 네 배로 증가하여 반응확장의 예가 된다.

⑤ 'K = 1'보다 작으면 반응압축과 연합되어 있고 'K = 1'보다 크면 반응확장과 관련되어 있다.

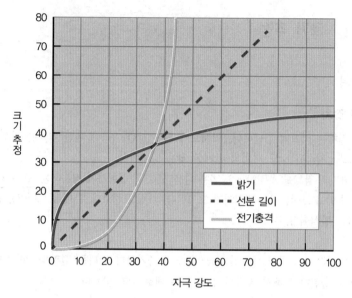

[그림 1-7] 전기 충격, 선분 길이, 그리고 밝기에서 자극 강도와 지각된 크기의 지수 함수관계

## 제 3 절 > 신호탐지 이론

### 1 신호탐지 (중요도 중)

(1) 수행 결과의 지표는 자극에 대한 민감도와 반응기준으로 나타낼 수 있다.

(2) 반응기준은 얼마나 신중하게 반응하는지를 의미한다. 가령, 철수는 불빛이 있을 가능성이 조금만 있어도 '네'라고 답하니까 반응기준이 낮고, 반면 '영희'는 신중하여 확실할 때에만 '네'라고 답하니까 반응기준이 높다.

(3) 민감도는 표적 자극과 비표적 자극을 구별하는 관찰자의 능력을 의미한다.

(4) 두 사람의 역의 차이가 서로 다른 민감도의 차이인지 아니면 반응기준에서의 차이인지 구분할 수 있어야 한다. 이를 구분하는 절차가 바로 신호탐지이론이다.

**(5) 용어** 중요도 상

① **적중(hit)** : 자극이 제시되었을 때 '네'라고 정확반응하는 것

② **누락(miss)** : 자극이 제시되었는데 '아니오'라고 오반응하는 것

③ **오경보(false alarm)** : 자극이 없는데 '네'라고 오반응하는 것

④ **정기각(correct rejection)** : 자극이 없는데 '아니오'라고 정확반응하는 것

**(6)** 민감도는 평균 적중 비율(hit)과 평균 오경보율(false alarm)의 표준화된 z값의 편차 값으로 표현한다.

$$d' = z(higt\ rate) - z(false\ alarm\ rate)$$

**(7)** 반응기준(criterion : c)는 오경보율과 누락율이 같다면 0이다. 오경보율이 누락율보다 크다면 c는 음수를 반대로 누락율이 오경보율보다 크면 c는 양의 값을 갖는다. 즉, 'c = 0'이면 반응편파가 없는 관찰자를 의미하고, 'c < 0'이면 관대한 반응기준, 'c > 0'이면 보수적 반응기준을 의미한다.

$$c = -1/2[z(hit\ rate) + z(false\ alarm\ rate)]$$

**(8) 수용자 반응 특성 곡선(receiver operating characteristic curve, ROC curve)**

적중률을 세로축으로 오경보율을 가로축으로 표시한 곡선으로 반응기준과 민감도에 따라 곡선의 형태가 바뀐다([그림 1-7]).

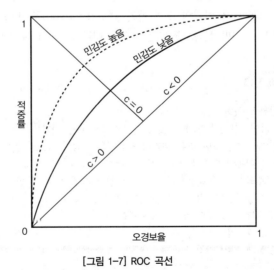

[그림 1-7] ROC 곡선

① 곡선에서 더 굽은 선(점선)의 관찰자가 덜 굽은 선(실선)의 관찰자에 비해 더 민감도가 높은 관찰자이다.

② 반응기준은 'c = 0' 중심으로 'c > 0'인 영역과 'c < 0'인 영역으로 나뉘고, 각각은 앞서 설명한 바와 같다.

제 **4** 절  **영아 연구법**

**1 습관화**

**(1) 습관화**

① 되풀이되는 자극이나 사건을 무시하는 것을 학습하게 되고, 이를 습관화라고 부른다.
② 습관화와 비슷한 개념으로 감각순응이 있다.
③ 습관화된 자극에 다시 반응하게 되는 것을 탈습관화라 한다.

**(2) 탈습관화를 이용한 영아 연구법**

① 영유아는 아직 언어발달 이전이기 때문에, 그들의 생각을 말로 표현할 수 없고 또한 운동능력도 발달 전이라 정확한 운동 반응을 보이기 어렵다. 하지만 자극의 습관화과정은 발달했기 때문에, 지속적 자극에 익숙해하는 과정이 나타난다.
② 아기가 순응된 자극에 지루해하는 시점(습관화)에 연구자가 새로운 자극을 제시한다. 이때 아이가 이에 반응한다면 즉 '탈습관화'가 나타나면 새로운 자극에 반응을 한 것으로 기록한다.
탈습관화의 측정방법에는 아기의 고개 돌리기(head turning)를 비디오로 촬영해 회수와 시간을 측정하는 방법 또는 가짜 젖꼭지를 빠는 시간당 비율(sucking rate)을 측정하는 방법이 있다.

> 💡 **더 알아두기** 🔍
>
> **감각순응과 습관화의 차이**
> 삼겹살집에 들어가면, 삼겹살 냄새가 처음에는 강력하지만, 시간이 지나면 점점 약해져 나중에는 삼겹살 냄새를 잊게 된다. 또한 밝은 대기실에서 어두운 극장 안으로 들어가면 순간 아무것도 안보이지만 점차적으로 어둠이 익숙해진다. 이를 감각순응이라고 한다. 즉, 지속되는 자극에 대한 민감성은 유기체가 현재의 조건에 순응하면서 시간에 걸쳐 쇠퇴하는 경향이 있다는 것이다. 감각순응은 유기체에게 매우 유용한 과정이다. 만약 이것이 없다면 지속적인 자극을 우리는 언제나 처음과 같은 자극의 강도로 처리해야한다. 얼마나 소모적인가!
> 비슷한 개념으로 습관화가 있다. 둘의 차이점은 감각 자극에 되풀이되어 노출될 때 나중에는 그 감각을 인식하지 못하게 되는 감각 적응과는 달리, 습관화에서는 그 환경 자극을 계속해서 지각한다. 그러나 그 자극이 중요하지 않다는 것을 배워서 반응하지 않을 뿐이다(심리학개론, 서울대학교출판문화원, 박주용 외, p.122).
> 또한 감각순응은 영유아를 대상으로 한 실험연구에서 자주 쓰이는 습관화의 신경학적 기반이다.

**01** 다음 중 지각과정에서 사물이 무엇인지를 알아보는 과정은 무엇인가?

① 환경자극의 수용기 처리
② 신경처리를 기반으로 한 지각
③ 지각처리를 기반으로 한 재인
④ 환경자극의 감각적 처리

**01** 환경자극의 수용기 처리, 신경처리를 기반으로 한 지각, 환경자극의 감각적 처리들은 모두 지각처리를 기반으로 한 재인 과정 이전의 단계들이다.

**02** 다음은 어떤 개념을 설명하고 있는가?

> 사람이 지각하는 모든 것은 감각 수용기에 형성된 표상과 신경 시스템의 활동에 근거한다는 지각의 원리

① 변형원리
② 표상원리
③ 경사효과
④ 대상재인

**02** 변형원리는 자극과 자극에 의해 생성된 반응은 환경 자극과 지각 사이에서 변형되고 변화한다는 원리이다. 경사효과는 사선보다 수평선과 수직선에서 세밀한 부분을 더 잘 보는 현상이다. 대상재인은 대상의 정체를 확인하는 과정을 의미한다.

**03** 환경 에너지에 반응하도록 특화된 세포는 무엇인가?

① 뉴런
② 축색
③ 말초신경
④ 수용기

**03** 뉴런은 신경세포이고 축색(축삭, axon)은 뉴런의 일부이다. 말초신경은 중추신경계 끝에 위치한 신경을 의미한다.

**정답**   01 ③   02 ②   03 ④

안심Touch

**04** 시각 정보는 대뇌 피질의 후두엽 부분 V1영역에 전달된다.

**04** 감각 양상별로 발생한 전기신호는 대뇌피질의 해당 양상을 처리하는 영역으로 전달된다. 시각은 대뇌피질 어느 영역으로 전달되는가?

① 전두엽
② 측두엽
③ 두정엽
④ 후두엽

**05** 하향처리(개념주도적 처리)는 지식에 기반하는 처리를 의미한다. 따라서 아는 단어를 모르는 단어에 비해 더 잘 처리하는 이유는 지식에 기반하는 하향처리 때문이다.

**05** 다음 사례에서 하향처리(개념주도적 처리)에 해당하는 것은 무엇인가?

① 빛의 밝기에 따라 동공의 크기가 달라진다.
② 잘 아는 단어는 잘 모르는 단어에 비해 빨리 인식된다.
③ 물감들 중에서 빨간색 물감을 찾는다.
④ 전화기 벨소리가 나는 방향으로 고개를 돌린다.

**06** 정보처리적 접근법은 인간이 컴퓨터와 같이 정보를 처리한다고 본다. 생물학적 접근법은 생리적 반응 간의 관계와 생리적 반응과 행동 반응 간의 관계를 측정한다. 인본주의적 접근법은 인간관에 대한 것으로 두 변인 간의 관계성 측정과는 무관하다.

**06** 자극과 행동 반응 간의 관계를 측정하는 접근법은 무엇인가?

① 정보처리적 접근법
② 생물학적 접근법
③ 정신물리학적 접근법
④ 인본주의적 접근법

**정답** 04④ 05② 06③

**07** 다음 설명에 해당하는 역 측정법은 무엇인가?

> 관찰자가 자극의 탐지 시행에서 50%는 탐지했다고 응답하고 나머지 50%는 탐지하지 못했다고 한 자극의 강도를 역으로 설정한다.

① 조정법
② 항상자극법
③ 한계법
④ 최소 거리 측정법

**07** 조정법은 자극이 탐지될 때까지 자극 강도를 계속 증가시키거나 계속 감소시킨다는 점에서는 한계법과 유사하지만, 조정법에서는 자극을 가까스로 탐지할 때까지 관찰자가 자극의 강도를 서서히 변화시킨다. 한계법은 자극이 탐지될 때까지 자극 강도를 계속 증가시키거나 계속 감소시킨다.

**08** 크기추정에서 Stevens의 지수법칙에 대한 설명으로 틀린 것은?

① 자극의 물리적 강도와 지각된 강도 사이의 함수관계를 표현한 식이다.
② K값은 상수이다.
③ K < 1이면 P값은 반응압축과 관련이 있다.
④ S는 감각의 크기를 의미한다.

**08** S는 자극의 물리적 강도를 의미한다.

**09** 신호탐지 이론에서 표적 자극과 비표적 자극을 구분하는 관찰자의 능력을 무엇이라고 하는가?

① 민감도
② 적중반응
③ 오경보율
④ 반응기준

**09** 제시자극을 정확하게 보았다고 반응하는 하는 것을 적중반응이라 하며 부정확한 자극을 보았다고 반응한 경우를 오경보라 한다. 반응기준은 관찰자의 자극에 대한 관대한, 중립적, 또는 보수적 반응기준을 의미한다.

**정답**  07②  08④  09①

여기서 멈출 거예요? 끝까지 바로 눈앞에 있어요.
마지막 한 걸음까지 SD에듀가 함께할게요!

제 **2** 편

# 시감각의 기초

*I wish you the best of luck*

독학사 심리학과 2단계

# 제 1 장 지각의 시작

🖹 **단원 개요**

지각 과정에서 가장 중요하게 그리고 가장 많이 다루는 감각은 시각이다. 그래서 이번 장에서는 빛에서 시각적 지각으로 전환되는 과정을 자세히 다룬다. 빛이 수용기를 통해 전류로 변환되는 과정에서 활동전위의 기본 속성을 설명하고 나아가 화학적 변화도 다룬다. 특히 색을 지각하며 중심와에 주로 분포된 원뿔세포의 역할이 강조되어 있다.

**출제 경향 및 수험 대책** 📋

빛 에너지가 수용기를 통해 어떻게 전기적 화학적 신호로 변경되는지를 이해한다. 막대세포와 원뿔세포가 시각에서 각각 어떤 역할을 하는지를 이해한다. 암순응 과정과 활동전위 생성에 대해서 이해한다.

## 제 1 절 ▶ 지각 과정의 의의

### 1 지각 과정

① 지각을 정확히 이해하기 위해서는 지각과정의 첫 단계를 잘 알아야 한다.

② 시각의 경우 물체에 의해 반사되어 눈으로 들어오는 빛에 의해 지각과정이 시작된다.

③ [그림 2-1]은 빛이 눈으로 들어와서 여러 가지 방식으로 정보가 변형되는 과정을 묘사하고 있다.

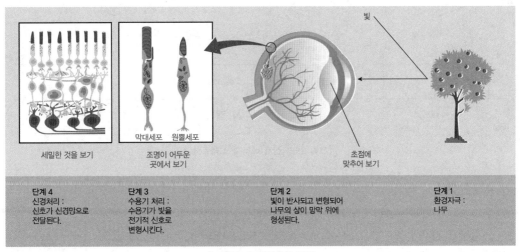

| 단계 4 | 단계 3 | 단계 2 | 단계 1 |
|---|---|---|---|
| 신경처리 : 신초가 신경망으로 전달된다. | 수용기 처리 : 수용기가 빛을 전기적 신호로 변형시킨다. | 빛이 반사되고 변형되어 나무의 상이 망막 위에 형성된다. | 환경자극 : 나무 |

세밀한 것을 보기     조명이 어두운 곳에서 보기     막대세포   원뿔세포     초점에 맞추어 보기

**[그림 2-1] 시지각의 과정**

▶ 검은 글씨는 물리적 과정을 초록 글씨는 지각경험을 의미한다.

④ **시지각의 4단계**

㉠ 단계 1 : 환경 속 자극인 나무

㉡ 단계 2 : 나무에서 반사된 빛이 시각 수용기로 가면서 변형

㉢ 단계 3 : 빛이 시각 수용기에서 전기적 신호로 변형, 빛에 대한 민감도, 반사되는 빛 중 우리에게 보이게 될 부분이 결정됨

㉣ 단계 4 : 전기적 신호가 신경세포를 따라가며 처리

⑤ [그림 2-1]의 검은 글씨는 물리적 사건이며, 이 물리적 사건은 지각(경험)을 창출하는 데 중요한 역할을 수행한다. 초록색 글씨는 지각경험을 의미한다.

⑥ 물리적 사건은 나무의 가시성(빛이 없으면 나무를 볼 수 없음)과 지각경험의 선명성(공기의 특질과 눈에 있는 초점 시스템에 따라 나무의 선명도가 결정)에 영향을 미친다.

## 2 빛과 초점 형성

### (1) 빛 : 시각 자극

① 지각을 가능하게 하는 시각은 가시광선을 기초로 이루어진다.

② 가지광선은 전자 스펙트럼의 가시파장영역에 해당하며, 인간으로 하여금 지각을 가능하게 하는 가시광선은 그 파장이 약 400nm에서 700nm 사이에 속하는 전자에너지이다.

③ 짧은 파장의 빛은 파란색, 중간은 초록색, 긴 파장의 빛은 빨간색으로 인식된다.

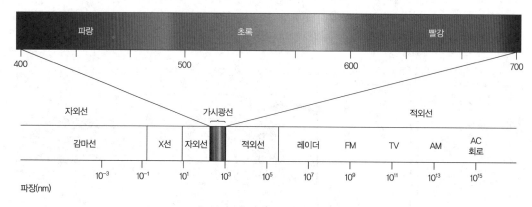

[그림 2-2] 전자 에너지 스펙트럼

### (2) 눈 (중요도 중)

① 눈에는 시각에 필요한 수용기가 장착되어 있다.

② 눈에서 시각에 중요한 요소는 각막, 수정체 그리고 망막이다.

③ 각막과 수정체는 초점 형성 장치로 각막을 통해 빛이 들어온다.

④ 각막을 통과한 빛은 동공을 지나 수정체를 통과하고, 망막 위에 각막과 수정체의 작용 덕분에 빛의 초점이 맞아 망막 위에 상이 형성된다.

⑤ 생성된 상은 망막의 시각 수용기(막대세포와 원뿔세포)를 자극한다.

⑥ 이들 수용기 속에는 시각 색소라고 하는 화학물질이 들어 있어 빛에 대한 반응으로 서로 다른 전기적 신호를 내놓는다.

⑦ 수용기에서 생성된 신호는 망막을 구성하는 신경막을 거친 후, 눈의 뒤쪽에 있는 시각신경을 따라 뇌로 전달된다.

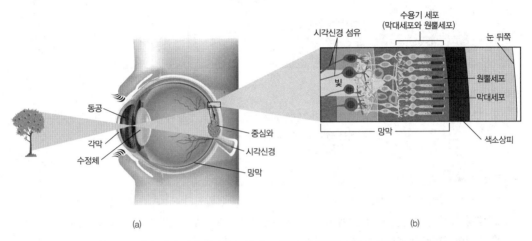

[그림 2-3] 눈에서 빛이 망막까지 전되는 과정과 망막에서 신호가 전달되는 과정

⑧ 우리가 보는 것은 두 가지 변형작업에 의해 조형된다.
　㉠ 물체에서 반사된 빛을 망막 상으로 바꾸는 변형작업
　㉡ 망막 위에 맺힌 물체의 상을 전기적 신호로 바꾸는 변형작업

## (3) 빛의 초점 형성

① 물체에 의해 반사되어 눈으로 들어오는 빛의 초점은 망막 위에 형성된다.

② 빛의 초점이 망막 위에 맺히기 위해서 들어오는 빛을 굴절시켜야 한다.

③ 약 80%는 안구 앞쪽에 위치한 투명한 각막에서 이뤄지지만 두께가 고정되어 있어 각막으로는 초점의 위치를 조절할 수 없다.

④ 나머지 20%의 굴절은 수정체에 의해 이뤄진다.

⑤ 물체에서 눈까지의 거리가 달라지면, 수정체는 섬모체근의 활동을 통해 두께를 변화시킴으로써 빛의 굴절 정도를 조절해서 망막 위에 상을 맺히게 한다.

⑥ 멀리 있는 물체의 상은 수정체의 조절이 필요 없이 망막에 상이 맺히지만 가까이 있는 물체는 섬모체근을 팽팽하게 하여 수정체를 보다 두껍게 조절해야 초점이 망막 위에 맺힌다.

### (4) 나이가 들면서 잃어가는 조절 능력

① 나이가 들면 조절 능력 감퇴가 나타나 근점이 멀어지는 원시가 나타난다.

② 나이가 들면서 수정체는 굳어지고 섬모체근은 약해지기 때문에 이런 현상이 일어난다.

③ 45세 이후 조절능력이 급격히 감소하여 독서에 방해가 된다. 이를 극복하기 위한 두 방법은 읽을 거리를 멀리 두는 방법과 돋보기를 사용하는 방법이다.

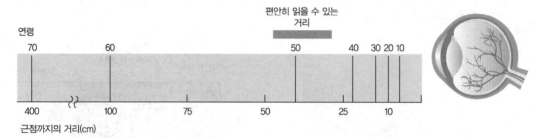

[그림 2-4] 근점까지의 거리(cm)와 연령별 편안히 읽을 수 있는 거리
예를 들어 20세 10cm, 60세 100cm

### (5) 근시 종요도 중

① 근시는 멀리 있는 물체를 선명하게 볼 수 없는 조건을 말한다.

② 평행 광선의 초점을 망막 앞에 맺히기 때문에 망막 위에 맺힌 상은 흐려지게 된다.

③ **근시를 유발하는 두 가지 조건**

㉠ 굴절성 근시 : 각막이나 수정체 또는 둘 다에 의해 빛이 지나치게 굴절되는 조건

㉡ 축성 근시 : 안구가 너무 길어서 생기는 조건

④ **근시의 해결 방법**

㉠ 보고자 하는 물체를 눈 가까이 놓으면 물체에서 투사된 상의 초점은 뒤로 밀려나 선명해진다.

㉡ 초점이 망막 위에 형성되는 물체까지의 거리를 원점이라 하고, 안경이나 렌즈를 끼면 눈으로 들어오는 빛을 굴절시켜 그 빛이 마치 원점에서 들어오는 것처럼 만들어 상이 선명해진다.

㉢ 라식 수술은 조직에 열을 가하지 않는 엑시머 레이저를 이용하여 각막의 굴곡을 바꿔 눈으로 들어오는 빛의 초점이 망막 위에 맺히도록 한다.

### (6) 원시

① 멀리 있는 물체는 선명하게 볼 수 있으나 가까이 있는 물체는 선명하게 볼 수 없다.

② 근시와 달리 평행 광선의 초점이 망막 뒤에 형성되어 원시가 나타난다.

③ 젊은 사람의 경우 조절력을 이용하여 망막 뒤에 맺힌 초점을 앞으로 끌어낼 수 있기 때문에 문제가 없다.

④ 나이 든 사람의 경우 조절력이 약해 물체를 보는 동안 계속해서 조절이 잘 안되고 두통이나 눈의 피로가 나타날 수 있다.

⑤ 눈으로 들어오는 빛의 초점을 망막 위에 선명하게 맺히게 하는 작업은 시각의 초기과정으로 선명한 시각의 필수조건이긴 하지만 시각은 뇌에서 이루어지므로 빛이 망막을 구성하는 시각 수용기를 활성화시켜야 한다.

## 3 수용기와 지각 중요도 상

> 💡 더 알아두기 🔍
>
> • 시각 수용기는 빛 에너지를 전기적 에너지로 변환하는 기능을 가지고 있다.
> • 시각 수용기 안에 들어 있는 시각 색소는 빛에 반응하여 전기 신호를 생성한다.

### (1) 빛에서 전류로의 변환

① 변환은 특정 모양의 에너지가 다른 모양의 에너지로 바뀌는 과정으로, 시각에서 벌어지는 변환은 빛 에너지가 전기적 에너지로 바뀌는 일이다. 시각 수용기인 원뿔세포(추상체)와 막대세포(간상체) 속에서 이 변환이 벌어진다.

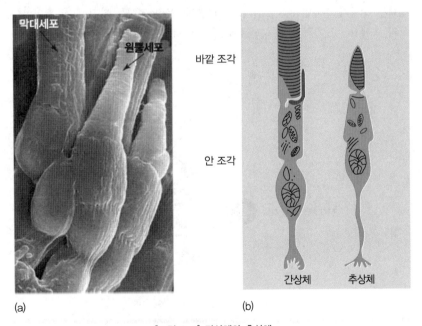

(a)  (b)

[그림 2-5] 간상체와 추상체

▶ 각 수용기의 바깥 조직에 빛에 민감한 시각 색소가 들어있다.

② 빛에 민감하게 반응하는 수백만 개의 분자(시각 색소)가 시각 수용기의 바깥 조직에 들어 있고,
이 시각 색소는 옵신(opsin)과 레티날(retinal)로 구성되어 있다.

③ **이성화**

시각 색소 분자가 하나의 광자를 흡수하면, 레티날의 모양이 굽은 상태에서 곧은 상태로 바뀌고
이를 이성화라 한다([그림 2-6] (b)).

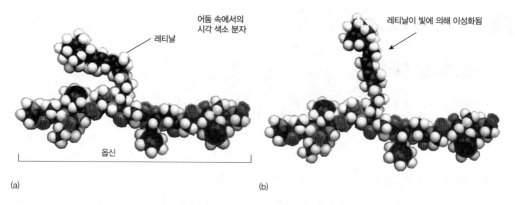

[그림 2-6] (a) 레티날과 옵신의 형태, (b) 레티날의 이성화

Ⓒ Bruce Goldstein

④ 이성화는 화학적 연쇄반응을 유발하고 이 연쇄반응은 전하를 가진 수천 개의 분자를 자극하여
수용기 속에서의 전기적 신호를 만들어 낸다([그림 2-7]).

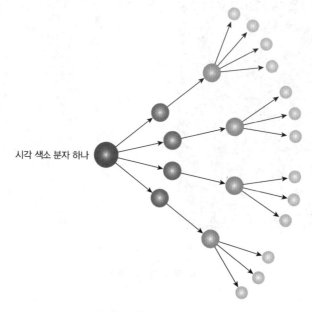

[그림 2-7] 연쇄반응의 도식화

## (2) 암순응 중요도 상

① 어둠 속에서 머무는 시간이 길어짐에 따라 빛의 대한 시각 시스템의 민감도가 높아지는 과정 즉, 망막을 구성하는 원뿔세포와 막대세포의 빛에 대한 민감도가 높아지는 과정에서 잠시 잘 안 보이는 현상을 암순응이라 한다.

② 원뿔세포 수용기와 막대세포 수용기는 빛에 대한 민감도 증가 속도가 서로 다르며, 그 이유는 이들 두 수용기에 들어 있는 시각 색소가 다르기 때문이다.

③ **원뿔세포와 막대세포의 분포**

　㉠ 망막에는 중심와(fovea)라고 하는 작은 영역이 있는데, 이 영역은 원뿔세포만으로 채워져 있다.

　㉡ 중심와를 둘러싸고 있는 모든 망막은 주변망막(peripheral retina)이라고 하는데, 막대세포 와 원뿔세포가 모두 존재한다.

　㉢ 주변 망막에는 막대세포(약 1억 2,000만 개)가 원뿔세포(약 600만 개)보다 훨씬 많다.

④ **황반변성**

　원뿔 세포로 가득한 중심와와 중심와를 에워싼 인접부위만을 파괴한다. 중앙 시각에 맹점이 생겨, 특정 물체를 바라보기 위해 그 물체로 시선을 돌리면 그 물체가 사라진다([그림 2-8] (a)).

⑤ **색소망막염**

　주변 망막의 막대세포부터 공격하기 때문에 주변 시야에 결함이 생기고, 결국에는 중심와까지 공격하여 시력을 완전히 잃게 만든다([그림 2-8] (b)).

[그림 2-8] (a) 황반변성 환자의 시야 (b) 색소망막염 환자의 시야(터널 시야)

ⓒ Bruce Goldstein

⑥ **맹점**

망막에서 수용기가 존재하지 않는 곳으로, 시각신경이 눈에서 빠져나가는 곳이다.

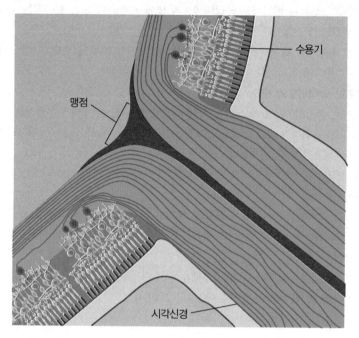

[그림 2-9] 맹점의 위치

⑦ **암순응 곡선**

[그림 2-10]은 불이 꺼진 직후부터 시간이 지남에 따라 빛에 대한 시각 시스템의 민감도가 변하는 모양을 그래프로 표현한 것이다. 원뿔세포가 초기에 순응하고 막대세포가 이후에 순응한다. 곡선이 낮아질수록 관찰자의 민감도는 점점 높아진다. 불빛이 꺼지고 난 후 처음 3~4분 동안은 민감도가 급격히 증가하고 이후 변하지 않고, 7~10분 후에 다시 증가하기 시작하여 20~30분 동안 계속 증가한다.

⑧ 암순응 과정의 마지막에서 얻어진 민감도를 암순응 민감도라 하는데, 암순응 민감도는 암순응이 시작되기 전에 측정한 명순응 민감도보다 100,000배 정도 높다.

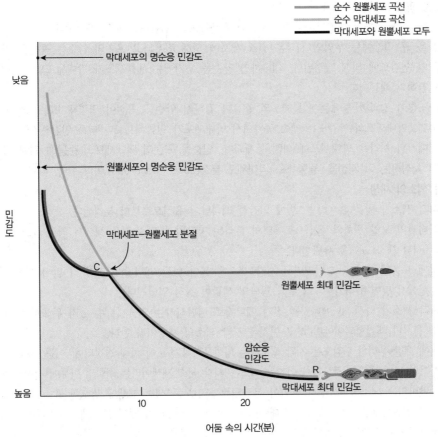

**순수 원뿔세포 곡선**
**순수 막대세포 곡선**
**막대세포와 원뿔세포 모두**

낮음

민감도

막대세포의 명순응 민감도

원뿔세포의 명순응 민감도

막대세포-원뿔세포 분절

C

원뿔세포 최대 민감도

암순응
민감도

R

막대세포 최대 민감도

높음

10    20

어둠 속의 시간(분)

[그림 2-10] 암순응 곡선

⑨ **원뿔세포의 순응 측정([그림 2-10]에서 검은색 곡선)**

㉠ 변화가 두 단계에 걸쳐 일어나는 이유는 검사 불빛이 막대세포와 원뿔세포가 모두 존재하는 주변 망막을 자극하기 때문이다.

㉡ 원뿔세포만의 암순응을 측정하기 위해서는 검사 불빛이 원뿔세포만을 자극할 수 있도록 관찰자에게 검사 불빛을 똑바로 쳐다보라고 지시하고, 검사 불빛의 크기를 작게 하여 상이 원뿔세포로 차 있는 중심와에만 맺히게 해야 한다.

⑩ **막대세포의 순응 측정**

㉠ 암순응 초기에는 원뿔세포가 막대세포보다 더 민감하기 때문에, 초기에 일어나는 막대세포의 민감도 변화를 정확히 측정하기 위해서는 원뿔세포가 없고 오직 막대세포만 있는 사람(막대세포뿐인 자, rodmonochromat)을 대상으로 순응을 측정하였다.

㉡ 암순응이 시작되면 막대세포의 민감도는 즉시 높아지기 시작하여, 약 25분 후 최종 암순응 수준에 다다를 때까지 계속 높아진다.

⑪ **암순응 과정 요약** 중요도 상

    ㉠ 실험실 내 조명이 꺼지자마자 막대세포와 원뿔세포의 민감도는 모두 증가한다.

    ㉡ 불을 끈 직후에는 우리의 시각은 원뿔 세포에 의해 좌우되고 초기의 암순응 곡선은 원뿔세포와 민감도에 의해 결정된다. 왜냐하면 암순응 초기에는 원뿔세포가 막대세포보다 훨씬 더 민감하기 때문이다.

    ㉢ 3~5분이 경과한 후에는 원뿔세포의 순응이 끝나서 암순응 곡선이 평평해지고, 7분 정도가 되면, 막대세포의 민감도는 계속 높아져서 막대세포가 원뿔세포보다 더욱 민감해진다.

    ㉣ 이때부터 시각은 막대세포에 의해 통제되며, 암순응 곡선이 막대세포의 순응에 의해 좌우되기 시작하는 이 지점을 '원뿔세포-막대세포 분절(cone-rod break)'이라 한다.

⑫ **시각 색소의 재생**

    ㉠ 시각 색소가 빛을 흡수하면, 빛에 민감한 레티날이 옵신으로부터 분리된다.

    ㉡ 레티날의 모양 변화와 옵신으로부터의 분리는 망막의 색깔을 짙은 색에서 옅은 색으로 바꾸는 시각 색소 표백을 유발한다.

    ㉢ 빛에 노출된 시간이 길어지면서 시각 색소에 붙어 있는 레티날이 점점 더 많이 이성화되어 옵신에서 떨어져 나가며, 그 결과 망막의 색깔이 점점 옅어진다.

    ㉣ 시각 색소가 다시 빛 에너지를 전기 에너지로 변환시키는 일을 할 수 있기 위해서는 레티날과 옵신이 재결합되어야만 하고 이것을 시각 색소의 재생이라 한다.

    ㉤ 빛에 대한 우리의 민감도는 시각 색소라는 화학물질의 농도에 의해 결정되며, 어둠 속에서 우리 시각의 빛에 대한 민감도가 높아지는 속도는 시각 색소 재생이라는 화학적 반응에 결정된다.

    ㉥ 망막박리는 색소상피로부터 망막이 분리되는 조건으로 색소 재생에 필요한 효소가 색소상피에 들어있는 데, 망막 박리된 상태에서 이 효소가 가용되지 않아 색소재생이 일어나지 않고 결과적으로 박리된 영역이 담당하는 시야를 볼 수 없다.

### (3) 파장별 민감도

① 파장별 민감도란 가시광선을 구성하는 상이한 파장의 빛에 대한 민감도를 의미한다.

② 파장별 민감도를 측정하기 위해서는 한 번에 파장 하나를 제시한 후 그 빛에 대한 관찰자의 민감도를 측정할 수 있고 이 측정 결과는 파장별 민감도 곡선에 나타난다.

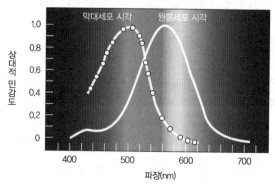

[그림 2-11] 원뿔세포와 막대세포의 파장별 민감도 곡선

③ **원뿔 세포의 파장별 민감도 곡선**

관찰자로 하여금 검사 빛을 정면으로 주시하라고 함으로써 그 빛이 중심와에 투사되도록 하여 측정한다.

④ **막대 세포의 파장별 민감도 곡선**

관찰자의 눈을 암순응 시켜 막대세포가 시각을 관장하도록 한 후, 시선을 눈 앞에 제시된 고정점에 집중하게 하고는 검사 빛을 고정점에서 떨어진 주변 망막에 투사시켜 측정한다.

⑤ 원뿔세포보다는 막대세포가 파장이 짧은 빛에 더 민감하다(막대세포는 500nm의 빛에, 원뿔세포는 560nm 빛에 가장 민감). 이처럼 막대 세포와 원뿔 세포의 민감도가 파장에 따라 다르기 때문에, 암순응이 진행되면서 우리의 시각은 원뿔세포 위주의 작용에서 막대세포 위주의 작용으로 옮겨 간다.

⑥ **Purkinje 변동**

암순응이 진행되는 동안 우리의 눈이 파장이 짧은 빛에 더 민감하게 반응하게 되어 저녁때가 되면 붉은색의 꽃(파장이 긴 빛)보다 녹색의 잎(파장이 짧은 빛)이 더 두드러져 보이는 경험하는 현상이다.

⑦ 막대세포와 원뿔세포의 파장별 민감도 곡선에서 나는 차이는 시각 색소에서 나는 차이, 즉 막대세포 색소와 원뿔세포 색소의 흡수 스펙트럼에서 나는 차이 때문이다. 막대세포 색소는 파장이 청색-녹생 영역에 속하는 500nm의 빛을 가장 많이 흡수하고 원뿔 세포 색소는 419nm(단파), 531nm(중파), 558nm(장파)의 빛을 가장 많이 흡수한다.

## 4 신경세포에서 전기적 신호

**(1) 신경세포의 기본구조** 중요도 상

① 전기적 신호는 신경세포(세포체+가지돌기+축삭)라는 구조물 안에서 발생한다.

㉠ 세포체(cell body)에는 세포의 생존을 지켜주는 기제가 담겨 있다.

㉡ 세포체에서 가지처럼 뻗어 나온 가지돌기(dendrite)는 다른 신경세포로부터 전기적 신호를 받아들인다.

㉢ 축삭(axon)은 전기적 신호를 전도하는 액체로 채워져 있다.

② **감각수용기**

환경 자극에 반응하도록 특화된 신경세포이다. [그림 2-12]에서 오른쪽이 신경세포이고 왼쪽이 감각수용기이다.

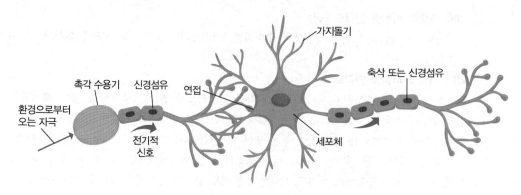

[그림 2-12] 감각수용기(왼쪽)와 신경세포(오른쪽)

③ 한쪽 눈에는 1억 개가 넘는 수용기가 존재하고 망막을 구성하는 여러 개의 신경세포로 신호를
보낸다. 이 신호는 시각신경을 따라 안구 뒤쪽으로 빠져나가 일군의 신경세포들로 구성된 가쪽
무릎핵으로 전달되고 다시 시각 겉질의 시각 수용 영역으로 전달된다([그림 2-13]).

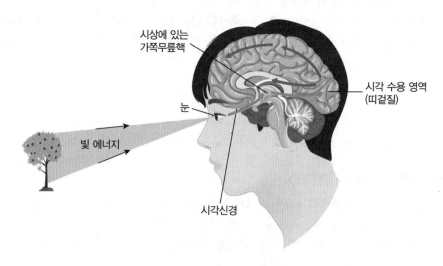

[그림 2-13] 시각정보의 이동 경로

## (2) 신경세포에서 전기적 신호 기록하기

① 전기적 신호는 신경세포의 축삭(또는 신경섬유)에서 기록된다.

② 신경세포의 축삭에 두 개의 전극(기록용 전극, 기준 전극)을 꽂아 신호를 측정한다.

③ 기록용 전극의 끄트머리는 신경세포 안쪽에, 기준 전극은 거기서 약간 떨어져 전기적 신호의 영
향을 받지 않게 한다.

④ 축삭이 반응하지 않고 있을 때는 두 전극의 끝에서 나는 전압의 차이는 -70mV(mV = 1/1000
Volt)로 기록되고 이것을 휴식전위라 한다. 이것은 신경세포 내부의 음전하가 외부의 음전하보
다 많다는 의미이다.

⑤ 휴식 상태에서는 이 전하가 그대로 유지되지만, 신경세포의 수용기가 자극을 받아 신호가 축삭을 따라 전달될 때 축삭 안쪽의 전하가 바깥쪽 전하보다 높아져 전압이 +40mV에 이르게 되고 이 전압 변화 사건을 **활동전위**(action potential)라 한다.

## (3) 활동전위의 기본 속성 〔중요도 중〕

① 생성된 활동 전위는 축삭 끝까지 동일한 크기로 전도 된다. 이러한 속성 덕분에 신경반응이 멀리까지 전달될 수 있다.

② 활동전위를 유발한 자극에 관계없이 그 크기가 동일하다.
   ㉠ 자극의 강도를 바꾸었을 때 활동전위의 크기는 달라지지 않는다.
   ㉡ 자극의 강도는 활동전위의 크기에는 영향을 미치지 못하지만 발화율에는 영향을 준다.
   ㉢ 축삭의 특정 지점에서 활동전위가 생성될 수 있는 초당 횟수는 하나의 활동전위가 생성되고 그다음 활동전위가 생성되기까지 걸리는 시간 간격이 있어 한정적이며, 이를 불응기라 한다.

③ 활동전위는 실제로 피부에 압력이 가해지기 전부터 발생하며, 환경으로부터 가해지는 자극이 없는데도 일어나는 이러한 반응을 자발적 활동이라 한다.
   ㉠ 자발적 활동을 각 신경세포의 기저선 반응으로 외부에서 자극이 가해지면 대개의 경우 신경세포의 발화율이 기저선(즉, 자발적 활동 횟수)보다 높아진다.
   ㉡ 그러나 조건에 따라서는 신경세포의 발화율이 기저선보다 낮아지기도 한다.

## (4) 활동전위의 화학적 기초 〔중요도 상〕

① 신경세포는 이온이 가득한 용액으로 둘러싸여 있다.
   ㉠ 이온이란 분자가 전자를 잃거나 얻게 됨으로 만들어진다.
   ㉡ 신경세포 축삭의 바깥쪽 용액에는 $Na^+$ 이온이 많고, 축삭 내무 용액에는 $K^+$ 이온이 많다.
   ㉢ 세포가 활동을 하지 않는 상태에서 기록된 전위는 −70m이다.

② **활동전위의 상승 국면**
   ㉠ 활동전위가 전극 쪽으로 다가오면 이온통로가 열려 $Na^+$이 축삭 안으로 신속하게 유입된다.
   ㉡ −70mV로 기록되던 전위가 0mV를 지나 +40mV까지 올라간다.
   ㉢ 투과성
      세포막의 속성 중 하나로 특정 분자가 세포막을 얼마나 쉽게 통과할 수 있는지를 일컫는 용어이다. 특정 분자($Na^+$)의 유입만을 용이하게 만든다는 점에서 선별적으로 작용한다.
   ㉣ 양전하를 가진 나트륨이 축삭 안으로 유입되면서 축삭 안쪽에 양전하가 증가한다.
   ㉤ 축삭 안쪽의 $Na^+$ 이온이 증가하여 세포막 전위가 +40mV로 기록된 후에는 세포막에 있는 $Na^+$통로가 닫히고 $K^+$통로가 열린다.
   ㉥ $K^+$통로가 열리면 이번에는 $K^+$이 축삭 밖으로 쏟아져 나온다.

### ③ 활동 전위의 하강 국면

㉠ 축삭 안쪽의 양이온(K$^+$)이 빠져나가면 축삭 안쪽은 다시 음이온의 양이 상대적으로 많아진다.

㉡ 전위가 +40mV에서 다시 0mV를 지나 -70mV로 되돌아간다.

㉢ -70mV로 되돌아오고 나면 K$^+$ 통로는 닫히고 K$^+$의 유출이 중단된다.

㉣ 나트륨-칼륨 펌프가 작동하면서 세포막 안쪽의 Na$^+$을 밖으로 퍼내면서 세포막 바깥에 있는 K$^+$을 끌어들인다.

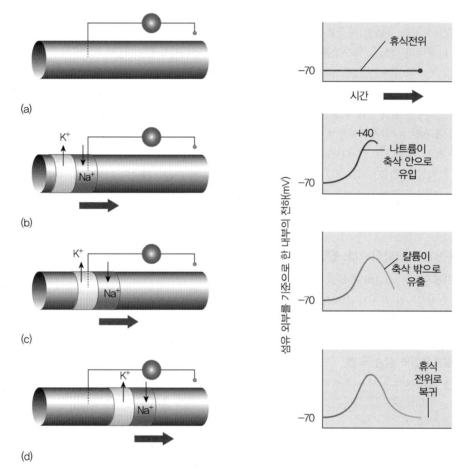

[그림 2-14] 나트륨의 유입과 칼륨의 유출에 의해 활동전위가 창출되는 방식

## (5) 연접(= 시냅스)에서 벌어지는 일 <sub>중요도 **상**</sub>

① 신경세포들 사이에는 연접(synapse)이라고 하는 아주 작은 공간이 있다.

㉠ 활동전위가 축삭 끄트머리에 도착하면, 그곳에 있는 신경전달물질이라는 화학 물질을 세포막 밖으로 방출한다. 신경세포의 축삭 끝에 있는 연접 낭이라는 구조물을 이용한다.

㉡ 방출된 신경전달물질은 신호를 받는 신경세포(연접 후 세포)막에 흩어져 있는 작은 영역인 수용 부위라는 곳으로 흘러들어간다.

ⓒ 수용 부위는 특정 신경전달물질만을 받아들이도록 특화되었다.

ⓔ 신경전달물질이 그 모양에 맞는 수용부위에 부착되면 그 부위를 활성화시켜 연접 후 세포의 세포막 전압을 바꾼다.

② 흥분성 반응

　ⓐ 연접 후 세포의 세포막 안쪽에 있는 양전하가 증가할 때 일어나는 반응이다.

　ⓑ 세포막 안쪽의 양전하가 증가하는 이 과정을 탈분극화라 한다.

　ⓒ 흥분성 반응은 활동전위보다 훨씬 약하다.

　ⓓ 흥분성 반응이 많아져 탈분극화가 역치를 넘어서야 한다.

　ⓔ 역치를 넘어서면 활동전위가 발발한다.

③ 억제성 반응

　ⓐ 연접 후 세포의 세포막 안쪽에 있는 음전하가 증가할 때 일어나는 반응이다.

　ⓑ 세포막 안쪽의 음전하가 많아지는 이 과정을 과분극화라 한다.

　ⓒ 세포막 안쪽의 음전하가 증가하면 세포막의 전위가 탈분극화에 필요한 수준(역치)에서 점점 멀어진다.

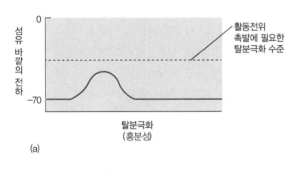

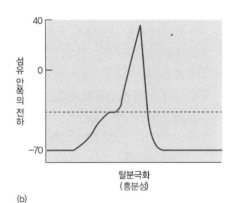

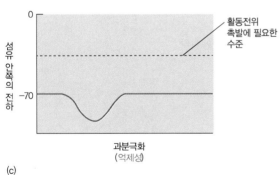

**[그림 2-15]**

(a) 흥분성 신경전달물질은 탈분극화(즉, 세포막 내부의 양 전하량 증가)를 유발한다.

(b) 탈분극화가 점선으로 표시된 식역을 넘어서면 활동전위가 생성된다.

(c) 억제성 전달물질은 과분극화(즉, 축삭 내부의 음 전하량 증가)를 초래한다.

④ 흥분은 연접 후 세포의 활동전위가 생성될 가능성을 높여 놓고 이에 따라 신경 발화율이 높아진다.

⑤ 반대로 억제는 연접 후 신경세포의 활동전위가 생성될 확률을 낮추어 놓고 그에 따라 신경 발화율이 낮아진다.

⑥ 각 신경세포의 반응은 억제성과 흥분성의 상호작용으로 결정된다.

⑦ 억제가 존재하는 이유는 신경세포의 기능이 정보전달에만 있는 것이 아니고, 정보를 처리하는 일도 하기 때문이다.

⑧ 정보를 처리하는 과정에는 흥분과 억제가 모두 필요하다.

## 5 신경신호의 수렴과 지각

### (1) 원뿔세포와 막대세포가 망막에서 조직된 방식과 지각간의 관계

① 망막을 구성하는 세포층을 볼 수 있도록 염색을 해 놓은 망막의 횡단면을 보면 다섯 가지 신경세포가 층을 구성한다. 신경세포에 의해 만들어진 망막 속 신경회로를 보여 준다.

② 수용기에서 생성된 신호는 양극세포로 흘러가고, 거기서 다시 신경절세포로 전달된다.

③ 수용기와 양극세포에는 긴 축삭이 없지만, 신경절세포에는 긴 축삭이 있다.

④ 신경절세포에 도달한 신호는 이 축삭(시각신경)을 따라 망막을 빠져 나가게 된다.

⑤ 망막에는 수용기세포, 양극세포, 신경절세포 이외에 수평세포와 아마크린세포도 존재한다.

⑥ 이 두 가지 신경세포는 망막에 있는 신경세포를 서로서로 연결시키는 역할을 한다.

　㉠ 수평세포
　　한 수용기에서 생성된 신호를 다른 수용기로 전달한다.

　㉡ 아마크린세포
　　양극세포 간 신호전달 및 신경절세포 간 신호전달을 한다.

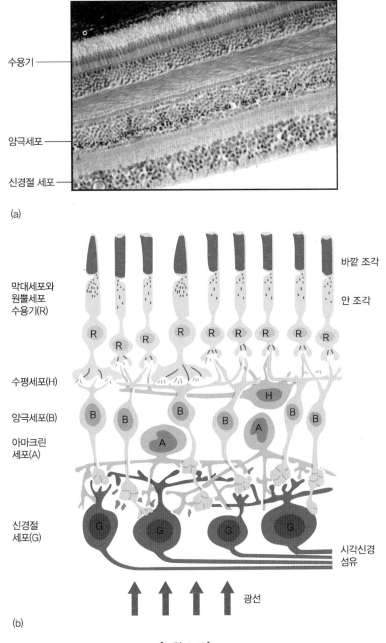

수용기 ─

양극세포 ─

신경절 세포 ─

(a)

바깥 조각

막대세포와
원뿔세포
수용기(R)

안 조각

수평세포(H)

양극세포(B)

아마크린
세포(A)

신경절
세포(G)

시각신경
섬유

광선

(b)

[그림 2-16]

(a) 원숭이 망막의 횡단면을 보여 준다. 염색을 하여 여러 가시 층을 구별하기 쉽게 만늘어 놓았다. 눙닌 섬들이 수용기, 양극세포, 신경절세포의 세포체에 해당한다.

(b) 엉장류의 망막을 구성하는 신경세포 다섯 가지와 그들이 서로 얽혀 있는 모습을 그려 놓았다. R, H, B, A, G 는 각각 수용기, 수평세포, 양극세포, 아마크린세포, 그리고 신경절세포를 나타낸다. 오른쪽에 있는 세 개의 막 대세포에서 생성된 신호가 신경절세포로 전달되는 모습을 부각시켜 놓았다. 이 모습은 수렴을 반영한다.

⑦ 신경수렴은 여러 개의 신경세포가 하나의 신경세포와의 연접으로 연결될 때 일어난다.
  ㉠ 망막에는 1억 2,600만 개의 수용기가 있는데 신경절세포는 100만 개밖에 없기 때문에 많은 수렴이 일어난다(평균적으로 126 : 1).
  ㉡ 막대세포는 1억 2,000만 개, 원뿔세포는 600만 개
  ㉢ 막대세포에서 생성된 신호의 수렴 정도가 원뿔세포에서 생성된 신호의 수렴 정도보다 훨씬 크다(평균적으로 막대세포는 120 : 1 , 원뿔세포는 6 : 1).
  ㉣ 중심와에 있는 원뿔세포 중에는 신경절세포와 1대1로 연결된 것도 많다. 수렴이 일어나지 않는 경우도 많다는 의미이다.
  ㉤ 민감도는 원뿔세포보다 막대세포가 더 높다.
  ㉥ 예민성(세밀한 것을 변별할 수 있는 능력)은 막대세포가 원뿔세포보다 높다.

### (2) 큰 수렴 때문에 막대세포가 더 민감해진다. 중요도 중

① 눈이 어둠에 순응되었을 경우에는 막대세포가 원뿔세포보다 더 민감하다.
② 조명이 어두운 조건에서는 막대세포를 이용하여 희미한 조건을 탐지한다.
③ 희미한 별을 관찰할 때, 그 별을 보기 위해 그쪽으로 시선을 집중하면, 그 별의 상이 원뿔세포로 빼곡한 중심와에 맺히기 때문에, 그 별을 탐색하기가 더 어렵다.
④ **막대세포가 원뿔세포보다 민감도가 더 높은 이유**
  ㉠ 원뿔세포의 수용기보다 막대세포의 수용기가 더 약한 빛에 반응한다.
  ㉡ 원뿔세포보다 막대세포의 수렴이 더 크다.

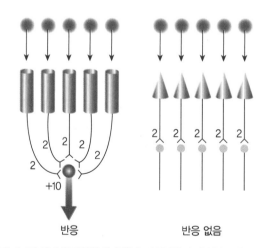

[그림 2-17] 막대세포(왼쪽)와 원뿔세포(오른쪽)가 배열된 모습

▶각각의 수용기 위에 있는 노란 점은 그 아래 있는 수용기를 자극하는 점빛을 나타낸다.
▶수치는 각 수용기가 그 수용기를 자극하는 빛에 대한 반응 단위를 나타낸다.

⑤ **수렴정도 실험 가정**

㉠ 원뿔세포 수용기와 막대세포 수용기 각각을 자극할 수 있다

㉡ 강도가 한 단위인 빛 자극을 제시하면, 흥분성 신경전달물질이 한 단위 방출되고, 방출된 신경전달물질 한 단위는 신경절세포를 한 단위의 강도로 흥분시킨다.

㉢ 신경절세포는 그 흥분된 강도가 10단위일 때 반응

㉣ 신경절세포가 반응하면 빛이 지각

⑥ **강도가 1인 빛 자극을 각각의 수용기에 제시**

㉠ 막대세포 신경절세포가 흥분되는 정도는 5단위

㉡ 원뿔세포 신경절세포가 흥분되는 정도는 각각 1단위

㉢ 빛 자극의 강도가 1일 때는 수렴 덕분에 막대세포 신경절세포가 원뿔세포 신경절세포보다 더 강하게 흥분한다.

㉣ 필요한 10단위에 못 미치기 때문에 둘 모두 반응은 하지 않는다.

⑦ **강도가 2인 빛 자극을 각각의 수용기에 제시**

㉠ 막대세포 신경절세포가 흥분되는 정도는 10단위이다. 빛 자극이 보이기 시작한다.

㉡ 원뿔세포 신경절세포 각각에 전달되는 흥분의 강도는 2단위이다. 빛 자극은 여전히 보이지 않는다.

㉢ 민감도의 차이는 근본적으로 막대세포와 원뿔세포의 수렴정도가 서로 다르기 때문이다.

㉣ 원뿔세포와 막대세포의 민감도는 개별적 수용기에 의해 결정되는 것이 아니라 한 무리의 수용기가 하나의 신경절세포에 수렴하는 정도에 의해 결정된다.

(3) **작은 수렴 때문에 원뿔세포의 해상력이 높아진다.** 〔중요도 중〕

① 원뿔세포는 수렴 정도가 작아서 막대세포보다 해상력이 더 높다.

㉠ 해상력이란 세밀한 것을 볼 수 있는 능력을 의미한다.

㉡ 단어의 상이 해상력이 높은 중심와에 맺히게 하기 위해 책을 읽을 때 눈이 좌측에서 우측으로 움직인다.

㉢ '눈을 한쪽 끝에 고정하고 같은 줄의 글자를 읽는 시행'을 하면 눈은 명순응된 상태이다.

㉣ 주변 망막에는 원뿔세포가 듬성듬성 박혀 있다.

㉤ 불빛이 희미한 곳에서 책을 읽을 때 읽기 어렵다. 해상력이 낮은 막대세포로 읽게 된다.

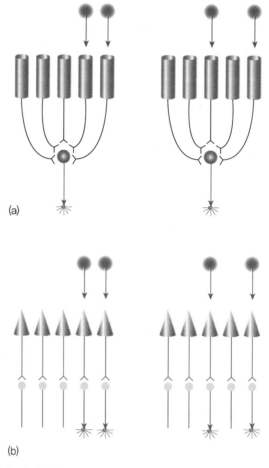

[그림 2-18] 막대세포와 원뿔세포의 배선 방식 때문에 해상력(세밀한 것을 변별할 수 있는 능력)이 달라지는 모습

   (a) 막대세포의 신경회로
     왼쪽, 인접한 두 개의 막대세포를 자극하자, 이들이 수렴하고 있는 신경절세포가 반응을 한다.
     오른쪽, 분리된 두 개의 막대세포를 자극해도 동일한 효과가 관찰된다.
   (b) 원뿔세포의 신경회로
     왼쪽, 인접한 두 개의 원뿔세포를 자극하자 인접한 두 개의 신경절세포가 반응한다.
     오른쪽, 분리된 두 개의 원뿔세포를 자극하자 분리된 두 개의 신경절세포가 반응한다. 반응을 하는 두 개의 신경절세포 사이에 반응을 하지 않는 신경절세포가 끼어 있다는 사실에는 수용기(여기서는 원뿔세포)를 자극하는 점빛이 두 개라는 정보가 담겨 있다.

② **막대세포의 회로**

   ㉠ 가까이 있는 점빛 두 개를 켜면 이들 자극에 대한 막대세포 두 개의 반응은 신경절세포를 자극한다.

   ㉡ 두 점빛 간 간격을 약간 넓혀 놓아도 여전히 두 개의 막대세포가 반응한다. 신경절세포에 가해지는 자극의 강도는 이전과 동일하다.

   ㉢ 왼쪽 조건과 오른쪽 조건이 다르다는 정보를 제공하지 못한다.

③ **원뿔세포의 회로**

　⊙ 두 개의 인접한 점빛 자극을 제시한다. 인접한 두 개의 원뿔세포가 반응한다. 두 개의 인접한 신경절세포가 반응한다.

　ⓛ 두 개 간 간격을 조금 넓힌다. 약간 떨어져 있는 두 개의 원뿔세포가 반응한다. 그에 맞춰 약간 떨어진 두 개의 신경절세포가 반응한다.

> **!  더 알아두기 Q**
>
> ① 눈의 초점 형성 시스템에 문제가 생겨 망막에 맺히는 상이 흐려지게 되면, 뇌의 처리 능력을 아무리 향상시켜도 선명한 지각을 경험할 수 없다.
> ② 지각경험은 눈으로 들어갈 수 있는 에너지와 시각 수용기를 활성화시킬 수 있는 에너지에 따라서도 달라진다.
> ③ 전자기 에너지 파장의 폭은 엄청나게 넓지만, 시각 수용기에 들어 있는 시각 색소는 그중 극히 일부 파장의 에너지만을 흡수한다.
> ④ 우리의 눈이 만감하게 반응할 수 있는 전자기 에너지는 우리 주변을 둘러싸고 있는 전자기 에너지의 극히 일부이다. 시각 색소는 여과기와 같은 기능을 한다.
> ⑤ 막대세포로만 지각을 하게 되는 밤이 되면 420~580nm의 빛에만 반응한다. 그중에서도 500nm의 빛에 가장 민감하다.
> ⑥ 원뿔세포로 지각하는 낮이 되면, 파장이 긴 빛에 더욱 민감하게 반응한다. 560nm의 빛에 가장 민감하게 반응한다.

## 6 유아의 시력

> **!  더 알아두기 Q**
>
> • 유아의 시력이 성인보다 낮다.
> • 유아는 자극에 대한 반응을 성인들이 알아들을 수 있는 말로 하지 못한다.

## (1) 주시 선호 기법

① 유아가 한쪽 자극을 더 오래 주시한다면, 두 개의 자극을 변별하는 것이다.

② 아이들은 특정 유형의 자극을 바라보는 것을 더 좋아한다.

③ 왼쪽 자극 보다는 오른쪽 자극을 더 오래 바라본다면, 왼쪽 자극에는 변화가 없는데 오른쪽 자극에는 변화가 있는 것이다(이때 두 자극의 밝기를 동일하게 해야 함).

④ 두 가지 자극의 위치를 무선으로 바꿔 가며 반복해서 주시 선호도를 측정해야 한다. 그래야 줄무늬 자극을 더 오래 바라보는 일이 위치 때문이 아니라 두 자극이 다르기 때문이라고 설명 가능하다.

## (2) 시각 유발 전위

① 아이들 뒤통수에 전극을 부착하여 시각 겉질에서 벌어지는 전기적 반응을 측정하였다.

② 무늬가 탐지할 수 없을 정도로 세밀하면, 전기적 반응이 아예 일어나지 않는다.

③ 무늬의 굵기를 바꿔가면서 시각 유발 전위를 기록하면 아이들의 시력까지 측정 가능하다.

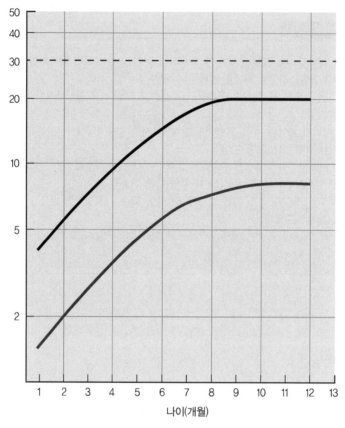

[그림 2-19] 생후 첫 일 년 동안 시력이 향상되는 모습

## (3) 유아들의 해상력

① **검정곡선** - 시각 유발 전위([그림] 2-19)

② **초록곡선** - 주시 선호 기법([그림] 2-19)

③ 시각 유발 전위 기법을 이용해 측정한 시력이 주시 선호 기법을 이용해 측정한 시력보다 높다.

④ 두 가지 측정치 모두 영아의 출생 시 시력이 매우 낮고, 생후 6~9개월까지 급속하게 향상한다. 그 후부터는 시력 향상 속도가 줄어 서서히 향상되다가 1년이 지난 후에야 성인에 해당하는 시력이 된다.

⑤ 각각의 배선 방식이 다르기 때문에 성인의 경우 원뿔세포와 막대세포의 해상력이 다르다. 이를 통해 유아의 해상력이 낮은 이유도 수용기의 발달이 미흡하기 때문이라는 추측이 가능하다.

### (4) 성인과 신생아 비교 <sub>중요도 중</sub>

① **성인과 신생아의 망막 비교**

막대세포로 조직된 주변 망막은 차이를 식별하기 어렵다. 원뿔세포만으로 구성된 중심와에서, 신생아의 경우 발달이 덜 된 원뿔세포들이 듬성듬성 박혀 있다.

② 신생아의 원뿔세포를 보면, 안쪽 부분은 두툼한데, 바깥 조각들은 매우 작다. 성인의 원뿔세포를 보면, 안쪽 부분과 바깥 조각의 굵기가 거의 같다.

③ 바깥 조각의 크기가 작다는 것은 그 속에 들어 있는 시각 색소의 양이 적다는 뜻이다(시각 색소는 수용기의 바깥 조직들에 들어 있다).

④ 신생아의 원뿔세포가 빛을 흡수하는 능력은 성인의 원뿔세포가 빛을 흡수하는 능력에 훨씬 뒤처진다.

⑤ 안쪽부분이 두툼하다는 것 때문에 원뿔세포 서로 간 간격은 커질 수밖에 없다.

⑥ 성인의 원뿔세포 수용기는 중심와의 68%를 덮고 있는데, 신생아의 원뿔세포 수용기가 덮고 있는 부분은 중심와 전체의 2%밖에 되지 않는다. 신생아의 중심와를 들어오는 빛의 대부분은 원뿔세포를 자극하지 못한다.

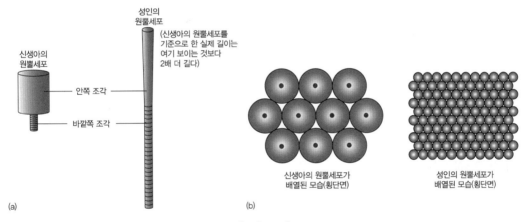

[그림 2-20]

(a) 성인과 신생아의 중심와를 덮고 있는 원뿔세포의 모형(실물 원뿔세포의 모양은 이렇게 완전한 직선형도 아니고 입방체도 아니다).
중심와에 있는 원뿔세포는 다른 곳에 있는 원뿔세포보다 훨씬 가늘고 길다.

(b) 성인과 신생아의 중심와를 채우고 있는 원뿔세포 수용기의 밀도
신생아 원뿔세포 바깥 조직(빨간 점으로 표시된 부분) 간 간격이 듬성듬성한데 그 이유는 안쪽 부분이 두툼하기 때문이다. 이에 반해 성인 원뿔세포는 안쪽 부분도 가늘기 때문에 바깥 조각 간 간격이 촘촘하다.

⑦ 유아의 뇌의 시각 영역의 발달은 미흡하다. 신생아의 시각겉질에 있는 신경세포는 성인의 시각 겉질에 비해 개수도 적고 연접 또한 풍성하지 못하다.

⑧ 6~9개월 사이 신경세포와 연접이 급격히 증가하고 중심와에서는 원뿔세포 간 간격이 촘촘해지며 시력이 갑작스럽게 향상된다.

# 신경처리와 지각

한 신경세포가 서로 다른 유형의 자극에 대해 흥분 반응을 할지 아니면 억제 반응을 할지 어떻게 결정하는 지를 이번 장에서 학습한다. 시각계의 상위 수준으로 올라감에 따라 신경세포의 반응이 어떻게 바뀌는지 학습 한다. Hubel과 Wiesel의 세부특징 탐지기가 지각과정에서 하는 역할 및 감각 부호화에 대한 특성성, 분산, 성 긴 부호화 이론에 대해 설명한다.

## 출제 경향 및 수험 대책

신경활성화를 넘어 수용장에서의 표상을 주로 학습한다. 복잡한 시지각 과정이 많으므로 자세한 내용을 알기 위해서는 가급적 관련 교재를 참고하는 것이 좋다. 특히 노벨상을 수상한 Hubel과 Wiesel의 연구에 대해 충실히 학습하고 감각 부호에 대한 세 가지 이론을 잘 숙지하여 각각의 이론이 어떻게 다른지를 구별할 수 있어야 한다.

## 제 **1** 절 측면억제

### 1 측면억제

망막에서 옆으로 전달되는 억제를 측면억제라 한다.

### (1) 투구게에서의 측면억제

① Hartline 등은 투구게를 사용하여 측면억제가 어떤 신경회로상의 세포 반응에 어떻게 영향을 줄 수 있는지를 보여주었다. 투구게는 수백 개의 홑눈을 가지고 있으며, 각 홑눈은 단일 수용기 를 갖는다. 그리고 인접한 수용기를 건드리지 않고도 하나의 수용기만 빛을 비추어서 기록하는 것이 가능하다.

② Hartline 등은 수용기 A에 빛을 조명하고 수용기 A로부터 연결된 시신경의 반응을 측정했을 때 큰 반응이 일어난다는 것을 관찰하였다. 그러나 B에 있는 3개의 수용기에 추가로 빛을 조명했 을 때 A의 반응이 감소하였고, 나아가 B의 3개 수용기에 대한 조명한 빛의 강도를 높였을 때, A의 반응이 더욱 감소하는 것을 관찰하였다.

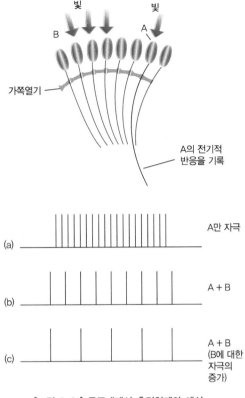

[그림 2-21] 투구게에서 측면억제의 예시

③ 수용기 A의 발화가 감소하는 원인은 측면억제이며, 측면억제는 투구게의 가쪽열기(측면 망상조직, lateral plexus)의 섬유들에 의해 투구게의 눈에서 옆(B→A)으로 전송된다.

④ 인간의 망막에서는 수평세포와 아마크린세포가 신호를 측면으로 전달한다.

## (2) 밝기 지각

측면억제로 설명되는 몇몇 지각 현상들 각각은 밝기 지각을 수반한다.

### ① 헤르만 격자 중요도 상

[그림 2-22]

ⓐ 헤르만 격자에서 흰색 골목길의 교차로에 회색 반점을 볼 수 있다. 교차로에서 발견되는 회색 반점을 측면억제로 설명할 수 있다.

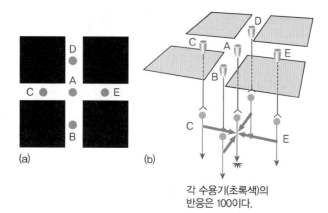

**[그림 2-23] 수용기 A가 회색 반점이 보이는 곳에 위치하고 다른 수용기가 흰색 골목길에 위치한 경우**

(a) 헤르만 격자의 네 개의 정사각형과 그 아래에 있는 다섯 개의 수용기를 보여주고 있다.
(b) 이 격자와 다섯 개의 수용기의 조망도로서, 수용기(초록색)가 양극세포(파란색)에 어떻게 연결되는지를 보여 준다.

ⓑ 수용기 A가 회색 반점이 보이는 곳에 위치하고 다른 수용기가 흰색 골목길에 위치한 경우 모든 수용기 A, B, C, D, E는 같은 조명을 받고 같은 반응을 생성한다. 각 5개의 수용기(초록색)에 대응하는 5개의 양극세포(파란색)이 있고, 모든 수용기의 최초 반응은 동일하게 100이라고 가정한다. 측면억제의 경로는 빨간색으로 표시되어 있고 다른 4개 양극세포에서 A세포로 전해진다. 따라서 A의 최종반응은 최초반응 100에서 4개의 양극세포로부터의 측면억제를 뺀 값이 된다. 이때 측면억제의 양은 각 신경세포의 최초반응의 1/10이라고 가정하면 각 빨간색 화살표가 가지는 억제의 정도는 10이 된다. 즉, A의 최종반응은 60(= 100 − 40)이다.

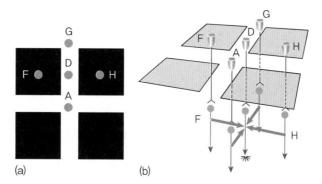

**[그림 2-24] 수용기 D는 흰색 골목길에 위치해 있고 F와 H는 정사각형 아래 위치한 경우**

ⓒ 수용기 D는 흰색 골목길에 위치해 있고 F와 H는 정사각형 아래 위치한 경우

　D를 계산할 때, 임의의 F, H, G 수용기와 그 양극세포를 가정하여 A의 최종반응을 계산하는 것과 같은 방식으로 확인할 수 있다. G는 A, D와 같은 흰색 골목에 있으며, F, H는 검은 사각형 안에 위치한다. 이때 F, H의 경우 검은 정사각형 안에 있으므로 다른 수용기보다 빛을 덜 받게 되어 F, H의 최초반응은 20이라고 가정한다. D의 측면억제는 A, G로부터 각각 10을 받게 되고 F, H로부터 2를 받게 된다. 즉, D의 최종반응은 76[= 100 − (10 + 10 + 2 + 2)] 이며 B, C, E 또한 동일하다.

ⓔ 지각에 대한 예측

　양극세포 A와 D의 최초 반응은 같지만 최종 반응은 A가 D보다 측면억제를 더 크게 받아 교차로 가 골목길보다 더 어둡게 보여야 하기 때문에 교차로 A에서 회색 반점이 지각된다.

② **마하의 띠**: 경계를 선명하게 지각하기

ⓐ 마하의 띠는 밝고 어두운 영역의 경계 근처에서 밝고 어두운 띠가 보이는 착시현상으로 측 면억제로 설명이 가능한 또 다른 지각적 효과이다.

ⓑ [그림 2-25] (a)에서 B의 오른쪽 경계선을 따라 밝은 마하의 띠를, C의 바로 왼쪽 경계선을 따라 어두운 마하의 선을 관찰할 수 있다. 하지만 헤르만 격자의 회색 반점과 같이 마하의 띠 역시 실제로 존재하는 것이 아니다.

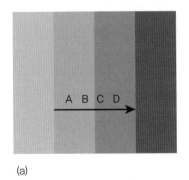 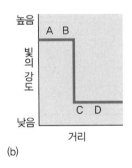 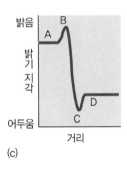

[그림 2-25] 마하의 띠

(a) 빛과 어두움 간의 경계에서 보이는 마하의 띠
(b) 광도계로 측정한 빛의 물리적 강도 분포
(c) (a)에서 이야기한 지각효과를 보여주는 그래프

ⓒ [그림 2-25] (c)는 A→D에서 지각되는 밝기의 정도를 그래프로 나타낸 것이다. B 근처 경계 선에서는 밝기가 더 높아진다. B에서 솟구치는 약간의 봉우리(밝은 마하의 띠)는 경계선 바 로 왼쪽에서 보이는 약간의 밝기 증가를 나타낸다. C에서 밑으로 꺼지는 부분(어두운 마하의 띠)은 경계선 바로 오른쪽에서 보이는 약간의 밝기 감소를 나타낸다.

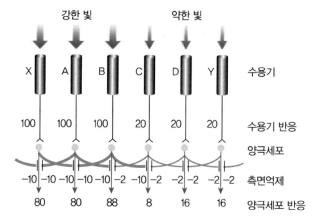

[그림 2-26] 마하의 띠 효과를 측면 억제에 근거하여 설명하는 회로

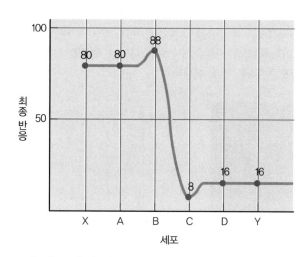

[그림 2-27] 회로에 대해 계산된 최종 출력을 보여주는 곡선

ⓔ 측면억제와 최종반응 계산

[그림 2-26]의 회로를 이용하여 헤르만 격자에서와 같은 계산을 하면 마하의 띠가 측면억제에 의해 설명될 수 있음을 보여준다. 회로의 6개의 수용기 각각은 양극세포에 신호를 보내며, 각각의 양극세포는 양쪽의 이웃세포에게 측면억제를 보낸다. 경계선의 밝은 쪽에 있는 A와 B는 강한 조명을 받고 C와 D는 약한 조명을 받는다. 추가된 임의의 X, Y를 포함하여, 밝은 쪽에 있는 XAB는 100의 반응을 생성하고 CDY는 20의 반응을 생성한다고 가정한다. 각 100과 20은 최초 반응이며 이웃세포에 의해 억제가 되는데, 그 정도는 헤르만 격자에서와 동일하게 1/10이라고 가정하면 A가 받는 억제의 양은 20이고 D가 받는 억제의 양은 4이다.

③ **동시대비**

㉠ 양쪽의 작은 정사각형 두 개는 실제로는 동일한 음영의 회색인데, 그것이 다르다는 착시가 나타나는 이유는 정사각형을 둘러싸고 있는 영역의 차이 때문이며 이를 동시대비 효과라고 한다.

ⓛ 같은 조명을 받아도, 밝은 쪽에 있는 작은 정사각형의 수용기들은 높은 반응 빈도로 인해 그 신경세포에 더 많은 억제를 보내게 된다. 때문에, 같은 조명임에도 최종반응이 감소하여 더 어둡게 지각된다.

ⓒ 측면억제는 가장자리에 더 강하게 영향을 미칠 것이므로 정사각형이 모서리 근처에서는 더 밝아 보이고 한가운데에서는 더 어두워 보일 것이라 예상하지만 정사각형의 폭 전체는 같은 밝기로 보인다. 따라서 이는 측면억제로 동시대비를 완벽하게 설명하는 것은 불가능함을 시사한다.

[그림 2-28] 동시대비

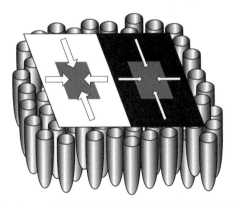

[그림 2-29] 측면억제를 이용하여 동시대비 효과를 설명하는 방식

▶화살표의 크기는 측면억제의 양을 나타낸다.
▶왼쪽에 있는 사각형이 억제를 더 많이 받기 때문에 더 어둡게 보인다.

## (3) 측면억제로 설명할 수 없는 디스플레이 중요도(중)

### ① white의 착시

ⓞ 왼쪽과 오른쪽의 직사각형은 같은 양의 빛을 반사함에도 [그림 2-30] (a)에서 A가 더 어두워 보이는 이유는 무엇인가? 이는 밝은 부분에서 측면억제를 더 강하게 받게 되는데, A와 B의 각 직사각형이 닿아있는 흰색 면적은 B가 더 넓다. 때문에, B가 더 많은 억제를 받게 되고, 앞서 설명한 측면억제에 의하면 B가 더 어둡게 보여야 한다.

ⓛ 하지만 실제로는 반대로 A가 더 어두워 보이는데, 이는 측면억제가 white의 착시를 설명할 수 없음을 의미한다.

ⓒ Alan Gilchrist와 동료들(1999)은 소속성의 원리에 의해 A영역이 더 어두워 보이게 만든다고 설명한다.

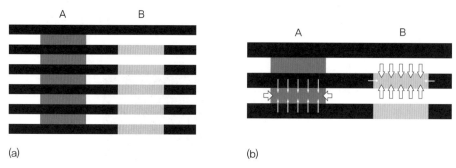

[그림 2-30] White의 착시

▶(a)의 A에서 옅은 부분과 B의 옅은 부분은 같은 밝기의 회색이다.
▶옅은 부분 이외의 부분을 가리고 보면 두 부분이 같은 색인 것을 확인할 수 있다.

## 2 망막에서 시각겉질로, 그리고 더 상위 수준으로의 처리

### (1) 시각신경에 있는 단일 섬유의 반응

#### ① Hartline의 개구리 안와실험

시각신경이 눈에서 나가는 곳 근처에서 시각신경을 파헤쳐서 단일 섬유를 분리해 냈다. 이 분리된 섬유의 활동을 기록하면서 Hartline은 망막의 서로 다른 영역을 조명하였다. 기록하고 있던 섬유가 망막의 작은 영역 한 군데가 조명되었을 때에만 반응함을 발견하였다. 신경세포가 발화하게 만든 영역을 그 신경섬유의 수용장이라고 불렀다. 다음과 같이 수용장을 정의하고 그 특징을 기술하였다.

> • 수용장은 특정 섬유(신경세포)의 반응을 얻기 위해 조명해야 하는 망막의 영역이다.
> • 한 섬유의 수용장은 '단일 원뿔세포/막대세포'보다 훨씬 넓은 영역을 담당한다.
> • 한 섬유의 수용장은 수백, 수천 개의 수용기를 담당하고 서로 다른 많은 수용장은 중첩되므로 망막의 특정 지점의 자극은 많은 시각신경섬유를 활성화시킨다.

#### ② 중심-주변 체제화

㉠ 개구리가 아닌 고양이를 대상으로 한 연구에서 개구리에서 관찰하지 못했던 수용장의 특징을 발견하였다.

㉡ 고양이 수용장은 중심-주변 체제화로 배열되어 있고, 이 방식은 빛에 대해 수용장의 중심 영역이 주변 영역과 다르게 반응한다.

| 구분 | 중심 자극 | 주변 자극 |
|---|---|---|
| 흥분성 중심, 억제성 주변 수용장 | 발화 증가 | 발화 감소 |
| 억제성 중심, 흥분성 주변 수용장 | 억제 반응 | 흥분 반응 |

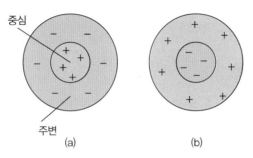

[그림 2-31] 중심-주변 수용장

(a) 흥분성 중심. 억제성 주변
(b) 억제성 중심. 흥분성 주변

### ③ 중심-주변 길항작용

수용장의 흥분성 중심에 제시된 작은 빛점은 신경 발화율을 약간 증가시키는데 그 빛점을 더 크게 하여 수용장의 중심부 전체를 덮도록 만들면 세포의 반응이 더 증가한다. 빛점이 억제성 영역을 덮기 시작할 만큼 커질 때 중심-주변 길항작용이 나타난다. 억제성 주변을 자극하는 것은 중심의 흥분성 반응을 상쇄시켜서 신경세포의 발화율을 감소시킨다.

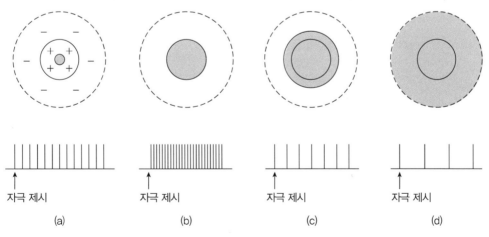

[그림 2-32] 중심-주변 길항작용

▶빛점이 억제성 영역을 덮기 시작할 때 (c) 발화율이 (b)에 비해 감소한다.

**(2) 수용장 연구에 대한 Hubel과 Wiesel의 논리**

① Hubel과 Wiesel 연구 중요도 상

ㄱ 시각계의 수용장 연구를 겉질로 확장하였다.

ㄴ Hubel과 Wiesel의 연구는 시각계의 상위수준으로 갈수록 신경세포가 어떻게 더 특정 종류의 자극에 동조되는지를 보여준다.

ㄷ Hartline의 절차를 변형하여 눈에 빛을 비추는 대신, 스크린에 자극을 투사하여 보게 하였다.

> 💡 **더 알아두기** 🔍
>
> 스크린 투사의 이점 : 자극을 통제하기 쉽고, 복잡한 자극을 제시하기 용이하다.
> (유튜브에서 'Hubel and Wiesel-Cortical Neuron-VI'을 찾아 시청해보길 추천한다)

② **눈에서부터 시각신경을 통해 나가는 신호의 경로** 중요도 중

ㄱ 눈에서 무릎핵(LGN)/상구를 경유하여 대뇌 겉질의 후두엽에 신호가 전달된다. 후두엽은 시각 수용 영역으로 신호가 처음으로 겉질에 도달하는 곳이다. 이 부위는 겉질에서 최초의 시각 영역임을 나타내기 위해 V1영역이라고도 한다.

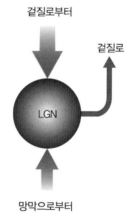

[그림 2-33] 가쪽 무릎핵(LGN)으로 드나드는 정보의 흐름

▶ 화살표의 크기는 신호의 크기를 나타낸다.

ㄴ LGN 기능에 대한 가설

ⓐ 망막으로부터 받는 입력 신호보다 겉질로 보내는 신호가 더 작다는 것이 관찰에 근거한다.

ⓑ 망막에서 겉질로의 신경 정보를 조절하는 기능을 한다는 가설을 이끌어 내었다.

ⓒ 망막보다 겉질에서 더 많은 정보를 받는다. 이러한 정보의 역행은 피드백이라 불리며 정보 흐름 조절과 관련되는 것일 수 있다.

## (3) 시각겉질 신경세포의 수용장 중요도 중

V1영역에서도 흥분성/억제성 영역이 있는 수용장을 가진 세포들을 발견하였다.

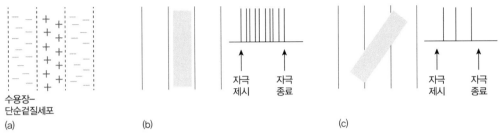

[그림 2-34]

(a) 한 단순겉질세포의 수용장
(b) 이 세포는 수용장의 흥분성 영역을 차지하는 수직 막대 모양의 빛에 가장 잘 반응함
(c) 막대가 옆으로 기울어져서 억제성 영역을 덮게 되면 반응이 감소함

### ① 단순겉질세포

중심/주변이 아닌 나란히 배열되어 있는 병렬수용장을 가진 세포를 말한다.

㉠ 수직 막대에 가장 잘 반응한다.

㉡ 막대가 기울어져 억제성 영역을 덮게 되면 반응이 감소한다.

### ② 방위조율곡선

방위와 발화율의 관계를 나타낸다.

㉠ 방위가 0일 때(수직일 때), 가장 발화율이 높다.

㉡ 막대가 기울어지면 억제성 영역을 자극하게 되고 반응이 감소한다.

### ③ 복합세포

㉠ 정확한 특정 방위를 가진 빛 막대가 수용장 전체에 걸쳐 움직일 때만 반응한다.

㉡ 작은 빛점이나 정지된 자극에 반응하는 단순세포와는 상반된다.

### ④ 끝-멈춤세포

특정 길이의 막대/특정 방향으로 움직이는 모서리 또는 각에 반응한다.

### ⑤ 세부특징탐지기 중요도 상

㉠ 단순세포, 복합세포, 끝-멈춤 세포들은 방위, 운동 방향 등 자극의 특정한 특징에 반응하여 발화하므로 세부특징탐지기라고도 불린다.

㉡ 망막으로부터 더 멀리 떨어질수록 신경세포는 더 복잡한 자극에 발화한다.

## 3 세부특징 탐지기의 지각에서의 역할

| 자극-생리 관련성 | 신경세포가 특정 방위의 선에 반응함을 확인할 때 측정하는 것 |
|---|---|
| 생리-지각 관련성 | 그 신경세포가 특정 방위의 선을 지각하는 데 어떤 관련이 있는지, 생리와 지각 간의 연관성을 확인할 때 측정하는 것 |

### (1) 선택적 순응

① 정의

ㄱ 생리-지각 관련성을 측정하는 방법 중 하나인 정신물리학적 절차이다.

ㄴ 특정 속성에 조율된 신경세포의 발화가 결국엔 그 신경세포를 순응하게(지치게) 만든다.

② 생리적 효과

ㄱ 그 신경세포의 발화율이 감소한다.

ㄴ 그 자극이 바로 다시 제시되면 발화가 줄어든다.

예 수직선에 반응하는 신경세포 : 반복 제시되면 결국엔 수직선에 대한 발화가 줄어든다.

ㄷ 수직선에 발화하지 않는 신경세포는 순응도 발생하지 않기 때문에 순응은 선택적이다.

### (2) 선택적 양육 종요도 중

① 세부특징 탐지기가 지각에 관여한다는 증거이다.

② 특정 종류의 자극만 존재하는 환경에서 양육된다면, 그 자극에 반응하는 신경세포가 주로 생겨날 것이다.

③ 신경 가소성(경험의존적 가소성)이라 불리는 현상 즉, 지각경험에 의해 신경세포의 반응특성이 형성될 수 있다는 개념에서 유래한다.

④ 선택적 순응은 단기적 효과이고 선택적 양육은 더 장기적 효과이다.

⑤ 겉질 신경세포의 방위 선택성, 그 방위에 대한 행동 반응 사이의 대응 관계는 세부특징 탐지기가 방위 지각에 관여한다는 추가 증거를 제공한다.

⑥ Blakemore와 Cooper의 실험

　㉠ 각각의 선은 겉질에 있는 하나의 신경세포에 반응하는 방위를 나타낸다.

　㉡ 수직 줄무늬 환경에서 자란 고양이는 수직/수직에 가까운 자극에 반응하는 신경세포는 많지
　　만, 수평선에 반응하는 신경세포는 하나도 없다(사용되지 않아서 소멸).

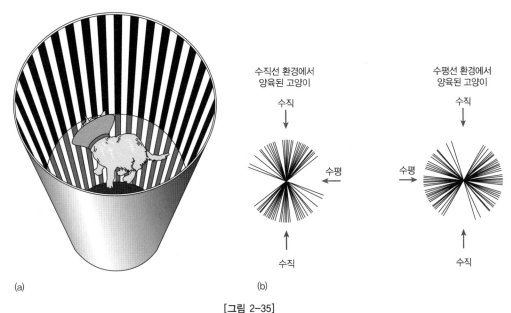

(a)　　　　　　　　　　　　　　　　　　　　　　(b)

[그림 2-35]

(a) Blakemore와 Cooper(1970)의 선택적 양육실험에서 사용된 줄무늬 통
(b) 왼쪽은 수직선 환경에서 양육된 고양이의 세포 72개가 나타내는 최적 방위의 분포이고, 오른쪽은 수평선 환경
　　에서 양육된 고양이의 세포 52개가 나타내는 최적 방위의 분포이다.

## (3) 상위수준신경세포

① Charles Gross의 하측두피질(아래관자겉질, IT) 연구는 원숭이에게서 이 영역을 제거했을 때
　대상 인식 능력에 영향을 받는다는 연구와 안면실인증에 관한 연구의 영향을 받았다.

② 원숭이 IT겉질의 신경세포가 복잡한 자극에 반응함을 발견하였다.

　예 손 모양, 얼굴 등

③ 인간의 방추형 얼굴 영역(FFA)은 관자엽 아랫면의 한 영역으로 얼굴에 강하게 반응한다.

### 4  감각부호화 (종요도 중)

신경세포의 발화가 어떻게 환경 내의 다양한 특징을 표상하는가를 설명한다.

#### (1) 특정성 부호화

① 단일신경세포의 발화가 감각부호화를 이해하는 열쇠이다.

② **전문화된 신경세포의 발화에 의한 표상**

　특정 물체 외 다른 물체에는 전혀 반응하지 않는 하나의 신경세포에 의해 특정 물체가 표상된다.

③ 필요조건으로 환경 내의 각각의 대상에 대해 특정하게 동조된 신경세포가 있어야 한다.

④ 할머니 세포(grandmother cell)는 특정한 자극(할머니)에만 반응하는 신경세포이다.

⑤ 모든 각각의 대상에 특정되는 세포를 갖기엔 세상에는 서로 다른 대상들이 너무 많다는 점에서 한계를 갖고 있다.

#### (2) 분산부호화 : 큰 신경세포 집단의 발화

① 다수의 신경세포 발화 패턴에 의해 특정 대상이 표상되는 것이다.

② 많은 수의 자극을 표상할 수 있다는 장점이 있다.

③ 일부 기능에서는 많은 수의 신경세포가 필요하지 않으며, 이때 성긴부호화가 일어난다.

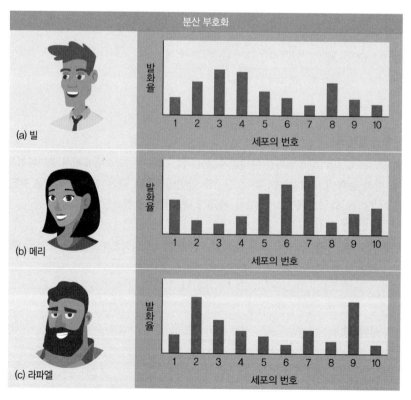

[그림 2-36] 얼굴의 정체가 많은 신경세포의 발화 패턴에 의해 표시되는 분산부호화

**(3) 성긴부호화 :** 소수의 신경세포에 의한 발화

① 대다수의 신경세포는 침묵상태이며, 소수의 신경세포 집단의 발화패턴에 의해 특정 대상이 표상 되는 것이다.

② 신경세포들의 (크거나 작은) 집단의 발화에 의해 세부특징/대상이 표현된다.

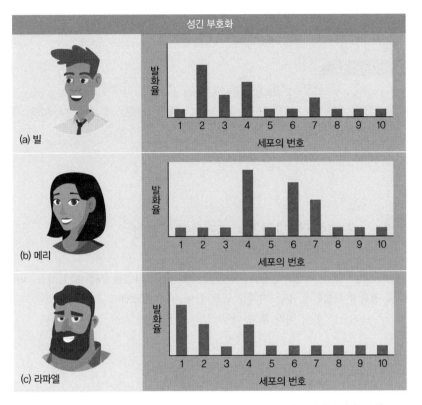

[그림 2-37] 얼굴의 정체가 소수 신경세포의 발화 패턴에 의해 표시되는 성긴부호화

### 5 심신관계문제

① "신경충동 또는 세포막의 나트륨-칼륨 이동과 같은 물리적 과정이 어떻게 변환되어 지각경험(마음)으로 생기는 것인가"에 대한 문제이다.

② **감각부호화에 관한 연구**

　⊙ 완성 내 사수과 신경세포 말화패턴 산의 관계에 관한 것이다.

　⊙ 의식의 신경 상관물(NCC)에 관한 연구라 한다.

③ 심신관계문제는 NCC를 찾는 것이 해결책이 될 수 있다.

　⊙ NCC를 찾는 것은 의식에 대한 쉬운 문제이다.

　⊙ 나트륨-칼륨이온 흐름은 의식에 대한 어려운 문제이다.

# 겉질 조직화

이번 단원에서는 시감각의 신경 세포가 어떻게 조직화되어 있는지 알아본다. 또한, 신경 세포가 어떠한 시각 정보의 흐름를 가지고 있으며 어떠한 유형의 자극에 반응하는지에 대해서도 알아본다.

**출제 경향 및 수험 대책 📋**

겉질이 어떻게 조직화되어 있는지 알기 위하여 확질 확대와 방위 기둥 및 위치 기둥의 특성을 이해할 필요가 있다. 또한 시각 정보 전송을 위한 무엇 경로와 어디에 경로의 정보 흐름을 구분할 수 있어야 한다. 마지막으로, 뇌가 특정 유형의 자극에 반응하는 단원성의 개념도 함께 알아두도록 하자.

## 제 **1** 절 ▶ 조직화된 시각계 : 조직화의 필요성

시각계는 크기, 모양, 방위, 색깔, 운동 및 공간적 위치 등의 다양한 개별적 특성을 처리하는 것 뿐만 아니라 정보를 결합시켜 일관성 있는 지각을 만들어 내는 데 필요하다.
시각계는 공간적 조직화를 통해 여러 가지 다양한 방식으로 조직화 작업을 수행한다.

## 제 **2** 절 ▶ 공간적 조직화에 대한 연구

### 1 공간적 조직화

**(1) 망막 상의 공간적 조직화**

① 공간적 조직화란 환경 내의 특정 위치에 있는 자극이 신경계 내 특정 부위의 활동으로 표상되는 방식을 말한다.

② 망막 수준에서의 상은 본질적으로 그 장면의 그림이다. 그러나 그 그림이 전기적 신호로 변환되면, 시각계의 더 상위 수준에 있는 구조들에서 망막의 전자적 지도의 형태로 새로운 유형의 조직화가 일어난다.

## (2) V1 영역의 전자적 지도

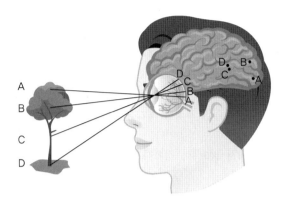

[그림 2-38] 나무를 보고 있는 사람의 그림

① 우리는 망막의 여러 위치를 자극하여 겉질의 어디에 있는 신경 세포가 발화하는지 알아볼 수 있다.

② [그림 2-38]의 망막 내 A와 B 사이의 거리는 C와 D 사이의 거리와 같지만 겉질에서는 A와 B 사이의 거리가 더 멀다. 이는 망막중심오목 부근의 영역에 더 많은 공간이 할당되는 겉질 확대의 한 예이다.

③ 망막 상을 이루는 점들의 겉질 내 신경 활동을 기록하여 망막에서 신경세포의 수용 위치도 찾아낼 수 있다. 예를 들어, 겉질의 A지점의 신경세포를 기록하면 수용장이 망막의 A지점에서 발견되어 망막 상의 위치에 대응되는 전자적 지도인 망막위상적 지도를 확인할 수 있다.

　⊙ 조직화된 공간적 지도는 망막에서 서로 가까이 있는 두 지점이 뇌에서도 서로 가까이 있는 신경세포를 활성화시킬 것임을 보여준다.

　ⓛ [그림 2-38]의 망막중심오목에 위치한 A와 B의 상이 주변부에 있는 C와 D의 상보다 겉질에서 더 많은 공간을 차지한다는 점은 겉질 상의 지도가 왜곡되어 있음을 의미한다.

④ [그림 2-39]에서 비록 망막중심오목은 망막 넓이의 0.01%만을 차지하나, 망막중심오목부터 들어오는 신호는 겉질 상의 망막 위상적 지도의 8~10%를 차지한다. 이를 겉질 확대라 한다.

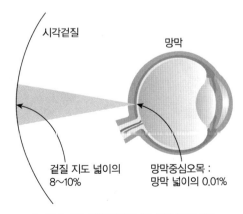

[그림 2-39] 시각체계에서의 겉질 확대 계수

### (3) 뇌 영상법 중요도 중

① **양전자방출단층촬영영술(positron emission tomography ; PET)**

㉠ 인간 뇌의 겉질에서의 겉질 확대 계수를 확인하는 방법 중 하나이다.

㉡ 인체에 해롭지 않은 낮은 용량의 방사성 추적자를 사람에게 주사하여, 혈액으로부터 많은 연료를 필요로 하는 대뇌의 활성화 높은 부분의 혈류량 변화를 측정하는 기법이다.

② **기능성 자기공명영상법(functional magnetic resonance imaging ; fMRI)**

㉠ 헤모글로빈의 철 분자가 가진 자성이 자기장에 반응하는 변화를 탐지하여 뇌의 여러 영역의 상대적 활성 수준을 측정하는 기법이다.

㉡ 방사성 추적자가 필요치 않고 더 정확하므로 인간에게서 뇌 활동의 위치를 찾아내는 주된 방법으로 사용되고 있다.

㉢ [그림 2-40]은 Robert Dougherty와 동료들(2003)의 시각겉질의 확대계수를 확인하기 위해 뇌영상법 중 하나인 fMRI 기법을 활용한 결과를 보여주고 있다. [그림 2-40] (a)는 스캐너 속의 관찰자가 보았던 자극 디스플레이이다. [그림 2-40] (b)는 관찰자가 스크린의 중앙을 응시할 때 실험 자극 불빛이 망막중심오목에 비춰진 경우(빗금 영역)와 중앙에서 먼 망막 주변부에 비춰진 경우(초록색 영역)를 보여준다. 망막중심오목 부근의 작은 영역(빗금)을 자극하는 것이 주변부의 큰 영역(초록색)을 자극하는 것보다 겉질에서 더 넓은 영역을 활성화시키고 있음을 보여준다.

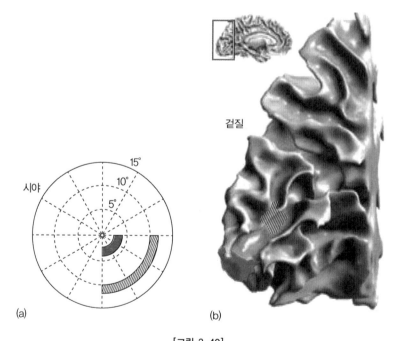

**[그림 2-40]**

(a) 빗금과 초록색 부위는 사람이 fMRI 스캐너 속에 있는 동안 자극이 제시되었던 위치와 넓이를 보여 준다.
(b) 빗금과 초록색 부위는 (a)의 자극에 의해 활성화된 뇌 영역을 나타낸다.

### (4) 손가락에 대한 겉질 확대

#### ① 손가락 지각 시의 겉질 확대

㉠ 왼팔을 앞으로 쭉 뻗고 검지를 위쪽으로 편다. 손가락을 바라보면서 오른팔을 앞으로 뻗어 왼손 검지의 30cm 정도 거리에 오른손을 손등이 보이도록 든다. 이렇게 했을 때 바라보고 있는 왼손 검지가 활성화시키는 겉질 영역은 오른손 전체(망막의 주변부에 비치고 있는)가 활성화시키는 영역만큼 넓다.

㉡ 겉질상의 큰 공간을 차지한다는 의미는 더 큰 크기의 자각이 아니라 더 자세한 시각으로 자각된다는 것을 의미한다.

### (5) 겉질은 기둥으로 조직화되어 있음

#### ① 겉질상의 더 큰 공간이 할당되는 것은 더 큰 크기의 지각으로 나타나는 것이 아니라 더 자세한 시각으로 이어진다.

#### ② 조직화된 겉질의 기둥 (중요도 중)

㉠ 위치 기둥

ⓐ Hubel과 Wiesel(1965)은 고양이 뇌 겉질의 표면과 수직으로 전극을 내릴 경우, 그들이 만난 신경세포의 수용장은 모두 망막에서 대략 동일한 위치에 있음을 확인하였다.

ⓑ [그림 2-41]의 (a)는 전극이 겉질 표면을 수직으로 뚫고 내려갈 때 만나는 경로상의 4개의 신경세포 수용장이 서로 겹친다는 점을 보여준다.

ⓒ [그림 2-41]의 (b)의 숫자가 붙여진 정사각형들은 전극 경로를 따라 동일한 숫자가 붙여진 위치에서 기록된 수용장을 나타낸다.

ⓓ Hubel과 Wiesel(1965)는 겉질과 수직으로 전극을 내렸을 때 그 경로상의 신경 세포들이 망막 상에 같은 위치의 수용장과 같은 방위를 갖는 자극을 선호한다는 점을 확인하였다.

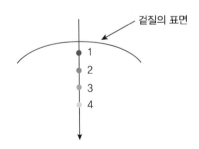

(a) 겉질의 측면도

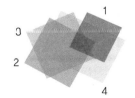

(b) 망막 상의 수용장 위치

[그림 2-41] 위치 기둥

ⓛ 방위 기둥

ⓐ [그림 2-42]를 살펴보면, Hubel과 Wiesel은 A나 B와 같이 겉질과 수직으로 전극을 내렸을 때, 동일한 경로상의 모든 세포는 선호하는 각도가 유사함을 확인하였다.

ⓑ 이 결과는 겉질이 방위 기둥으로 조직화가 되어있으며, 각각의 기둥은 특정 방위에 가장 잘 반응하는 세포를 가지고 있다는 점을 의미한다.

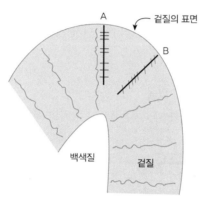

[그림 2-42] 방위기둥

ⓒ Cengage Learning

ⓒ Hubel과 Wiesel은 서로 이웃한 방위 기둥은 약간 다른 방위를 선호하는 세포들을 갖고 있음을 보여주었다.

• [그림 2-43]과 같이 겉질에 비스듬하게 전극을 움직여 전극이 여러 방위의 기둥을 가로질러 가게 하자 신경 세포가 선호하는 방위가 질서정연한 방식으로 바뀜을 확인하였다(예 90° 에 가장 잘 반응하는 세포들의 기둥 옆에 85°에 가장 잘 반응하는 세포가 존재).

• 전극을 겉질과 수평으로 1mm 움직여감에 따라 모든 각도의 방위 기둥을 거쳐 지나간다는 점을 알아냄으로써, 위치 기둥 한 개의 크기가 1mm임을 확인하였다.

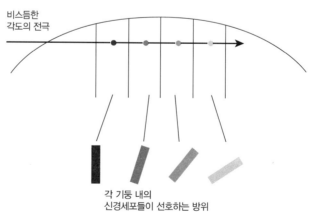

[그림 2-43]

▶ 전극을 겉질 표면에 비스듬하게 삽입하면 일련의 방위 기둥을 뚫고 지나가게 된다.
▶ 각 기둥 속에 신경세포들이 선호하는 방위는 전극이 그 기둥들을 뚫고 지나감에 따라 규칙적으로 변하는 것을 확인할 수 있다.

ⓒ 한 개의 위치기둥 : 많은 수의 방위 기둥
　　ⓐ 한 개의 위치 기둥은 모든 가능한 방위를 담당하는 많은 방위 기둥을 가진다.
　　ⓑ 위치 기둥 속의 신경세포는 망막의 특정 위치로부터 신호를 받으며, 시야의 작은 영역에 대응
　　　 된다.
　　ⓒ Hubel과 Wiesel은 위치 기둥과 그 속의 모든 방위 기둥을 합쳐 '초기둥'이라 하였다. 초기둥
　　　 은 망막의 작은 영역 내에 떨어지는 모든 가능한 방위에 관한 정보를 받으며, 따라서 시야의
　　　 작은 영역으로부터 들어오는 정보를 처리하기에 매우 적합하다.
　　ⓓ 눈 우세 기둥 : 대부분의 신경세포는 두 눈 중 한 쪽에 더 잘 반응한다. 한쪽 눈에 대한 이런
　　　 선호 반응을 눈 우세라고 하며, 동일한 눈 우세를 갖는 신경세포들이 겉질에서 눈 우세 기둥
　　　 들로 조직화되어 있다.

## (6) 시각장면에서의 세부특징 탐지기

① [그림 2-44] (a)의 숲을 응시할 때 [그림 2-44] (b)의 나무줄기에 시야를 응시하게 된다. 이 때
　 A, B, C는 망막의 세 부위에 있는 수용장에 나타나는 나무줄기의 각 부분을 나타낸다.

(a)　　　　　　　　　　　　　　　　　　　　　　　　　　　　　　(b)

**[그림 2-44]**

(a) 펜실베이니아 숲의 한 장면
(b) 나무줄기의 일부에 초점을 맞추어 확대한 모습. A, B, C는 망막의 세 부위에 있는 수용장에 나타나는 나무줄
　　기 부분을 나타낸다.

ⓒ Bruce Goldstein

② 수직인 나무줄기의 상은 [그림 2-45] (a)와 같이 망막에 비춰진다. [그림 2-45] (b)는 수직인
   하나의 나무줄기가 겉질 내 여러 개의 개별적인 위치 기둥 내에 있는 90°도 방위 기둥(주황색)
   의 신경세포 발화로 표상된다는 것을 보여준다. 즉, 나무의 지각은 겉질의 서로 분리된 기둥들
   의 표상된 정보 간 결합을 통해 나타난다.

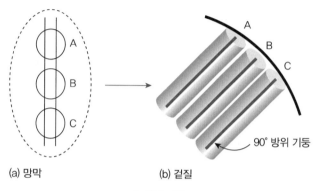

(a) 망막          (b) 겉질

[그림 2-45]

(a) [그림 2-44] (b)에 나온 나무줄기의 세 부분에 대한 수용장
(b) 겉질에 있는 세 개의 위치 기둥. 이 나무줄기의 방위에 반응하는 신경세포는 그 위치 기둥의 주황색 부분 속
    에 존재한다.

③ [그림 2-46]을 살펴보면, 각각의 원 또는 타원은 하나의 위치 기둥에 정보를 보내는 영역을 나
   타낸다. 이들 간의 작용을 통한 전체 시야의 활성화가 일어나는 것을 '**타일링**'이라 한다.

[그림 2-46]

▶ 이 숲 장면 상에 서로 겹쳐져 있는 원 및 타원들 각각은 겉질에 있는 하나의 위치 기둥으로 정보를 보낸다. 이
   위치기둥들이 수용장 전체를 덮는 방식을 타일링이라고 한다.

ⓒ Bruce Goldstein

## 제 3 절 　 흐름 : '무엇', '어디에' 그리고 '어떻게' 경로

### 1 　 무엇과 어디에 대한 정보의 흐름 ᴄᴼ호ᵈ 상

(1) 절제는 신경계의 조직을 파괴하거나 제거하는 기법을 가르킨다. 이 기법을 통해, 줄무늬겉질에서 뇌의 다른 영역으로 정보를 전송하는 경로, 즉 흐름을 구분 짓는 실험이 수행되었다.

　① Ungerleider와 Mishkin(1982)의 연구는 관자엽이 절제된 원숭이가 대상 변별 문제를 매우 수행하기 어렵다는 것을 확인하였다. 이를 통해, 줄무늬에서 관자엽에 이르는 무엇 경로(what pathway)를 확인하였다.

　② Ungerleider와 Mishkin(1982)의 연구에서 마루엽이 절제된 원숭이는 위치 변별 문제의 수행에 어려움을 나타냄으로써, 줄무늬겉질에서 마루엽에 이르는 어디에 경로(where pathway)를 확인하였다.

　③ 무엇 경로는 배쪽 경로(복측 경로 : ventral pathway)라 불리며, 어디에 경로는 등쪽 경로(배측 경로 : dorsal pathway)라고도 불린다.

　④ [그림 2-47]은 무엇 경로(배쪽 경로)와 어디에 경로(등쪽 경로)를 보여준다.

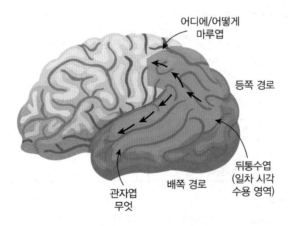

[그림 2-47] 원숭이의 겉질 내 무엇 경로와 어디에 경로

(2) 배쪽과 등쪽 경로가 서로 다른 기능을 담당한다는 좋은 증거가 있지만 이 경로들이 서로 완전히 별개인 것이 아니라 서로 연결되어 있으며, 신호가 마루엽과 관자엽을 향해 '앞으로'만 흐르는 것이 아니라 '뒤로'도 흐른다(하향처리의 배후에 있는 기제 중 하나).

### 2 '무엇'과 '어떻게'에 대한 정보의 흐름

**(1)** David Milner와 Melvyn Goodale(1995)는 등쪽 흐름이 단순히 어떤 대상이 어디에 있는지 알려주는 것 이상으로 물건을 집는 것과 같은 어떤 행위를 위한 것이라는 가설을 제안했다.

**(2)** 행위를 한다는 것은 그 물건의 위치를 안다는 것이고 이는 어디에라는 개념과 들어맞는다. 하지만 그것은 어디에를 넘어서서 그 물건과의 물리적 상호작용을 포함한다. 즉, 등쪽 흐름은 어떤 자극과 관련된 행위를 어떻게 수행할지에 관한 정보를 제공한다.

　예 펜을 집어 들려고 손을 뻗는 데에는 '펜의 위치에 관한 정보 + 펜을 향한 손의 운동에 대한 정보'가 들어간다.

　① 등쪽의 흐름이 행위를 어떻게 수행할지에 관여한다는 생각을 지지하는 증거는 원숭이가 어떤 대상을 바라볼 때와 그 대상을 향해 손을 뻗을 때 반응하는 신경세포가 마루겉질에서 발견되었다는 것이다.

　② 등쪽의 어떻게, 즉 행위 흐름의 개념을 지지하는 가장 극적인 증거는 인간에게서 뇌 손상의 행동적 효과를 연구하는 분야인 신경심리학에서 나온다.

**(3) 신경심리학에서의 이중 해리** 중요도 상

　① 신경심리학의 기본 원리 중 하나는 **이중해리(double dissociation)**를 확인함으로써 뇌 손상의 효과를 이해할 수 있다는 것이다.

　② 이중 해리의 예로 관자엽 손상을 겪은 앨리스(a)와 마루엽의 손상을 입은 버트(b)의 상반된 사례는 대상을 인식하는 것과 대상의 위치를 찾는 것이 서로 독립적으로 작용한다는 것을 보여준다.

| 구분 | 대상의 이름을 말하기 | 대상의 위치를 말하기 |
|---|---|---|
| (a) 앨리스 : 관자엽 손상(배쪽 흐름) | 못함 | 잘함 |
| (b) 버트 : 마루엽 손상(등쪽 흐름) | 잘함 | 못함 |

　③ **환자 D.F.의 행동**

　　㉠ Milner와 Goodale(1995)은 배쪽(복측) 경로가 손상된 34세 여성 D.F.를 연구하는데 해리를 확인하는 방법을 사용하였다.

　　㉡ D.F.는 뇌 손상의 결과로 자신의 손에 들고 있는 카드의 방위를 어떤 긴 틈(카드 삽입구)의 다양한 방위에 맞추지 못했지만, 편지를 붙이는 것과 같은 행위를 하라는 힌트를 주자 카드를 잘 밀어넣었다.

　　㉢ 이는 방위 판단의 기제가 시각과 행위를 협응시키는 기제와 다르다는 점을 보여준다.

　　㉣ 등쪽 흐름의 손상으로 방위를 판단할 수 있으나 시각과 행위를 결합시키지 못하는 환자도 관찰되는데 이는 이중해리의 예를 보여준다.

　④ **뇌 손상이 없는 사람들의 행동**

　　㉠ 환자와 달리 정상인은 일상행동에서 무엇과 어디 경로의 흐름을 자각하지 않는데 이는 두 가지가 지각 과정에서 매끄럽게 작용하기 때문이다. 그러나 정상인에게서도 지각과 행위 사이의 해리가 나타날 수 있음이 Tzvi Ganel과 동료들을 통해 검증되었다.

   Ⓛ Tzvi Ganel과 동료들의 실험

      ⓐ Tzvi Ganel과 동료들은 정상인 참가자에게 엄지와 검지를 벌려서 직선의 길이를 자신이 어떻게 지각하는지 나타내는 길이 추정 과제와 선을 향해 손을 뻗어 각 직선의 양 끝을 쥐도록 하는 쥐기 과제를 하도록 했다.

      ⓑ 길이 추정 과제에서는 배쪽, 즉 무엇 흐름이, 쥐기 과제에서는 등쪽, 즉 어떻게 흐름이 관여한다.

      ⓒ 지각(길이 추정 과제)에 대해서는 착시가 작동하지만, 행위(쥐기 과제)에 대해서는 그렇지 않다. 이는 지각과 행위가 서로 다른 기제에 의해 수행된다는 생각을 지지한다.

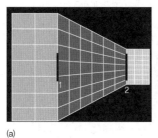 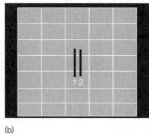 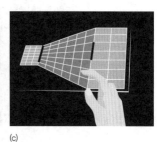

(a)              (b)              (c)

[그림 2-48]

(a) Ganel과 동료들(2008)이 사용한 크기 착시로서, 수직선 2가 수직선 1보다 길어 보인다. 숫자는 참가자가 보는 화면에는 나타나지 않는다.
(b) (a)의 두 수직선 중 2가 1보다 실제로는 더 짧다.
(c) 실험참가자들은 수직선의 길이를 추정하거나(길이 추정과제) 손을 뻗어 수직선 양끝을 쥐기 위해(쥐기 과제) 손가락 사이의 간격을 조정하였다. 손가락 사이의 간격은 손가락에 부착한 감지기로 측정하였다.

## 제 4 절    단원성 : 얼굴, 장소, 신체의 지각을 위한 구조

### 1   복잡한 자극에 반응하는 신경세포

(1) 연구자들은 복잡한 자극에 가장 반응하는 신경세포들을 발견하였다. 또한 유사한 자극들에 반응하는 신경세포가 흔히 뇌의 한 영역에 몰려 있다는 증거를 찾았다.

(2) 특정 유형이 자극에 관한 정보를 처리하는 데 전문화된 신경한 구조를 '모듈'이라 부른다.

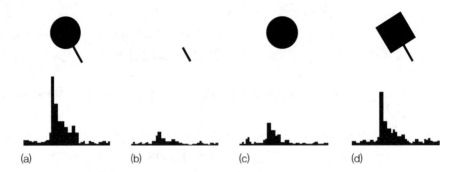

[그림 2-49] 원숭이의 관자엽 속에 있는 한 신경세포가 몇 가지 자극에 반응하는 방식

▶ 이 신경세포는 가는 막대가 달린 원판에 가장 잘 반응한다.

### 2 원숭이의 IT겉질에 있는 얼굴 신경세포

**(1)** Rolls와 Tovee(1995)의 연구는 원숭이의 관자 겉질(하측두피질, Inferotemporal cortex, IT cortex) 이 풍경보다 사진에 가장 잘 반응함을 확인시켜주었다.

**(2)** 얼굴신경세포에 대해 특히 중요한 사실은 원숭이의 관자엽에 이 신경세포들이 많은 영역이 있다는 점이다.

**(3)** [그림 2-50]은 원숭이의 관자엽 신경세포들이 얼굴이 아닌 자극보다 얼굴 자극에 대해 최소 두 배로 더 강하게 반응하고 있음을 보여준다.

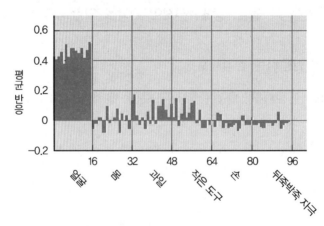

[그림 2-50] 얼굴, 기타 사물 및 한 뒤죽박죽 자극에 대한 원숭이 관자엽
신경세포들의 반응을 기록한 Tsao 등(2006)의 실험 결과

**3** 인간의 뇌에서 얼굴, 장소, 신체를 위한 영역

(1) 인간의 뇌에서 얼굴, 장소 및 신체에 반응하도록 전문화된 신경세포가 존재한다는 점이 뇌영상법을 통해 확인되었다.

(2) Nancy Kanwisher와 동료들(1997)은 얼굴에 대한 반응에서 다른 대상들에 대한 반응을 뺀 결과를 통해, IT 겉질 바로 아래, 뇌의 밑면에 있는 방추형 얼굴 영역(FFA)이 얼굴에 반응하도록 전문화 되어 있음을 확인하였다.

(3) 해마곁 장소 영역(PPA)은 실내 또는 실외 풍경을 보여주는 사진에 활성화된다(공간적 배치에 관한 정보).

(4) 줄무늬 겉질 바깥 신체 영역(EBA)은 신체 혹은 신체 일부의 사진에 활성화된다.

(5) 얼굴이나 건물 같은 자극이 특정 뇌 영역을 활성화시키나 다른 뇌 영역도 역시 활성화시킬 수 있다.

(6) 집, 얼굴 및 의자 사진이 IT 겉질의 세 개의 다른 영역에서 최대의 활동을 유발한다. 하지만 각 유형의 자극에 의해 여러 다른 영역도 활성화될 수 있다.

## 제 5 절 시각이 기억과 만나는 곳

**1** 안쪽 관자엽(Medial tempral lobe, MTL) 구조

(1) H.M 사례

① 환자 H.M은 간질 발작을 치료하기 위해 MTL 구조 중 하나인 양쪽 뇌의 해마를 제거하는 수술을 받았다.

② 수술 후에 발작이 없어졌으나 경험을 기억하는 장기 기억 저장 능력 또한 사라졌다.

(2) Quiroga 등(2005; 2008)의 실험

① Quiroga는 간질 환자들에게 해마 또는 안쪽 관자엽(MTL)의 다른 영역들에 전극을 심어 놓고 신경 활동을 기록하였다.

② 실험에서 간질 환자에게 특정 유명인 또는 특정 사물의 여러 가지 모습을 보여주었는데 많은 신경 세포가 각 자극들의 일부에 반응하였다. 그런데 놀라운 일은 일부 신경 세포들이 시각적 특징에 반응하지 않고 경험에 기반한 자극이 표상하는 개념에 반응하였다.

**(3) Hagan Gelbard-Sagiv 등(2008)의 실험**

① 연구자들이 간질 환자의 MTL 신경세포 활동을 기록하면서 5~10초 길이의 짧은 동영상(유명한 사람, 지형물, 다양한 행위를 하는 동물 영상)을 보여주었다.

② 동영상을 보는 동안 어떤 신경세포는 특정 동영상에 더 잘 반응함으로써 특정 대상이나 사건을 지각 및 기억하는데 관여할 수 있다는 점을 확인하였다.

---

## 제 6 절 ▶ 경험과 신경 반응

**(1) 시간에 따른 발달**

① 인간은 움직임, 명암 대비, 얼굴, 깊이, 맛, 냄새 등을 지각하는 능력은 성인 수준이 아니더라도 출생하거나 그 이전에 존재한다.

② 시간이 가면서 인간의 다양한 지각 능력은 신속하게 향상되어 생후 9개월이 지나면서 거의 성인 수준에 도달하거나 더 오랜 시간에 걸쳐 청소년기 까지 발달이 계속된다.

③ 시간의 흐름에 따른 발달은 환경을 지각하는 경험이 지각 발달에 한몫을 한다는 점을 보여준다.

**(2) 전문기술 가설**

① 특정 대상을 얼마나 능숙하게 지각하는가는 그것에 대한 오랜 노출, 연습, 훈련에 의해 야기된 뇌의 변화에 의해 설명될 수 있다.

② 어떤 종류의 자극에 대한 경험이 특정 뇌 영역의 활동에 영향을 미치는지에 대해 아직까지 논의가 계속되고 있으나, 신경세포의 속성이 환경 자극에 대한 경험에 영향을 받는다는 점에는 의문의 여지가 없다.

해설 & 정답    checkpoint

### 제 1 장   지각의 시작

**01** 다음 중 근시에 대한 설명이 <u>아닌</u> 것은?

① 평행 광선의 초점이 망막 앞에 맺힌다.
② 안구가 너무 길어서 생기기도 한다.
③ 멀리 있는 물체를 선명하게 볼 수 없다.
④ 젊은 사람의 경우 조절력을 이용하여 망막 뒤로 끌어낸다.

**02** 다음 중 암순응 실험의 결과로 옳지 <u>않은</u> 것은?

① 실험실 내 조명이 꺼지고 막대세포와 원뿔세포의 민감도가 천천히 감수한다.
② 암순응 초기에 원뿔세포가 막대세포보다 더 민감하다.
③ 3~5분이 경과하면 원뿔세포의 순응이 끝난다.
④ 7분이 경과하면 막대세포의 민감도는 계속 높아진다.

안심Touch

**03** 세포체에서 가지처럼 뻗어 나온 가지돌기(dendrite)는 다른 신경세포로부터 전기적 신호를 받아들인다. 반면, 축삭(axon)은 전기적 신호를 전도하는 액체로 채워져 있다.

**03** 신경세포에 대한 설명으로 옳지 <u>않은</u> 것은?

① 신경세포체는 세포체 가지돌기 축삭으로 구분지을 수 있다.
② 세포체는 생존을 지켜주는 기제가 담겨있다.
③ 축삭은 다른 신경세포로부터 전기 신호를 받아들인다.
④ 축삭은 전기적 신호를 전도하는 액체로 채워진다.

**04** 활동전위는 실제로 피부에 압력(자극)이 가해지기 전부터 발생한다. 이를 자발적 활동이라 한다. 이 자발적 활동은 각 신경세포의 기저선이고 이 기저선보다 더 발화율이 증가하면 자극이 가해진 것으로 사람들은 느끼게 된다.

**04** 다음 중 활동전위의 기본 속성이 <u>아닌</u> 것은?

① 생성된 활동 전위는 축삭 끝까지 동일한 크기로 전도된다.
② 유발한 자극에 관계없이 그 크기가 동일하다.
③ 불응기가 존재한다.
④ 실제로 피부에 압력이 가해져야 생성된다.

**05** 중심와에 있는 원뿔세포 중에는 신경절세포와 1대1로 연결된 것도 많다. 즉, 수렴이 일어나지 않는 경우도 많다는 의미이다.

**05** 신경신호의 수렴에 대한 설명으로 옳지 않은 것은?

① 수평세포와 아마크린세포는 신경세포를 연결시키는 역할을 한다.
② 원뿔세포의 수렴 정도가 막대세포의 수렴 정도보다 크다.
③ 중심와에서는 수렴이 일어나지 않는 경우도 존재한다.
④ 아마크린세포는 양극세포 간 신호전달과 신경절세포 간 신호전달을 담당한다.

**정답** 03 ③  04 ④  05 ②

제 **2** 장 **신경처리와 지각**

**01** 수용장에 대한 설명으로 옳지 <u>않은</u> 것은?

① 한 섬유의 수용장은 원뿔세포, 막대세포 하나보다 더 넓은 영역을 담당한다.
② 많은 수용장은 중첩된다.
③ 개구리 안와 실험을 통해 중심-주변 체제화를 발견했다.
④ 중심-주변 체제화애서 중심과 주변 수용장은 흥분과 억제 모두 가능하다.

**02** 무릎핵(LGN)과 관련된 설명 중 <u>틀린</u> 것은?

① 망막으로부터 받는 신호보다 겉질로 보내는 신호가 더 작다.
② 겉질로 보내는 신호와 겉질로부터 받는 정보 둘 다 존재하는데 이러한 역행을 피드백이라고 한다.
③ 망막으로부터 받는 신호보다 겉질로부터 받는 신호가 더 작다.
④ 무릎핵은 망막에서 겉질로 보내는 신경정보를 조절하는 기능을 할 수도 있다.

**03** V1에 대한 설명으로 옳지 <u>않은</u> 것은?

① 시각수용영역 또는 선조피질이라고 하며, 최초의 시각영역이다.
② 흥분성/억제성 영역의 수용장을 가지는 세포가 존재한다.
③ 세부특징 탐지기와는 무관하다.
④ 망막으로부터 더 멀수록 신경세포는 더 복잡한 자극에 발화한다.

**01** 개구리가 아닌 고양이를 대상으로 한 연구에서 개구리에서 관찰하지 못했던 수용장의 특징을 발견하였다.

**02** 망막으로부터 받는 입력 신호보다 겉질로 보내는 신호가 더 작다는 것이 관찰에 근거하며, 망막보다 겉질에서 더 많은 정보를 받는다. 이러한 정보의 역행은 피드백이라 불리며 정보 흐름 조절과 관련되는 것일 수 있다.

**03** V1영역은 흥분성 영역과 억제성 영역이 중심-주변 형태가 아니라 서로 나란히 배열되어 있어 수직 막대에 가장 잘 반응한다. 그리고 이 수직 막대는 대상의 형태를 인식하는 가장 기본적 세부특징이다. 따라서 V1영역은 세부특징에 민감히 반응하는 세부특징 탐지기를 갖고 있다.

**정답** 01 ③ 02 ③ 03 ③

안심Touch

04 단순세포, 복합세포, 끝-멈춤 세포
들은 방위, 운동 방향 등 자극의 특
정한 특징에 반응하여 발화하므로
세부특징탐지기라고도 불린다.

**04** 다음 중 세부특징탐지기에 해당하지 <u>않는</u> 세포는?

① 단순겉질세포
② 복합세포
③ 끝-멈춤세포
④ 양극세포

05 선택적 순응은 단기적 효과이고 선
택적 양육은 더 장기적 효과이다.

**05** 선택적 양육과 선택적 순응에 대한 설명으로 옳지 <u>않은</u> 것은?

① 순응은 생리-지각 관련성을 특정하는 방법 중 하나이다.
② 순응은 특정 속성에 반응하는 세포가 그 특정 속성의 자극에
대해 둔감해지는 것을 말한다.
③ 양육은 세부특징 탐지기가 지각에 관여한다는 증거이다.
④ 순응은 양육보다 비교적 장기적으로 지속된다.

06 특정 물체 외 다른 물체에는 전혀 반
응하지 않는 하나의 신경세포에 의
해 특정 물체가 표상된다. 즉, 할머
니세포(grandmother cell)는 특정
한 자극(할머니)에만 반응하는 신경
세포이다.

**06** 감각부호화에 대한 설명으로 옳지 <u>않은</u> 것은?

① 감각부호화는 신경세포의 발화가 어떻게 외부 환경의 다양한
특징을 표상할 수 있는가에 대한 것이다.
② 전문화된 하나의 신경세포에 의해 특정 물체가 표상된다.
③ 할머니세포(grandmother cell)로 서로 다른 대상들에 대한
표상과 감각부호화를 모두 설명할 수 있다.
④ 성긴부호화에서 대다수의 신경세포는 침묵상태로, 반응하지
않는다.

정답 04④ 05④ 06③

07  마하의 띠와 관련된 다음 그림에 대한 설명으로 옳지 <u>않은</u> 것은?

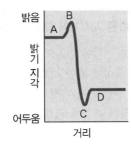

① B는 밝은 마하의 띠이다.
② C는 어두운 마하의 띠이다.
③ 하나의 양극세포는 두 개의 측면억제를 받게 된다.
④ 마하의 띠는 경계를 선명하게 지각하게 하는 실존하는 경계선
  이다.

07  마하의 띠는 밝고 어두운 영역의 경계 근처에서 밝고 어두운 띠가 보이는 착시현상으로 측면억제로 설명 가능한 또 다른 지각적 효과이다.

08  헤르만 격자에 대한 설명으로 옳지 <u>않은</u> 것은?

① 헤르만 격자는 네 개의 검은 사각형 사이의 흰색 길의 교차로에서 회색 반점이 나타나는 현상을 볼 수 있다.
② 회색 반점은 착시현상으로 실존하는 것이 아니다.
③ 각 수용기는 회색 길과 교차로에 위치하며 검은 사각형 안에는 존재할 수 없다.
④ 각 수용기에 연결된 양극세포의 최초반응은 수용기 반응에 대응된다.

08  수용기(F, H)는 검은 사각형 안에 존재할 수 있고, 이때 F, H의 경우 검은 정사각형 안에 있으므로 다른 수용기보다 빛을 덜 받게 된다.

09  다음 중 측면억제로 설명할 수 <u>없는</u> 것은 무엇인가?

① white 착시
② 동시대비
③ 마하의 띠
④ 헤르만 격자

09  white 착시는 측면억제가 아닌 소속성의 원리로 설명한다.

정답  07 ④   08 ③   09 ①

## 제 3 장  겉질 조직화

**01** 시각계는 크기, 모양, 방위, 색깔, 운동 및 공간적 위치 등의 다양한 개별적 특성을 처리할 뿐만 아니라 정보를 결합시켜 일관성 있는 지각을 만들어낸다.

**01** 다음 중 조직화된 시각계에 대한 설명으로 **틀린** 것은?

① 일관성 있는 지각을 만들어 내는 데 중추적인 역할을 한다.
② 대상의 한 특성에 관한 정보를 처리한다.
③ 특정 정보 뿐만 아니라 정보를 결합시킨다.
④ 대상의 다양한 특성에 관한 정보를 처리한다.

**02** 망막중심오목에 있는 A와 B 사이의 거리는 망막 주변부의 C와 D 사이의 거리와 같지만 겉질에서는 A와 B 사이의 거리가 더 멀다. 이는 망막중심오목 부근의 영역에 더 많은 공간이 할당되어 있음을 보여준다.

**02** 다음 중 겉질 확대에 대한 설명으로 옳은 것은?

① 망막중심오목의 작은 영역이 시각겉질에서 같은 크기의 영역으로 표상된다.
② 쳐다보고 있는 부분에 관한 정보가 그 옆에 있는 같은 크기의 영역의 정보보다 겉질에서 더 작은 공간을 차지한다.
③ 우리가 지각하는 것이 뇌 속의 '그림'과 정확하게 일치한다.
④ 작은 망막중심오목에 겉질 상의 큰 영역이 할당된다.

**03** 초기둥은 시야의 작은 영역으로부터 들어오는 정보를 처리하기에 매우 적합하다.

**03** 다음 중 초기둥에 대한 설명으로 옳지 **않은** 것은?

① 망막의 작은 영역 내 떨어지는 모든 가능한 방위에 관한 정보를 받는다.
② 시야의 큰 영역으로부터 들어오는 정보를 처리하기에 매우 적합하다.
③ 한 위치 기둥과 그 속의 모든 방위 기둥들을 합쳐 부르는 것이다.
④ 1mm의 크기를 가진다.

정답  01 ②  02 ④  03 ②

**04** 다음 그림에서 서로 겹쳐져 있는 원들 각각은 겉질에 있는 하나의 위치 기둥으로 정보를 보낸다. 이 위치 기둥들이 수용장 전체를 덮는 방식을 무엇이라 하는가?

① 네일링
② 테일링
③ 타일링
④ 코일링

04 타일링이란 그림에 보이는 각각의 원이 위치 기둥에 보내는 정보를 가지고 수용장 전체를 덮는 방식이다.

**05** 다음 설명 중 옳지 <u>않은</u> 것은?

① 무엇 경로는 대상 변별 문제 실험으로 알아낼 수 있다.
② 줄무늬 겉질에서 마루엽에 이르는 경로를 어디에 경로라고 한다.
③ 위치 변별 문제는 관자엽이 제거된 원숭이에게 시행되었다.
④ 무엇 경로는 배쪽 경로라고도 불린다.

05 위치 변별 문제는 마루엽이 제거된 원숭이에게 시행되었다.

**06** 특정 유형의 자극에 관한 정보를 처리하는 데 전문화된 구조를 무엇이라 하는가?

① 모듈
② 위치기둥
③ 방위기둥
④ 이중 해리

06 유사 자극에 반응하는 신경세포들은 뇌의 한 영역에 주로 몰려 있고, 이는 특정 유형의 자극 정보를 처리하는데 전문화된 모듈 구조를 가진다.

정답  04 ③  05 ③  06 ①

더 많은 정보와 지식을

여기서 멈출 거예요? 끝자가 바로 눈앞에 있어요.
마지막 한 걸음까지 SD에듀가 함께할게요!

제 **3** 편

# 시각 체계

*I wish you the best of luck*

독학사 심리학과 2단계

# 제 1 장

# 물체와 장면의 지각

**단원개요**

이번 단원에서는 인간의 지각적 조직화 방법을 알아본다. 지각이 장면과 물체를 추리하는 원리를 알아채고, 나아가 지각이 신경활동에 어떠한 영향을 미치는지 알아본다.

**출제 경향 및 수험 대책**

기계와 다른 인간의 지각 특성이 무엇인지 차이점을 구분할 줄 알아야 한다. 또한, 지각을 조직화하는 원리와 물체와 장면을 지각하는 특성을 알아둘 필요가 있다. 본 단원의 또 다른 중요한 포인트는 뇌의 신경 활동이 지각과 밀접한 연관이 있음을 알아채는 것이다.

## 제 **1** 절 ▶ 지각하는 기계를 설계하기 어려운 이유 중요도 중

### 1 수용기에 제시된 자극이 모호하다.

**(1)** 물체의 가장자리가 망막에 투사하는 이미지는 모호하다.

**(2)** 지각체계는 망막에 맺힌 물체의 상을 정하는 것에 초점을 두지 않고, 망막의 상으로 바깥에 있는 물체가 무엇인지를 정한다.

**(3)** 망막 상을 낸 물체를 지정하는 일을 **역투사 문제**라고 하는데, 이는 망막의 상으로 시작해 눈에서 나가는 선들을 포함하기 때문에 발생한다.

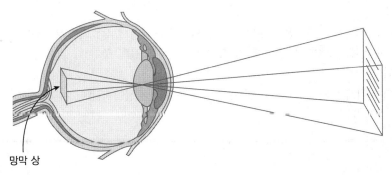

망막 상

[그림 3-1] 망막에 맺히는 물체의 투사는 그 물체에서 눈으로 선을 확장하는 문제이다.

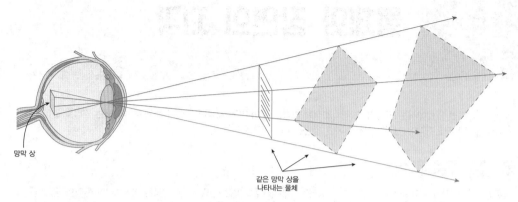

**[그림 3-2] 어느 물체가 망막에 상을 만들었는지를 결정해야 하는 역투사 문제의 원리**

▶ 이 문제가 풀기 어려운 까닭은 망막의 어느 한 상이 두 사각형과 기울어진 사다리꼴을 포함해서 무수한 물체에 의해 생기기 때문이다. 망막상이 모호한 까닭이 바로 이 때문이다.

**(4)** 망막에 맺힌 상의 모호함은 [그림 3-3]을 통해서도 확인할 수 있다. 한 시점인 (a)에서 보면 망막에 원형 상이 형성되어 돌들이 원형을 이루는 것처럼 보인다. 그러나 다른 시점 (b)에서 보면 돌들이 원형을 이루지 않는다. 망막에 맺힌 원형 상은 원형이 아닌 다른 물체에 의해 만들어질 수 있다.

**[그림 3-3] Thomas Macaulay가 제작한 환경 조각**

(a) 정확하게 맞는 시점에서 보이는 모습(콜로라도 주 블랙호크 소재 블랙호크 마운틴 미술학교의 2층 발코니에서).
(b) 1층에서 돌을 보면 그 형상의 참모습이 드러난다.

① [그림 3-3]과 같은 그림은 특별한 조건을 만들어 틀리게 지각하도록 유도하지만, 대부분의 경우는 시각 체계가 역투사 문제를 잘 해결하여 가능한 물체 중 어떤 것이 망막 상을 만드는지 결정한다.
② 사람의 지각체계에서는 쉽게 해결하는 역투사 문제의 해결이 컴퓨터 시각체계에서는 어려운 문제로 제기된다.

## 2 물체가 가려져 있거나 흐릿하다

[그림 3-4] 저자의 책상 위에 물건들이 흩어져 있는 모습

▶ 가려진 연필을 (찾기 쉬움) 찾을 수 있는가? 저자의 안경을 (찾기 어려움) 찾을 수 있는가?

ⓒ Bruce Goldstein

(1) 물체는 때때로 가려져 있거나 흐릿하다. 그러나 [그림 3-4]에서의 문제와 같이 시간은 걸릴지라도 사람들은 잡지 아래에 있는 연필과 컴퓨터 뒤에 삐져나온 안경을 찾을 수 있다.

(2) 한 물체가 다른 물체를 일부분 가릴 때면 가려진 물체 문제가 생긴다. 주변에서 이 문제가 자주 생기지만 사람들은 가려진 물체의 부분이 계속 존재한다는 것을 알고 있다. 또한, 사람들은 흐릿한 이미지 대부분을 잘 재인하지만 컴퓨터는 잘하지 못한다.

## 3 물체가 시점에 따라 다르게 보인다.

(1) 지각하는 기계가 풀어야 하는 다른 문제는 사람은 물체를 각기 다른 시점에서 본다는 점이다.

(2) 사람은 물체를 보는 각도에 따라 계속 변하는 물체를 같은 물체로 지각하지만 컴퓨터는 불분명하다. 여러 시점에서 본 한 물체를 재인하는 능력을 '시점 불변성'이라 한다.

제 **2** 절    지각적 조직화

### 1 집단화와 분리

(1) 지각적 조직화란 환경의 요소들이 지각적으로 묶여 우리로 하여금 물체를 지각하게 하는 과정이다.

(2) 지각화에는 집단화와 분리의 두 성분이 포함된다. 집단화란 시각적 사건이 함께 묶여 단위나 물체
가 되는 과정이다. 한편, 분리란 한 영역이나 물체를 다른 영역이나 물체와 떼어 놓는 과정이다.
[그림 3-5]에 분리와 집단화의 예가 나타나 있다.

**분리**
오른쪽의 건물이
왼쪽 건물의 앞에 있다.

**집단화**
흰색 부위의 모든 것은
한 물체, 즉 건물에
속한다.

**분리**
두 건물은 사이에
경계를 두고
분리되어 있다.

[그림 3-5] 도시의 장면에서 집단화와 분리의 예

ⓒ Bruce Goldstein

### 2 지각적 조직화에 대한 게슈탈트 접근 중요도 상

(1) **구조주의**

① 게슈탈트 접근이 나오기 전 제안된 이론으로, 감각기관의 자극 때문에 생긴 기초 과정인 감각과,
물체의 자각과 같은 복잡하고 의식적인 경험인 지각을 구분하고자 하였다.

② 구조주의자는 감각을 화학의 원자에 비유하였다. 원자가 조합되어 복합한 입자 구조를 이루는 형태
와 같이, 감각이 조합되어 복잡한 지각을 구성한다고 보았다. 예를 들어 [그림 3-6]을 볼 때, 얼굴의
지각의 출발점은 작은 점이 나타내는 감각이라고 보는 것이다.

[그림 3-6] 점으로 표현된 감각 요소가 얼굴 지각을 이끈다고 보는 구조주의

© Cengage Learning

③ 구조주의자는 감각이 조합되어 지각을 이룰 때 관찰자의 과거 경험의 도움을 받는다고 주장한다.

④ 게슈탈트 심리학자들은 감각을 '더해서' 지각이 이루어진다는 생각을 거부하고, 과거 경험이 지각에 중요한 역할을 한다는 생각도 받아들이지 않는다.

## (2) 가현운동

① 실제로 아무것도 움직이지 않지만 운동이 지각되는 착시를 말한다.

② 가현운동을 만드는 자극에는 이 세 성분이 필요하다. [그림 3-7]에 세 성분의 예시가 나타난다.

　㉠ 한 이미지가 켜졌다가 꺼진다. → [그림 3-7]의 (a)

　㉡ 암야가 1초의 몇 분의 1동안 계속된다. → [그림 3-7]의 (b)

　㉢ 두 번째 이미지가 켜졌다가 꺼진다. → [그림 3-7]의 (c)

③ [그림 3-7]의 (a)부터 (c)까지의 연속된 과정에서 우리는 암야 기간([그림 3-7] (b))을 인식하지 못한다. 이는 한 이미지가 공간을 가로질러 움직인다는 지각이 첨가되었기 때문이다. 이로 인하여, 한 이미지가 공간을 가로질러 움직인다고 지각하게 된다([그림 3-7] (d)).

(a) 한 전구가 켜진다

(b) 암야

(c) 두 번째 전구가 켜진다

(d) 점멸-암야-점멸

[그림 3-7] 가현운동을 만드는 조건

▶ (a) 한 전구가 켜지고 그 다음, (b) 짧은 암야 기간 다음에, (c) 다른 위치에서 다른 전구가 켜진다. (d)에 나타나 있는데 빛이 왼쪽에서 오른쪽으로 움직이는 지각이다. 두 불빛 사이에 어두운 공간만이 있는 데도 운동이 보인다.

④ **가현운동 현상으로 내린 결론**

    ⊙ 가현운동은 감각으로 설명될 수 없다. 그 까닭은 점멸하는 이미지 사이 어두운 공간에는 아무것도 없기 때문이다.

    ⓛ 전체는 그 부분의 합과 다르다. 그 까닭은 지각체계가 실제로 아무것도 없는데 운동의 자각이 만들기 때문이다.

### (3) 착시적 윤곽

① 감각을 거부하고 전체가 그 부분의 합과 다르다는 예는 착시적 윤곽에서 나타난다.

② [그림 3-8]을 살펴보면 비디오 게임의 '팩맨'의 두 입 사이에 모서리가 오른쪽에 나타난 반면, 왼쪽 모서리가 사라져 있는 것처럼 보인다. 그러나 [그림 3-8] (b)와 같이 왼쪽에 팩맨이 첨가 되면 삼각형이 지각되며, [그림 3-8] (c)처럼 선이 덧붙여지면 더 선명해진다.

③ 삼각형을 이룬 모서리를 착시적 윤곽이라 하는데, 실제로 모서리가 물리적으로 존재하지 않기 때문이다. 이 예는 전체가 부분들과의 합과는 다르다는 증거이다.

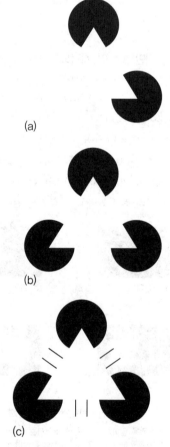

[그림 3-8] 착시적 윤곽이 (b)와 (c)에서 분명히 보이는데 감각 때문에 생겼을 리 없다. 흰 바탕뿐이기 때문이다.

## 3  게슈탈트 조직화 원리 (종요도 상)

### (1) 좋은 연속성 원리

① 직선이나 완만한 곡선으로 연결되는 점들은 함께 속한 것으로 지각된다.

② 선들은 가장 원만한 경로를 따르는 것으로 지각되는 경향이 있다.

③ [그림 3-9]의 A에서 시작하는 전선은 C나 D로 바로 가지 않고 B로 부드럽게 이어진다. 이는 선분이 가장 완만한 경로를 따르는 좋은 연속성의 예이다.

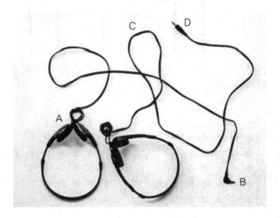

[그림 3-9] 좋은 연속성 때문에 비록 겹쳐 있어도 두 개의 이어폰으로 지각된다.

ⓒ Cengage Learning

### (2) 프래그난츠 원리(좋은 형태 원리, 단순성 원리)

모든 자극 패턴은 가능한 가장 간단한 구조를 내는 방향으로 보인다.

### (3) 유사성 원리

① 비슷한 사물은 함께 집단을 이룬다.

② [그림 3-10]은 삼각형들끼리 한 줄을 이루고 원들은 원들끼리 한 줄을 이루어 총 세 줄의 집단이 보인다.

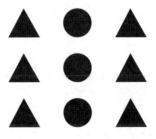

[그림 3-10] 유사성 원리

### (4) 근접성 원리

① 가까운 사물들은 함께 집단화되어 보인다.

② [그림 3-11]은 근접한 직선이 세 개의 집단으로 인식된다.

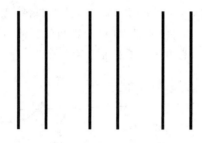

[그림 3-11] 근접성 원리

### (5) 공통 운명 원리

같은 방향으로 움직이는 사람들은 함께 집단화된다.

㈜ 수백 마리의 새들이 함께 나는 것을 볼 때 그 무리를 한 단위로 지각한다. 그러나 몇몇 새들이 다른 방향을 날기 시작하면 이것은 새로운 단위를 이룬다.

### (6) 공통 영역 원리

① 같은 공간 영역 내의 요소들은 함께 집단화된다.

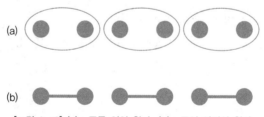

[그림 3-12] (a) : 공통 영역 원리, (b) : 균일 연결성 원리

② [그림 3-12] (b)에서 연결된 원은 함께 집단화되는데 이는 [그림 3-12] (a)에서 원이 같은 영역에 있을 때 집단화되는 것과 마찬가지이다. 이때 균일 연결성 원리가 근접성 원리를 누른다.

### (7) 균일 연결성 원리

① 밝기, 색, 표면 결, 또는 운동과 같은 시간 속성들로 연결된 영역이면 한 단위로 지각된다.

② [그림 3-13]의 남자들의 다리는 다른 물체 때문에 그 일부가 가려져 있음에도 남자들의 다리가 직선으로 계속되고 널빤지 아래위로 같은 색이 이어지고 있으므로 널빤지 뒤에 다리가 한 물체로 속한다고 인식한다.

**[그림 3-13]**

▶ 남자들의 다리가 널빤지에 가려져 있으나 같은 색의 직선이 널빤지 아래로 이어져 있어 다리가 널빤지 뒤로 계속 이어져 인식될 가능성이 매우 크다.

ⓒ Cengage Learning

**4** **지각적 분리** 중요도 중

(1) 지각적 분리는 여러 건물을 각기 서로 다른 물체로 보는 것이다. 지각적 분리는 형−배경 문제로 불리며, 별개의 한 물체를 볼때는 배경에서 튀어나온 형으로 물체를 인식하게 된다.

[그림 3−14]

▶ 왼쪽에 여러 건물이 있으며 정면으로는 좀 더 큰 건물 앞에 낮은 장방형 건물이 있음을 쉽게 알 수 있다. 외야 관람석 위에 보이는 수평의 노란 띠는 강 건너에 있음을 알 수 있다. 사람은 정면의 지각을 잘하지만 컴퓨터의 시각체계는 잘하지 못한다.

ⓒ Bruce Goldstein

(2) **형과 배경의 속성**

① **가역성 형−배경의 속성**

㉠ 형은 배경과 비교해 더 물건처럼 생겼으며 더 기억하기 쉽다.

㉡ 형은 배경 앞에 있는 것으로 보인다.

㉢ 형과 윤곽을 공유하는 배경은 형체가 없는 재료이며 형 뒤에 계속되는 것으로 보인다. 다만, 배경에 전혀 형체가 없다는 뜻은 아니며 배경은 형과 공유하는 윤곽에서 멀리 떨어진 곳의 윤곽으로 형체를 가진다.

㉣ 형과 배경을 분리하는 윤곽은 형에 속한 것처럼 보인다. 가령, [그림 3−15]에서 두 얼굴을 형으로 지각할 때 파란색 얼굴과 회색 배경을 분리하는 경계 윤곽은 얼굴에 속한다. 한 영역에 속하는 경계선의 속성을 '경계선 소유성'이라고 한다.

[그림 3-15] Rubin의 가역성 얼굴-꽃병 그림

### (3) 어느 부위가 형인지를 정하는 이미지 바탕의 요인

① 시야에서 낮은 부위가 형으로 지각될 가능성이 많다.

② 우리의 일상적인 경험에서 형이 수평선 아래에 있을 가능성이 크다.

③ 경계선에서 볼록한 부분이 형으로 지각될 가능성이 많다.

### (4) 어느 부위가 형인지를 정하는 주관적 요인

① 게슈탈트 심리학자들은 지각이 감각을 '더해서' 생긴다는 구조주의자들의 생각과 사람의 과거 경험이 지각을 정하는 데 중요한 영향을 미친다는 생각에 반대한다.

② **Wertheimer의 실험**

　㉠ 자극판을 W가 M 위에 걸터앉은 것으로 지각하는데 그 이유는 이 두 문자와의 경험 때문이다. 그러나 [그림 3-16] (b)처럼 배열했을 때 두 바로 선 것 사이에 어떤 패턴이 있다고 지각한다.

　㉡ [그림 3-16] (b)는 두 바로 선 것 사이에 어떤 패턴이 있다고 지각한다. 자세히 보면 W와 M을 구분할 수 있지만 두 바로 선 것 사이의 패턴이 더 압도적인 지각이다.

　㉢ 바로 선 것들은 좋은 연속성 원리로 생기며 이 원리가 W와 M을 예전에 보았던 경험의 그 어떤 효과도 없앤다고 말한다.

　㉣ 게슈탈트 심리학자는 형과 배경의 분리야말로 지각 과정에서 처음으로 발생하는 것이며 형에 어떤 의미를 주기 전 그것은 배경과 분리되어야 한다고 주장한다.

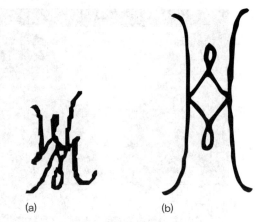

[그림 3-16]

(a) 'M' 위에 있는 'W'
(b) 둘을 합했을 때 의미 있는 문자를 보지 못하도록 하는 새 패턴이 생긴다.

③ Gibson과 Peterson의 실험

㉠ [그림 3-17]의 자극판에서 (a)는 서 있는 여자, (b)는 의미가 별로 없는 형체로 둘 중 하나로 지각될 수 있다.

㉡ 연구자가 자극판을 짧은 시간 동안 제시하고 참여자에게 어떤 영역이 형인지를 판단하도록 했을 때 참여자는 (a)의 검은 부분이 여자처럼 재인됨으로써 형임을 더 잘 보고하였다.

㉢ [그림 3-17] (b)처럼 검은 부분이 여자로 재인되기 어렵게 했을 경우에는 검은 부분을 형으로 잘 재인하지 않았다.

㉣ 유의미성이 한 영역을 형으로 정하도록 영향을 준다는 사실은 형이 배경에서 분리되기 전 또는 그와 비슷한 때에 재인 과정이 틀림없이 발생함을 뜻한다.

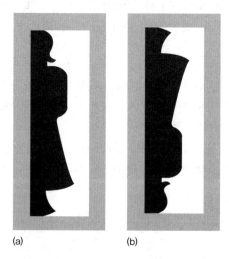

[그림 3-17] Gibson과 Peterson(1994)의 자극판

(a) 검은 부분이 형으로 지각되기 쉬운데 그것이 의미가 있기 때문이다.
(b) 자극판을 거꾸로 하면 유의미성이 줄어들어 앞의 효과가 사라진다.

### 제 3 절 | 장면과 장면의 물체를 지각하기

#### 1 의의

(1) 장면이란 배경 요소 및 여러 물체를 포함하고 있는 이 세상의 환경에 대한 관점이다.

(2) 여러 물체는 서로에 대해서 그리고 배경과의 관계에서 의미 있는 방식으로 조직되어 있다.

(3) 물체와 장면을 구분하는 방법 중 하나는 물체는 꽉 짜여 있고 그것에 대해 어떤 행위를 한다. 장면은 공간에 펼쳐 있고 그 안에서 우리가 어떤 행위를 한다는 것이다. 예를 들어, 길거리에 있는 우체통은 '물체'이며, 이에 대해 손을 뻗어 편지를 넣는 행위는 '장면'이라 할 수 있다.

#### 2 장면의 요지를 지각하기 (중요도 중)

(1) 매우 짧은 시간(몇 분의 1) 안에 그것을 보고 대부분의 장면을 알 수 있는 일반적인 묘사를 장면의 요지라고 한다.

(2) Potter(1976)의 실험에서는 장당 250ms로 짧게 제시되는 17장의 그림 중 표적이 있는지 말해야 하는 실험에서 거의 100%에 가까운 정확도를 보여주었다. [그림 3-18]처럼 "박수 치는 여자아이"란 문장에 맞는 그림 표적에 대해 90%에 가까운 정확도를 보여주었다.

[그림 3-18] Potter(1976)의 실험절차

(3) Fei-Fei(2007)은 차폐 실험을 통해서 각각 27ms, 40ms, 67ms, 500ms 별로 한 장면을 제시하고 그림을 묘사하도록 하였다. 실험 결과, 제시된 시간이 짧을 때 장면의 전반적 요지가 지각되고 제시시간이 길어질수록 장면에 있는 자세한 내용과 작은 물체를 지각할 수 있게 되었다.

> **! 더 알아두기 🔍**
>
> 자극을 100ms 동안 짧게 제시하더라도 시각의 지속성으로 인하여 자극이 사라진 후 250ms 동안 지각이 지속된다. 이때 차폐를 하여 100ms의 자극 제시 후 검은 화면을 곧바로 제시하면 시각의 지속성을 중단시키고 검사하고자 하는 시간에 맞는 자극 제시를 할 수 있게 된다.

(4) 장면에 대한 요지를 빨리 지각하는 이유가 전역 이미지 정보(global image feature)를 쓰기 때문이라고 연구자들은 보고 있다.

① **전역 이미지 특징**

　㉠ 자연스런 정도

　　바다, 숲과 같은 자연의 장면은 결이 있는 부분과 물결 모양의 윤곽을 갖고 있다. 길거리처럼 사람이 만든 장면에서는 곧은 선, 수평선과 수직선이 많다.

　㉡ 트인 정도

　　바다와 같이 트인 장면에는 수평선이 보이고 물체가 별로 없다. 길거리도 바다와 같지는 않으나 트인 장면이다. 숲은 트인 정도가 낮은 장면의 한 예이다.

　㉢ 거친 정도

　　바다처럼 부드러운 장면에는 작은 요소들이 없다. 숲처럼 상당히 거친 장면에는 작은 요소들이 많고 더 복잡하다.

　㉣ 확장도

　　먼 거리에서 사라지는 것으로 보이는 철로처럼 평행선의 수렴은 확장도가 큼을 보여 준다. 이 특징은 관찰자의 시점에 크게 달려 있다. 예를 들어, 거리 장면의 경우 건물의 측면을 정면으로 보면 확장도가 줄어든다.

　㉤ 색

　　어떤 장면은 바다(푸른 색)와 숲(초록과 갈색)처럼 특징적인 색을 갖고 있다.

② 전역 이미지는 총체적이고 빠르게 지각된다. 즉, 작은 세부 내용의 지각, 개개의 물체 재인, 물체의 분리처럼 시간이 걸리는 과정에 의존하지 않는다.

③ 전역 이미지의 또 다른 성질은 이들이 장면의 구조와 공간 배치에 관한 정보를 갖고 있다는 점이다. 즉, 트인 정도와 확장도, 자연스러움 정도를 통한 자연 또는 인공 구조 등의 공간 배치 정보를 가지고 있다.

④ 전역 이미지는 환경의 속성을 과거에 지각한 경험이 현재의 지각을 결정하는데 영향을 준다. 예를 들어, 파랑은 하늘과 관련이 있고 풍경은 초록, 수직과 수평은 건물과 관련이 있다. 이러한 환경적 특징을 환경의 규칙성이라 한다.

## 3  환경의 규칙성 : 지각하기의 정보

### (1) 물리적 규칙성

① 규칙적으로 발생하는 환경의 성질이다. 예를 들어, 비스듬한 방향보다 수직과 수평 방향이 환경에 더 많다. 이러한 환경은 인공 환경(건물)과 자연 환경에서 많이 발생한다.

② 환경에 있는 물체들이 때로 동질적인 색을 가지며 부근의 물체들은 다른 색을 갖고 있다.

③ 우리 주변에서 대부분의 빛이 위에서 오기 때문에 사람들은 빛이 위에서 온다는 가정을 하고 있다. 이런 가정을 위에서 오는 빛 가정이라고 한다.

### (2) 의미적 규칙성 (종요도 상)

① 보고 있는 장면에서 무슨 일이 일어나고 있는지에 대한 의미를 가리킨다.

② 의미적 규칙성을 인식하고 있음을 확인하는 방법은 어떤 장면이나 물체 유형을 상상해보도록 요구할 때 나타난다.

③ **장면과 물체의 시각화**

㉠ 도시에 살던 사람이라면 백화점이나 사무실과 같은 매장을 쉽게 머릿속으로 그릴 수 있다. 또한, 각 장면에 맞는 세부 내용을 시각화할 수 있다. 예를 들어, 백화점의 옷 매장 장면은 옷걸이, 입어보는 방 등을 시각화할 수 있다.

㉡ Stephen Palmer의 실험

ⓐ [그림 3-19]와 같이 맥락 장면을 먼저 제시한 후 오른쪽에 있는 표적 사진 중 하나를 짧게 제시한다.

ⓑ 참여자들은 빵 덩어리와 같은 물체(부엌 장면에 적합한)를 시행의 80%에서 정확하게 파악하였지만 우편통이나 북과 같은 물체(장면에 맞지 않는)는 단지 시행의 40%에서만 정확하게 파악되었다.

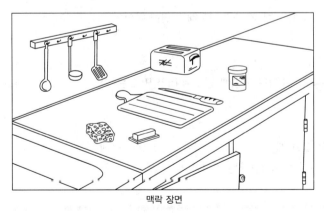
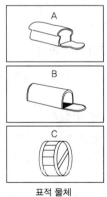

맥락 장면　　　　　　　　표적 물체

[그림 3-19] Palmer의 실험에 쓰인 자극들

ⓒ 의미 규칙성의 효과는 '뭉치의 중다 성격'(Oliva&Torralba, 2007)으로 불리는 [그림 3-20]
의 예에 잘 나타난다. 모든 사진에서 같은 형체지만 뭉치는 그 방향과 그것이 있는 맥락에
따라 각기 다른 물체로 지각된다.

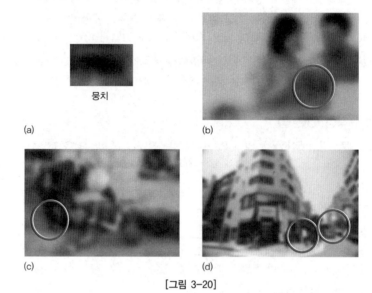

**[그림 3-20]**

▶ 각기 다른 맥락에서 볼 것으로 기대되는 것이 원 안의 '뭉치'의 정체를 해석할 때 영향을 준다.
(a)의 뭉치는 (b) 책상 위의 물건. (c) 허리를 굽힌 사람의 신발. (d) 길을 지나는 차와 사람으로 보인다.

---

## 4 지각에서 추리의 역할

사람들은 물리적, 의미적 규칙성에 관한 지식을 이용해 장면에 무엇이 있는지 추리한다.

### (1) 무의식 추리설

Helmholtz에 따르면, 우리의 지각은 환경에 관해 우리가 만드는 무의식적인 가정의 결과라고 본다.

### (2) 개연성 원리

무의식 추리에서 나온 한 필연적인 추론으로서, 사람들이 모호한 물체를 보았을 때 가장 그럴 듯한 가
능성이 가장 큰 물체로 그것을 지각한다는 것이다.

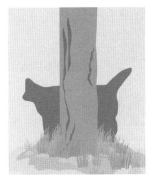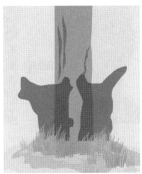

[그림 3-21]

(a) 나무 뒤에 웅크리고 있는 것은?
(b) 그것은 동물이 아니라 이상하게 생긴 두 등걸이었다.

## (3) 베이지언 추리

통계 기법을 활용하여 추리적 지각을 관념화시키는 방법이다. 가령, 내일 비가 올 가능성이 어느 정도
인지 알고 싶을 때, 오늘 비가 왔다면 이 사실이 내일 비가 올 확률을 증가시킨다.

## 제 4 절   신경활동과 물체 지각의 연결

## 1 뇌 활동과 사진의 파악

### (1) Grill-Spector 등(2004)의 실험

① [그림 3-22]는 (a) 해리슨 포드의 얼굴, (b) 다른 사람의 얼굴, (c) 무선 표면 결의 사진을 약
50ms의 짧은 시간 동안 보여주고 뒤이어 차폐를 제시한 후에 자극이 어떤 것인지 반응하는 동
안 관자엽 방추형 얼굴 영역(FFA)에서의 fMRI 신호를 측정하였다.

② [그림 3-23]과 같이 Grill-Spector 등(2004)의 실험에서 해리슨 포드의 얼굴이 제시된 시행에
대한 fMRI 신호 활성화를 측정하였다. 실험 결과, 해리슨 포드의 얼굴을 정확한 파악을 했을
때가 가장 활성화가 컸고, 다른 얼굴을 보았지만 해리슨 포드의 얼굴이라고 반응했을 때 조금
떨어진 활성화를 보였다. 한편 얼굴 자체를 파악하지 못했을 때 활성화가 매우 낮았다.

③ [그림 3-23]의 실험 결과는 자극이 제시되고 있는 동안 발생한 신경활동이 관찰자가 자극을 파
악하는 능력과 연관되어 있음을 보여준다.

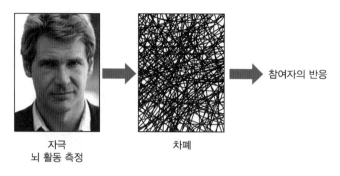

참여자의 반응

자극
뇌 활동 측정

차폐

셋 중에 하나를 봄
(a) 해리슨 포드
(b) 다른 사람의 얼굴
(c) 무선 표면 결

셋 중 한 반응을 함
(a) '해리슨 포드'
(b) '다른 물체'
(c) '아무 것도 아니다'

[그림 3-22] Gril-Spector 등(2004)의 실험 절차

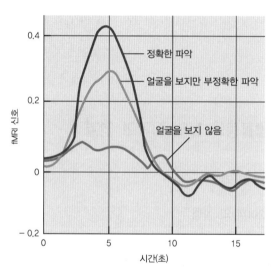

[그림 3-23] Gril-Spector 등(2004)의 실험 결과 중 해리슨 포드의 얼굴이 제시된 시행에 대한 뇌 활성화의 시간 경과

## 2 뇌 활동과 보기

### (1) 양안경쟁(binocular rivalry)

① 두 눈이 약간 다른 위치에 있기 때문에 일상의 지각에서 두 눈은 약간 다른 이미지를 받는다.
하지만 두 이미지는 충분히 비슷해서 뇌가 하나의 지각으로 조합한다.

② 만약 각 눈이 완전히 다른 이미지를 받으면 뇌는 두 이미지를 융합할 수 없어 양안경쟁이 생긴다.

③ **원숭이 양안경쟁 실험**

    ㉠ 원숭이의 좌시야에 햇살 모양을 보여주고 우시야에 나비 사진을 보여주었다. 이때 과거에 나비 사진에 대해 반응하고 햇살 모양에 반응하지 않았던 아래 관자(inferotemporal, IT) 겉질의 신경 세포의 활동을 기록하였다.

    ㉡ 실험 결과, 원숭이가 나비 사진을 지각하게 될 때만 아래 관자 겉질의 흥분율이 증가하였다. 이는 뇌 신경세포의 흥분이 원숭이의 지각과 관련이 높다는 점을 보여준다.

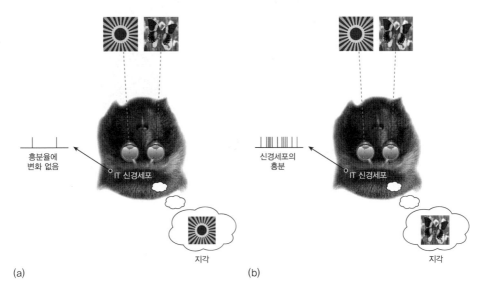

[그림 3-24] Sheinerg와 Logothetis의 양안경쟁 실험

▶ '햇살모양' 자극은 원숭이의 왼쪽 눈에, 나비는 오른쪽 눈에 제시되었다.

④ **Frank Tong 등(1998)의 실험** (중요도 중)

    ㉠ 관찰자에게 빨간색 집과 초록색 얼굴이 중첩된 안경을 쓰고 양안 경쟁에 의해 한쪽의 그림만 지각할 수 있도록 유도하였다.

    ㉡ 실험 결과, 관찰자가 집을 지각할 때는 장소 영역(parahippocampal place area, PPA)의 활성화가 나타났고, 얼굴을 지각할 때는 방추형 얼굴영역(FFA)의 활성화가 증가하였다. 이는 지각의 변화와 뇌활동의 변화가 서로 역동적 관계를 보인다는 또는 근거로 제시될 수 있다.

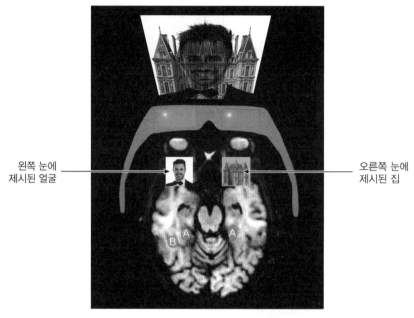

왼쪽 눈에
제시된 얼굴

오른쪽 눈에
제시된 집

**[그림 3-25] Tong 등(1998)의 실험**

▶ 관찰자들은 빨간색 집과 초록색 얼굴이 중첩된 것을 빨강–초록 안경으로 보았다. 따라서 집 이미지는 오른쪽
눈에, 얼굴 이미지는 왼쪽 눈에 제시되었다. 양안경쟁 때문에 관찰자는 얼굴과 집을 번갈아 지각하였다. 관찰자
가 집을 지각하면 신경세포 활동이 좌우반구(A영역)의 해마결정장소 영역에서 발생했다. 관찰자가 얼굴을 지각
하면 좌반구(B영역) 방추형 얼굴 영역에서 신경세포 활동이 발생했다.

## 3 뇌 읽기

### (1) '뇌 읽기'를 살핀 초기 실험

① 뇌의 활동 패턴을 분석하여 사람이 무엇을 보고 있는가 확인하기 위한 실험으로 Kamitani와
Tong(2005)는 격자 무늬 자극 지각 시의 뇌활동을 해부호(decoding)하는 실험을 실시하였다.

② 실험 참가자는 [그림 3-26]과 같이 방향이 서로 다른 격자 무늬 자극을 제시하였다. 그 뒤에
fMRI를 통해 뇌 영역을 2mm 또는 3mm의 작은 입체 모양 크기인 복셀(voxel) 단위로 뇌 반응
에 따른 활동 패턴을 찾아 방향 해석기를 만들었다.

③ 방향 해석기는 뇌 반응으로부터 사람이 어떤 방향을 보고 있는지 정확히 예측하였다.

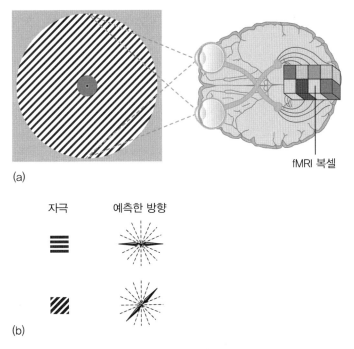

[그림 3-26]

(a) Kamitani와 Tong (2005) 실험의 관찰자들은 왼쪽에 있는 것처럼 어느 쪽으로 향한 격자무늬를 보았다. 뇌의 육면체는 복셀 여섯 개의 반응을 나타낸다. 이 실험에서는 400개 복셀의 반응을 측정하였다.

(b) 두 방향에 대한 결과, 격자무늬 자극이 관찰자에게 제시되었다. 선은 방향해석기가 예측한 방향이다. 해석기는 검사된 여덟 개 방향 모두에 대해 정확하게 예측할 수 있었다.

## (2) 뇌 읽기 장치 실험

### ① 관찰자의 시각 영역에서 기록된 복셀 활성화 패턴을 두 가지로 분석하는 뇌 읽기 장치

○ 구조약호화

ⓐ 복셀의 활성화와 선분, 대비, 형체, 표면 결과 같은 장면의 구조적인 성질의 관계를 바탕으로 한다.

ⓑ 복셀 반응 패턴으로 참여자가 보고 있는 이미지의 특징을 거꾸로 예측하도록 한다.

○ 의미약호화

복셀의 활성화와 장면의 의미나 범주의 관계를 근거로 하여, 복셀 활성화 패턴과 이미지 범주의 관계를 정한다.

○ 구조해석기와 의미해석기는 참여자가 무엇을 보고 있는지를 알려 주는 단서를 제공한다.

○ 구조약호화기만으로도 사람이 보고 있는 이미지와 유사한 표적을 찾아낼 수 있다. 다만, 이미지의 의미를 파악하기는 어려우므로 의미약부호화기를 같이 쓰면 실행 수준을 높일 수 있다.

제 **5** 절　**얼굴의 특별성** 중요도 상

**1 얼굴은 물체와 달리 특별한 점이 있다.**

(1) 우리 환경의 어느 곳에서나 얼굴이 있다.

(2) 얼굴은 사람의 정체를 정하는데 이것은 사회적 상호작용과 안전 확보에 중요하다.

(3) 사람의 기분, 시선에 관한 정보를 주며 관찰자에게 평가적인 판단을 유발한다.

**2 얼굴에만 반응하는 신경세포가 존재한다.**

(1) 신경세포에는 많은 방추형 얼굴 영역처럼 뇌에 특별한 장소들이 있어 얼굴에 빠르게 반응한다.

(2) 사람들에게는 얼굴, 동물 또는 차와 같은 사진을 제시하고 눈을 움직이도록 하는 과제를 수행할 때 얼굴이 가장 빠른 안구 운동을 유발한다.

**3 얼굴을 뒤집은 경우 두 뒤집힌 얼굴이 같은지 다른지 판단하기 어렵다.**

(1) 얼굴을 뒤집으면 눈, 코, 입과 같은 특징들이 배치된 관계를 처리하기 힘들다.

(2) 뒤집힌 얼굴의 판단이 어렵다는 점은 얼굴 인식이 총체적으로 처리됨을 보이는 증거로 해석된다.

**4 얼굴은 분산처리의 증거도 나타난다.**

(1) 얼굴 사진을 재인할 때, [그림 3-27]과 같이 완전한 음화일 때보다 눈만 양화가 된 경우에 재인율 이 크게 증가하였다.

(2) 얼굴 재인과 관련하여 뇌에서는 광범위한 활동이 나타난다.
　① **얼굴 정체 관련 정보** : 후두 겉질 처리 후 방추회로로 신호가 전달된 후 재인된다.
　② **얼굴 표정과 감정 반응 정보** : 편도체의 활성화

③ **사람의 입 운동 지각**: 위관자고랑

④ **얼굴의 매력 정도**: 뇌 이마엽

⑤ **낯익은 얼굴과 그렇지 않은 얼굴**: 정동 관련 영역

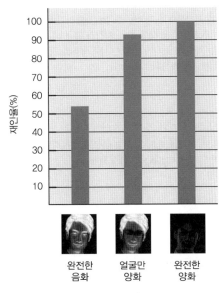

[그림 3-27]

▶ 참여자가 잘 아는 유명 인사의 얼굴을 재인할 때, 각 유형(음화 및 눈만 정상으로 바꾼 음화)를 제시하고 완전한 양화를 제시한 경우와 재인율을 비교하였다. 참여자는 얼굴 재인 시 음화에서 눈만 양화로 바꾸어도 재인률이 크게 늘어났다.

## 5 영아의 얼굴 지각

(1) 어른과 비교해 영아의 시력은 매우 나쁘지만 첫 해 동안 자세한 내용을 보는 능력이 매우 빨리 향상된다.

① 영아는 시력이 나빠도 가까운 거리에서 개괄적인 특징을 탐지할 수 있다.

② 8주쯤 영아는 명암 대비 지각 능력 향상으로 이미지를 얼굴처럼 볼 수 있다.

③ 3~4개월쯤 영아는 감정이 담긴 얼굴을 구분할 수 있지만 얼굴을 파악하는 것은 아니다.

④ 출생 직후 영아는 엄마의 얼굴을 재인할 수 있다.

(2) 전문화된 얼굴 영역의 발달이 느린 까닭은 얼굴과 표정을 재인하는 능력, 얼굴 특징들의 총체적인 구조를 지각하는 능력의 성숙과 관련이 있다.

# 제 2 장 | 시각주의

📋 **단원개요**

이번 장에서는 우리가 시각적으로 자극을 주의를 집중하기 위해 필요한 물리적 요인과 인지적 요인을 배운다. 또한, 우리가 대상에 주의를 기울일 때의 반응 시간과 관련 뇌 영역도 함께 살펴본다. 한편, 우리가 주의를 기울이지 않을 때 일어나는 무주의 맹시와 변화 맹시를 살펴볼 것이며, 주의가 장면을 지각하는데 필요한 지각부하와 결합의 특성도 함께 확인해본다.

**출제 경향 및 수험 대책** 🗂

주의의 특성이 무엇이 있는지 살펴볼 필요가 있으며, 주의가 어떻게 뇌를 활성화시키는지에 대해서 알아두자. 또한, 주의를 기울이지 않을 때 나타나는 현상을 통해 주의의 특성을 명확히 알아두어야 한다. 마지막으로, 결합의 원리를 나타내는 세부특징 통합론의 각 단계와 특성을 숙지하도록 하자.

## 제 1 절 ▶ 장면 주사하기

### 1 군중 속에서 얼굴 찾기

**(1) 응시(fixation)**

얼굴 하나하나에 중심와를 조준하여 하나의 얼굴에서 잠시 멈추는 것을 말한다.

**(2) 도약 눈 운동(saccadic eye movement)** 중요도 중

다른 얼굴을 관찰하기 위해 눈을 움직일 때, 한 응시점에서 그 다음으로 갑작스럽게 빠르게 움직이는 것이다. [그림 3-28]과 같이 군중 사진에서 찾고자 하는 사람에게 중심와를 조준하여 응시 후에 다음 사람을 관찰하고자 눈을 빠르게 움직이는 것이 대표적 예이다.

**(3) 명시적 주의(over attention)**

주의를 기울인 사물을 직시하면서 바라보는 것을 말한다.

**(4) 암묵적 주의(covert attention)**

정면으로 응시하고 있지 않은 방향에 눈길을 주지 않는 주의를 말한다.

[그림 3-28]

▶ 당신의 과제는 그림의 사람들의 무리에서 저스틴 비버의 얼굴을 찾는 것이다. 이 과제를 완수하는데 얼마나 오래 걸렸는지 주목하라.

ⓒ Cengage Learning

## 제 2 절　무엇이 우리의 주의를 이끄는가?

### 1 물리적 자극에 의한 주의

#### (1) 자극 현출성(stimulus salience)

특정한 대상이나 위치가 눈에 잘 띄도록 하는 색, 대비, 움직임, 방위 등과 같은 물리적 속성을 의미한다.

#### (2) 주의 포획(attentional capture)

자극 현출성에 의해 주의의 비자발적인 이전이 일어나는 것을 말한다. 예를 들어, 밝은 번쩍임이나 큰 소리에 의해 우리가 하고 있던 일로부터 주의가 다른 곳으로 당겨질 수 있다. 폭발이나 위험한 동물 또는 우리를 향해 빠르게 움직이는 사물같이 위험한 것을 경고하는 역할을 하는 것이라면 중요하다.

#### (3) 현출성 지도(saliency map)

우리가 응시하는 장면에서 현출성이 어떻게 영향을 미치는지에 대해서는 색, 방향, 그리고 가 위치이 강도 등의 특성을 분석하여, 그 값을 통합하여 이 값을 그 장면의 현출성 지도를 생성함으로써 나타난다. [그림 3-29]에서 모두 흰색 셔츠를 입은 군중 속에서 초록 셔츠를 입은 한 남자는 색의 대비로 인하여 주의를 끈다.

[그림 3-29]

▶ 초록 셔츠는 그 색깔이 장면의 다른 부분에 있는 밝은 색과 대비되기 때문에 장면의 나머지 부분보다 현출성이 높다.

© Ales Fevzer/CORBIS

## 2 인지적인 요인에 기초한 선택

(1) 어디를 보는가 하는 것은 현출성으로만 결정되는 것이 아니라, 의미 있는 대상을 보려는 인지적 노력이 주의를 이끌기도 한다.

(2) [그림 3-30]의 '2'의 위치가 보다 앞에 있으나 주의는 '1'에 둘 수 있다. 다만 사람에 따라 편차가 있어 2에 주의를 둘 수도 있다.

[그림 3-30] 주의를 두는 풍경에 따른 초점의 이동

### (3) 장면도식(scene schema)

① 하향처리는 전형적인 장면에 무엇이 들어 있을지에 관한 관찰자의 지식으로서, 장면도식에 관여한다.

② 관찰자에게 동일한 부엌 사진 두 장 중 냄비가 있는 경우와 프린터가 있는 경우의 사진에 대한 응시 시간을 확인한 결과, 프린터가 있는 부엌 사진을 더 오래 응시한다. 이는 주의가 관찰자의 지식에 영향을 받는다는 점을 확인시켜준다.

## 3 과제 요구

### (1) 때맞춤 전략

① 사람들이 어떤 일을 하면서 주의를 한쪽에서 다른 쪽으로 옮겨야 하는 상황은, 운전할 때처럼 환경 속에서 이동하는 경우나 특정 과제를 수행하는 경우에 일어난다.

② [그림 3-31]과 같이 땅콩버터 샌드위치를 만들기 위한 과제 수행 시 손 운동이 일어나기 전에 눈 운동이 선행되어 움직임으로써, 눈 운동이 시행하려는 과제와 밀접한 관련이 있다는 점을 보여준다. 눈 운동은 관련 없는 영역 또는 대상에는 거의 응시하지 않는다.

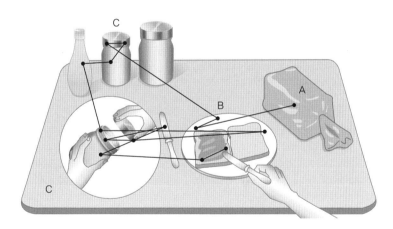

[그림 3-31]

▶ 땅콩버터 샌드위치를 만드는 사람의 응시 순서, 첫 응시는 빵 조각이다.

### (2) 장면통계(scence statistics)

① **역동적인 환경에서 다양한 일이 일어날 수 있는 확률**

㉠ Jovancevic-Misc와 Hayhoe(2009)는 참가자들이 얼마나 오랫동안 각 보행자들을 바로 쳐다보는지를 측정하였다.

㉡ 참가자들의 주의는 보행자에 대해 무엇을 배웠는가에 의존한다.

ⓒ 참가자는 길을 걷는 과제에서 보행자들과 맞닥뜨리는 행동을 통해 학습을 하여, 시야가 한정된 갑작스러운 상황에서 참가자를 고의로 부딪히는 '불한당'을 가장 많이 응시하는 경향을 보였고, 특정 상황에서 부딪히는 '위험', 절대 부딪히지 않는 '안전' 보행자 순으로 응시 시간을 보였다.

ⓔ 이 실험은 예측 불가능한 환경에서도 생각을 확장하여 과제에 따른 주의를 할당하는 방식을 변화시킨다는 점을 보여준다.

## 제 3 절 ▶ 우리가 주의를 기울일 때 무슨 일이 일어나는가?

### 1 주의는 반응을 빠르게 한다.

**(1) 위치에 대한 반응을 빠르게 하기**

① 특정 위치에 대한 주의를 **공간주의**라 한다. [그림 3-32]는 Micheal Posner 등(1978)의 고전적 공간주의 실험을 보여준다.

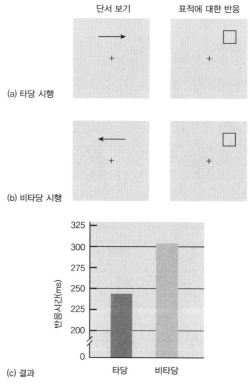

[그림 3-32] Posner와 동료들(1987)의 사전단서 실험

▶ (a) 타당 시행, (b) 비타당 시행의 절차, (c) 실험결과
▶ 타당 시행의 평균 반응시간은 245ms였지만 비타당 시행은 305ms였다.

② **방법** : 사전 단서주기

  ㉠ 참가자는 [그림 3-32] (a)에서처럼 실험 동안 화면에 있는 +표시에 눈을 고정하도록 지시받았다.

  ㉡ 좌우 어느 쪽에 자극이 나타날 것인지를 가리키는 화살표 단서를 보았다.

  ㉢ [그림 3-32] (a)의 화살표 단서는 오른쪽에 주의를 집중해야 함을 나타낸다.

  ㉣ 참가자의 과제는 사각형 표적이 좌우 한 곳에 제시되면 가능한 빨리 키를 누르는 것이다.

  ㉤ 옆에 제시된 사각형이 화살표 단서에 의해 지시 받았기에, [그림 3-32] (a)는 타당 시행이다.

  ㉥ 비타당 시행에서 화살표 단서는 관찰자는 왼쪽에 주의를 기울여야 하는 것으로 나타났지만 표적은 오른쪽에 제시되었다.

  ㉦ 실험결과 피험자가 비타당 시행보다 타당 시행에서 더 빠르게 반응하는 것으로 나타난다. 이러한 결과는 주의가 향하는 곳에서 정보처리가 더 효과적으로 처리된다는 것으로 해석할 수 있다. 이는 주의가 특정 위치로 향했을 때 처리를 향상시키는 '스포트라이트' 또는 '줌 렌즈'와 같다는 생각으로 이어졌다.

## (2) 대상에 대한 반응을 빠르게 하기

① 우리는 환경에서 특정한 사물에 주의를 기울인다. 예를 들어, 많은 관중 속에서 당신이 아는 사람을 보게 되면 그 사람에게 당신의 주의를 빠르게 집중한다.

② 주의가 대상에 대한 우리의 반응을 촉진시킬 수 있다.

③ 주의가 대상의 한 곳에 위치할 때, 주의의 촉진 효과는 대상의 다른 곳으로 확산한다.

④ **동일-대상 이득(same-object advantage)** 〔중요도 중〕

  한 대상 내에서 촉진이 퍼질 때 야기되는 빠른 반응을 동일-대상 이득이라 한다.

  ㉠ 참가자가 가운데의 +에 시선을 두면 직사각형 한쪽 끝이 반짝인다([그림 3-33] (a)). 이는 흑색 사각형이 되는 표적을 제시하는 단서신호이다.

  ㉡ 참가자는 표적이 화면 어느 쪽이든 제시되면 버튼을 누르도록 한다. 참가자는 표적 A가 단서 신호로 작용하고 실제 표적이 A에 제시되면 반응 시간이 가장 빨랐다.

  ㉢ 특이한 점은 단서가 A에 제시되더라도 C에 표적이 나타나는 반응 시간보다 B에 나타나는 반응 시간이 빨랐다는 점이다.

  ㉣ 단서 A와 거리상으로는 B와 C가 같음에도 B가 더 빠른 반응 시간을 보였다는 것은 A에 대한 주의가 한 대상 내에 주의 촉진이 퍼져 B에 빠른 반응을 나타냈다는 점을 의미한다.

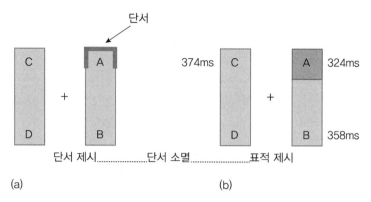

[그림 3-33] Egly 등(1994)의 실험

▶ (a) 화면의 한 위치에 단서신호가 나타나고, 후에 신호가 꺼지면서 (b) 가능한 네 곳 A, B, C, D 중 한 곳에서 위치 표적이 번쩍인다. 수치들은 단서가 위치 A에 주어졌을 때 표적이 A, B, C 각 위치에 제시된 것에 대한 반응시간이다.

**2** **주의는 겉모습에 영향을 줄 수 있다.**

(1) 주의가 더 빠른 반응시간을 초래할 수 있다는 사실은 주의가 사물의 겉모습을 바꿀 수 있음을 반드시 말하는 것은 아니다.

(2) 주의가 대상의 외관에 영향을 미치는지 아닌지에 대한 물음에 답하기 위해서, 자극에 대한 '반응의 속도'보다 자극에 대한 '지각적 반응'을 측정하는 것이 필요하다.

(3) **주의는 어떻게 개인이 자극에 반응하는지와 어떻게 자극을 지각하는지 둘 다에 영향을 미칠 수 있다.**

(4) Carrasco 등(2004) 실험([그림 3-34])
① 참가자는 가운데 응시점을 응시한 후(a), 위의 좌측 또는 우측에 67ms 동안 단서 자극이 번쩍였다. 이때 뒤이은 단서는 자극과 아무런 관련이 없다고 참가자에게 공지되었다.
② 뒤이어 한 쌍의 격자가 40ms 동안 나타났다가 사라지는데, 막대 격자의 대비는 시간 간에 무작위로 변화되었다.
③ 참가자는 격자 자극이 오른쪽 또는 왼쪽으로 더 기울여졌는지 확인하고 방향을 표시하였다.
④ 실험 결과, 두 격자의 대비가 차이가 나면 주의-포획 단서 효과가 없었으나, 물리적으로 동일한 대비를 가지면 관찰자가 본 번쩍이는 단서 쪽의 방향에 있는 격자가 지시하는 방향을 보고하는 경향이 더 높았다.

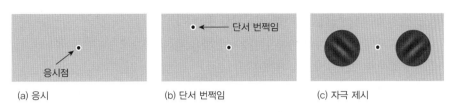

(a) 응시      (b) 단서 번쩍임      (c) 자극 제시

[그림 3-34] Carrasco 등(2004)의 실험 절차

**3 주의는 생리적 반응에 영향을 미칠 수 있다.**

**(1) 주의는 뇌 특정 영역의 반응을 증가시킨다. <sup>중요도</sup> 상**

① O'Craven 등(1999)의 연구에서는 관찰자가 얼굴과 집을 중첩하여 보도록 하되 두 자극이 양쪽 눈에 모두 제시되도록 하여 양안 경쟁은 일어나지 않도록 하였다.

② 실험자는 관찰자에게 둘 중 하나의 자극에 주의를 기울이도록 유도한 결과, 얼굴에 주의를 기울 이면 FFA 영역이 활성화되었고, 집에 주의를 기울이면 PPA 영역이 더욱 활성화되었다.

③ 본 실험은 각기 다른 대상의 유형에 대한 정보를 처리할 때, 서로 다른 뇌 영역의 활성화에 영 향을 미친다는 것을 확인할 수 있다.

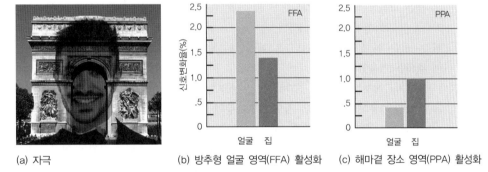

(a) 자극      (b) 방추형 얼굴 영역(FFA) 활성화      (c) 해마곁 장소 영역(PPA) 활성화

[그림 3-35] O'Craven 등(1999)의 실험에서 사용된 얼굴과 집 자극

**(2) 위치에 대한 주의는 뇌의 특정 위치의 반응을 증가시킨다.**

① **암묵 주의 실험**

㉠ 실험에서는 참가자가 디스플레이의 중심에 응시하게 한 뒤, 주의를 다른 위치로 이동시켰을 때의 fMRI를 측정하였다.

㉡ 실험 결과, 참가자가 자신의 주의를 어느 곳에 기울이는가에 따라 활성화되는 뇌의 영역이 달라진다는 것을 확인하였다.

**(3) 주의는 신경세포의 수용장 위치를 이동시킬 수 있다.**

① Womelsdorf 등(2006)의 실험에서 원숭이가 작은 다이아몬드에 응시하는 경우와 작은 원에 응시하는 경우의 망막 수용장을 기록하였다.

② 원숭이가 화면의 왼쪽 다이아몬드에 주의를 둘 때는 수용장이 왼쪽으로 이동하는 반면, 주의를 오른쪽 원으로 이동시키면 수용장이 오른쪽으로 이동한다.

③ 이는 수용장이 특정 위치에 고정되지 않고 원숭이가 주의를 기울이는 곳에 반응하여 움직임으로써, 주의가 시각 시스템의 조직을 부분적으로 변화시키고 있다는 것을 의미한다.

---

### 제 4 절  우리가 주의를 기울이지 않을 때 무슨 일이 일어나는가?

### 1 무주의 맹시(inattentional blindness)  중요도 상

**(1) 어떤 것을 직접적으로 바라보고 있을지라도 주의를 주지 않으면 놓칠 수 있는 현상이다.**

① Simon과 Chabris(1999)의 무주의 맹시

㉠ 농구 게임처럼 세 명의 경기자로 구성된 두 팀 중, 한 팀은 흰 옷을 입고 볼을 패스하며 다른 팀은 그들을 계속 따라다니면서 팔을 올려 방어하는 것을 보여주는 75초 분량의 비디오 자극을 관찰자들이 보도록 하였다.

㉡ 관찰자들은 흰 옷을 입은 팀의 볼 패스 개수를 세도록 요구받았기 때문에 흰 옷을 입은 팀에 주의를 기울였다.

㉢ 비디오 자극에서는 56초가 경과한 뒤 우산을 들고 가는 여인이나 고릴라 복장을 한 사람이 농구 게임 가운데를 지나가는 장면이 5초 동안 제시되었다.

㉣ 비디오를 본 관찰자에게 6명의 경기자 외에 다른 사람을 보았는지 물어보았으나 관찰자의 절반 가량인 46%가 여인이나 고릴라를 보지 못하였다. 이는 특정 사건의 연쇄에 주의를 기울이면 바로 눈앞에서 사건이 일어나도 알아채는 데 실패할 수 있음을 보여준다.

[그림 3-36] Simon과 Chabris (1999)의 실험 장면

## 2 변화 탐지

### (1) 변화 맹시(change blindness)

장면에서 변화를 탐지하는 것이 어려운 현상이다. 예를 들어, 영화에서 다른 샷으로 장면이 변할 때 물건이 없어지거나 행동이 바뀌어도 주의를 주목하지 않아 알아차리기 어려운 경우인 '연속성의 오류' 가 대표적 변화 탐지의 예이다.

## 3 주의가 장면을 지각하는 데 필수적인가?

### (1) 이중-과제 절차 실험

① 주의가 장면을 지각하기 위해 필요하지 않을 수 있다는 가정을 Li 등(2002)은 이중-과제 절차 실험으로 확인하였다.

② 이중-과제 절차(dual-task procedure)
주의를 요구하는 중심과제(central task)와 장면의 내용에 대해 판단하는 수변과제(peripheral task)를 동시에 수행해야 하는 절차이다.

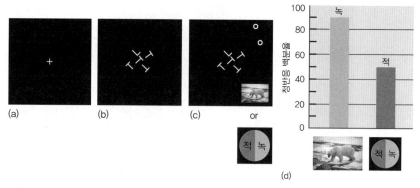

[그림 3-37]

(a)~(c) Li와 동료의 실험 절차(2002)
(d) 실험결과. 수행도는 중심과제(글자가 동일한가 아닌가)를 정확히 수행한 시행에서 주변과제(장면에서 동물이 있는지 판단하는 장면과제 및 원반이 적-녹 또는 녹-적 결합인지 판단하는 색깔-원반과제) 각각에서의 정확이도이다. 장면과제에서의 수행은 약간만 떨어지는 데 비해. 색깔-원반과제에서는 우연 수준 가까이로 떨어진다.

ㄱ 관찰자는 응시화면에 +를 보고([그림 3-37] (a)), 그 다음 다섯 개의 글자로 배치된 중심자극을 보았다([그림 3-37] (b)), 어떤 시행에서는 모든 글자가 동일, 다른 시행에서는 다섯 개 중 하나의 글자가 여타 네 개와 달랐다.

ㄴ 글자 제시 후, 녹색 반 적색 반의 원반, 또는 장면 사진이 임의의 모서리 위치에 27ms 동안 번쩍이는 자극으로 제시되었다.

ㄷ 관찰자의 중심 과제는 중심자극의 모든 글자가 똑같은 지적하는 것이고, 주변 과제는 사진에 동물이 포함되어 있었는지, 원반은 적-녹이었는지 녹-적이었는지를 표시하였다.

ㄹ 관찰자는 중심 과제를 수행하면서도 주변 사진 과제에서 90%의 정확한 수행을 보여주었고, 색깔-원반 과제에서는 50%의 정확한 수행을 하였다. 즉, 색깔 원반에 대한 수행은 우연 수준의 확률로 감소했으나, 사진에 대한 수행은 높게 유지되었다.

ㅁ Li는 이러한 결과를 통해 장면의 속성이 주의가 거의 혹은 전혀 없이도 지각될 수 있다고 결론지었다.

## 제 5 절 ▶ 과제-무관 자극의 주의산만 효과

### 1 과제-무관 자극(task-irrelevant stimuli)

우리가 하고 있는 업무와 관련된 정보를 제공하지 않는 자극을 과제-무관 자극이라 한다. 예를 들어, 컴퓨터 팝업 또는 광고 게시판과 같은 것은 방해되는 과제-무관 자극이고, 잠재적으로 과제 수행을 감소시킬 수 있다.

### 2 주의산만과 과제 특성

주의가 주어지지 않는 자극의 효과는 과제의 성격에 의존한다.

### 3 Forster와 Lavie(2008)의 실험

(1) Forster와 Lavie(2008)의 실험에서는 [그림 3-38] (a)에 나온 것과 같이 참가자들이 표적 X 또는 N을 확인하고 빠르게 반응하도록 하였다.

(2) 관찰자는 X를 봤으면 한 키를 누르고, N을 봤으면 또 다른 키를 눌렀다.

(3) [그림 3-38] (a)의 왼쪽 그림처럼 표적 N가 O에 둘러싸인 화면에서는 표적을 찾기 쉽지만, 오른쪽 그림과 같이 표적이 다른 글자들로 둘러싸여 있을 때는 과제가 어려워진다.

(4) 이 차이는 어려운 과제가 쉬운 과제보다 더 느린 반응 시간을 보이는 것을 통해 나타난다.

(5) 한편, [그림 3-38] (b)는 화면에 나온 만화 캐릭터와 같은 과제-무관 자극이 옆에서 번쩍였을 때, 쉬운 과제에서는 반응이 느려졌고, 어려운 과제에서는 약간의 영향만 받았다.

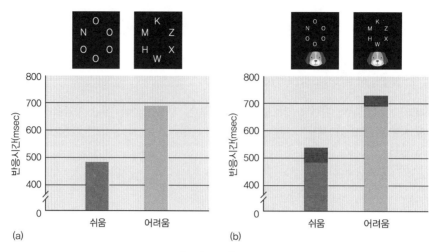

[그림 3-38]

▶ Forster와 Lavie(2008)의 실험의 과제는 가능한 한 빨리 표적(X 또는 N)의 정체를 확인하는 것이었다.
(a) 왼쪽 그림과 같이 표적이 작은 'o'와 같이 제시되는 쉬운 조건에서는, 여러 다른 글자들과 함께 제시되는 어려운 조건에서보다 더 빠른 반응시간을 보인다.
(b) 만화 캐릭터가 산만하게 번쩍이는 것이 쉬운 과제의 반응시간을 증가시키지만, 어려운 과제에서는 그 효과가 더 작다. 파란색 연장선으로 각 과제에서의 증가 효과가 표시되어 있다.

## 4 주의와 지각부하

### (1) 주의 부하이론(load theory of attention) 중요도 중

① Lavie는 [그림 3-38] (b)와 같은 결과를 주의 부하이론으로 설명하였다.
② 주의 부하이론에는 지각용량과 지각부하의 핵심 개념을 포함한다.

ㄱ 지각용량(perceptual capacity)
한 사람이 지각과제를 수행하기 위해 사용 가능한 어느 정도의 용량이다.

ㄴ 지각부하(perceptual load)
특정한 지각과제를 수행하기 위해 요구되는 그 사람의 지각용량의 양이다. 예를 들어, 매우 쉽고 충분히 연습된 과제들은 낮은 지각부하를 지닌다.

ㄷ 저부하 과제(low-load tasks)
그 사람의 지각용량의 적은 양만 사용한다.

ㄹ 고부하 과제(high-load tasks)
어렵거나 잘 연습되지 않은 과제로 개인의 지각용량을 더 많이 사용한다.

제 6 절 **주의와 응집된 세계를 경험하기**

## 1 결합의 필수성

### (1) 결합(binding)

색, 형태, 운동 및 위치 등의 세부특징을 결합하여 응집된 대상의 지각을 만들어내는 과정이다.

### (2) 결합 문제

대상의 개별적 특징이 어떻게 함께 결합되는지에 대한 물음을 의미한다.

## 2 세부특징 통합론 (종요도 상)

### (1) 대상이 세부특징으로 분석되는 증거

① Treisman의 세부특징 통합론(feature integration theory)

㉠ Treisman은 우리가 어떻게 동일한 대상의 부분으로서 개개의 특징을 지각하는가의 문제를 제기하며 다음과 같이 단계별로 설명을 하였다.

ⓐ 전주의 단계(preat-tentive stage)

대상의 이미지 처리의 첫 번째 단계로, 대상은 분리된 특징으로 분석되며 처리 단계는 서로 독립적이다.

ⓑ 초점주의 단계(focused attention stage)

세부특징이 결합되는 두 번째 단계로, 세부특징이 결합되면 대상을 지각하게 된다. 대표적인 증거로는 **착각 접합**(illusory conjunctions)과 발린트 증후군이 있다.

- 착각 접합이란 목표한 자극에 주의를 둘 때 이전 다른 자극이 가졌던 세부특징이 목표 자극의 세부 특징과 조합되는 것이다.
- 발린트 증후군이란 개별적 대상에 주의를 집중하지 못하여 세부 특징의 결합이 어려운 증상을 말한다.

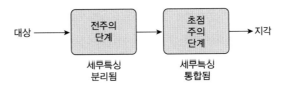

[그림 3-39] Treisman(1988)의 세부특징 통합론의 흐름 도해

② **시각 검색(visual search)**

결합에서 주의의 역할을 연구하는 또다른 접근으로 시각 검색이 쓰인다. 시각 검색은 군중 속에서 친구를 찾거나 "월리를 찾아라" 그림책에서 월리를 찾는 것과 같이 많은 사물 속에서 어떤 사물을 찾을 때 우리가 항상 하는 일이다.

## 제 7 절 ▶ 자폐증에서의 주의

### 1 자폐증(autism)

**(1)** 타인과의 접촉에서 철회하는 것을 주요한 증상으로 갖는 심각한 발달장애로, 일반적으로 다른 사람과 눈을 맞추지 않으며 사회적 상황에서 타인이 경험하는 정서를 말하는데 어려워한다.

**(2)** 자폐증과 자폐증이 아닌 사람 사이의 행동과 뇌 과정의 차이점에는 눈 응시점 비교가 있다.
  ① 다른 등장인물이 병을 박살낸 직후 장면인 그림에서 배우의 얼굴 장면에 응시점을 보여준다.
  ② 자폐증이 아닌 관찰자는 남자배우의 감정반응에 접근하기 위해 그의 눈을 응시한다.
  ③ 자폐증 관찰자는 가까운 여자배우의 입 또는 떨어진 옆을 본다.
  ④ 하지만 자폐증과 비자폐증 관찰자의 눈 운동 패턴 차이의 정확한 원인은 명확하지 않다.
    ㉠ 한 가지 제안은 자폐증 관찰자는 타인을 보거나 상호작용해야 하는 사회적 상황에서 경험하는 부정적 정서가 비자폐증 관찰자와 차이가 있기 때문이라고 본다.
    ㉡ 다른 제안은 자폐증 관찰자가 얼굴 자극에 대하여 개별적 특징이나 세부 사항에만 초점을 맞추고 얼굴을 전체로 보지 않기 때문이라고 본다.
    ㉢ 가장 가능성 있는 설명은 **사회적, 지각적 요인의 조합에 의해 주의가 야기된다**는 것이다.

**(3) 자폐증에 관한 뇌과학적 실험**
  ① 자폐증 관찰자와 비자폐증 관찰자들에게 체크무늬가 번쩍인 1초 후 만화 캐릭터의 눈 움직임을 본 뒤, 캐릭터가 체커판을 보거나(일치 조건) 체커판으로부터 멀어지는 방향(불일치 조건)을 보고 캐릭터의 눈동자가 움직일 때 버튼을 누르도록 했다.
  ② 실험자는 사회적 상황에서 다른 사람이 시선을 어떻게 주는지에 민감하다고 알려진 위관자고랑(superior temporal sulcus, STS)의 활성도 차이에 대해 두 집단을 비교하였다.
  ③ 실험 결과, 비자폐증자의 STS는 불일치 상황에서 더 활성화되었으나 자폐증자는 일치 상황과 불일치 상황이 동등한 활성화를 보였다.
  ④ 이는 자폐증 관찰자와 비자폐증 관찰자 간에는 타인의 의도를 읽는 능력에 차이가 있다는 것을 의미한다.

## 제 8 절  주의와 지각완성

### 1  지각 완성(대상 통합성)

**(1) 습관화** 중요도 (상)

① 가려진 물체 뒤에 대상이 존재하고 있음을 인식하는 것을 지각 완성이라고 한다.

② 아동의 지각 완성을 알아보기 위한 방법 중 하나로 습관화 절차를 사용한다.

　㉠ 습관화란 유아가 새로운 자극을 볼 가능성이 크므로 자극을 아이에게 반복적으로 노출시켜 자극에 대한 선호도를 높이거나 그렇게 하지 않음으로써 선호도를 낮추는 방법이다.

　㉡ [그림 3-40]은 유아가 새로운 자극을 제시받았을 때 습관화된 자극과 구분할 수 있는지를 결정할 수 있음을 보여준다.

　㉢ 유아가 습관화 자극과 새로운 자극을 분간할 수 있으면 흰색 점과 같이 자극이 바뀔 때 응시 시간이 증가하는 탈습관화가 나타나지만, 자극을 구분하지 못하면 흰색 사각형 점처럼 습관화가 계속된다.

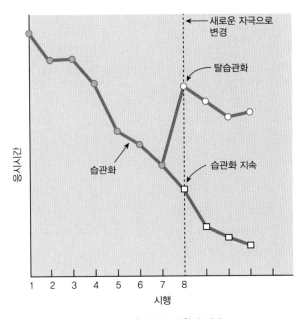

[그림 3-40] 습관화 실험의 결과

　㉣ 습관화는 차단물 뒤에 막대가 앞뒤로 움직이는 자극을 사용하여 지각 완성을 연구할 때 사용된다.

　㉤ 습관화 실험

　　ⓐ 실험에서는 4세 유아에게 블록 뒤에 앞뒤로 움직이는 막대를 익숙하게 만들어 유아가 자극을 덜 보게 만들었다.

ⓑ 그 뒤에 두 개의 분리된 막대나 하나의 긴 막대를 제시한 결과, 분리된 막대를 더 오래 보았다.

ⓒ 유아는 습관화 자극보다 비습관화된 자극을 더 오래 보는 것이 습관화의 원리이다. 그러므로 4세 유아는 자극을 하나의 긴 막대로 인식한다는 것을 나타낸다.

ⓗ Slater 등(1990)은 습관화 실험을 4개월 신생아를 대상으로 실험한 결과 단일 막대를 더 오래보았다. 이는 신생아는 아직 움직이는 자극에 대한 추론을 하지 못한다는 점을 보여준다.

ⓘ Johnson 등(2004)의 실험은 지각 완성을 보인 지각자와 그렇지 못한 비지각자의 안구 응시 패턴을 알아본 결과, 지각자는 주로 막대를 응시하나 비지각자는 직사각형 차단물을 주로 응시하는 차이를 보였다. 즉, 유아의 주의는 지각과 밀접한 관련이 있다.

# 깊이와 크기 지각

장면에서 깊이를 신호하는 다양한 단서 유형을 세 개의 주요 군집으로 나눌 수 있다.
첫째, 눈운동은 눈의 위치와 눈 근육의 긴장을 감지하는 능력에 기초한 단서이고 둘째, 단안은 한쪽 눈만으로
도 작동하는 단어이며 셋째, 양안은 두 눈에 의존하는 단서 유형이다.
물체의 깊이와 크기를 지각하기 위한 안구의 운동을 이해하고, 이를 통해 지각되는 과정의 생리학적인 반응에
대해 학습한다. 이를 통해 단안 단서, 양안 깊이 정보, 크기 항등성, 그리고 착시 현상을 설명한다.

**출제 경향 및 수험 대책**

안구의 운동을 통해 물체의 깊이와 크기가 지각된다는 점을 단안 단서와 양안 깊이 정보를 통해 이해한다. 또한, 물체의
크기를 지각할 때 크기 항등성의 개념과 여러 착시 현상이 나타나는 이유를 이해하여 물체에 대한 깊이와 크기 지각이
되는 원리를 학습한다.

## 제 **1** 절 ▶ 눈 운동 단서

**1** 눈 운동 단서(occulomotor cue)는 다음에 의해 만들어진다.

**(1)** 수렴은 가까이 있는 물체를 볼 때 눈이 안쪽으로 움직임으로써 일어난다.

**(2)** 조절은 다양한 거리의 대상에 초점을 맞출 때 수정체의 모양이 변함으로써 일어난다.

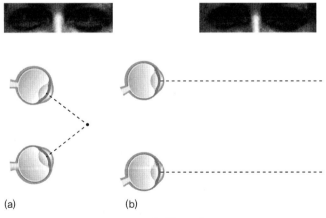

(a)  (b)

[그림 3-41]

(a) 아주 가까운 어떤 것을 볼 때는 눈이 안으로 수렴된다.
(b) 매우 멀리 떨어진 것을 볼 때는 눈이 정면을 바라보게 된다.

ⓒ Cengage Learning 2014

안심Touch

(3) 손가락을 눈 가까이로 움직이면 [그림 3-41] (a)처럼 눈 근육이 눈을 안쪽으로 마주보게 만드는 과정에서 수렴각의 변화로 인해 눈이 안으로 수렴된다.

(4) 손가락을 멀리 옮기면 [그림 3-41] (b)처럼 수정체는 평평해지고 손가락은 멀어져서 두 눈이 모두 정면을 향하게 된다.

**제 2 절 　　단안 단서** 중요도 상

단안 단서(monocular cue)는 한쪽 눈으로만 작동한다. 단안 단서에는 조절, 회화 단서(2차원 회화에서 묘사되는 깊이 정보의 출처), 움직임-기반 단서(움직임에 의해 만들어지는 깊이 정보의 출처)가 포함된다.

### 1 회화 단서

회화 단서(pictorial cue)는 망막상의 이미지와 같은 회화에서 표현되는 깊이 정보의 출처이다.

**(1) 가림(occlusion)**

① 한 대상이 다른 대상을 전체 또는 부분적으로 가려서 보이지 않게 할 때 일어난다.

② 산이 선인장과 산기슭보다 더 멀리 보이는 것처럼, 부분적으로 가려진 대상은 더 멀리 있는 것처럼 보인다.

③ 그러나 가림이 한 대상의 절대적 거리에 대한 정보는 주지 않는다. 얼마나 떨어져 있는지는 알 수 없다는 의미이다.

**(2) 상대적 높이(relative height)**

① 사진의 프레임에서 높이는 우리의 시각장의 높이와 대응하며, 시각장에서 더 높이 있는 물체는 보통 더 멀리 있다.

② 바닥이 지평선에서 더 근접한 물체가 보통 더 멀리 있는 것처럼 보인다.

③ 반면, 하늘에 걸린 물체 중 시각장에서 더 낮게 있는 것이 더 멀리 있는 것으로 보인다.

**(3) 상대적 크기(relative size)**

두 대상이 동일한 크기라는 것을 알고 있을 때, 멀리 있는 대상은 가까운 대상보다 시각장에서 더 작은 면적을 차지한다.

### (4) 조망 수렴(perspective convergence)

멀어질수록 수렴하는 것처럼 보인다.

### (5) 친숙한 크기(familiar size)

10원, 100원, 500원이 모두 같은 크기로 보인다면 우리는 10원, 100원이 가까이 있다고 말할 것이다.

### (6) 대기 조망(atmospheric perspective)

대상이 멀리 떨어져 있을수록 공기와 입자들(먼지, 수증기, 대기오염 등)을 통해서 봐야 하므로 먼 대상이 가까운 대상보다 덜 선명하고 더 푸른빛을 띠게 된다.

### (7) 결 기울기(texture gradient)

동일한 공간간격을 가진 요소들은 거리가 증가함에 따라 촘촘히 모여진다. 꽃밭을 상상해보자.

### (8) 그림자(shadows)

공이 바닥에 붙어 있으면 공과 그림자의 거리가 줄어들고, 공이 바닥으로부터 떨어져 있으면 공과 그림자의 거리가 커진다.

## 2 운동-생성 단서

**(1)** 운동시차(motion parallax)는 우리가 움직일 때 일어나는데, 가까이 있는 대상은 우리를 빠르게 지나쳐 가는 것처럼 보이고 멀리 있는 대상은 더 느리게 움직이는 것처럼 보이게 한다.
  ① 운동시차는 동물들에게 가장 중요한 깊이 정보의 원천이다.
  ② 기계 로봇이 환경에서 항행할 때 장애물로부터 얼마나 떨어져 있는지를 결정하게 해 주는 데 사용된다.
  ③ 애니메이션 만화와 비디오 게임에서 깊이 인상을 재현하는 데 이용한다.

**(2) 잠식과 증식**

관찰자가 옆으로 이동하면 어떤 것은 가려지고 어떤 것은 드러나게 된다.
  ⑩ 양손을 앞으로 뻗고 왼손만 얼굴 쪽으로 살짝 당긴 뒤 머리를 왼쪽으로 움직이면 왼손이 오른손을 가리는데 이것을 잠식(delection)이라고 하며, 반대로 머리를 오른쪽으로 움직이면 오른손이 다시 보이는데 이것을 증식(accretion)이라고 한다.

## 제 3 절 ▶ 양안 깊이 정보 중요도 상

깊이를 보기 위해 단안 단서를 사용하는 것이 가능할지라도 양안을 사용해서 깊이 지각을 경험하는 것은 질적으로 다르다.

### 1 두 눈으로 깊이 보기

① 우리가 2D 영화를 양쪽 눈으로 보더라도 화면은 평평하기 때문에 양쪽 눈 모두 동일한 영상을 받아들인다. 그래서 지각된 모든 깊이는 단안 깊이 단서나 회화적 깊이 단서로부터 나온다.
② 3D 기술은 왼쪽 눈과 오른쪽 눈이 각기 다른 영상을 받아들이게 해서 입체적 깊이 지각이 나타난다.

### 2 양안부등(binocular disparity)

#### (1) 왼쪽과 오른쪽 망막 상의 차이(부등)

#### (2) 대응 망막점

두 눈이 서로 중복되었을 때 겹쳐지는 망막 상의 위치

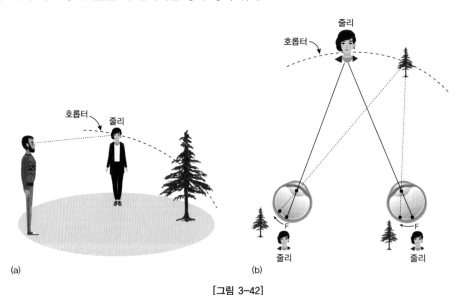

[그림 3-42]

(a) 관찰자가 구석의 나무와 줄리의 얼굴을 바라보고 있다.
(b) 각각의 눈에서 줄리와 나무 이미지의 위치를 보여 주는 관찰자의 눈
줄리의 이미지는 중심와에 맺히므로 대응점에 있다. 화살표는 두 눈의 중심와로부터 같은 거리에 있는 나무 이미지의 위치를 가리키는데, 이들 또한 대응점에 있다. 파란색 점선은 호롭터이다. 호롭터에 있는 대상의 이미지는 대응점에 맺힌다.

### (3) 대응 망막점의 예

① 관찰자가 줄리를 직시하면 그녀의 이미지가 관찰자의 양쪽 눈의 중심와에 맺힌다. 두 중심와는 대응점이고 줄리의 이미지는 대응점에 맺힌다.

② 줄리 옆의 나무는 중심와에서 상대적으로 같은 위치에 있다. 중심와에서 왼쪽 방향으로 같은 거리에. 이것은 나무 이미지가 대응점에 있다는 것을 의미한다.

③ 따라서 사람이 직시하는 것이 무엇이든(줄리) 대응점에 맺히고, 다른 대상(나무)도 대응점에 맺힌다.

④ 대응점에 맺힌 줄리, 나무 그리고 다른 대상들은 호롭터(horopter)라 불리는 표면에 위치한다. [그림 3-42] (a)와 [그림 3-42] (b)의 초록색 점선이 호롭터의 일부분을 의미한다.

⑤ 절대부등이 호롭터로부터의 거리를 나타낸다.
　　㉠ 호롭터 위에 있지 않은 대상의 이미지는 비대응점에 맺힌다.
　　㉡ 절대부등(absolute disparity)
　　　대응점으로부터 대상이 이탈한 정도

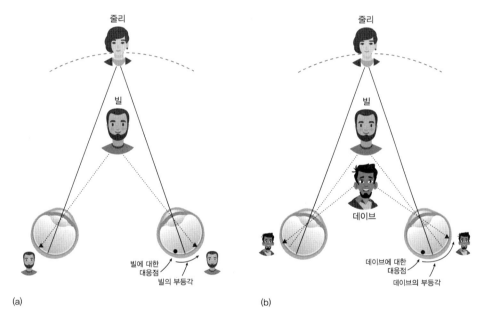

(a)　　　　　　　　　　　　　　　　　　　　(b)

**[그림 3-43]**

(a) 관찰자가 줄리를 응시할 때 줄리의 이미지는 대응점에 맺히고, 빌의 이미지는 비대응점에 맺힌다. 부등각은 빌의 이미지에 대한 대응점이 있는 위치(검은색 점)와 빌의 이미지가 실제로 있는 위치(세모점) 간의 각도를 측정하는 것으로 결정된다.

(b) 데이브가 [그림 3-43] (a)에 추가되었다. 데이브가 호롭터로부터 더 멀리 있기 때문에 데이브의 부등각은 빌보다 더 크다.

ⓒ 부등각(angle of disparity)

부등각은 절대부등의 양을 의미하여 물체를 지각할 때 한쪽 안구에 유입된 대응점과 반대쪽 안구에 유입된 대응점 간의 실제 위치점 사이의 각을 의미한다. [그림 3-43] (a)에서 오른쪽 안구의 대응점과 왼쪽 안구의 망막 상의 오른쪽 안구의 대응점간의 사이 각을 의미한다.

ⓐ [그림 3-43] (b)는 호롭터로부터 멀리 있는 대상(데이브)의 부등각이 더 크다는 것을 나타낸다.

ⓜ 부등각은 호롭터로부터 대상의 거리에 대한 정보를 제공하며, 더 큰 부등각은 호롭터로부터 더 먼 거리에 있다는 것을 나타낸다.

⑥ 상대부등은 대상들의 상호 간 상대적 위치와 연관된다.

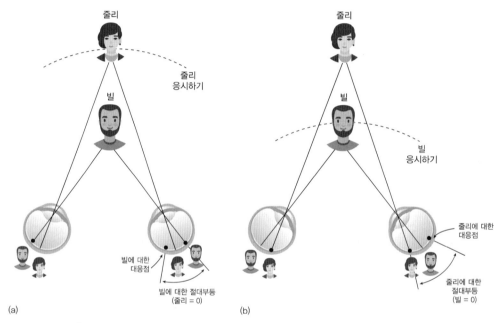

[그림 3-44] 관찰자의 시선이 한 곳에서 다른 곳으로 옮겨질 때 절대부등이 변화된다.

(a) 관찰자가 줄리를 볼 때, 그녀의 이미지에 대한 부등은 0이다. 빌의 부등각이 화살표로 표시되어 있다.
(b) 관찰자가 빌을 볼 때, 빌의 부등은 0이 된다. 줄리의 부등각이 화살표로 표시되어 있다. 각 쌍의 부등 중 하나 가 0이기 때문에, 화살표는 줄리와 빌의 이미지 간 부등의 차이를 나타낸다. 부등의 차이가 (a)와 (b)에서 동일 하다는 것을 주목하라. 이것은 관찰자가 각기 다른 곳을 응시하더라도 줄리와 빌의 상대부등이 동일하게 유지 된다는 것을 뜻한다.

ⓖ 관찰자가 줄리를 볼 때, 줄리의 이미지는 관찰자의 중심와에 맺히지만(줄리의 부등은 0), 빌의 이미지는 비대응점에 맺힌다(부등이 존재).

ⓛ 그러나 관찰자가 빌에게로 시선을 옮길 때, 빌의 이미지는 중심와에 맺히고(빌의 부등은 이제 0) 줄리의 이미지는 비대응점에 맺힌다(부등이 존재).

ⓒ 두 가지 상황을 비교해보면 줄리와 빌의 절대부등의 차이가 모두 동일하다는 것을 알 수 있다.

ⓔ 장면에서 대상들의 절대부등의 차이를 상대부등(relative disparity)라고 하며, 관찰자가 장면을 빙 둘러볼 때 동일하게 유지된다.

ⓜ 상대부등은 장면의 대상들이 서로 상대적으로 어디에 위치하는지를 표시하는 것을 돕는다.

### 3 입체시

입체시를 통해 관찰자의 지각과 부등 간의 관계를 고려해보자.

**(1) 입체시(stereopsis)**

양안 부등에 의해 제공된 정보에서 만들어진 깊이감

**(2) 입체시의 예**

① **입체경(stereoscope)**

두 개의 약간 다른 그림을 사용하여 깊이에 대한 확실한 착각을 유발하는 것

② **입체경의 예**

㉠ 적-녹 필터로 된 안경을 끼면 왼쪽과 오른쪽 눈에 제시되는 스크린이 서로 약간 어긋나 있어서 부등을 낳는다.

㉡ 편광(한 방향으로만 진동하는 광파장)으로 영화 〈아바타〉, 〈휴고〉에서 사용되었다. 한 영상은 진동이 수직이 되도록 편광되고 다른 영상은 진동이 수평으로 되도록 편광된다. 수직 편향된 빛이 한 눈으로, 수평 편향된 빛이 다른 눈으로 들어오게 해 주는 편광수정체로 이 필름을 보면→3차원 지각을 낳는 부등을 만들어 준다.

㉢ TV 이미지에서의 3D 지각이 있다. 첫째, 수동적 방식으로 앞의 편광 원리에 따라 작동된다. 둘째, 능동적 방식으로 TV와 연결된 안경에서 왼쪽 눈의 이미지와 오른쪽 눈의 이미지를 1초에 30회 또는 그 이상 번갈아 제시한다. 이 시스템은 TV 화면에서 나타나는 이미지의 교차와 동시에 발생하며, 화면에서 왼쪽 눈에 이미지가 제시될 때 왼쪽 셔터가 열리고 오른쪽 눈에 이미지가 제시될 때 오른쪽 셔터가 열린다. 셋째, 렌티큘러 투영으로 왼쪽과 오른쪽 눈에 다른 이미지를 전송하는 수정체 2세트가 포함된 필름으로 코팅된 화면이며, 다른 각도에서 볼 때 다른 이미지를 보여주는 우편엽서나 사진이미지 등이 이에 해당된다. 하지만, 단점은 특정 관점에서 볼 때만 효과적이다.

(a)

| 1 | 0 | 1 | 0 | 1 | 0 | 0 | 1 | 0 | 1 |
|---|---|---|---|---|---|---|---|---|---|
| 1 | 0 | 0 | 1 | 0 | 1 | 0 | 1 | 0 | 0 |
| 0 | 0 | 1 | 1 | 0 | 1 | 1 | 0 | 1 | 0 |
| 0 | 1 | 0 | A | A | B | B | 1 | 0 | 1 |
| 1 | 1 | 1 | B | A | B | A | 0 | 0 | 1 |
| 0 | 0 | 1 | A | A | A | A | 0 | 1 | 0 |
| 1 | 1 | 1 | B | B | B | B | 1 | 0 | 1 |
| 1 | 0 | 0 | 1 | 1 | 0 | 1 | 1 | 0 | 1 |
| 1 | 1 | 0 | 0 | 1 | 1 | 0 | 1 | 1 | 1 |
| 0 | 1 | 0 | 0 | 0 | 1 | 1 | 1 | 1 | 0 |

| 1 | 0 | 1 | 0 | 1 | 0 | 0 | 1 | 0 | 1 |
|---|---|---|---|---|---|---|---|---|---|
| 1 | 0 | 0 | 1 | 0 | 1 | 0 | 1 | 0 | 0 |
| 0 | 0 | 1 | 1 | 0 | 1 | 1 | 0 | 1 | 0 |
| 0 | 1 | 0 | Y | A | A | B | B | 0 | 1 |
| 1 | 1 | 1 | X | B | A | B | A | 0 | 1 |
| 0 | 0 | 1 | X | A | A | B | A | 1 | 0 |
| 1 | 1 | 1 | Y | B | B | A | B | 0 | 1 |
| 1 | 0 | 0 | 1 | 1 | 0 | 1 | 1 | 0 | 1 |
| 1 | 1 | 0 | 0 | 1 | 1 | 0 | 1 | 1 | 1 |
| 0 | 1 | 0 | 0 | 0 | 1 | 1 | 1 | 1 | 0 |

(b)

[그림 3-45]

(a) 무선점 입체도형
(b) 입체도형을 만드는 원리

ⓒ Cengage Learning

(3) 부등 하나만으로도 깊이 지각을 낳는다.

① [그림 3-45] (a)는 무선점 입체도형이고 [그림 3-45] (b)는 도형이 어떻게 형성돼 있는지 알 수 있다.

② [그림 3-45] (b)의 왼쪽에 보이는 A, B로 표시된 사각형 영역을 오른쪽으로 한 칸 이동시킨다 ([그림 3-45] (b)의 오른쪽 그림에서 A, B로 이루어진 사각형이 오른쪽으로 이동했음을 알 수 있다).

③ 1단위만큼만 이동했음에도 이미지가 달라 보인다. 이때 왼쪽 눈에 왼쪽 이미지가, 오른쪽 눈에 오른쪽 이미지가 맺힐 때 우리 시각 시스템은 작은 사각형이 배경 뒤로 꺼져 있는 것처럼 보이게 된다.

④ 양안부등이 이 입체도형에서 제공된 유일한 깊이 단서이므로 부등 자체만으로 우리가 지각하는 깊이 지각을 분명히 유도한다.

## 제 4 절    양안 깊이 지각의 생리학

### 1  절대부등에 반응하는 신경세포 발견(양안 깊이 세포 혹은 부등-선택적 세포)

(1) 특정 세포는 왼쪽 및 오른쪽 눈에 들어온 자극이 특정 크기의 절대부등을 낳을 때 가장 잘 반응한다. 이 특정 신경세포는 왼쪽 및 오른쪽 눈이 약 1°의 절대 부등을 낳도록 자극받을 때 가장 잘 반응한다.

(2) 다른 실험에서는 절대부등에 민감한 신경세포가 일차 시각 수용 영역에서 발견되고, 상대부등에 민감한 신경세포가 측두엽과 다른 영역에서 발견되었다. 깊이 지각은 일차 시각겉질에서 시작하여 배측과 복측 경로와 시각의 다른 영역으로 확장되면서 수많은 처리단계를 포함한다는 것을 알 수 있다.

(3) 양안부등에 적용된 지각처리 과정의 세 가지 관계

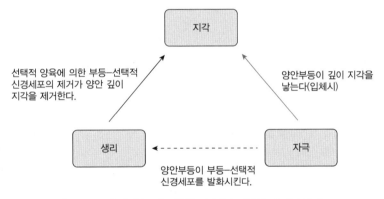

[그림 3-46] 양안부등에 적용된 지각처리 과정의 세 가지 관계

① 양안부등이 양안 깊이 세포를 발화시키고(점선 화살표), 양안부등이 깊이 지각을 낳는다(초록색 화살표)는 실험을 앞에서 설명했다.
② 한 실험에서 고양이를 생애 첫 6개월 동안 매일 왼쪽 또는 오른쪽 눈으로만 보도록 교대시키면서 양육했다. 6개월 후 겉질 신경세포를 기록해보니 양안 신경세포가 거의 없었고 깊이 지각을 위해 양안부등을 사용하지 못하였다.
③ 양안 신경세포를 제거하는 것이 입체시를 제거하였고 이로 인해 양안 깊이 지각이 제거되었다 (검은색 화살표).

제 **5** 절  **크기를 지각하기**

### 1 Holway와 Boring의 실험

**(1) 시각도** 종요도 중

관찰자의 눈에 상대적으로 주어지는 대상의 각도

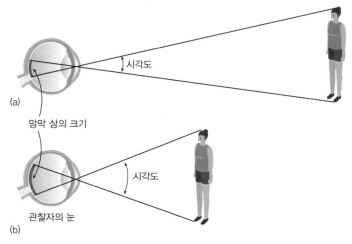

[그림 3-47]

(a) 시각도는 자극의 크기(예에서 여인)와 관찰자로부터의 거리에 의존한다.
(b) 여인이 관찰자로 가까이 오면 시각도와 망막상의 크기가 증가한다. 이 예는 자극과 관찰자의 거리를 반으로 줄이면 망막 상은 두 배가 된다는 것을 보여준다.

① 시각도는 자극의 크기와 자극–관찰자 거리 두 가지 모두에 의존하며 사람(자극)이 가까워질수록 [그림 3-47] (b)에서 보듯이 그 시각도는 커진다.

② 팔을 완전히 뻗고 엄지손톱을 보는 것은 약 2°의 시각도를 가진다. 그렇기 때문에 이때 손가락에 가려지는 대상은 약 2°의 시각도를 가진다.

③ 여기서 중요한 특징은 가까이 있는 작은 대상과 멀리 있는 더 큰 대상이 동일한 시각도를 가질 수 있다는 사실이다.

## (2) Holway와 Boring의 실험 중요도 상

① 관찰자는 두 복도의 교차점에 앉아서 오른쪽의 검사원(test circle)과 왼쪽의 비교원(comparison circle)을 본다. 이때 검사원은 3~36m 범위에 제시되고 비교원은 3m로 고정된다. 비교원의 특징은 원의 크기를 관찰자가 조절할 수 있다. 관찰자의 과제는 검사원을 보고 비교원의 크기를 조절하여 대응시킨다.

② 관찰자들은 멀리 떨어진 커다란 검사원을 봤을 때 비교원을 크게 만들었다. 반대로 가까운 검사원을 보여주었더니 비교원들을 작게 만들었다. 관찰자들의 원에 대한 크기 판단은 시각도가 아닌 그 원들의 물리적 크기에 대응하였다.

③ 깊이 정보를 제거하면 크기 판단이 덜 정확해진다. 위 실험에서 한 눈으로 검사원을 바라보도록 하여 양안부등을 제거하고, 작은 구멍을 통해 검사원을 보게 하여 운동시차를 제거하고, 복도에 커튼을 쳐서 그림자와 반사를 제거하였는데, 깊이 정보가 제거될 때마다 크기판단이 점점 부정확해졌다. 모든 깊이 정보가 제거 되었을 때 관찰자의 크기 지각은 검사원의 실제 크기가 아닌, 관찰자의 망막에 맺힌 영상의 상대적 크기에 의해 결정된다.

④ 이 실험의 결과는 좋은 깊이 정보가 있을 때는 물체의 실제 크기를 바탕으로 크기 판단을 하지만 깊이 정보가 제거되었을 때는 물체의 시각도에 의해 영향을 받는다는 것을 보여준다.

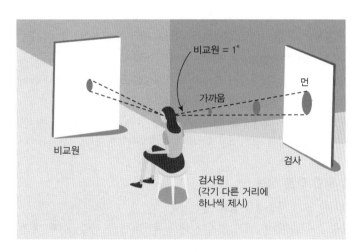

**[그림 3-48] Holway와 Boring(1941)의 실험 세트업**

▶ 관찰자는 왼쪽 복도에 있는 비교원의 지름을 변화시켜 오른쪽 복도에 제시된 검사원의 지각된 크기와 대응되도록 한다. 각 검사원은 1°의 시각도를 가졌다. 이 도해는 실제 척도가 아니다. 멀리 떨어진 검사원과의 실제거리는 약 30m이다.

### 2 크기 항등성 종요도 상

### (1) 크기 항등성(size constancy)

① 각가 다른 거리에서 물체를 바라보더라도 물체의 크기에 대한 지각이 비교적 항상적이라는 것을 의미한다.

② 우리가 길을 걸을 때 멀리 있는 나무가 작게 보인다고 해서 가까이 있는 나무보다 작다고 생각하지는 않는다.

### (2) 크기 항등성의 계산

> 크기-거리 척도화: $S = K(R \times D)$,
> ※ S는 대상의 지각된 크기, K는 상수, R은 망막 상의 크기, D는 대상의 지각된 거리

① 어떤 사람이 나로부터 멀어짐에 따라 나의 망막에서 그 사람의 영상 크기 R은 작아지지만 그 사람과의 거리 지각 D는 커진다. 이 두 가지 변화가 서로 균형을 이루고 그 결과 그 사람의 크기 S가 항상적으로 유지된다.

② 원을 오래 보면 망막에서 시각 색소의 작은 원 영역이 표백된다.

③ 이 영역이 잔상의 망막 크기를 결정하며 어디를 보든지 항상적으로 유지된다.

④ 잔상의 지각된 크기는 잔상이 투사되는 표면의 거리에 의해 결정된다.

⑤ 잔상의 가현적 거리와 그 지각된 크기와의 관계성을 Emmert의 법칙(Emmert's law)라고 한다.

⑥ 잔상이 멀리 있는 것으로 보이면 보일수록 그것은 크게 보인다.

⑦ 망막에 표백된 영역의 크기 R은 항상 동일하게 유지되고 잔상의 거리 D를 증가시키면 R×D는 증가된다. 따라서 잔상의 크기 S는 먼 벽을 보게 되면 더 크게 보인다.

### (3) 크기 지각을 위한 다른 정보

① 상대적 크기는 크기 항등성을 돕는 원천이다.

② 우리는 종종 농구선수들이 키가 얼마나 큰지 헤아리지 못 한다. 이때 평균 키의 사람이 옆에 서게 되면 상대적 크기를 통해 알 수 있게 된다.

제 6 절  착시

1 Müller-Lyer 착시

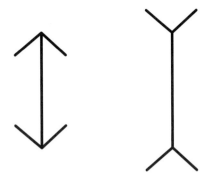

[그림 3-49] Müller-Lyer 착시

(1) 오른쪽 수직선이 왼쪽 수직선보다 길게 보인다. 그러나 두 수직선은 동일한 길이를 가지고 있다.

(2) 크기의 오지각을 보이는 이유 중요도 중

① 잘못 적용된 크기 항등성 척도화(misapplied size constancy scaling)

㉠ 크기 항등성이 통상 거리를 고려함으로써 대상의 안정된 지각을 유지하는 것을 돕는다. 그러나 2차원 표면에 그려진 대상에 적용될 때는 착시를 낳는다.

[그림 3-50]

▶ Gregory(1973)에 따르면 왼쪽의 Müller-Lyer 선은 외부 모퉁이에 상응하고, 오른쪽은 내부 모퉁이에 상응한다. 두 수직선이 동일한 길이라는 것에 주목하라.

© Bruce Goldstein

ⓛ 왼쪽 선의 끝부분은 외벽의 모퉁이처럼 보이기 때문에 돌출되어 보여서 우리에게 가깝게 느껴지고, 오른쪽 선의 끝부분은 방 안의 모서리처럼 보이기 때문에 멀리 있는 것처럼 보인다.

ⓒ 그래서 'S = R × D' 방정식에서 D가 더 커보이게 되므로 오른쪽이 길게 보인다.

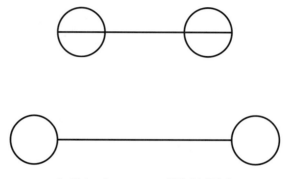

[그림 3-51] Müller-Lyer 착시의 '아령'판

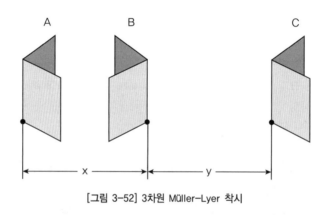

[그림 3-52] 3차원 Müller-Lyer 착시

ⓔ 그러나 [그림 3-50]처럼 조망과 깊이를 갖고 있지 않음에도 여전히 착시를 낳고, [그림 3-52]처럼 두 쌍의 화살표 끝 부분이 각기 다른 깊이를 가지지 않는 것이 확실한 3차원 장면에서도 착시가 일어난다. 이것은 위에서 설명한 Gregory의 이론으로는 설명하기 어렵다.

② 갈등 단서 이론(conflicting cues theory)

ⓐ 선 길이 지각이 두 가지 단서에 의존한다.

> • 수직선의 실제 길이
> • 그림의 전체 길이

ⓛ [그림 3-49]에서 오른쪽 선의 전체 길이는 바깥으로 뻗은 화살표 끝 부분 때문에 더 길어보이므로 수직선이 더 길게 보인다.

ⓒ [그림 3-53]에서 두 점의 거리는 실제로 동일하지만 두 점의 거리가 위의 그림보다 아래 그림에서 거리가 더 길게 보인다.

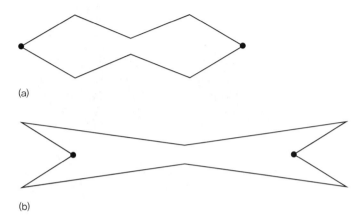

(a)

(b)

[그림 3-53] Müller-Lyer 착시의 대안적 변형

ⓔ 갈등 단서 이론에 따르면 아래쪽 그림의 전반적 확장이 더 크므로 공간이 더 커 보인다. [그림 3-51]의 아령 장면에도 적용된다.

ⓜ 따라서 Gregory의 깊이 정보가 착시를 결정하는데 관여한다는 아이디어를 부정하고 길이에 대한 단서가 중요하다고 제안했다.

## 2 Ponzo 착시

[그림 3-54] Ponzo 착시

출처 : https://www.illusionsindex.org/i/ponzo-illusion

(1) 철로 위의 두 수평선은 모두 같은 크기에 같은 시각도를 가지지만 위쪽이 더 길게 보인다.

(2) Gregory의 잘못된 척도화 설명에 의하면 수렴하는 철로로 인해 위쪽에 있는 수평선이 더 멀리 있는 것으로 깊이 정보를 제공하기 때문에 크게 지각하는 것이다.

## 3 Ames 방 중요도 상

[그림 3-55] Ames 방

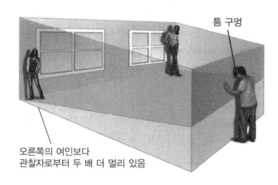

[그림 3-56] 사실적인 모양을 보이는 Ames 방

ⓒ Cengage Learning

**(1)** [그림 3-55]에서 오른쪽 여자가 왼쪽 여자보다 키가 크게 보인다. 이 지각은 실제로 동일한 키를 가지고 있는 경우에도 일어난다.

**(2)** 이런 잘못된 크기 지각은 방의 구조 때문에 일어난다. 실제로 방의 구조는 왼쪽 모퉁이가 오른쪽 모퉁이보다 2배 먼 구조로 되어 있다.

**(3)** 방의 구조가 왼쪽 여자가 오른쪽 여자보다 훨씬 작은 시각도를 갖도록 만드는데, 우리는 정상적인 육면체 방을 들여다보고 생각하고 있기 때문에 더 작은 시각도를 가진 왼쪽 여자가 더 작게 보인다.

**(4)** 지각된 거리 D는 두 여자에게 동일하지만 망막 상의 크기 R은 왼쪽 여자가 더 작기 때문에 왼쪽 여자의 지각된 크기 S도 작게 지각된다.

**(5)** 상대적 크기로 설명할 수도 있는데, 두 여자에 대한 크기 지각은 그 사람들이 방의 천장과 바닥의 공간 거리를 어떻게 채우고 있는가에 의해 결정된다. 왼쪽은 약간만, 오른쪽은 전체를 채우고 있으므로 오른쪽이 더 크게 지각된다.

## 4 달 착시

지평선에 걸린 달이 중천에 뜬 달에 비해 확대되어 보이는 현상이다.

### (1) 가현 거리 이론(apparent distance theory)

① 지평선에 있는 달은 깊이 정보를 포함한 지형의 채워진 공간을 통해 보기 때문에 멀리 있는 것으로 보지만, 창공 높이 있는 달은 깊이 정보가 거의 없는 텅 빈 공간을 통해 보기 때문에 덜 멀리 있는 것으로 본다.

② 가현 거리 이론에 따르면 달 착시의 핵심은 지평선에 있는 달과 높이 떠 있는 달은 똑같은 시각도를 가지지만 지평선에 있는 달은 머리 위 하늘보다 더 멀어 보이는 지평선을 배경으로 보기 때문에 더 크게 보인다.

③ 망막 상의 크기 R은 두 달 모두의 위치와 동일하기 때문에 더 멀리 보이는 달이 D가 커지므로 더 크게 보일 것이다.

### (2) 각 크기-대비 이론(angular size-contrast theory)

① 달이 더 큰 대상에 둘러싸여 있으면 더 작게 보인다. 따라서 달이 중천에 있으면 그것을 둘러싼 하늘의 광활한 공간이 달을 더 작게 보이도록 만든다.

② 반면에 달이 지평선에 있으면 더 적은 하늘이 둘러싸고 따라서 더 크게 보이게 된다.

# 제 4 장

# 움직임 지각

단원 개요
세 가지 요인에 의해 결정되는 움직임 지각에 대해 학습한다. 첫 번째 요인은 망막 위에서 벌어지는 상의 움직임, 두 번째 요인은 안구의 움직임에 의해 창출되는 신호, 마지막으로 세 번째 요인은 환경에 대한 관찰 학습을 기초로 형성된 인지 기제에 대해 설명한다.

### 출제 경향 및 수험 대책

움직임 지각이 중요한 이유에 대해서 생각한다. 우리가 움직임을 지각하는 방식에 대해 공부하고 구체적인 움직임 지각 요인에 대해 이해한다. 이를 바탕으로 인간 신체의 움직임이 특별한 이유에 대해 생각한다.

## 제 1 절 움직임 지각의 기능

### 1 움직임은 주변 환경 속 사건에 대한 이해를 돕는다.

(1) 사람들이 관찰한 것의 대부분은 움직임이 제공한 정보이며, 대화를 나누는 사람들의 제스처에는 그 대화의 내용에 관한 정보가 담겨 있다.

(2) TV에서 관찰된 움직임에서는 소리가 들리지 않아도 어떤 중요한 일이 벌어지고 있음을 알게 된다.

(3) Heider와 Simmel(1944)은 2.5분짜리 짧은 만화영화(작은 원판과 작은 삼각형, 그리고 약간 큰 삼각형이 우리의 안쪽과 바깥쪽을 돌아다님)를 보여주고, 그 영화 속에서 어떤 일이 벌어지는지 묘사해 보라고 주문했다([그림 3-57]).

(4) 이 동영상 속 등장인물이 도형인데도 참가자들은 이들 물체의 행동을 설명하기 위한 이야기를 만들어내고, 사람을 묘사할 때 쓰는 특징이나 성격을 그들 물체에게 부여했다.

(5) 움직임 지각은 우리의 일상생활을 유지하는 데 필수적 능력이다.

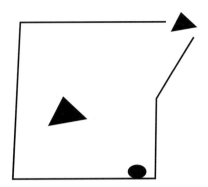

[그림 3-57] Heider와 Simmel(1994)의 영화에 나타난 이미지 중 하나

▶ 세 개의 도형은 다양한 경로로 우리의 안쪽과 바깥쪽을 옮겨 다녔다. 그러면서 가끔씩 셋 중 둘이 함께 기기도 했다. 이들 물체의 움직임이 달라짐에 따라 그 움직임을 묘사하는 참여자들의 이야기 속에는 느낌이나 동기 또는 성격까지 포함되어 있었다.

(6) 우리가 어디를 가고 있고 얼마나 빨리 가고 있는지를 알려주는 정보원 중 하나는 우리가 움직일 때 주변 물체가 우리를 스쳐 지나가는 방식에 있다. 우리를 중심으로 전개되는 주변 물체의 상대적 움직임은 우리가 움직이는 반대쪽으로 진행하기 때문이다.

(7) 빛의 흐름이라고 하는 이 움직임은 보행자가 나아가는 방향과 속도에 관한 정보를 제공한다. 현재 어떤 일이 벌어지고 있고 우리가 어디로 가는지 등에 관한 정보도 제공하지만, 움직임에는 보다 미묘한 행동에 관한 정보도 담겨 있다.

(8) 뇌졸중으로 인해 대뇌겉질의 움직임 지각 영역이 손상된 43세 환자는 뇌 손상 이후 커피나 차를 따르는 일을 매우 어려워했다. 그 이유는 액체의 움직임을 지각하지 못해서 액체가 얼어붙은 것처럼 보여 잔이 차오르는 것을 지각하지 못했기 때문이다.

## 2 움직임은 주의를 끈다 중요도 중

(1) 주의 포획이란 주의를 끄는 움직임을 의미한다. 이 주의 포획은 의식적으로 무언가를 찾고있을 때만 나타나는 현상이 아니며 무의식적 상황에서도 주의 포획이 나타난다.

(2) 주의 포획은 다른 일에 주의를 쏟고 있을 때도 일어난다. 우리가 다른 사람과 대화를 나누고 있는데 무언가가 움직여 옆 눈을 자극하면 우리는 즉각 주의를 그 무언가에 빼앗기게 된다.

(3) 주의 포획이 나타나는 움직임의 특징은 동물의 생존에 중요한 역할을 수행한다. 예를 들어, 쥐가 고양이에게 발각된 후 부동자세를 취해버리면 움직임에 의한 주의 포획 효과를 제거할 수 있다.

### 3 움직임의 정보 제공

#### (1) 위장 속의 새 지각

덤불로 새를 덮었을 때 새를 볼 수 없다. 새를 구성하는 선분이 모두 같은 방향으로 움직이자마자 새가 보이기 시작한다. 새를 구성하는 모든 요소들이 움직임에 의해 조직됨으로써 배경과는 분리된 전경이 창출된 것이다([그림 3-58]).

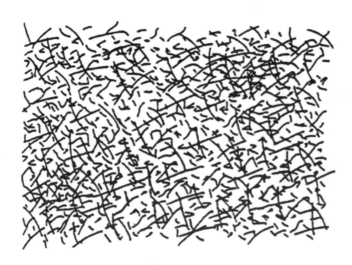

[그림 3-58]

▶ 덤불을 복사한 플라스틱판을 고정한 채 새를 복사한 플라스틱판을 좌우로 움직여보면 금방 새를 알아볼 수 있게 될 것이다. 이 시연을 통해 우리는 움직임 때문에 모양 지각이 용이해진다는 것을 알 수 있다.
출처: Regan, D. (1986). Form from motion parallax and form from luminance contrast : vernier discrimination. Spatial vision, 1(4), 305-318.

#### (2) 쥐가 고양이 앞에서 부동자세를 취하는 것은 주변환경으로부터 분리되지 않아 고양이게 지각될 확률을 줄여서 쥐의 생존에 득이 된다.

#### (3) 단일 관점에서는 분명하게 드러나지 않던 대상의 여러 특징이 움직임에 의해 분명하게 드러난다([그림 3-59] (a)). 정지된 대상을 중심으로 관찰자가 움직여도 비슷한 효과가 나타난다([그림 3-59] (b)).

(a)

(b)

[그림 3-59]

(a) 이 자동차의 모양과 특징은 차가 움직임에 따라 상이한 측면을 보였기 때문에 드러난 것이다.
(b) 이 '말'을 돌아가면서 보면, 그 실제 모양을 쉽게 알 수 있다.

ⓒ Cengage Learning, ⓒ Bruce Goldstein

## 제 2 절    움직임 지각에 대한 연구

### 1 움직임 지각 시점

(1) 어떤 물체가 실제로 그 위치를 이동하는 것을 실제 움직임이라고 한다.

   예 지나가는 자동차, 걸어가는 사람들

(2) 실제로는 움직이지 않는 물체를 움직이는 물체로 지각하는 현상을 착각성 움직임이라고 한다. 착각성 움직임 중에서 외견상 움직임은 약간의 거리를 두고 떨어져 있는 두 개의 자극을 적절한 시간 간격을 두고 번갈아 제시하면, 사람들은 하나의 자극이 두 지점을 왔다 갔다 하는 것으로 지각한다.

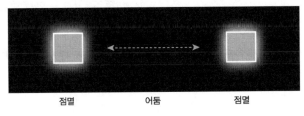

점멸      어둠      점멸

[그림 3-60] 착각성 움직임

**(3)** 유도 움직임은 한 물체(대개의 경우 큰 물체)의 움직임 때문에 이웃에서 움직이지 않고 있는 다른
물체(대개의 경우 작은 물체)가 움직이는 것으로 지각될 때 일어난다.
⑩ 구름 속의 달이 움직이는 것처럼 보이는 것

**(4)** 움직임 잔효는 움직이는 자극을 30~60초 동안 주시한 다음 고정된 자극을 바라볼 때 일어난다. 이
때 고정된 자극이 앞서 주시했던 움직이는 자극의 방향과 반대 방향으로 움직이는 것처럼 보인다.

**(5)** 폭포착시는 폭포수를 약 30~60초간 바라본 후, 그 주변의 고정된 장면을 바라보면 그 장면을 구
성하는 모든 물체가 잠시 동안 폭포수가 움직이는 반대 방향으로 움직이는 것처럼 보이는 현상을
말한다.

## 2 실체 움직임과 외견상 움직임 비교하기

**(1)** 외견상 움직임과 물체의 위치이동에 의해 생성되는 실체 움직임을 상이한 기제에 의해 통제되는
분리된 현상으로 취급해 왔지만, 두 가지 움직임 지각에 공통점이 많다는 증거가 대량 확보됨으로
연구의 방향도 달라졌다.

**(2)** Awek Larsen(2006)의 실험

① fMRI(functional magnetic resonance imaging) 안에 있는 사람에게 세 가지 자극을 제시하였다.
  ㉠ 통제 조건 : 약간 떨어진 위치에 자리 잡은 두 개의 점이 동시에 점멸하는 모습
  ㉡ 실제 움직임 조건 : 작은 점이 두 지점을 왔다 갔다 하는 모습
  ㉢ 외견상 움직임 조건 : 약간 떨어져 자리 잡은 두 개의 점을 번갈아가며 점멸하는 모습

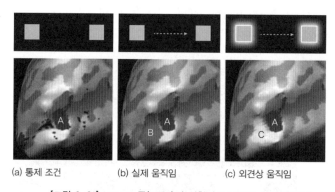

(a) 통제 조건  (b) 실제 움직임  (c) 외견상 움직임

[그림 3-61] Larsen 등(2006)의 실험에서 관찰한 세 가지 조건

② [그림 3-61] (a)의 A 부분은 시각겉질 중에서 통제 조건의 자극에 의해 활성화된 영역이다. 피
험자는 두 개의 점이 동시에 깜박이는 모습을 지각할 뿐 두 지점 사이의 움직임은 지각하지 못
하였다.

③ [그림 3-61] (b)의 B 부분은 자극으로 제시된 점의 실제 움직임에 의해 활성화된 영역이다. [그림 3-61] (c)의 C 부분은 외견상 움직임을 자아내는 자극에 의해 활성화된 영역이다. 실제 움직임에 의해 활성화된 시각겉질 내 영역이 외견상 움직임에 의해 활성화된 영역과 비슷하다.

## 3 우리가 설명하고 싶은 것

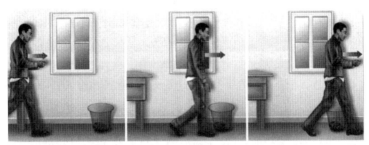

(a) 진규가 미라의 앞을 지나간다. 미라의 눈은 고정되어 있다.
　　(빛 배열의 부분적 교란이 창출된다)

(b) 진규가 미라의 앞을 지나간다. 미라의 눈에 진규를 따라 움직인다.
　　(빛 배열의 부분적 교란이 창출된다)

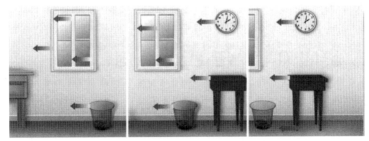

(c) 미라가 눈을 왼쪽에서 오른쪽으로 움직이며 시야를 주시한다.
　　(전역적 빛 흐름이 창출된다)

[그림 3-62] 움직임의 세 조건

© Cengage Learning

(1) 진규가 미라의 앞을 지나간다. 미라의 눈은 고정되어 있다. 미라가 눈을 움직이지 않고 있으니까 진규의 상이 미라의 망을 스쳐 지나간다. 진규의 상이 미라의 망막 위에 맺힌 위치가 시간과 함께 바뀌고 있다. 즉, 어떤 물체가 움직인다는 것은 공간 내에서 그 물체의 위치가 바뀐다는 뜻이다. 미라는 진규의 상이 자신의 망막 위에서 위치 이동을 하고 있기 때문에 진규의 움직임을 지각한다 ([그림 3-62] (a)).

(2) 진규가 미라의 앞을 지나간다. 미라의 눈이 진규를 따라 움직인다. 진규의 상이 미라의 망막 위 중심와에 고정되어 있다. 미라의 망막 위에 맺힌 진규의 상이 움직이지 않는다. 그런데도 미라는 진규가 움직인다고 지각한다. 움직임 지각을 망막 위에서 벌어지는 상의 위치 이동만으로 설명할 수 없다([그림 3-62] (b)).

(3) 미라가 눈을 왼쪽에서 오른쪽으로 움직이며 시야를 주시한다. 정면에 있는 물체(벽과 창문)의 상은 미라의 망막 위 오른쪽에서 왼쪽으로 움직인다([그림 3-62] (c)). [그림 3-62] (a)에서와 같이 망막 위에서 벽과 창문의 상이 움직였는데도, 벽과 창문의 움직임은 지각되지 않는다. 이것은 망막 위에서 벌어지는 일만으로 움직임 지각을 설명할 수 없다는 또 다른 증거이다.

▶ [그림 3-62]에 소개된 상황에서 벌어지는 움직임 지각 여부

| | 상황 | 물체 | 눈 | 관찰자의 망막 위 맺힌 상 | 움직임 지각 |
|---|---|---|---|---|---|
| 1 | 정면을 바라볼 때 물체가 지나감 | 움직임 | 고정 | 움직임 | 예 |
| 2 | 움직이는 물체를 따라 눈이 움직임 | 움직임 | 움직임 | 고정 | 예 |
| 3 | 눈(시선)을 움직임 | 고정 | 움직임 | 움직임 | 아니오 |

## 제 3 절 움직임 지각을 위한 환경 속의 정보

(1) 지각에 필요한 정보는 망막이 아니라 환경 속에 존재한다.

(2) 환경 속의 정보를 환경의 표면과 결 그리고 윤곽에 의해 생성되는 구조인 빛의 배열로 생각하고 빛 배열의 변화를 주시했다.

(3) 진규가 정면을 바라보고 있는 미라의 시야를 가로질러 가면 빛 배열의 일부가 가린다. 그리고 나서 잠시 후 진규가 계속 걸러가면 가렸던 부분이 다시 보이기 시작한다. 이러한 변화를 빛 배열의 부분적 교란이라 한다([그림 3-62] (a)).

(4) 미라의 눈이 진규를 따라 움직인다. 진규의 상이 미라의 망막 위에 고정된 상태이다. 눈을 움직이지 않고 있을 때 생성된 것과 동일한 빛 배열의 부분적 교란 정보, 즉 진규의 움직임 때문에 가렸다가 다시 노출되는 부분은 미라가 눈을 움직일 때에도 여전히 존재한다. 이 부분적 교란 정보 덕분에 미라는 진규가 움직이는 것으로 지각하게 된다.

(5) [그림 3-62] (c)에서처럼 미라가 시선을 움직이면, 시야에 모든 것(벽, 창문 등)이 시야의 왼쪽으로 이동한다. 이때 관찰자의 눈이나 몸통이 움직이는 반대 방향으로 모든 게 한꺼번에 움직이는 현상을 전역적 빛 흐름이라 한다. 환경이 고정되어 있음을 알리는 신호로 간주된다.

## 제 4 절  움직임 지각을 위한 망막/안구 정보

### 1 Reichardt 탐지기

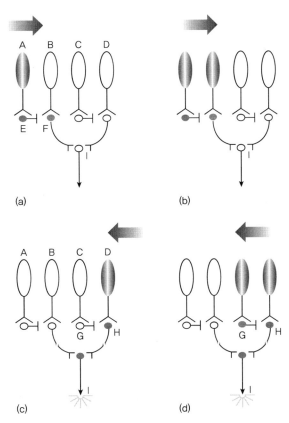

[그림 3-63] Reichardt 회로

▶ 회색은 흥분성을 나타내고 초록색은 억제성을 나타낸다.

(1) Reichardt 탐지기는 특정 방향으로의 움직임에 반응하도록 고안된 신경회로이다([그림 3-63]).

(2) 흥분성 세포와 억제성 세포를 적절하게 배치하여 한 방향으로의 움직임은 이 탐지기의 출력반응을 억제하고 그와 반대 방향으로의 움직임은 출력 반응을 조장하도록 고안되었다.

① 점빛은 왼쪽에서 오른쪽으로 지나가도록 제시한다.

② 점빛은 맨 먼저 수용기 A를 자극한다.

③ 수용기 A와 연결된 신경세포 E사이의 연접은 흥분성이다. 따라서 A에 가해진 자극은 E까지 흥분시킨다.

④ 신경세포 E와 F사이의 연접은 억제성이다. E의 흥분은 F의 반응을 억제한다.

⑤ 이런 일이 벌어지는 동안 점빛은 그 다음 수용기인 B로 이동하여 자극을 가한다.

⑥ 하지만 F는 E로부터 억제성 신호를 받고 있는 상태기 때문에 B의 흥분성 신호를 받고도 흥분을 하지 않는다.

⑦ 점빛이 왼쪽에서 오른쪽으로 움직일 때는 수용기 A와 B에서 방출하는 신호가 F를 통과할 수 없어, 이 회로의 출력 세포인 I에는 도달하지 못하게 고안돼 있다.

⑧ C와 D를 차례로 지날 때도 똑같은 일이 반복된다.

**(3) 수용기 D에서 시작하여 왼쪽으로 움직이는 경우**

① 수용기 D는 그와 연결된 신경세포 H로 신호를 보내면, D의 신호를 받은 H가 반응한다.

② 그 반응은 신경세포 I를 자극하는 신호로 작용하고, 이 신호에 대한 반응으로 신경세포 I도 반응한다.

③ 점빛이 왼쪽으로 움직여 수용기 C를 자극하면, 수용기 C는 신경세포 G는 억제성 신호를 H로 보낸다.

④ 그러나 이 억제성 신호가 H에 도달했을 때 D에서 보낸 신호가 이미 H를 통과한 이후이기 때문에 신경세포 I의 반응을 억제하지 못한다.

(4) 이 회로의 출력장치인 신경세포 I는 오른쪽 방향 움직임에는 반응하지 않지만 왼쪽 방향의 움직임에는 반응한다.

**2 동반 방출(결과 유출) 이론** 중요도 중

(1) Reichardt 탐지기는 특정 방향의 움직임을 탐지할 수 있지만. 물체의 상이 수용기를 지나가는 상황밖에 설명하지 못한다.

(2) 망막 위에서 벌어지는 상의 움직임뿐만 아니라 눈의 움직임도 고려하는 동반 방출 이론을 고려해야 한다.

**(3) 망막으로부터의 신경신호와 안근으로부터의 신경신호**

① **상 움직임 신호(IDS)**

미라가 정면을 주시하고 있을 때 진규가 미라의 시야를 지나갈 때처럼, 상이 망막 위에서 움직임으로써 수용기를 자극할 때 생성되는 신호이다.

② **운동신호(MS)**

미라가 자기 앞을 지나가는 진규를 따라 자기의 눈을 움직일 때처럼, 관찰자가 눈을 움직이거나 움직이려고 할 때, 뇌에서 안근으로 전달되는 신호이다.

③ **동반 방출신호(CDS)**

운동 신호의 사본으로, 운동신호가 안근으로 가지 않고 뇌의 특정 역역으로 전달된다.

④ **신호의 예**

　㉠ 미라가 정면을 주시하고 있을 때 진규가 미라의 시야를 지나가는 상황에서는 진규의 상이 미라의 망막 위에서 이동하는 일만 벌어져 상움직임 신호만 생성된다.

　㉡ 진규가 자기 앞을 지나갈 때 진규에게서 눈을 떼지 않기 위해, 즉 진규의 상이 자신의 망막 위에서 움직이지 않도록 하기 위해 미라가 자신의 안구를 진규를 따라 움직이는 상황 2에서는 동반 방출 신호만 생성된다.

　㉢ 상 움직임 신호, 동반 방출 신호 둘 중 하나만 뇌로 전달되면, 우리의 뇌는 그 신호를 눈앞에서 물체가 움직였다는 신호로 해석한다.

　㉣ 관찰자가 안구를 움직여 정면을 훑어볼 때 벌어지는 상황3에서는 이 두 가지 신호가 모두 뇌로 전달되는데, 이러한 때에는 움직임이 지각되지 않는다.

　㉤ 동반 방출 이론에 따르면 우리의 뇌에는 상 움직임 신호와 동반 방출 신호를 모두 받아들이는 비교기라고 하는 구조물 또는 기제가 장착되어 있다.

　㉥ 상 움직임 신호나 동반 방출신호 중 하나가 비교기에 도착하면, 비교기는 '움직임이 발생했다'는 전갈을 뇌로 보내고 뇌에서는 그 전갈을 기초로 눈앞에서 물체가 움직였다는 해석을 한다.

　㉦ 상 움직임 신호와 동반 방출신호 둘 다가 동시에 비교기에 도달하면, 이 두 신호가 서로를 상쇄해 버린다.

　㉧ 비교기가 뇌의 특정 한 곳에 자리 잡고 있을 가능성은 낮다. 여러개의 구조물이 모여 비교기를 수성할 가능성이 크다.

　㉨ 동반 방출 신호도 뇌의 여러 곳에서 생성될 가능성이 크다.

### (4) 동반 방출 이론을 지지하는 행동적 증거

① 잔상을 이용해 상 움직임 신호를 제거해 보기

[그림 3-64] 잔상 생성용 자극

㉠ [그림 3-64]를 밝은 등불 아래 놓고 약 60초 동안 응시한다. 그런 후 방을 껌껌하게 하고는 벽을 둘러보면서 앞서 본 붉은 동그라미에 어떤 일이 벌어지는지를 살핀다. 아마 눈과 함께 움직이는 동그라미를 보게 될 것이다.

㉡ 동그라미의 상은 망막 위의 일정한 위치에서 움직이지 않는다. 망막 위에 맺힌 동그라미의 상은 응시자가 밝은 등불 아래서 그 붉은 동그라미를 약 1분간 바라보는 동그라미의 상이 맺힌 그곳에 위치한 수용기 세포 속 광색소가 표백되어 생긴 것이기 때문에 그 위치가 바뀌지 않는다.

㉢ 한편, 망막 위를 지나가는 자극의 움직임이 없으면 상 움직임 신호는 생성되지 않는다.

㉣ 그러나 눈을 돌려 방안을 둘러보기 위해 안근으로 내려 보낸 운동 명령 때문에 동반 방출신호는 생성된다.

㉤ 결국 비교기에 전달되는 움직임 신호는 동반 방출신호 뿐이다.

㉥ 그러므로 비교기에서는 이 신호를 시각 시스템으로 보내고, 시각 시스템은 이 신호를 기초로 잔상이 움직였다는 지각을 하기 때문에 움직인 것은 잔상이 아닌 눈인데도 잔상이 움직이는 것처럼 보인다.

② 안구 밀어붙여 움직임 경험하기

㉠ 환경 속의 특정 물체에 한쪽 눈을 고정시킨 상태에서 뜬 눈의 꺼풀을 가볍게 밀었다 놓았다 한다. 눈앞의 장면이 움직이는 것을 보게 될 것이다.

㉡ '특정 물체를 주시하라'는 주문을 따르기 위해서는 손가락으로 눈꺼풀을 밀어도 안구는 밀리지 않아야 한다. 안구가 밀리면 주시해야 할 물체를 주시할 수 없게 되기 때문이다. 따라서 안근에는 손가락의 미는 힘을 상쇄할 수 있는 힘이 가해지게 되며, 그 결과 안구는 움직이지 않고 고정된 상태를 유지하게 된다.

㉢ 눈을 움직이지 않게 하기 위해 안근으로 내려 보낸 운동 명령 때문에 동반 방출 신호가 생성된다.

㉣ 비교기에는 동반 방출 신호만 전달되고 그 결과 사람들은 세상이 움직이는 경험을 하게 된다.

**(5) 동반 방출 이론을 지지하는 생리적 근거**

① R.W. 환자

㉠ 움직임 지각에 중요한 역할을 담당하는 것으로 알려진 대뇌의 안쪽위관자 영역의 손상되었다.

㉡ 눈을 움직이면 고정된 환경이 움직이는 것으로 지각하며, 지각한 움직임의 속도는 눈을 움직이는 속도와 일치하는 것으로 드러났다.

㉢ 자신의 눈을 왼쪽으로 돌리면, 망막에 맺힌 주변 환경의 상은 오른쪽으로 움직이기 때문에 상 움직임 신호는 생성된다.

㉣ 그러나 눈을 움직였을 때 생성되었을 동방 방출신호는 대뇌의 관자엽에 입은 손상에 의해 제거되었을 가능성이 크다.

㉤ 비교기에 도착하는 신호는 움직임 신호밖에 없고, 자진의 눈을 움직였을 뿐인데도 세상이 움직이는 것 같은 착각을 한다.

② 원숭이의 시각겉질에서 움직임에 민감하게 반응하는 신경세포인 실제 움직임 탐지 세포를 발견하였다.

㉠ 원숭이의 눈이 응시점을 응시하고 있을 때 막대 자극이 그 세포의 수용장을 지나가면 열렬하게 반응한다.

㉡ 응시점이 이동을 하고 원숭이는 그 이동하는 응시점을 따라 자신의 눈을 움직여서 고정돼 있는 막대 자극을 지나치는 경우에 막대자극의 상은 그 신경세포의 수용장을 지나가게 되지만, 신경세포는 반응하지 않는다.

---

## 제 5 절  움직임 지각과 뇌

### 1  뇌 속의 움직임 관장 영역 (중요도 상)

**(1)** 중간관자겉질(MT)은 움직임의 방향에 민감하게 반응하는 신경세포가 많이 모여 있다. Newsome과 동료들은 자극판 속 점이 같은 방향으로 움직이는 정도를 지적하기 위해 통일성이라는 용어를 이용했다.

**(2)** 자극판 속에 들어 있는 모든 점이 각각 상호 독립적인 방향으로 움직일 때는 통일성이 0%가 된다.

**(3)** 절반의 점이 같은 방향으로 움직일 때는 통일성이 50%가 된다.

**(4)** 자극판 속에 있는 모든 점이 같은 방향으로 움직일 때는 통일성 100%가 된다.

**(5)** 자극판 속 점이 움직이는 방향을 판단하는 원숭이의 능력과 원숭이의 MT신경세포의 반응 간 관계를 결정하기 위해 이들 자극판을 이용하였다.

(6) 통일성이 높아짐에 따라 움직임의 방향에 대한 원숭이의 판단이 더욱 정확하고 MT신경세포가 더욱 빠른 속도로 발화하였다.

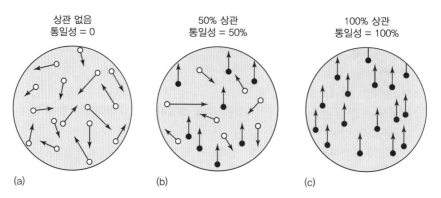

[그림 3-65] Newsome, Britten, & Movshon(1989)의 실험에서 자극으로 제시된 움직이는 점으로 구성된 자극판

(7) **자극-지각-생리적 반응과의 관계**

① **자극-지각 관계**([그림 3-66]의 초록색 화살표)

제시된 자극이 움직이는지를 결정한다. 눈앞에 있는 어떤 물체가 상당한 속도로 이동하면, 우리는 움직임을 지각한다. 한 무리의 점이 같은 방향으로 움직일 때도 우리는 그 방향으로 진행되는 움직임을 지각한다.

② **자극-생리 관계**([그림 3-66]의 검은색 화살표)

움직이는 자극을 제시하고 그에 대한 신경반응을 측정한다. 막대 자극의 움직임이 원숭이의 시각겉질에 있는 신경 신경세포의 반응을 유발했다

③ **생리-지각 관계**([그림 3-66]의 회색 화살표)

움직이는 점에 대한 MT신경세포의 반응을 측정하고 움직이는 점에 대한 원숭이의 지각을 측정했다.

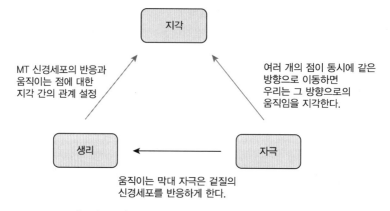

[그림 3-66] 자극-지각-생리적 반응 간의 관계

## 2 훼손 및 미세자극의 효과

**(1) MT 겉질이 움직임 지각에 중요하게 작용한다는 사실을 입증하는 방법**

　① 지각과 MT 신경세포의 반응을 동시에 측정하는 방법

　② MT의 일부 또는 전부를 손상시킨 후, 그 결과가 움직임 지각에 미치는 효과를 측정하는 방법

　③ MT에 있는 신경세포에 전기적 자극을 가한 후, 그 결과가 움직임 지각에 미치는 영향을 측정하는 방법

**(2)** 여러 방향으로 움직이는 많은 점 중 1~2%만 같은 방향으로 움직여도 MT가 온전한 원숭이는 그 움직임의 방향을 탐지하기 시작한다. 그러나 MT가 손상된 후에는 같은 방향으로 움직이는 점의 개수가 전체의 10~20%까지 높아진 후에야 움직임 방향을 탐지하기 시작했다.

**(3)** 특정 방향의 움직임에 반응하는 신경세포를 반응하게 하려면 특정 기능에다 미세자극을 가하면 된다.

　① Movshon과 Newsome(1992)은 여러 개의 점이 화면의 특정 발양으로 움직임을 제시하고 이 자극을 바라보는 원숭이에게 그 반응을 지적하게 하였다.

　② 미세자극이 제공되지 않은 경우 원숭이가 여러 개의 점이 우측으로 움직이는 모습을 보고는 점이 우측으로 움직인다고 보고하여 정상적인 움직임 지각을 보고했다.

　③ MT에 있는 특정 기둥 속 신경세포에 미세자극이 제공되자 원숭이는 점이 우측 하단으로 움직인다고 보고하여 미세자극으로 인한 움직임 지각 오류를 나타냈다.

　④ MT신경세포를 자극한 뒤 움직임의 방향에 대한 지각이 바뀌었다는 사실은 MT신경세포가 움직임 지각에 관여한다는 증거를 제공한다.

**(4)** MT외에도 대뇌겉질에서 움직임 지각에 관여하는 다른 영역은 안쪽위간자(MTS) 영역인 것으로 드러났다.

## 3 세포 하나의 관점에서 본 움직임

**(1)** MT에는 시야의 각 방향으로 움직이는 자극에만 반응하는 방향 선별 세포들이 따로따로 존재한다. 6시 방향에 특화된 세포가 반응하면, 시각 시스템에서는 눈앞의 자극이 아래에서 위쪽으로 움직인다고 해석한다.

**(2)** 그러나 방향 선별 세포 각각의 반응만으로는 자극이 움직이는 방향을 결정할 수 없다.

　① [그림 3-67] 속에 그려진 타원은 겉질에 있는 신경세포 중 자기의 수용장을 수직 막대가 오른쪽으로 이동할 때만 반응하는 신경세포의 수용장을 나타낸다. 이 경우 깃대는 수직 막대 자극과 같다.

② 여학생이 계단으로 오르자 학생 깃대가 오른쪽 그리고 위로 이동하고 있음을 알 수 있다. 우리가 이 사실을 알 수 있는 것은 여학생과 깃대가 위쪽으로 움직이는 것을 볼 수 있기 때문이다.

③ 신경세포는 자신의 수용장을 통해서만 움직임을 볼 수 있는데, 그 수용장을 통해서 확보한 정보는 깃대의 오른쪽 이동에 관한 정보뿐이다.

**[그림 3-67] 깃대는 오른쪽 방향으로 수평 움직임을 하고 있다(위 화살표).**

▶ 타원은 관찰자의 시야 안에서 관찰자의 대뇌겉질에 있는 어떤 신경세포의 수용장(망막 위 부분)에 해당하는 부분을 나타낸다.

▶ 수용장 안에서 벌어지는 깃대의 움직임 역시 오른쪽 방향으로 수평움직임이다(아래 화살표).

© Cengage Learning

## (3) 관공을 지나는 막대의 움직임

① 왼손가락으로 동그라미를 하나 만든다. 오른손으로 연필을 수직으로 세워 동그라미 뒤에 위치시키고, 오른손으로 연필을 왼쪽에서 오른쪽으로 수평 이동시킨다. 이때 동그라미 안에서 연필대의 오른쪽 가장자리가 움직이는 방향에다 주의를 집중시킨다.

② 오른손을 동그라미 왼쪽 아래 방향에서 오른쪽 위 방향으로 45° 각도로 이동시킨다. 관공 내부에서 연필대의 오른쪽 가장자리가 움직이는 방향에 주의 집중시킨다.

③ 두 가지 조건 모두 연필대의 오른쪽 가장자리가 이동하는 방향은 동일하게 관공을 수평으로 지나간다.

④ 두 가지 상황 모두에서 연필대의 가장자리가 움직인 방향은 동일한 방향 선별 세포가 반응했을 것이다. 그러므로 이 신경 세포의 반응만을 고려해서는 연필의 이동 방향이 수평인지 대각인지 알 수 없다.

⑤ 이처럼 큰 자극물의 일부만 관찰했을 때는 그 자극물이 움직이는 방향에 대한 잘못된 정보가 확보될수 있는데 이를 관공의 문제라 한다.

⑥ 관공의 문제를 해결하기 위해서 신경세포 하나의 반응만을 고려하는 것이 아니고 여러 신경세포의 반응을 종합해야 한다.

⑦ MT 세포들이 일차 시각겉질에 있는 많은 방향 선별 세포의 반응을 조합해 놓으면, 그 결과를 이용한다.

⑧ 물체 끄트머리의 움직임에 반응하는 띠겉질에 있는 세포를 통해 확보된 정보를 이용한다.

---

### 제 6 절　움직임과 인간의 신체

#### 1  신체의 외견상 움직임

(1) 외견상 움직임이란 약간의 간격을 둔 두 개의 자극을 한 번에 하나씩 번갈아 제시했을 때 지각하게 되는 움직임이다.

(2) 최단 경로 제약이라는 원리에 따라 전개되며, 외견상 움직임은 두 자극 사이의 가장 짧은 경로를 따라 움직이는 경향성을 일컫는다.

(3) 두 장의 사진을 초당 5회 이상 보여주었다([그림 3-68] (a)). 실제로는 이런 일이 있을 수 없음에도 관찰자는 이 여인의 팔이 머리를 꿰뚫는 것으로 지각했다.

(4) 초당 5회 이하로 줄이자, 관찰자들은 이제 팔이 머리를 우회하는 것으로 지각하기 시작했다.

(5) 시각 시스템이 복잡하고 의미 있는 자극의 움직임을 지각할 때에는 정보를 처리할 시간이 필요하다.

(6) 인간의 몸에는 움직임 지각에 영향을 미치는 특별한 무언가가 있음을 암시한다.

(7) 두 가지 움직임 모두 마루엽의 움직임 관련 영역이 활성화되었다.

(8) 관찰자라 머리를 우회하는 팔을 지각할 때는 운동영역이 활성화 되었으나, 일어날 수 없는 움직임을 지각할 때는 운동 영역이 활성화되지 않았다.

외견상 움직임 자극(사진이 번갈아 출물)        두 가지 가능한 지각(위에서 봤을 때)

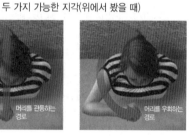

(a)                                              (b)

[그림 3-68]

(a)의 사진 두 장은 Shifrar와 Freyd(1993) 실험에 이용된 자극과 비슷하다. 이 두 사진이 번갈아 가며 제시되었다.
(b)의 두 사진이 번갈아 가며 제시되었다. 번갈아 제시되는 시간이 매우 짧았을 때(< 200ms)는 주먹이 머리를 관통하는 것으로 지각되었다.
(c) 번갈아 제시되는 시간이 다소 길어지면 손이 머리를 우회하는 것으로 지각된다.

ⓒ Cengage Learning, ⓒ Bruce Goldstein

## 2 점빛 보행자의 움직임 (중요도 중)

### (1) 점빛 보행자

사람의 여러 관절에다 작은 불빛을 부착시킨 후, 암실에서 그 사람을 걷게 하거나 다른 작업을 수행하게 하여 몸에 붙은 점빛을 움직이게 하고는 그 점빛이 움직이는 모습을 동영상으로 촬영하여 만든 것이다.

### (2) 지각의 조직

점빛 보행자가 가만히 서 있으면, 이들 불빛은 아무런 의미가 없는 모습으로 보인다. 그러나 점빛 보행자가 움직이기 시작하면 불빛의 움직임은 사람의 움직임처럼 지각된다. 이처럼 사람이나 다른 살아 있는 유기체의 움직임을 생물성 움직임이라 한다.

### (3) 우리는 대부분의 경우 생물성 움직임을 보기 때문에 물체의 생물성 움직임을 쉽게 지각할 수 있다.

## (4) 뇌 기제

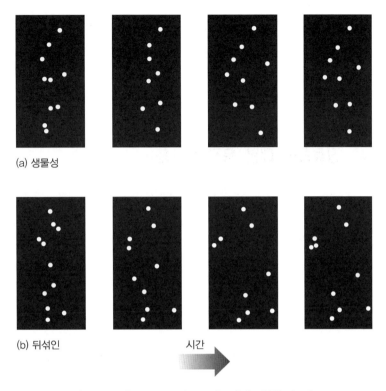

[그림 3-69] Grossman과 Blake(2011)이 이용한 자극판

① 점빛 보행자에 의해 생성된 점들의 움직임과 점빛 보행자에 의해 생성된 점들의 움직임의 자극과 비슷하지만 사람의 움직임으로 인식되지 않도록 섞어 놓은 점들의 움직임을 제시하고 뇌에서 벌어지는 활동을 측정하였다.

② 위관자고랑(STS)이라는 영역의 활동이 생물성 움직임을 관찰하는 동안에 더 활발하다는 것을 발견하였다.

③ FFA(얼굴 지각을 위해 특화된 방추형 얼굴 영역)는 뒤섞인 움직임보다 생물성 움직임에 더욱 활발하게 반응하였다.

④ EBA(신체 지각을 위해 특화된 방추형 얼굴 영역)는 이 두 가지 움직임을 다르게 반응하지 않았다.

⑤ STS(위관자고랑)와 FFA를 포함한 영역들은 망을 이루고 있다.

⑥ 그러나 뇌 구조가 특정 유형의 자극에 반응한다는 것을 보여주는 것만으로는 그 자극을 지각하는 데 그 구조가 관여한다는 증거로 받아들일 수 없다.

⑦ Emily Grossman(2005)

   ㉠ 인간 STS의 작용을 머리뼈 경유 자극법(TMS)로 훼손시켜 실험을 진행하였다.

   ㉡ 머리뼈 경유 자극법이란 두개골 밖에 위치한 코일을 작동시켜 자기장을 진동시킴으로써 겉질 속 특정 영역의 기능을 일시적으로 훼방하는 연구법이다.

   ㉢ 생물성 움직임에 대한 관찰자의 지각 능력이 크게 훼손되었다.

  ⓔ 자기장을 MT와 같은 생물성 움직임에 민감한 겉질의 다른 영역에 제시했을 때는 생물성 움직임 지각에 아무런 효과를 미치지 못했다.

  ⓜ STS라고 하는 생물성 움직임에 특화된 영역의 정상적 기능은 생물성 움직임 지각에 필수적이다.

---

### 제 7 절   정물화에 대한 움직임 반응

#### 1 함축된 움직임

정물 사진 속에 숨어 있는 움직임이다.

#### 2 Freyd의 설명

(1) 사진을 보여주고 자극 속 상황보다 잠시 후에 벌어질 상황의 그림, 자극 속 상황보다 조금 앞에 벌어졌을 상황의 그림을 보여주었다.

(2) 자극 속 상황보다 늦게 벌어질 상황의 그림을 보고 '다르다'는 판단을 내리는 데 걸리는 시간과 자극 속 상황보다 앞서 벌어졌을 상황의 그림을 보고 '다르다'는 판단을 내리는 데 걸린 시간을 비교하였다.

(3) 자극 속 상황보다 앞서 벌어질 상황보다 늦게 벌어질 상황을 그린 그림에 대한 판단시간이 더 길었다.

(4) 자극으로 제시된 그림을 보고는 그 후에 벌어질 상황을 예상하고, 예상한 것이 기억에 남는 바람에 예상한 것과 경험한 것을 혼동하였다.

#### 3 표상의 여새

그림 속에 소개된 움직임이 관찰자의 마음속에 지속되는 현상

## 4 함축된 움직임의 뇌활동 증거

(1) [그림 3-70]을 제시하고 머릿속 MT와 MST에서 벌어지는 활동을 fMRI로 측정하였다.

(2) 실물의 움직임에 반응하는 뇌 영역이 움직임을 담은 사진에도 반응하였다.

(3) 함축적 움직임 때문에 마음 속에서만 계속되는 움직임에 대응하는 활동이 관찰자의 머릿속에서 벌어지고 있음을 반영한다.

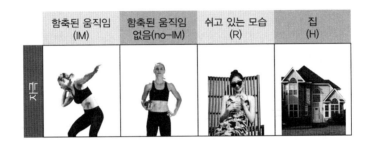

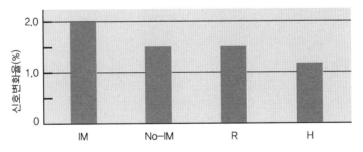

[그림 3-70] Kourtzi와 Kanwisher의 실험의 각 조건

## 5 함축된 움직임의 잔효

(1) 함축된 움직임을 담은 자극도 움직임 잔효를 유발하는지를 결정하기 위해, Winawer(2008)은 참여자들에게 함축된 움직임이 담긴 일렬의 사진을 제시하였다.

(2) 사진 속 함축된 움직임은 모두 오른쪽 아니면 왼쪽으로 진행하였다.

(3) 일렬의 사진을 60초 동안 바라본 후에 무선 방향으로 움직이는 점들을 자극으로 보여주었다. 관찰자의 과제는 이 자극 속 점들이 움직이는 방향을 지적하는 일이었다.

(4) 함축된 움직임이 담긴 사진을 보기 전에 자극 속 점들이 움직이는 방향을 판단했을 때는, 점들의 움직임 통일성이 0%인 자극의 경우, 오른쪽으로 움직인다는 판단과 왼쪽으로 움직인다는 판단의 횟수가 비슷했다.

(5) 사진 속의 함축된 움직임이 오른쪽으로 진행하는 사진을 바라본 후에는 그 점들이 왼쪽으로 움직인다고 판단하는 횟수가 많아졌다.

(6) 사진 속의 함축된 움직임이 왼쪽으로 진행하는 사진을 관찰한 후에는 그 점들이 오른쪽으로 움직인다고 판단하는 횟수가 많아졌다.

(7) 사진 속에 들어 있는 함축된 움직임을 관찰하는 행동도 그 움직임에 선별적으로 반응하는 신경세포의 반응을 감소시켰다.

# 제 5 장  색채 지각

 이번 장에서는 색이란 무엇인지와 색채 시각의 기능에 대해 이해하기 위해 삼원색 이론과 색채 시각에 대한 대립과정 이론을 확인하여 색에 대한 이론적 배경을 확인한다. 또한, 색채시 결함, 대뇌겉질에서의 색채 처리를 통해 색채 지각에 대한 생리적 기제를 확인하여 색채 시각의 정보처리에 대해 이해한다.

### 출제 경향 및 수험 대책

색채 시각의 개념과 삼원색 이론에 대해 이해한다. 색채시 결함으로 발생하는 생리적 기제와 색채 시각에 관한 대립과정 이론에 대해 학습한다. 색채 처리 시 나타나는 대뇌겉질에서의 신경세포 반응에 대해 이해하고 색채 항등성과 밝기 항등성과 관련지어 색채 지각이 나타나는 과정을 이해한다.


## 제 1 절  색이란 무엇인가?

### 1  색채 시각의 기능

색채 시각은 자연물과 인공물에 대해 우리가 알아보고 구분하는 것을 도와주는 감각적 신호를 제공하여 시각적 지각의 조직화를 촉진시켜준다. 시각적 지각의 조직화란 한 물체를 다른 물체와 구분하는 것을 의미하고, 이 조직화는 복잡한 장면에서 크게 촉진되어 나타난다.


### 2  우리는 무슨 색을 지각하나?

(1) **기본색** : 빨강, 노랑, 초록, 파랑

(2) 파랑, 초록, 노랑, 빨강의 네 기본색의 순서는 가시 스펙트럼에서의 순서에 대응한다.

(3) 가시 스펙트럼에서 가장 짧은 파장 : 파랑, 중간 파장 : 초록, 긴 파장 : 노랑, 빨강

(4) 색환이 4개의 기본색을 토대로 만들어졌지만 색환에는 다른 색들도 있다.

(5) 사람들은 가시 스펙트럼의 범위에서 약 200개 정도의 색을 변별할 수 있다.

(6) 어떤 색의 강도를 변화시켜 색을 밝거나 어둡게 하거나 흰색을 섞어 색의 채도를 변화시켜 훨씬 더 많은 색을 만들어 낼 수 있다.

**3** 색과 파장

**(1) 반사율과 투과**

① 물체의 색은 주로 그 물체에서 반사되어 우리 눈에 들어오는 빛의 파장에 의해 결정된다.

② 파랑, 초록, 빨강과 같은 유채색 혹은 색상은 특정 파장이 다른 파장보다 더 많이 반사되는 선별적 반사 과정에 의해 발생한다.

③ 무채색은 스펙트럼의 모든 파장에서 고르게 반사될 때 발생한다.

④ **반사율 곡선**

반사율 곡선이란 파장별로 반사되어 나오는 빛의 백분율을 그린 곡선이다. 무채색의 반사율 곡선은 평평한데 이는 스펙트럼의 모든 영역에서 동등하게 반사된다는 것을 알려 준다.

⑤ 주위에서 보는 색의 대부분은 물체가 일부 파장을 선별적으로 반사하는 데서 생성되지만 투명한 물체의 경우 일부 파장만이 물체를 통과하는 선별적 투과를 통해 유채색이 창조된다.

　㉠ 크랜베리 주스는 긴 파장의 빛을 투과시키므로 빨갛게 보이고 라임 음료는 중간 파장의 빛을 투과시키기에 초록으로 보인다.

　㉡ 투과율 곡선

　　파장별로 투과되어 나오는 빛의 백분율을 그린 곡선

▶ 주로 반사되는 파장과 지각되는 색과의 관계

| 반사되거나 투과된 파장 | 지각되는 색 |
| --- | --- |
| 단파장 | 파랑 |
| 중파장 | 초록 |
| 장파장과 중파장 | 노랑 |
| 장파장 | 빨강 |
| 장파장, 중파장, 단파장 | 흰색 |

　㉢ 반사되거나 투과된 파장과 지각된 색의 관계를 보여준다.

**(2) 빛 혼합(가산 색혼합)**

① 파란색으로 보이는 빛을 흰 표면에 투사하고 그 위에 노란색으로 보이는 빛을 겹치게 투사하면 겹쳐진 부분은 흰색으로 지각된다.

② 모든 파장을 반사하는 흰 표면에 두 개의 빛이 비추어졌으니 흰 표면에 투사된 파장은 관찰자의 눈에 그대로 반사되어 들어간다.

③ 한 가지 빛만 투사될 때 반사되는 모든 빛은 여러 빛이 겹쳐 비추어질 때에도 반사된다.

④ 두 빛이 겹쳐 비추어진 지점에서는 파란 빛의 파장과 노란 빛의 파장이 모두 관찰자의 눈으로
들어가게 되고 합쳐진 빛에는 단파장, 중파장, 장파장이 있게 된다. 이것은 흰색 지각을 하게
만든다.

## (3) 물감 혼합

파랑 물감과 노랑 물감에서 흡수되고 반사되어 나온 스펙트럼의 부분들. 혼합물에서 반사되어 나오는
파장은 강조되었다. 초록으로 보이는 빛이 혼합물에서 두 물감에서 공통적으로 반사된다.

▶ 파랑 물감과 노랑 물감 혼합하기(감산 색혼합)

| | 파장 | | |
|---|---|---|---|
| | 단파장 | 중파장 | 장파장 |
| 파랑 물감 | 모두 반사 | 일부 반사 | 모두 흡수 |
| 노랑 물감 | 모두 흡수 | 일부 반사 | 일부 반사 |
| 파랑과 노랑 물감이 혼합된 부분 | 모두 흡수 | 일부 반사 | 모두 흡수 |

① 물감을 섞으면 각 물감이 홀로였을 때 흡수하던 파장을 여전히 흡수하기 때문에 두 물감이 공
통적으로 반사하는 파장만이 반사된다.
② 각 물감 덩어리는 특정 파장을 흡수하는데 물감을 혼합할 때에도 이 파장들을 흡수하기 때문에
감산 색혼합이라고 불린다.

## (4) 파장과 색의 연결

① 빛의 색은 가시 스펙트럼의 파장과 연합되어 있다.
② 물체의 색은 반사되거나(불투명한 물체의 경우) 투과된(투명한 물체의 경우) 파장과 연합되어 있다.
③ 색을 섞었을 때 나오는 색도 눈에 반사되어 들어가는 파장과 연합되어 있다 빛을 혼합하면 더 많은
파장이 반사되고 물감을 혼합하면 더 적은 파장이 반사된다.

## 제 2 절  색채 시각에 관한 삼원색 이론 중요도 상

### 1 행동직 증거

## (1) Helmholtz의 색 대응 실험

① 관찰자에게 '비교장'에 섞여 있는 세 개의 파장의 비율을 조정해서 그 혼합색이 '검사장'에 있는
단일 파장과 같게 보이도록 만들게 한다.

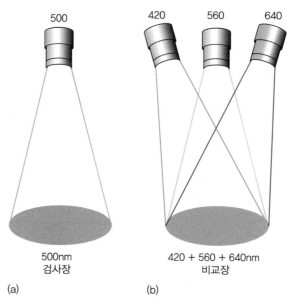

500nm
검사장

420 + 560 + 640nm
비교장

(a)　　　　　　　　　　　(b)

[그림 3-71]

▶ 색 대응실험에서 관찰자는 왼쪽 검사장에 있는 단일 파장과 오른쪽의 비교장이 대응되게 오른쪽 비교장의 세파
　장의 비율을 조정한다.

② **실험의 주된 결과**

　　㉠ 비교장에 대한 세 파장의 비유을 정확하게 조정하면 검사장의 빛이 어떤 파장이든 대응시킬
　　　수 있다.

　　㉡ 비교장에 두 개의 파장만 주어지면 모든 파장에 대해 색 대응을 할 수는 없다.

(2) 정상적인 색채 지각을 하는 사람이 검사장에 있는 어떤 파장의 빛이라도 색 대응을 하려면 적어도
　세 개의 파장이 필요하다는 결과에 기초해 **색채 시각의 삼원색 이론**이 제안되었다.

　㉠ 이 이론은 Young-Helmholtz의 색채 시각 이론이라고도 불린다.

　㉡ 중심 아이디어 : 색채 시각은 각기 다른 스펙트럼 민감도를 갖는 세 개의 수용기 기제에 달려
　　있다.

　㉢ 특정한 파장의 빛은 세 가지 수용기 기제를 각기 다른 정도로 자극하는데 이 세 가지 기제의
　　활동양상이 색채 지각으로 이어진다.

　㉣ 각각의 파장은 세 가지 수용기 기제의 활동양상으로 신경계에 표상된다.

## 2 생리적 증거

### (1) 원뿔세포의 색소

모든 시각 색소는 옵신이라 불리는 커다란 단백질 요소와 레티날이라 불리는 작지만 빛에 민감한 요소로 되어 있는데 긴 옵신 부위의 구조의 차이에서 세 가지 다른 흡수 스펙트럼이 나온다.

### (2) 원뿔세포의 반응과 색채 지각

① 만약 색채 지각이 세 가지 수용기 기제의 활동양상에 기초한다면 이 세 가지 기제의 반응을 알면 우리는 우리가 어떤 색을 지각하는지 알 수 있어야 한다.

② 특정 파장이 수용기의 특정 반응양상을 야기하는 것으로 보는 것은 우리가 여러 색의 빛을 혼합하면 어떤 색을 보게 될지 예상하는 것을 도와준다.

    ⊙ 이성 : 물리적으로 다른 두 개의 자극이 지각적으로는 같은 상황

    ⓛ 이성체 : 색 대응 실험의 검사장과 비교장처럼 지각적으로 같게 지각되는 물체

③ 이성체가 같게 보이는 것은 세 개의 원뿔세포 수용기에서 같은 양상 반응을 이끌어 내기 때문이다.

④ 검사장과 비교장에 있는 빛이 물리적으로 달라도 똑같은 생리적 반응양상을 산출해내므로 뇌의 입장에서 보면 두 불빛은 동등하고, 그래서 우리 눈에 같게 지각된다.

### (3) 색채 시각에 세 개의 수용기 기제가 꼭 필요한가?

삼원색 이론에 따르면 빛의 파장은 세 가지 수용기의 활동 양상에 의해 신호된다.

---

제 **3** 절    **색채시 결함** 중요도 중

색을 지각하는 데 어려움을 겪는 대부분의 경우에는 색채 지각의 일부에서 결함을 보이는데, 이 결함은 출생 때 이미 존재하는 망막의 수용기 결함이 원인이다.

## 1 단색시

① 색맹 중 아주 드문 유형
② 일반적으로 기능을 하는 원뿔세포가 눈에 존재하지 않는다.
③ 시각은 어두울 때와 밝을 때 모두 막대세포 시각의 특징을 보여 준다.
④ 모든 것을 밝기의 정도(흰색, 검은색, 회색)로만 보기 때문에 색맹이라 불릴 수 있다.

## 2 2색시

① 제1색맹, 제2색맹, 제3색맹 유형이 존재한다.

② 제1색맹과 제2색맹은 X 염색체에 있는 유전자에 의해 유전된다. 남성은 하나의 X 염색체를 갖기 때문에 이 염색체에 있는 시각 색소 유전자의 결함은 곧장 색채시 결함을 야기한다.

③ 여성의 경우엔 하나의 정상적인 유전자만 있으면 색채 지각이 가능해 색채시 결함이 될 소지가 적다.

  ㉠ 제1색맹

   남자의 1%, 여자의 0.02%에서 나타난다. 짧은 파장의 빛은 파랑으로 지각하고, 492nm에 이르러 중립점(회색)으로 지각한다. 중립점보다 긴 파장에서 노랑을 지각한다.

  ㉡ 제2색맹

   남자의 1%, 여자의 0.02%에서 나타난다. 제1색맹과 같이 짧은 파장은 파랑으로, 긴 파장은 노랑으로 지각하지만 498nm이 중립점이다.

  ㉢ 제3색맹

   남자의 0.002%, 여자의 0.001%에서 나타난다. 짧은 파장은 초록으로, 긴 파장은 빨강으로 지각하며 중립점은 570nm이다.

  ㉣ 중립점

   회색을 지각하는 파장

## 3 수용기에 기반한 색채시 결함의 생리적 기제

① 대부분의 단색시는 한 종류의 원뿔세포만 있거나 원뿔세포가 없기 때문에 색채시를 하지 못한다.

② 2색시의 경우 하나의 시각 색소가 결핍되어 있다.

③ 제1색맹은 장파장 원추 색소가 없어 장파장의 끝 부분에서 색채가 덜 강해진다.

④ 제2색맹은 중파장 원추 색소가, 3색맹은 단파장 색소가 없다.

⑤ 3색시인 사람과 2색시인 사람에게서 시각 색소의 구조를 결정하는 유전자의 차이를 확인하였다.

⑥ 정상 3색시인 사람과 다르게 이상 3색시인 사람은 색 대응을 하며 일부 파장을 변별하는 데 훨씬 더 어려움을 느꼈다.

## 제 4 절 ▶ 색채 시각에 관한 대립과정 이론

이 이론은 행동관찰에 기초해서 제안되었지만 관찰자들에게 자극을 보여 주고 무엇을 보았는지 말하게 하는 현상학적 관찰 결과를 토대로 제안되었다. 빨간색, 초록색, 노란색, 파란색에 의해 생성되는 대립적 반응에 의해 시각이 일어난다고 주장한다.

### 1 행동적 증거

**(1)** 깃발의 색깔 잔상이 양방향으로 작용한다.

**(2) 잔상과 동시 색채대비**

어떤 한 부분을 다른 색으로 둘러싸면 안에 둘러싸인 부분의 색이 다르게 보이는 현상을 의미한다.

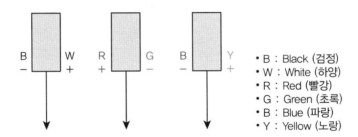

[그림 3-72] Hering이 제안한 세 개의 대립 기제

**(3) Hering이 제안한 세 개의 대립 기제**

① **흑(-) - 백(+) 기제**

흰빛에 정적으로 반응, 빛이 없으면 부적으로 반응한다.

② **적(+) - 녹(-) 기제**

빨간색에 정적으로 반응, 초록색에 부적으로 반응한다.

③ **청(-) - 황(+) 기제**

파란색에 부적으로 반응, 노란색에 정적으로 반응한다.

**(4) 시연 :** 시각화하기

이 시연은 색을 시각적으로 상상해 보는 것이다. 불그스름한 노란색과 불그스름한 초록색을 상상해보자. 대부분의 사람들에게 푸르스름한 초록색이나 불그스름한 노란색은 쉽게 상상되지만, 불그스름한 초록색이나 푸르스름한 노란색은 상상하기 힘들다. 이는 빨간색과 초록색이 짝지어져 있고, 노란색과 파란색이 짝지어져 있다는 hering의 색채 지각 대립과정 이론과 관련된다.

## 2 생리적 증거 중요도 상

### (1) 대립 신경세포

단파장의 빛에 대해서는 신경 흥분을 증가시키고 장파장의 빛에 대해서는 신경 흥분이 감소하는 반응
을 망막과 가쪽무릎핵에서 발견하였다.

### (2) 대립 신경세포의 발견은 삼원색 이론이 제안하는 세 개의 시각 색소와 대립과정 이론이 통합되어
야 한다는 생리학적 증거를 제공하였다.

### (3) 세 개의 수용기에서 대립적인 반응이 만들어질 수 있는 이유

① 색대응 결과는 시각계의 처음 단계인 원뿔세포 수용기에서 나온 것이며 잔상과 동시 색채 대비
등에서 관찰된 파랑과 노랑, 초록과 빨강이 지각적으로 짝지어져 있다는 것은 시각계의 후기 단
계에 있는 대립세포에서 만들어진 것이다.

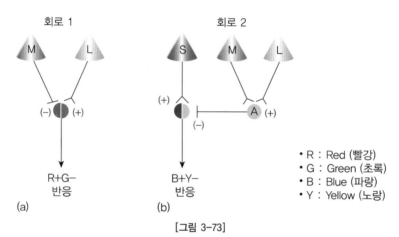

[그림 3-73]

▶ 원뿔세포 수용기로부터의 흥분성 입력과 억제성 입력에서 (a) 빨강–초록의 대립기제와 (b) 파랑–노랑의 대립
기제가 어떻게 생성되는지를 보여주는 신경회로

② **대립적 반응을 설명하기 위해 제안된 보다 복잡한 신경회로의 예**

이 회로에서 중요한 점은 회로의 반응은 수용기가 가장 잘 반응하는 파장과 흥분성 연접과 억
제성 연접의 배열에 의해 결정된다는 점이다.

㉠ 다른 파장에 대응하려면 세 개의 파장이 필요하다는 색대응 결과는 시각계의 처음 단계인
원뿔세포 수용기에서 나온 것이다. 잔상과 동시에 색채 대비 등에서 관찰된 파랑과 노랑, 초
록과 빨강이 지각적을 짝지어져 있다는 것은 시각계의 후기 단계에 있는 대립세포에서 만들
어진 것이 어떻게 가능한지를 보여 준다([그림 3-73] (a)).

㉡ L- 원뿔세포는 양극세포에 흥분성 신호를 보내고, M- 원뿔세포는 억제성 신호를 보낸다.
이 연결은 R+G-세포를 창조하고 이 세포는 L- 원뿔세포를 흥분시키는 장파장의 빛에는 흥
분하고 M- 원뿔세포를 흥분시키는 더 짧은 파장의 빛에는 억제하는 반응을 한다.

ⓒ [그림 3-73] (b)는 B+Y- 세포도 원뿔세포로부터 입력을 받는다는 것을 보여 준다.

ⓔ S- 원뿔세포에서 흥분성 입력을 받고 세포 A로부터는 억제성 입력을 받는다. 세로 A는 M-원뿔세포와 L- 원뿔세포가 동시에 자극되면 노란색을 지각하기 때문에 세포 A는 B+Y-기제의 '노란' 반응을 일으킨다.

## 제 5 절 ▶ 대뇌겉질에서의 색채 처리 중요도 상

### 1 겉질에 색채 중추가 있을까?

(1) 색채 처리에 특화된 영역이 있다는 주장은 원숭이 뇌의 V4라고 불리는 영역에 있는 많은 신경세포가 색채에 반응한다는 발견과 뇌성 색맹이라는 현상에 기초해 이런 주장을 하였다.

(2) Mr. I.는 교통사고 이후 형태 지각과 운동 지각은 멀쩡하지만 색채만 지각하지 못하는 증상을 보여 전형적으로 뇌성 색맹을 일으키는 뇌 손상은 사람에게 색 영역이라고 알려진 부위거나 인접한 부위에 손상이 있었다는 사실은 색채 지각을 위해 특화된 영역이 있다는 주장을 지지한다.

(3) 다른 연구자들은 '색채 중추'가 있다는 주장을 거부하고 색채 지각은 색채 정보뿐만 아니라 다른 정보들도 처리하는 겉질의 여러 영역에 분산되어 있다는 주장을 수용하게 하였다.

(4) 1차 시각 영역(V1), 아래관자 겉질(IT), V4 등에서 대립세포가 발견되었고 뇌 손상이 전색맹을 일으키는 경우 얼굴을 재인하지 못하는 안면실인증과 같은 다른 증상도 나타난다는 것이 밝혀졌다.

### 2 겉질에 있는 대립 신경세포

겉질에는 단일 대립 센경세포와 2중 대립 신경세포 두 가지 유형의 대립 신경세포가 있다.

### (1) 단일 대립 신경세포 수용장

M+L- 신경세포가 수용장 가운데에 주어지는 중파장에 대해 흥분을 증가시키고 수용장의 주변부에 주어지는 장파장에 내해서는 흥분을 감소시킨나.

### (2) 2중 대립 신경세포

단순겉질세포처럼 두 개의 수용장이 옆으로 붙어 있으며 수용장의 왼쪽에 중파장의 수직 막대, 그리고 수용장의 오른쪽에는 장파장의 수직 막대가 주어질 때 가장 많이 반응한다.

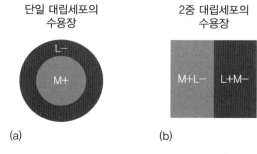

[그림 3-74]

(a) 단일 겉질 대립세포의 수용장. 특정 영역 내의 색을 지각하는데 중요하다.
(b) 2중 겉질 대립세포의 수용장. 색 간의 경계를 지각하는데 중요하다.

### 3 색채와 형태의 관계

(1) 시각계가 물체의 형태를 알아내면 색이 그 형태를 채운다는 생각에 따르면 형태가 정해지고 난 뒤 색이 더해진다.

(2) 최근 연구 결과 형태 처리와 색채 처리는 아주 밀접하게 연결되어 있으며, 심지어 색이 형태를 알아내는 데 참여할 수도 있다는 것을 시사한다.

(3) 형태와 색은 나란히 붙어 있는 신경세포로 생리학적으로 연결되어 있다 이런 신경세포는 밝기의 차이 없이 색으로만 막대의 형태가 구분될 경우에도 흥분한다.

## 제 6 절  색채 항등성 (종요도 중)

조명 상태가 달라져도 물체의 색을 비교적 일정하게 지각하는 성취를 의미한다.

### 1  색채 순응

(1) 눈의 민감도가 장면 전체에 주어지는 조명의 색에 영향을 받는 것이다.

(2) 색채 순응 실험에서 색채 순응은 부분적 색채 항등성을 이끌어냈다. 이는 조명이 달라져도 비교적 일정하게 색채 지각을 할 수 있도록 눈이 파장에 대한 민감도를 조정할 수 있다는 것을 의미한다.

### 2  주위의 효과

물체의 색에 대한 지각은 관찰자의 순응 상태뿐만 아니라 주위에 의해서도 영향을 받는다. 이는 하나의 자극만 보면 색채 항등성이 덜 작용한다는 것을 의미한다.

### 3  기억과 색

(1) 기억색

물체의 전형적인 색에 대한 사전 지식이 지각에 미치는 영향. 예를 들어 빨간 정지신호, 초록색의 나무가 있다.

(2) 기억이 색채 경험에 미치는 효과는 작지만 다양한 조명에서 친숙한 물체들의 색을 정확하게 지각하는 데에 기여한다.

## 제 7 절 ▶ 밝기 항등성

조명이 달라져도 빨강이나 초록과 같은 유채색을 비교적 일정하게 지각하듯 무채색(흰색, 회색, 검은색 등)도 조명의 밝기와 무관하게 항등적으로 지각한다. 왜 밝기 항등성이 나타날까? 이를 규명하기 위해 얼마나 많은 빛이 물체에 비춰지는가와 물체의 반사율에 연구자들의 관심이 집중되어 있다.

### 1 강도 관계 : 비유 원리

(1) 어떤 물체가 고르게 조명될 경우 물체의 반사율과 그 물체 주위에 있는 다른 물체들의 반사율의 비율이 밝기 지각을 결정한다.

(2) 비율 원리에 따르면 어떤 물체와 주위에 있는 물체의 반사율의 비율이 같게 유지되면 지각된 밝기는 일정하게 유지된다.

(3) 비율 원리는 평평하게 고르게 조명되는 물체에서 잘 작동되며 물체의 모든 표면이 고르게 조명되지 않을 수도 있는 3차원의 물체인 경우 사정이 복잡해진다.

### 2 불균등한 조명에서의 밝기 지각

(1) 불균등한 조명에서 지각 시스템은 반사율 모서리와 조명 모서리를 구분할 수 있어야 한다.
  ① **반사율 모서리**
     두 표면의 반사율이 다른 데서 생기는 모서리
  ② **조명 모서리**
     조명이 달라져서 생기는 모서리

**[그림 3-75]**

▶ 고르지 않게 조명된 벽에는 반사율 모서리(a와 c사이)와 조명 모서리가 섞여 있다. 벽과 주변의 속성뜰을 정확
하게 지각하려면 지각계통은 반사율 모서리와 조명 모서리를 구분해 내야 한다.

ⓒ Bruce Goldstein

③ [그림 3-75] (a)와 [그림 3-75] (c) 사이의 경계는 반사율이 다른 재질로 인한 모서리이기 때문에 반사율 모서리이다.

④ 그늘에 있는 [그림 3-75] (b)보다 [그림 3-75] (a) 영역이 더 많은 빛을 받기 때문에 [그림 3-75] (a)와 [그림 3-75] (b) 사이의 경계는 조명 모서리이다.

⑤ 지각 시스템이 두 종류의 모서리를 구분하는지에 대한 설명 중 기본적인 생각은 지각 시스템이 조명을 고려하기 위해 여러 가지 정보를 이용한다는 것이다.

## (2) 그림자에 있는 정보

① 밝기 항등성이 작동하기 위해서는 그림자에 의해 표면의 조명이 고르지 않을 수 있다는 점을 시각계가 고려할 수 있어야 한다.

② 그림자에 의해 야기된 조명의 변화는 반사율 모서리에 의한 것이 아닌 조명 모서리에 의한 것이라는 사실을 파악해야 한다.

③ 그림자에 의해 빛의 강도가 줄이도 그림자가 진 부분을 회색이나 검은색으로 보지 않는 것을 보면 시각계가 이 문제를 성공적으로 해결하는 것 같다.

④ 시각계는 그림자의 형태를 고려해 그림자에 의해 생긴 강도의 차이가 조명 모서리라는 것을 알아챘을 것이다. 이는 그림자의 윤곽의 속성도 단서가 될 수 있다.

### (3) 반음영과 밝기 지각

#### ① 반음영

그림자의 흐린 윤곽

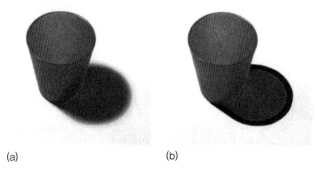

(a)                          (b)

[그림 3-76]

(a) 컵과 그림자
(b) 같은 컵과 그림자(그림자의 반음영을 굵은 선으로 가려 버림)

② 반음영을 가리면 대부분의 사람들에게서 그림자 부분에 대한 지각이 달라지며 반음영은 시각계에게 컵 옆에 어두운 부분은 그림자라는 정보를 제공해서 그림자와 종이 사이의 모서리는 조명 모서리라는 것을 알게 해 주는 것 같다.

③ 반음영을 가리면 그 정보를 제거하게 돼 그림자 부분을 반사율 차이라고 지각하게 만든다.

④ 이 시연에서 반음영에 있을 때는 밝기 항등성이 일어나지만 반음영이 가려지면 밝기 항등성이 일어나지 않는다.

### (4) 표면의 방향

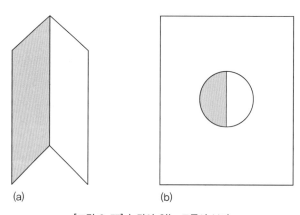

(a)                          (b)

[그림 3-77] 농담이 있는 모퉁이 보기

① **귀퉁이의 밝기 지각**

　㉠ [그림 3-77] (a)의 귀퉁이를 보면 귀퉁이의 양쪽이 같은 흰 종이로 만들어졌지만 빛이 쪼여
　　지지 않는 쪽은 그늘로 보인다는 것을 안다.

　㉡ [그림 3-77] (b)의 구멍을 통해 카드의 모서리를 보면 귀퉁이가 평면으로 보이고 왼쪽 표면
　　과 오른쪽 표면에 대한 지각이 달라지게 된다.

② 밝기 항등성적인 지각을 하려면 시각계는 조명 상태에 관한 적절한 정보를 가져야 한다.

③ 이 정보가 없으면 밝기 항등성은 일어나지 않고 그림자 부분은 어두운 색의 표면으로 보인다.

④ 조명 조건이나 모호한 정보 때문에 실제와 다르게 지각하지만 대부분의 경우 정확하게 밝기를
　지각한다.

> **더 알아두기**
>
> 해질 무렵 햇빛이 아주 어두워질 때 색상은 점점 더 흐릿해져서 끝내 사라진다. 낮에는 명확했던
> 색의 스펙트럼이 밝기가 다른 회색으로 변한다. 무엇이 스펙트럼을 유채색에서 무채색으로 변형시
> 켰을까? 그 원인은 빛의 파장이 아니라 우리의 신경계 때문이다. 우리 신경계가 조명의 밝기에 따
> 라 빛을 다르게 해석하기 때문이다. 조명이 강할 때는 3색시의 세 가지 원뿔세포가 지각을 통제하
> 지만, 조명이 약할 때는 단지 막대세포만이 지각을 통제하기 때문에 해질 무렵 색을 지각하지 못하
> 는 것이다.

# 제 6 장 지각과 환경(행위 지각)

📋 **단원개요** | 본 단원에서는 환경에 대한 지각 정보의 특성을 알아본다. 이를 위하여 광학 정보를 활용한 차 운전, 걷기, 길 찾기의 특성을 알아보고, 물체에 대한 행위와 다른 사람의 행위를 관찰할 때 일어나는 지각과 행위의 상호 작용 특성을 밝힌다.

**출제 경향 및 수험 대책** 📋

행위 지원성이 무엇인지 알아두고, 움직임의 지각에 영향을 미치는 신경세포의 특성을 알아두도록 하자. 또한, 복측과 배측의 개념이 행위를 통해 나타나는 원리도 확인해두도록 하자. 이를 통해, 종합적으로 지각을 행위로 설명하는 입장의 근거를 명확히 알아두어야 한다.

## 제 1 절 지각에 대한 생태학적 접근

### 1 움직이는 관찰자가 환경에서 만드는 정보 (중요도 중)

#### (1) 광학 흐름(optic flow)

운전을 하고 있을 때 바깥의 모든 사물들은 정지 상태이지만 내가 움직임으로써 사물들이 반대쪽으로 지나간다. 또는 내가 앞으로 감으로써 앞의 사물들이 내 쪽으로 다가온다. 이 모든 움직임이 광학 흐름이다.

#### (2) 광학 흐름의 두 가지 성질

① 광학 흐름은 관찰자 주변에서 더 빠르다. 관찰자에서 가까운 것은 빠르고 관찰자에게서 떨어진 것은 느린 흐름의 속도 기울기(gradient of flow)라고 한다.

② 관찰자가 움직이고 있는 목표 지점에는 흐름이 없다. 이 지점을 확장의 초점(focus of expansion, FOE)라고 한다.

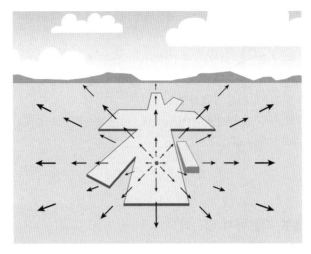

[그림 3-78] 착륙 예정인 비행기에 대한 광학 흐름

▶ FOE는 초록색 점으로 표시되어 있다. 이 초점은 비행기가 현재의 진로를 유지하면 활주로에서 닿을 지점을 나타낸다.

### (3) 불변 정보(invariant information)

① 관찰자가 움직이더라도 변하지 않는 정보이다.

② 흐름 정보는 관찰자가 환경에서 움직이는 한 계속 존재하므로 불변 정보를 준다.

③ FOE가 불변 속성인 까닭은 관찰자가 움직이고 있는 방향의 지점에 항상 있기 때문이다. 관찰자가 방향을 바꾸면 FOE는 새 위치로 옮기지만 여전히 존재한다.

### 2 스스로 생성한 정보 중요도 중

(1) 사람이 움직이면 그 움직임이 새 정보를 내고 이 정보는 사람이 움직임을 계속하도록 한다.

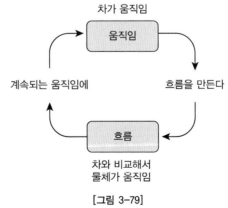

[그림 3-79]

▶ 움직임이 흐름을 만들고 움직임을 안내하는 식으로 움직임과 흐름의 관계가 상호적이다. 이것은 우리와 환경사이의 많은 상호작용의 기본 원리이다.

① 예를 들어, 사람이 길을 따라 운전할 때, 차의 움직임이 흐름 정보를 주며 관찰자는 이 정보를 통해 차를 옳은 방향으로 돌린다.

② 또 다른 예로, 공중회전을 하려는 체조선수들이 눈을 감으면 잘하지 못 한다. 잘하는 선수들은 눈을 뜨고 공중에서 그 궤도를 실시간으로 수정하며, 팔이나 몸을 약간 늦게 뻗은 선수는 나머지 동작을 더 빨리하여 이를 수정하였다.

③ 그러나 초보자의 경우 별 영향을 주지 않았다. 이는 공중회전도 움직임이 만든 정보로 착지까지의 움직임을 유도한다는 점을 보여준다.


**3** **감각기관은 홀로 작용하지 않는다.**

(1) 눈을 감으면 균형 상태를 유지하기 힘들다. 시각은 참조틀을 주며 이것이 근육으로 하여금 균형을 계속 유지하도록 조정한다.

(2) **그네 방 실험**

① Lee와 Aronson(1974)는 [그림 3-80]과 같이 13~16개월 사이의 걸음마하는 아이들을 그네 방에 두었다.

② 이 방의 바닥은 움직이지는 않지만 벽과 천은 아이들의 앞뒤로 흔들렸다. 이때 [그림 3-80] (a)는 이 방이 아이에게 움직이는 모습을 보여줌으로써 광학 흐름 패턴을 만든다.

③ 걸음마하는 아이는 이 광학 패턴이 자기가 앞으로 쏠린다는 인상을 준다. 이 때문에 균형을 잡기 위해 [그림 3-80] (b)와 같이 몸을 뒤로 기울인다.

④ 방이 아이에게서 멀어지면 광학 패턴이 자기가 뒤로 쏠린다는 인상을 주어 아이는 몸을 앞으로 기울인다.

⑤ 그네 방 실험은 시각이 균형의 강력한 결정인자이며 내이와 근육 그리고 관절 수용기들이 제공하는 습관적인 균형 정보원을 압도함을 보여준다.

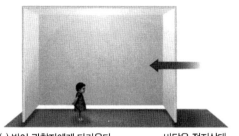
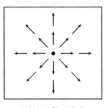

(a) 방이 관찰자에게 다가온다.　　　　　바닥은 정지상태

벽이 관찰자에게
다가올 때의 흐름

(b) 관찰자는 균형을 잡으려고 몸을 뒤로 제낀다.

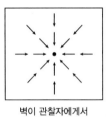

(c) 방이 관찰자에게서 멀어지면 이를 보상하려고 앞으로 쏠린다.

벽이 관찰자에게서
멀어질 때의 흐름

**[그림 3-80] Lee와 Aronson의 그네 방**

(a) 벽을 관찰자에게 다가가도록 하면 앞으로 다가오는 것과 연관된 광학 흐름이 생겨서,
(b) 관찰자는 몸의 균형을 잡으려고 몸을 뒤로 제끼며,
(c) 벽이 관찰자에게서 멀어지면 흐름은 뒤로 움직이는 것처럼 되어 이를 보상하려고 앞으로 쏠리며 때로 균형을
　　잃을 수 있다.

ⓒ Cengage Learning

제 2 절 　 환경에서 항행

**1　광학 흐름 정보**

(1) 관찰자는 [그림 3-81] (a)의 흐름을 보고 움직임이 수직선을 향해 곧장 가고 있다고 보고하고 [그림 3-81] (b)의 흐름을 보고 수직선에서 오른쪽으로 가고 있음을 보고했다.

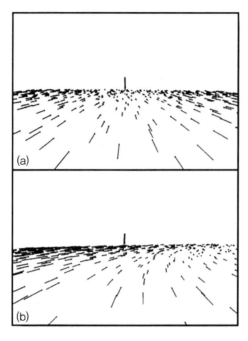

[그림 3-81]

(a) 지평선에 있는 수직 기준선 쪽으로 곧장 움직이는 사람이 생성한 광학 흐름. 선분의 길이는 그 사람의 속력을 표시한다.

(b) 수직 기준선의 오른쪽으로 향하는 굽은 진로로 움직이는 사람이 생성한 광학 흐름

ⓒ Cengage Learning

(2) 광학 흐름에 반응하는 뇌 신경세포는 내상측두 영역(MST)에서 발견되었다([그림 3-82]). 중요도 중

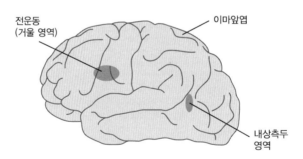

[그림 3-82] 광학 흐름에 반응하는 내상측두영역(MST)이 포함된 인간의 뇌

(3) [그림 3-83]은 광학 흐름에 예민하게 반응하는 신경 세포가 있다는 증거를 보여준다.

① [그림 3-83] (a)는 앞으로 움직일 때 발생하는 흐름 패턴(확장)을 원숭이가 관찰할 때 보인 MST 반응이다.

② 한편 [그림 3-83] (b)는 나무 사이로 그네를 타듯이 움직일 때 발생하는 흐름 패턴(원형)을 볼 때 원숭이의 MST 반응이다. 이는 각 흐름 패턴에 반응하는 세포가 따로 존재함을 보여준다.

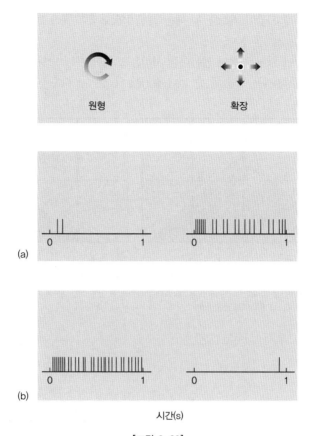

[그림 3-83]

(a) 원숭이의 MST 신경세포의 반응. 이 세포는 확장하는 자극에 반응하지만 원형 움직임에는 거의 반응하지 않는다.
(b) 원형 운동에 반응하지만 확장에는 반응하지 않는 세포

### (4) 신경 세포의 반응과 행동의 연결

① 화면에서 약간 왼쪽으로 움직일 때 발생하는 흐름 패턴을 원숭이가 볼 때, 왼쪽에 대한 MST 신경세포를 전기적으로 자극하면 시행의 80%까지 MST 반응이 증가하는 모습을 보였다.

② 흐름 신경세포를 자극하면 움직임의 방향에 대한 원숭이의 판단이 영향을 받는다는 이러한 결과는 흐름 신경세포가 실제로 지각된 움직임의 방향을 정하도록 돕는다는 생각을 지지한다.

## 2 눈선

### (1) Land와 Lee(199)의 자동자 운전 실험

① [그림 3-84] (a)와 같이 직선 도로에서는 운전자가 곧장 앞을 보지만 FOE를 정면으로 보기보다 차의 앞에 어떤 점을 보는 경향을 확인하였다.

② [그림 3-84] (b)와 같이 커브를 돌 때는 운전자의 표적이 계속 변하는데, 길을 바로 보지 않고 길 옆에 접히는 지점을 본다.

③ 운전자의 시선이 FOE를 보지 않는다는 사실은 그들이 가는 방향을 정할 때 광학 흐름 이외에 도 다른 정보를 쓴다는 것을 알 수 있다(길 중앙의 선이나 다른 차의 위치를 주목).

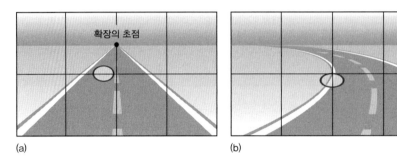

[그림 3-84] Land와 Lee(1994)의 실험

▶ 운전자가 운전할 때 확장의 초점(FOE)을 보기보다는 차의 앞에 있는 어떤 타원을 보는 경향이 있음을 알 수 있다.
(a) 직진도로, (b) 왼쪽으로 굽은 도로

### 3 걷기 (중요도 중)

(1) 보행자가 걸으면서 사용하는 방략으로 광학 흐름을 포함하지 않는 것을 시각적 방향 방략(visual direction strategy)이라 한다.

(2) 이 방략을 쓰는 보행자는 자기의 몸을 어떤 표적에 계속 맞춘다. 나무를 표적 삼았을 때, 나무를 향해 걷거나, 나무의 오른쪽으로 코스를 벗어나거나, 나무를 향해 코스를 수정하는 등 표적을 중심 으로 움직인다.

(3) 진로를 이탈하면 표적은 왼쪽이나 오른쪽으로 빠질 것이고, 이렇게 되면 보행자는 표적을 다시 중 앙에 넣어 경로를 수정할 수 있다. 예를 들면, 우리가 등산을 할 때 어떤 나무를 표적 삼아 올라가 거나 표적 나무를 지나쳐서 새로운 표적을 찾거나 하는 것이다.

(4) [그림 3-85]와 같이 눈감고 표적을 향해 걷기를 하면, 출발지점에서 왼쪽으로 걷다가 돌아서 표적 을 향해 걸어도 표적에 가까운 곳에서 멈춘다. 이는 사람들이 시각적 자극을 받지 않아도 짧은 거 리라면 정확하게 항행할 수 있음을 보여준다. 즉, 환경을 돌아다니는데 흐름 정보가 항상 필요한 것은 아니다.

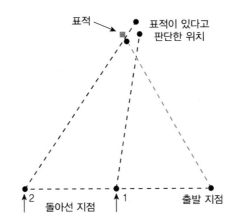

**[그림 3-85] '눈 감고 걷기' 실험의 결과(Philbeck et al., 1997)**

▶ 참여자들은 6m 떨어진 곳에 있는 표적을 본 다음 눈을 감고 왼쪽을 걷기 시작했다. 이들은 1 또는 2 지점에서 계속 눈을 감은 채 방향을 돌려 표적에 도달했다고 생각할 때까지 걸었다.

## 4 길찾기

(1) 우리는 눈에 보이지 않는 목적지를 향해 가기도 한다. 이런 항행은 방향의 전환을 포함하는 경로 택하기인데, 길 찾기(way finding)라고 한다.

(2) 길 찾기는 주변의 물체를 지각하고 물체와 그 관계가 전 장면과 관계를 기억하고 어디서 어느 방향으로 전환하는지 아는 것을 포함하는 매우 복잡한 과정이다.

(3) 랜드마크(landmark)란 길을 가는 중 어디서 방향을 바꿔야 하는지를 알려주는 단서인 물체이다.

① **Hamid 등(2010)의 실험**

㉠ 미로를 돌아다니는 실험에서 미로 배치를 학습하도록 하고, 검사 시기에는 한 곳에서 다른 곳으로 이동하도록 하였다. 실험 결과, 결정 지점 랜드마크(어느 방향으로 향할 것인지 택하는 지점)가 있는 조건이 무결정 지점 랜드마크(복도의 중간에 있어 방향을 알려주는 정보가 없음) 조건보다 미로에서 어느 방향을 갈지 선택하는 상황에서 더 오래 응시하였다.

㉡ 추가 실험에서 응시를 길게 하지 않았던 미로 중간의 랜드마크를 없앴을 때는 사람들의 수행에 큰 영향이 없었다. 하지만 응시 시간이 길었던 결정 지점 랜드마크를 제거했을 때는 수행이 크게 나빠졌다.

② 펜실베니아 대학교 연구에서 건물의 사진을 보여주고 뇌를 fMRI로 측정한 결과, 항행과 관련되어 있다고 알려진 뇌의 해마곁이랑(phrahippocampal gyrus)이 무결성 지점 건물보다 결정 지점 건물에 대해 큰 반응을 보였다.

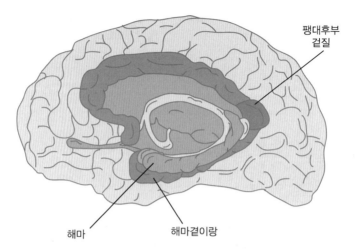

[그림 3-86] 사람의 뇌에서 항행에 중요한 세 구조인 해마곁이랑, 해마 그리고 팽대후부겉질(retrosplenial cortex)

③ **Janzen과 van Turennout(2004)의 길찾기 실험**
　㉠ 참가자들에게 가상 박물관을 돌아다니게 하는 장면의 영상물을 배우도록 하고, 박물관을 안
　　내할 수 있게 통로를 익히라고 전달하였다.
　㉡ 전시물은 박물관 복도를 따라 배치되었는데 어떤 전시물은 방향을 바꿔야 하는 장소를 표시
　　한 결정 지점에, 다른 전시물은 무결정 지점에 배치하였다.
　㉢ 참가자들의 fMRI 결과는 가상 박물관의 통로를 기억 또는 망각했을 때 모두 결정 지점의 전
　　시물에 대한 뇌 활성화가 무결정 지점의 전시물에 대한 뇌활성화에 비해 크게 나타났다.

④ **길찾기가 뇌손상 때문에 받는 영향**
　㉠ 팽대후부겉질 손상
　　ⓐ 건물이나 보통의 물건들 그리고 방에 있는 물건들의 위치를 기억할 수 있으나 집과 낯익은
　　　장소들 사이의 길을 묘사하거나 그릴 수 없고 자기 집의 실내 배치를 그릴 수 없었다. 이는
　　　방향 능력을 상실했다는 결론을 내리게 한다.
　　ⓑ 사진을 찍고 난 뒤 다시 사진을 보고 어느 방향에서 찍었는지 판단하거나 답할 수 없다.
　㉡ 해마의 손상 　중요도 중
　　T.T. 사례를 살펴보면, 그는 뇌염으로 인해 해마가 손상되었다. 해마 손상 후 그는 집 주변처럼
　　자주 돌아다닌 길임에도 길을 잃었다. 이에 관하여 Eleanor Maguire 등(2006)은 오래 전 학습
　　한 길의 자세한 내용을 처리하려면 해마가 중요하다고 결론지었다.

물체에 대한 행위

## 1 행위지원성

(1) 행위지원성(affordance)이란 한 물체가 무슨 용도인지를 나타내는 정보이다. 예를 들어, 컵을 보고 '둥글고 희며 13mm 정도의 높이에 손잡이가 있다' 뿐만 아니라 '집을 수 있다', '컵에 액체를 부을 수 있다'와 같은 정보까지 포함한다.

(2) M.P. 사례

① 환자 M.P.는 관자엽 손상으로 물체의 이름을 말하는 능력에 장애를 겪고 있다.

② M.P.에게 물체의 이름(컵), 그 기능의 표시(그것으로 마실 수 있다)의 단서를 준다. 그 다음 10개의 물체를 보여주고 표적물체를 찾았을 때 단추를 누른다.

③ 검사 결과, 물체의 기능에 관한 단서를 주면 물체를 더 빨리 더 정확하게 파악할 수 있었다.

## 2 뻗기와 쥐기

(1) 물체 지각 시 커피잔에 손을 뻗을 때로 살펴본 배측과 복측 경로

① 탁자 위의 여러 물건들 중 커피잔을 알아보았다(복측 경로).

② 그 잔을 지각하고 탁자 위 그 위치를 생각해서 손을 뻗었다(배측 경로).

③ 손과 손가락으로 잔을 쥐도록 위치를 정하는데(배측 경로),

④ 이때 컵의 손잡이를 본 것을 고려한다(복측 경로).

⑤ 컵에 커피가 찬 정도를 지각하고(복측 경로),

⑥ 얼마나 무거운지 대강 계산하여 적당한 양의 힘으로 컵을 든다(배측 경로).

(2) 두정 뻗기 영역(parietal reach region, PRR)

① 원숭이와 사람의 뻗기 및 쥐기와 관련된 두정 겉질의 부위 중 가장 중요한 영역은 배측 경로의 끝에 있는 두정엽이다.

② 이 영역에는 쥐기뿐만 아니라 뻗기도 제어하는 신경세포가 있다.

③ 사람의 두정엽에 여러 개의 뻗기 영역이 있다.

④ Fattori 등(2010)의 실험

㉠ 원숭이가 조그만 빛을 응시하고, 불이 켜 있는 동안 쥘 물체를 본다.

㉡ 불이 꺼지면 물체를 쥐도록 하는데 쥐어야 하는 다양한 쥐기 유형이 물체를 쥐도록 요구받는다.

㉢ 과제 수행동안 신경세포의 변화를 살펴본 결과, 원숭이의 마루엽 옆의 영역 신경세포가 손으로 쥐는 유형에 따라 다르게 반응하였다.

㉣ 특정 물체를 잡으려고 준비할 때뿐만 아니라 그 물체를 보고 있을 때도 반응하는 이 신경세포를 시각운동 쥐기 세포(visualmotor grip cell)라 한다.

**(3) 뻗을 때 다른 물체를 피하기**

① 손을 뻗을 때 우리는 손이 어떤 위치로 직접 향하도록 그 위치를 고려할 뿐만 아니라 그 부근에 있는 다른 물체의 위치도 살펴 뻗을 때 피할 수 있어야 한다.

② 뻗기와 관련된 두정 영역이 장애물 피하기도 제어한다.

③ 광학적 조화운동 상실증이란 두정엽이 손상되어 시각적인 자극을 잘 가리키지 못하는 증상이다.

④ 이 환자들은 물체에 손을 뻗을 때 잠재적인 장애물(곧 쓰러지거나 움직일 수도 있는 장애물)을 고려하지 않고 손을 뻗는다.

⑤ 복측 경로가 우리가 물체에 손을 뻗을 때 그 행위를 안내할 뿐만 아니라 잠재적인 장애물로부터 피하게 한다는 것을 알 수 있다.

---

**제 4 절  다른 사람의 행위를 관찰하기**

**1  다른 사람의 행위를 비추기**

**(1) 거울신경세포(mirror neurons)** 중요도 상

① 다른 개체의 행동을 관찰할 때 마치 자신이 그 행동을 하는 것처럼 활성화하는 신경세포이다.

② 이 신경세포는 원숭이가 자신이 음식을 쥘 때와 다른 사람이 음식을 쥐는 것을 볼 때 똑같이 반응한다.

③ 그러나 [그림 3-87] (c)처럼 집게로 음식을 집을 때는 약한 반응을 보인다.

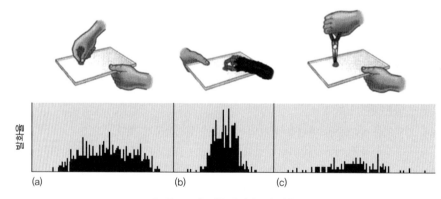

**[그림 3-87] 거울 신경세포의 반응**

(a) 실험자가 판에 있는 음식을 쥐는 것을 볼 때의 반응
(b) 원숭이가 음식을 쥘 때의 반응
(c) 실험자가 음식을 집게로 집는 것을 볼 때의 반응

ⓒ Cengage Learning

### (2) 시청각 거울신경세포(audiovisual mirro neuron)

① 원숭이가 손 행위 및 이 행위와 관련된 소리를 들을 때 반응한다. 예를 들어, 실험자가 땅콩을 까는 것을 원숭이가 보거나 듣는 것 모두 원숭이의 땅콩 까기 행위와 관련된 뉴런 활동을 유발한다.

② 이 신경세포는 어떤 구체적인 움직임 패턴이 아니라 땅콩 까기처럼 '일어나는' 무엇에 반응한다.

## 2 사람의 의도 예측하기

### (1) 거울신경세포가 단순히 반응하지 않고 의도에 반응한다. 즉, 의도에 따라 거울신경세포의 반응이 달라질 수 있다.

### (2) Iacoboni 등(2005)의 실험

① 관찰자는 오른쪽의 정지된 두 의도 필름 장면을 본다.

② 이때 실험자는 위의 장면을 본 관찰자가 잔을 쥐고 있는 사람이 잔에 든 것을 마시려고 추측할 것이고 아래의 필름을 본 관찰자는 식탁을 치우려고 드는 것이라고 추측할 것이라는 가설을 세웠다.

③ 그 뒤에 통제 필름의 식탁이 차려진 장면을 보고 그 다음 행위 필름의 컵을 들려고 손을 뻗는 장면을 보여주었다.

④ 그 결과, 의도 필름 조건에서의 뇌 활동을 맥락과 행위 필름 조건에서의 뇌 활동과 비교했을 때 거울신경세포의 성질을 가진 뇌 영역에서 의도 필름이 통제필름보다 더 큰 활동을 보였다.

⑤ Iacoboni 등(2005)은 두 의도 조건이 보인 증가활동으로 미루어 보아, 거울 신경세포 영역이 필름으로 제시된 행위 배후의 의도를 이해하는데 관여한다고 보았다. 즉, 거울신경세포가 행위의 '이유'를 처리하여 의도가 다르면 다르게 반응한다고 보았다.

⑥ 어떤 사람이 마실 의도로 커피잔을 든다면 그 다음에 예상되는 행위는 입에 가져가서 커피를 마실 것이다. 또는 식탁을 치우려는 의도라면 싱크대로 잔을 가져갈 행위가 예상된다.

⑦ 이런 생각에 의하면 각기 다른 의도에 반응하는 거울신경세포는 현재 일어나고 있는 행위와 함께 그 맥락에서 가장 있을 법한 일련의 행위에 반응한다.

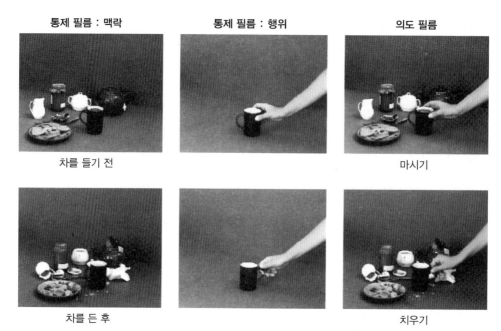

[그림 3-88] Iacoboni 등(2005)의 실험 참여자들이 본 맥락, 행위 및 의도 필름 조각에서 따온 이미지들

ⓒ Cengage Learning

---

### 제 5 절  지각을 행위로 설명하기

**(1)** 전통적 지각 접근 관점은 환경이 신경계와 지각하는 사람의 마음에 어떻게 표상되어 있는가 하는 점이다.

**(2)** 새로운 접근 관점은 시각의 목적이 우리의 행위를 안내하는 것에 있다고 본다.

① 원숭이의 생존 상황에서 숲에 먹을 것을 찾을 때 색체 지각으로 인해 오렌지를 발견하고 냄새를 맡으며(지각), 손을 뻗어 과일을 움켜쥐어 먹는다.(행위)

② Witt와 Proffitt(2005)는 소프트볼 선수들에게 경기를 치른 후원에서 소프트볼 크기에 가장 잘 맞는 공을 고르게 했다. 실험 결과, 선수들이 추정하여 골라낸 공과 그들의 타율을 비교했을 때, 공을 잘 때린 선수가 그렇지 못한 선수보다 공을 더 크게 지각하고 있었다.

③ Bhalla와 Proffitt(1999)는 대학 대표선수 학생과 불규칙적 운동하는 학생을 포함한 참여자들에게 가파른 언덕의 경사도를 추정했다. 실험 결과, 운동 연습 후 심박과 산소 소모량으로 측정했을 때 몸의 상태가 가장 적합하지 않은 학생들일수록 언덕이 가파르다고 판단했다.

④ Doerrfeld 등(2011)의 실험

　㉠ 어떤 행위를 실행 시 예상 난이도가 물체의 속성에 대한 그사람의 판단에 영향을 준다고 보았다.

　㉡ 실험은 참여자에게 골프공이 든 바구니 무게를 들기 전과 후를 추정하는 것이었다. 참여자는 단독조건에서 혼자 들 것을 예상하거나 합동 조건에서 다른 사람과 함께 들 것을 추정하는 것이었다.

　㉢ 실제 바구니 무게는 9kg이었으나 바구니를 들기 전 추정 시 혼자서 들면 9.5kg가 나갈 것으로 생각했고 함께 들면 8kg로 예상했다. 바구니를 든 후 모두 평균 추정값은 9kg으로 동일했다.

(3) 행위 능력과 지각의 관계를 밝힌 실험의 결과는 Gibson의 행위 지원성 개념과 일치하며, 어떤 물체의 지각은 그 물체가 어떻게 보이는가와 그 물체가 우리와 상호작용하는 방식에 의해 결정된다.

# 실제예상문제

## 제 1 장 물체와 장면의 지각

**01** 얼굴 분산처리의 증거는 얼굴처리기가 특별하다는 증거가 아닌 얼굴을 처리하는 여러 가설적 처리 중 하나이다. 따라서 얼굴이 특별한 이유와는 무관하다.

**01** 얼굴이 특별한 이유에 대한 설명으로 **틀린** 것은?

① 우리 환경의 어느 곳에서나 얼굴이 존재한다.
② 얼굴에만 반응하는 신경세포가 존재한다.
③ 얼굴은 분산처리의 증거를 보인다.
④ 얼굴은 중요한 정보원이다.

**02** 기계는 신호와 잡음을 구분할 수 있다.

**02** 지각하는 기계를 설계하기가 **어려운** 이유는 무엇인가?

① 수용기에 제시된 자극이 모호하다.
② 물체가 가려져 있거나 흐릿하다.
③ 물체가 시점에 따라 다르게 보인다.
④ 기계는 신호와 잡음을 구분할 수 없다.

**03** 어느 물체가 망막에 상을 만들었는지를 결정해야 하는 문제를 역투사 문제라고 한다. 이 문제가 풀기 어려운 까닭은 망막의 어느 한 상이 두 사각형과 기울어진 사다리꼴을 포함해서 무수한 물체에 의해 생기기 때문이다.

**03** 어느 물체가 망막에 상을 만들었는지를 결정해야 하는 문제란 무엇인가?

① 물체의 운동 문제
② 역투사 문제
③ 물체의 형태적 모호성 문제
④ 암순응 문제

**정답** 01 ③  02 ④  03 ②

04 다음 설명에서 밑줄 친 이것에 해당하는 것은 무엇인가?

> 지각적 조직화는 환경의 요소들이 지각적으로 묶여 물체를
> 지각하게 하는 과정이다. 지각적 조직화에는 집단화 과정과
> 이것이 함께 작용한다.

① 분리
② 시점 불변성
③ 가현운동
④ 착시적 윤곽

04 시점 불변성은 사람들이 여러 시점에서 본 한 물체를 같은 대상이라고 재인하는 능력을 말한다. 가현운동은 실제 아무것도 움직이지 않은데 운동이 지각되는 착시를 의미한다. 착시적 윤곽은 실제로 모서리가 물리적으로 존재하지 않는데 존재하는 것처럼 착각하는 것을 의미한다.

05 같은 방향으로 움직이는 대상들은 함께 집단화된다. 이를 조직화 원리 중에서 무엇이라 하는가?

① 근접성
② 유사성
③ 공통 운명 원리
④ 공통 영역

05 근접성은 가까운 사물들은 함께 집단화되어 보인다는 원리, 유사성은 비슷한 사물은 함께 집단을 이룬다는 원리, 공통 영역은 같은 공간 영역 내의 요소들은 함께 집단화된다는 원리이다.

정답 04 ① 05 ③

안심Touch

## 제 2 장　시각주의

**01** 명시적 주의란 주의를 기울인 사물을 직시하면서 바라보는 것이다.

**01** 다음 중 용어와 그 설명이 옳지 **않은** 것은?

① 응시(fixation) : 얼굴 하나하나에 중심와를 조준하여 하나의 얼굴에서 잠시 멈추는 것

② 도약 눈 운동(saccadic eye movement) : 다른 얼굴을 관찰하기 위해 눈을 움직일 때, 한 응시점에서 그 다음으로 갑작스럽게 빠르게 움직이는 것

③ 명시적 주의(over attention) : 주의를 기울인 사물 주변에 있는 대상을 바라보는 것

④ 암묵적 주의(covert attention) : 정면으로 바라보지 않아도, 주변에 있는 대상에 주의를 줄 수 있는 즉, 눈길을 주지 않는 주의

**02** 때맞춤 전략이란 사람들이 어떤 일을 하면서 주의를 한 쪽에서 다른 쪽으로 옮겨야 할 때 특정 과제 수행 전에 눈 운동이 선행되어 일어나는 것을 말한다.

**02** 다음 중 때맞춤 전략에 대한 설명으로 올바른 것은?

① 사람의 눈 운동이 주로 과제에 의해 결정된다.

② 손 운동은 눈 운동이 일어나기 바로 직전에 선행되어 일어난다.

③ 사람들은 과제와 관련이 없는 대상이나 영역도 함께 응시한다.

④ 눈 운동과 응시점은 그 사람이 막 하려는 행동과 밀접하게 관련이 없다.

**정답**　01 ③　02 ①

**03** 다음 설명에 해당하는 개념은 무엇인가?

> 군중 속에서 친구를 찾거나 "월리를 찾아라" 그림책에서 월리를 찾는 것과 같이, 많은 사물 속에서 어떤 사물을 찾을 때 우리가 항상 하는 일

① 전주의 단계
② 초점주의 단계
③ 착각접합
④ 시각검색

**03** 많은 사물 속에서 어떤 특정한 사물을 찾을 때 수행하는 일을 시각 검색이라 한다.

**04** 주의를 기울일 때 일어나는 것들 중, 공간주의와 관련 있는 것은?

① 주의는 위치에 대한 반응을 빠르게 한다.
② 주의는 대상에 대한 반응을 빠르게 한다.
③ 주의는 겉모습에 영향을 줄 수 있다.
④ 주의는 생리적 반응에 영향을 미칠 수 있다.

**04** 공간주의란 특정 위치에 대한 빠른 주의 관련 반응을 말한다.

**05** 주의를 기울이지 않을 때 일어나는 것들에 대한 설명으로 틀린 것은?

① 무주의 맹시는 영화에서 다른 샷으로 장면이 변할 때 일어난다.
② 변화 맹시는 장면에서 변화를 탐지하는 것이 어려운 현상이다.
③ 무구의 맹시를 통해 사람들은 주의를 기울이지 않은 것을 놓칠 수 있다.
④ 변화 맹시를 통해 사람들은 주의를 기울이지 않은 것을 놓칠 수 있다.

**05** 무주의 맹시란 어떤 것을 직접적으로 바라보고 있을지라도 주의를 주지 않으면 놓칠 수 있는 현상이다. 한편, 영화에서 다른 샷으로 장면이 변할 때 일어나는 것을 변화 맹시라 한다.

**정답** 03 ④ 04 ① 05 ①

06 자극 현출성이란 물리적인 특정 대
상의 색, 대비, 움직임, 방위 같은 속
성을 말한다.

06 **특정한 대상이나 위치가 눈에 잘 띄도록 하는 색, 대비, 움직임, 방위 등과 같은 물리적 속성을 설명하는 것은?**

① 주의 포획
② 과제 요구
③ 자극 현출성
④ 현출성 지도

07 저부하 과제는 지각용량의 적은 양
만 사용한다.

07 **주의 부하이론에 대한 설명으로 옳지 않은 것은?**

① 지각용량은 한 사람이 지각과제를 수행하기 위해 사용 가능한 어느 정도의 용량을 가지고 있다는 생각이다.
② 지각부하는 특정한 지각과제를 수행하기 위해 요구되는 그 사람의 지각용량의 양이다.
③ 낮은 지각부하를 지닌 과제들은 매우 쉽고 충분히 연습된 것들이다.
④ 저부하 과제는 어렵거나 잘 연습되지 않아서, 개인의 지각용량을 많이 사용한다.

정답 06 ③ 07 ④

**제 3 장** **깊이와 크기 지각**

**01** 다음 중 설명이 옳지 <u>않은</u> 것은?

① 눈 운동의 수렴은 다양한 거리의 대상에 초점을 맞출 때 수정체의 모양이 변함으로써 일어난다.

② 손가락을 눈 가까이로 움직이면 눈이 안으로 수렴된다.

③ 손가락을 눈에서 멀리 옮기면 수정체는 평평해진다.

④ 수렴과 조절은 눈 운동 단서를 만들어낸다.

**01** 눈 운동의 수렴(convergence)은 가까이 있는 물체를 볼 때 눈이 안쪽으로 움직임으로써 일어난다.

**02** 다음 중 설명이 옳지 <u>않은</u> 것을 모두 고른 것은?

> ㉠ 단안 단서는 양쪽 눈으로 작동하는 깊이 단서로서 잠식과 증식 현상을 설명한다.
> ㉡ 부분적으로 가려진 대상은 더 멀리 있는 것처럼 보인다.
> ㉢ 가림은 대상의 절대적 거리에 대한 정보를 제공한다.
> ㉣ 단안 단서는 회화 단서와 운동–생성 단서를 포함한다.

① ㉠, ㉡

② ㉠, ㉢

③ ㉡, ㉢

④ ㉡, ㉣

**02** 단안 단서는 한쪽 눈으로 작동하여 양쪽 눈으로 작동하는 것이 아니다. 가림(occlusin)은 한 대상이 다른 대상의 앞에 있다는 단서로 절대적 거리에 대한 정보를 제공하지 않는다.

**03** 다음 중 회화 단서가 <u>아닌</u> 것은?

① 대기 조망

② 결 기울기

③ 조망 수렴

④ 잠식과 증식

**03** 잠식과 증식은 운동–생성 단서이다.

**정답** 01 ① 02 ② 03 ④

안심Touch

**04** 렌티큘러 투영은 화면이 왼쪽과 오른쪽 눈을 향해 다른 이미지를 전송하여 안경이 필요 없는 방식이다.

**05** 연구자들의 선택적 양육과 미세자극법 실험을 통해 양안 신경세포인 양안 깊이 세포가 깊이 지각에 관여하는 생리학적 원리가 된다는 것을 밝혔으며, 이는 양안 신경세포가 제거되면 입체시와 양안 깊이 지각이 모두 제거된다는 것을 의미한다.

**06** 크기 항등성이란 각각 다른 거리에서 물체를 바라보더라도 물체 크기의 지각이 비교적 항상적이라는 사실을 의미한다.

**04** 다음 설명 중 옳지 <u>않은</u> 것은?

① 관찰자가 사물을 직시하면 그 이미지는 관찰자의 양 눈의 중심와에 맺힌다.
② 적-녹 필터 안경을 사용하는 영화는 렌티큘러 투영의 예시이다.
③ 입체시는 양안 부등에 의해 제공된 정보에서 만들어진 깊이감이다.
④ 입체경은 두 개의 약간 다른 그림을 사용하여 깊이에 대한 확실한 착각을 유발하는 것이다.

**05** 다음 설명 중 옳지 <u>않은</u> 것은?

① 절대부등에 반응하는 신경세포를 발견했다.
② 양안부등은 양안 깊이 세포를 발화시킨다.
③ 양안부등은 입체시를 낳는다.
④ 양안 신경세포가 제거되면 입체시는 제거되나 양안 깊이 지각은 제거되지 않는다.

**06** 다음 설명 중 옳지 <u>않은</u> 것은?

① Emmert의 법칙에 의하면 잔상이 멀리 있는 것으로 보이면 보일수록 그것은 크게 보인다.
② 상대적 크기는 크기 항등성을 돕는다.
③ 크기 항등성이란 멀리 있는 대상이 가까운 대상보다 시각장에서 더 작은 면적을 차지함을 의미한다.
④ Müller-Lyer 착시는 크기를 오지각한 착시의 예이다.

**정답** 04 ② 05 ④ 06 ③

## 제 4 장  움직임 지각

**01** 다음 중 움직임에 대한 설명으로 <u>틀린</u> 것은?

① 인물이 아닌 물체의 움직임을 관찰하였어도 인물의 행동을 보는 것과 같이 느낄 수 있다.

② 상대적 움직임은 같은 방향으로 진행된다.

③ 움직임은 주의포획을 한다.

④ 움직임으로 인한 주의를 끌지 않기 위해 부동자세를 취할 수 있다.

**01** 상대적 움직임은 반대 방향으로 진행된다.

**02** 움직임 지각에 대한 설명으로 <u>틀린</u> 것은?

① 망막 위에서 벌어지는 일만으로 움직임 지각을 설명 할 수 없다.

② 환경 속의 정보를 환경의 표면과 결 그리고 윤곽에 의해 생성되는 구조인 빛의 배열로 생각한다.

③ 시야의 일부만 움직이는 현상을 전역적 빛 흐름이라 한다.

④ 부분적 교란 정보는 망막위에 고정된 상이 움직이는 것으로 지각하게 한다.

**02** 관찰자의 눈이나 몸통이 움직이는 반대 방향으로 모든게 한꺼번에 움직이는 현상을 전역적 빛 흐름(global optic flow)이라 한다.

**03** 동반 방출 이론을 지지하는 근거로 <u>틀린</u> 것은?

① 잔상을 이용해 상 움직임 신호를 제거한다.

② 안구를 밀어붙여 움직임을 경험한다.

③ R.W.의 사례를 통해 알 수 있다.

④ 대뇌겉질의 손상 사례를 통해 알 수 있다.

**03** 대뇌겉질이 아닌 대뇌의 안쪽위관자 영역(I.W.의 사례)의 손상 사례를 통해 알 수 있다.

**정답**  01 ②  02 ③  03 ④

04  함축된 움직임이란 움직이는 행동의 그 다음 순간을 예측할 수 있는 움직임을 의미한다. 이러한 숨어 있는 움직임은 관찰자의 경험에 의한 예측으로 미리 관찰된 움직임을 통해 나타날 수 있다.

04  **정물화에 대한 움직임의 반응으로 틀린 것은?**

①  자극으로 제시된 그림을 보고 그 후에 벌어질 상황을 예상한다.

②  실물의 움직임에 반응하는 뇌 영역이 움직임을 담은 사진에도 반응한다.

③  미리 관찰한 움직임은 함축된 움직임에 영향을 미칠 수 없다.

④  머릿속 MT와 MST에서 벌어지는 현상으로 관찰할 수 있다.

정답  04 ③

## 제 5 장  색채 지각

**01** 무채색의 반사율 곡선이 시사하는 점으로 옳은 것은?

① 단위별로 투과되어 나오는 빛의 백분율
② 반사되거나 투과된 파장과 지각된 색의 관계
③ 스펙트럼의 모든 영역에서 동등하게 반사됨
④ 투명한 물체는 선별적 투과를 통해 유채색이 창조됨

**01** 반사율 곡선(reflectance curves)이란 파장 별로 반사되어 나오는 빛의 백분율을 그린 곡선을 말한다. 이때, 무채색(achromatic color)은 스펙트럼의 모든 파장에서 고르게 반사될 때 발생하며, 반면에, 유채색(chromatic color) 혹은 색상(hue)은 특정 파장이 다른 파장보다 더 많이 반사되는 선별적 반사(selective reflection)라 불리는 과정에 의해 발생한다.

**02** 다음 설명 중 옳지 않은 것은?

① Helmholtz 색 대응 실험의 중심 아이디어는 색채 시각은 각기 다른 스펙트럼 민감도를 갖는 세 개의 수용기 기제에 달려 있다는 것이다.
② 모든 시각 색소는 레티날이라 불리는 커다란 단백질 요소와 옵신이라 불리는 작지만 빛에 민감한 요소로 되어 있다.
③ 긴 옵신 부위의 구조의 차이에서 세 가지 다른 흡수 스펙트럼이 나온다.
④ 만약 색채 지각이 세 가지 수용기 기제의 활동양상에 기초한다면 이 세 가지 기제의 반응을 알 때 우리는 우리가 어떤 색을 지각하는지 알 수 있어야 한다.

**02** 모든 시각 색소는 '옵신'이라 불리는 커다란 단백질 요소와 '레티날'이라 불리는 작지만 빛에 민감한 요소로 되어 있다.

**03** 이 색맹은 스펙트럼에서 짧은 파장을 초록으로 본다. 그래서 파란색의 꽃을 녹색의 꽃으로 본다, 이 색맹은 무엇인가?

① 제1색맹
② 제2색맹
③ 제3색맹
④ 3색시

**03** 제3색맹(tritanopia)은 드물어서 남자의 0.002%, 여자의 0.001%에서 나타난다. 제3색맹은 스펙트럼에서 짧은 파장은 초록으로 보고, 긴 파장은 빨강으로 보며 중립점은 570nm이다.

**정답**  01 ③   02 ②   03 ③

안심Touch

04 1950년대와 1960년대에 연구자들은 스펙트럼의 한쪽 편의 빛(단파장)에는 흥분성 반응을 보이고, 스펙트럼의 다른 편의 빛(장파장)에 대해서는 억제성 반응을 보이는 대립 신경세포(opponent neurons)를 망막과 가쪽무릎핵에서 발견하였다.

**04** 단파장의 빛에 대해서는 신경 흥분을 증가시키고 장파장의 빛에 대해서는 신경 흥분이 감소하는 반응을 보인 대립 신경세포가 발견된 부분을 모두 고른 것은?

> ㉠ 망막
> ㉡ 홍채
> ㉢ 기저핵
> ㉣ 가쪽무릎핵

① ㉠, ㉡          ② ㉡, ㉢
③ ㉠, ㉣          ④ ㉡, ㉣

05 색채 항등성(color constancy)란 조명 상태가 달라져도 물체의 색을 비교적 일정하게 지각하는 성취를 의미한다. 이로 인해, 색채 항등성에 관하여 조명의 색에 영향을 받는다는 ②번, 사전 지식이 지각에 영향을 미친다는 ③번, 무채색을 언급한 ④번은 적절하지 않다.

**05** 색채 항등성에 대한 설명으로 옳은 것은?

① 조명 상태가 달라져도 물체의 색을 비교적 일정하게 지각하는 성취
② 눈의 민감도가 장면 전체에 주어지는 조명의 색에 영향을 받는 것
③ 물체의 전형적인 색에 대한 사전 지식이 지각에 미치는 영향
④ 조명이 달라져도 무채색이 같은 밝기로 보이는 것

06 시각계통이 풀어야 하는 문제는 물체 표면에서 반사되어 눈에 들어오는 빛의 양은 두 가지에 의해 좌우된다는 점이다. (1) 조명, 즉 얼마나 많은 빛이 물체 표면에 쪼여지느냐와, (2) 물체의 반사율(reflectance), 즉 물체가 우리 눈에 반사시켜 주는 빛의 비율이라는 두 가지에 좌우된다는 점이다.

**06** 시각계통이 풀어야 하는 문제가 <u>아닌</u> 것을 모두 고른 것은?

> ㉠ 빛이 물체 표면에 쪼여지는 양
> ㉡ 물체가 우리 눈에 반사시켜 주는 빛의 비율
> ㉢ 우리 눈이 보는 빛의 파동의 종류
> ㉣ 물체가 우리 눈에 반사시켜 주는 빛의 양

① ㉠, ㉡          ② ㉡, ㉢
③ ㉡, ㉣          ④ ㉢, ㉣

정답  04 ③   05 ①   06 ④

**07** 다음 그림에서 (a)와 (c) 사이의 경계에 있는 모서리의 종류와, (a)와 (b) 사이의 경계의 모서리의 종류로 알맞게 짝지어진 것은?

| (a), (c) | (a), (b) |
|---|---|
| ① 반사율 모서리 | 조명 모서리 |
| ② 조명 모서리 | 반사율 모서리 |
| ③ 조명 모서리 | 조명 모서리 |
| ④ 반사율 모서리 | 반사율 모서리 |

**07** 벽과 주변의 속성들을 정확하게 지각하려면 지각계통은 반사율 모서리와 조명 모서리를 구분해내야 하며, 위의 경우엔 (a)와 (c) 사이엔 반사율 모서리, (a)와 (b) 사이엔 조명 모서리가 있다.

정답 07 ①

## 제 6 장 지각과 환경

**01** 그네 방 실험은 시각이 균형 상태를 유지하는데 주요한 변인임을 보여준다.

**01 다음 중 그네 방 실험에 대한 설명으로 옳지 <u>않은</u> 것은?**

① 지각에 대한 생태학적 접근에서 불변 정보는 관찰자가 움직이더라도 변하지 않는 정보이다.
② 확장의 초점은 불변 속성이다.
③ 그네 방 실험으로 시각이 균형 상태를 유지하는 데에 관여하지 않음을 알 수 있다.
④ 사람들이 가는 방향을 정할 때 광학 흐름 이외에 다른 정보도 사용한다.

**02** 눈 감고 걷기 실험은 짧은 거리라면 사람들이 시각적 자극을 받지 않아도 정확하게 항행할 수 있음을 보여줌으로써, 항상 흐름 정보가 필요하지는 않다는 점을 보여준다.

**02 운동 행위에 대한 설명 중 옳지 <u>않은</u> 것은?**

① 보행자는 걸으면서 광학 흐름을 포함하지 않는 방략을 사용하기도 한다.
② 눈 감고 걷기 실험은 사람들이 시각적 자극이 없으면 항행하기 어렵다는 것을 발견했다.
③ 환경을 돌아다니는데 흐름 정보가 항상 필요하지는 않다.
④ 광학 흐름에 반응하는 뇌 신경세포를 찾아냈다.

**03** Hamid 등(2010)에 따르면, 미로 중간의 랜드마크를 없앴을 때는 목적지까지 가는 사람들의 수행에 큰 영향이 없었으나 응시 시간이 길었던 결정 지점 랜드마크를 제거했을 때는 수행이 크게 나빠졌다. 이는 결정 지점 랜드마크가 목적지까지 도달하는데 중요한 요인임을 보여준다.

**03 다음 중 길 찾기 과정에 대한 설명으로 옳지 <u>않은</u> 것은?**

① 뇌 손상은 길 찾기 과정에 관여한다.
② 길을 찾을 때 결정 지점 랜드마크가 제거되어도 목적지까지 가는 데에는 큰 영향이 없다.
③ 결정 지점 랜드마크를 망각해도 그것을 보면 뇌가 활성화된다.
④ 팽대후부겉질 손상은 방향 능력 상실을 유발한다.

**정답** 01 ③ 02 ② 03 ②

**04** 행위와 연관된 뇌에 대한 설명으로 옳은 것을 모두 고른 것은?

> ㉠ M.P. 환자에게 행위지원성 정보를 알려주면 물체를 더 빨리 찾을 수 있다.
> ㉡ 시청각 거울신경세포는 원숭이가 특정 물체를 잡으려고 준비할 때뿐만 아니라 그 물체를 보고 있을 때도 반응하는 신경세포이다.
> ㉢ 두정 뻗기 영역에는 쥐기와 관련된 신경세포도 있다.
> ㉣ M.P. 환자는 두정엽 손상 환자이다.

① ㉠, ㉡
② ㉠, ㉢
③ ㉡, ㉢
④ ㉢, ㉣

**04** ㉠ 행위 지원성 정보란 물체가 무슨 용도인지 알려주는 정보로서, 관자엽 손상으로 인하여 물체의 이름을 말하는 능력에 문제를 가진 M.P 환자에게 물체를 더 빨리 찾을 수 있도록 이끌어준다.
㉢ 두정 뻗기 영역에는 쥐기와 뻗기를 제어하는 신경세포가 있다.

**정답** 04 ②

여기서 멈출 거예요? 끝이가 바로 눈앞에 있어요.
마지막 한 걸음까지 SD에듀가 함께할게요!

제 **4** 편

# 청각 체계

*I wish you the best of luck*

독학사 심리학과 2단계

# 제 1 장

# 청각 체계

이번 장에서는 먼저 소리의 물리적, 지각적 속성을 설명하고, 소리 자극의 압력 변화가 어떠한 방식으로 전기 신호로 변화하는지, 이와 더불어 외이부터 달팽이관의 청각 수용기까지 청각계의 구조별 특징과 기능을 다룬다. 기저막의 진동 방식에 대한 Bekesy 이론을 구체적으로 살펴보고, 음고 지각과 두뇌 겉질의 청각 영역, 나아가 청력 손실과 유아의 청력 발달에 대해 설명한다.

**출제 경향 및 수험 대책**

청각계의 구조와 소리 자극의 압력 변화가 청각계에서 어떻게 전기 신호로 변화하는지를 주로 학습한다. 소리의 지각적 특성과 함께, 특히 주파수 스펙트럼과 관련한 물리적 특성을 이해한다. 기저막의 진동에 관한 Bekesy의 이론과 융모세포 손상에 따른 청력 손실을 이해한다.

## 제 1 절　청각

### 1　청각의 지각과정

**(1) 소리의 정의**

　① **물리적 정의**

　　공기 또는 다른 매체에서의 압력 변화

　② **지각적 정의**

　　들을 때 우리가 겪는 경험

**(2) 소리를 듣는 과정**

> 공기 중 압력 변화(소리의 물리적 자극) → 귓속에 소리에 관한 표상 생성 → 신경신호를 뇌로 전달 → 소리 지각

## 2 소리의 물리적 측면

### (1) 압력 변화로서의 소리

① 소리 자극

물체의 운동/진동이 공기, 물 등 물체 주변의 다른 탄성 매체에 압력 변화를 일으킬 때 발생한다.

② 음파(sound wave)

압축과 팽창의 반복을 통한 압력 변화 패턴이 공기 속을 통과하는 것이다. 진동하는 스피커 진동판이 주변 공기에 미치는 효과이다..

⊙ 압축(condensation)

> 스피커의 진동판이 움직임 → 주변의 공기 분자를 밀게 됨 → 공기 분자의 밀도 증가

⊙ 팽창(rarefaction)

> 진동판이 제자리로 돌아오면서 공기 분자가 퍼짐 → 공기의 압력이 다시 줄어듦

⊙ 압력 변화의 패턴

> 압축·팽창을 초당 수백, 수천 번 반복 → 공기 분자들이 서로 영향을 주며 고압력과 저압력 영역이 교대하는 패턴 생성 → 공기 압력 변화 패턴은 340m/s 속도로 공기를 통과하며, 공기 분자는 앞뒤로 움직이지만 거의 같은 자리에 머무르고 있음

### (2) 단순음

① 단순음(pure tone)

공기압력 변화가 '사인파'라는 수학적 함수로 묘사되는 패턴으로 발생할 때의 음파, 단순음은 주파수와 진폭으로 묘사한다.

예 휘파람 또는 플루트의 고음

⊙ 주파수(frequency)

압력 변화가 반복되는 초당 횟수로, 헤르츠 (hertz : Hz, 1초당 1주기) 단위로 표시한다.

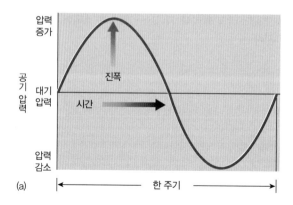

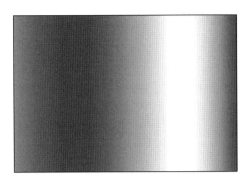

(b)

[그림 4-1]

(a) 단순음에서 사인파 압력 변화의 도표
(b) 명(대기 압력과 비교해서 감소된 압력), 암(대기 압력과 비교해서 증가된 압력)으로 표시한 압력 변화

ⓒ 진폭과 데시벨 척도

ⓐ 진폭(amplitude) : 압력 변화의 크기로, 음파의 최고점과 최저점의 압력 차이를 나타낸다.

ⓑ 데시벨(decibel, dB) : 광범위한 압력을 축소하기 위하여 진폭을 다루기 쉬운 척도인 소리 단위 데시벨로 표시한다.

db값 = 20 × 로그(p/p0))

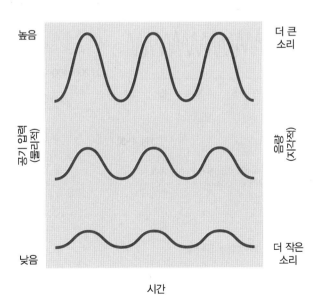

[그림 4-2] 진폭이 다른 3개의 단순음

## (3) 복합음과 주파수 스펙트럼

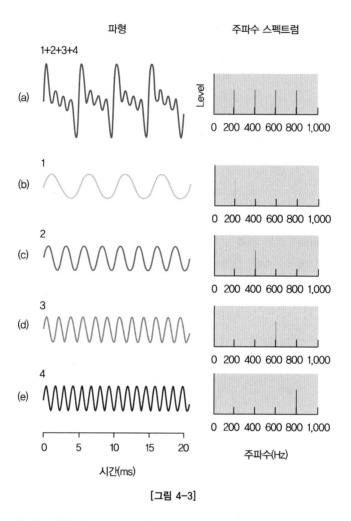

[그림 4-3]

▶ 왼쪽
(a) 200Hz의 기초 주파수를 가진 복합 주기성 음의 파형
(b) 기초 주파수(1차 배음) = 200Hz
(c) 2차 배음 = 400Hz
(d) 3차 배음 = 600Hz
(e) 4차 배음 = 800Hz
▶ 오른쪽
왼쪽 음들의 각각에 대한 주파수 스펙트럼

① **복합음**
　　㉠ 기초 주파수(fundamental frequency)

　　　복합음은 단순음과 마찬가지로 반복 속성을 가지는 주기성 음(periodic tone)이며, 소리의 패턴
　　　이 반복되는 비율을 기초 주파수, 혹은 기음이라고 한다.

　　㉡ 배음(harmonic)

　　　복합음은 여러 개의 단순음(사인파) 성분이 합쳐져서 만들어지며, 이 성분을 배음이라 부름. 배
　　　음의 주파수는 항상 기초주파수의 배수이지만, 배음은 없을 수도 있다.

　　　ⓐ 일차 배음(first harmonic)

　　　　기초주파수와 같은 주파수를 가진 단순음으로, 보통 기초주파수로 부른다([그림 4-3] (b)).

　　　ⓑ 고차 배음(higher harmonics)

　　　　기초주파수의 정수배(n배)가 되는 주파수를 가진 단순음([그림 4-3] (c))으로, n차 배음으로
　　　　표시하며, 고차 배음과 기초 주파수를 더하면 복합음의 파형이 생긴다 → [그림 4-3]의 (b)
　　　　+ (c) + (d) + (e) = (a)

② **주파수 스펙트럼(frequency spectra)**

　　복합음의 배음 성분을 나타내는 방법으로, 한 배음을 제거하면 소리의 파형이 변하지만, 반복
　　비율은 같다. 기초주파수가 없어져도 그 반복 비율은 기초주파수에 상응한다. 2차, 3차 배음을
　　제거해도 파형은 변하지만, 반복 비율은 유지된다.

### 3 소리의 지각적 측면 중요도 중

**(1) 역과 음량**

① **음량과 그 수준**

　　㉠ 역(threshold)

　　　겨우 탐지될 수 있는 가장 작은 양의 소리 에너지이다.

　　㉡ 음량(loudness)

　　　'겨우 들을 수 있는' ~ '매우 큰' 범위를 갖는 소리의 지각된 강도로, 데시벨로 표현되는 소리
　　　자극의 수준 혹은 진폭과 밀접하게 관련되는 지각적 질이다.

　　㉢ 크기 추정법

　　　데시벨 수준–음량 관계 (물리적–지각적 관계)

　　㉣ 더 높은 데시벨이 더 큰 음량에 상응하는 것은 아니며, 역과 음량은 데시벨뿐만 아니라 주파
　　　수에도 의존하므로 음량 지각에서 주파수를 평가하는 방법인 가청 곡선을 고려해야 한다.

② 가청 곡선

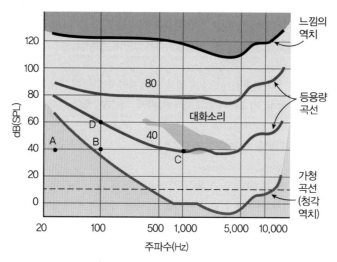

**[그림 4-4] 가청 곡선과 청각 반응 영역**

▶ 가청 곡선(청각의 역)과 그 위의 곡선(느낌의 역) 사이에 있는 밝은 녹색 영역에서 들을 수 있다. dB와 주파수
의 조합에 따라 가청 곡선 아래에 있는 연한 회색 영역에 놓이는 음은 들을 수 없다. 느낌의 역 위의 음은 고
통을 준다. 10dB에서 끊어진 선이 가청 곡선과 교차하는 곳 사이의 주파수는 10dB SPL에서 들릴 수 있음을 나
타낸다.

㉠ 가청 곡선(audibility curve)

여러 주파수에서의 청각역을 나타낸 것([그림 4-4]의 짙은 회색 곡선). 낮은 역을 가지는 주파수
는 매우 작은 소리 압력 변화만으로도 들을 수 있는 반면, 높은 역을 가지는 주파수는 소리압력
의 큰 변화가 필요하다. 이처럼 주파수별로 각기 다른 '기저선'을 가지므로 곡선의 형태로 청각의
역이 나타나게 되며, 이 곡선 아래쪽의 소리는 들을 수 없다.

㉡ 청각 반응 영역(auditory response area)

인간이 음들을 들을 수 있는 가청 곡선과 느낌의 역 사이의 영역([그림 4-4]의 밝은 녹색 영역).
인간은 20Hz ~ 20,000Hz 사이의 소리를 들을 수 있고, 말을 이해하는 데 가장 중요한 주파수인
2,000Hz ~ 4,000Hz 사이에서 가장 민감하다(청각 역이 가장 낮다).

㉢ 느낌의 역

느낌(feeling)의 역([그림 4-4]의 검은색 곡선)은 청각 반응 영역의 위쪽 경계로, 이 위([그림
4-4]의 짙은 회색 영역 안)의 소리는 고통을 주며, 청각계에 손상이 일어날 수 있다.

㉣ 등음량곡선(equal loudness curves)

등음량곡선([그림 4-4]의 녹색 곡선)은 여러 주파수에서 같은 음량의 지각을 나타내는 소리 수
준을 표시한다. 한 주파수와 음량을 가진 순수 기준음을 제시하며, 역 수준은 주파수에 따라 달
라도, 같은 역 위의 어떤 수준에서는 여러 주파수가 같은 데시벨 수준에서 비슷한 음량을 가질
수 있다.

### (2) 음고

**① 음고(pitch)**

소리가 '높다' 혹은 '낮다'고 할 때의 지각적 질로, 소리가 음계에서 배열될 수 있도록 하는 청각의 속성으로 정의된다. 주파수와 달리, 물리적인 것이 아닌, 심리적인 것이기 때문에 물리적으로 측정할 수 없다. 낮은 기초주파수는 낮은 음고, 높은 기초주파수는 높은 음고와 연관되는 등 기초 주파수와 관련이 높다.

**② 음계 높이(tone height)**

음의 기초주파수 증가에 수반하는 음고의 증가라고 하는 지각 경험이다. 피아노에서 저음에서 고음부로 이동할 때, 주파수와 음계높이가 증가한다.

### (3) 옥타브

**① 반음계 음조(tone chroma)**

같은 음표를 가진 음들은 비슷한 소리가 나며, 이런 유사성에 의해 같은 문자를 가진 음표들을 같은 반음계 음조를 가지고 있다고 한다.

**② 옥타브(octave)**

같은 문자를 통과할 때마다 옥타브라는 간격을 올라가며, 옥타브만큼 떨어진 음은 같은 반음계 음조를 가진다.

### (4) 반복비율과 음고지각

**① 반복 비율의 항상성**

기초 주파수가 제거되었을 때에도 음의 반복 비율은 그대로 유지된다. 따라서 기초 주파수 혹은 고차 배음을 소리로부터 제거하여도 그 소리의 음고 지각에 영향을 미치지 않는다.

**② 기초 주파수 누락의 효과(effect of the missing fundamental)**

기초주파수 혹은 다른 배음들이 제거되었을 때에도 그 소리의 음고 지각에 영향을 미치지 않으며, 이러한 음고 지각의 항상성을 기초 주파수 누락의 효과라고 한다.

**③ 주기성 음고(periodicity pitch)**

배음이 제거된 소리에서 지각되는 음고이다. 음고는 소리 파형의 주기/반복비율에 의해 결정됨을 보여주며, 기초주파수의 존재가 아닌, 기초주파수 연관 정보에 의해 결정됨을 보여준다(배음의 간격/파형의 반복비율).

예 전화기는 300Hz 이하의 주파수를 재생할 수 없음에도 100Hz의 기초주파수에 상응하는 남성목소리(낮은 음고)를 들을 수 있는데, 이는 더 높은 배음에 의해 생성된 주기성 음고 때문이다.

## (5) 음색

### ① 음색(timbre)

음량, 음고, 지속시간이 같은 두 음을 구분하게 해주는 지각적 질이다.

### ② 서로 다른 음색을 만드는 요인

ⓒ 배음

음고는 소리의 배음 구조와 밀접한 관련을 가진다. 악기에서, 배음의 상대적 강도와 그 수가 악기마다 다르다. 배음의 주파수는 항상 기초 주파수의 배수이지만 배음은 없을 수 있다.

ⓒ 개시와 쇠퇴

개시(attack)란 음의 시작부에서 음의 축적, 쇠퇴(delay)는 음의 뒷부분에서 음의 약화를 말한다. 음색은 음의 개시와 쇠퇴의 시간 경과에 따라 달라질 수 있다.

같은 음을 서로 다른 악기로 연주했을 때, '개시/지속부분/쇠퇴'부분을 들으면 쉽게 구별되는 반면, 개시·쇠퇴부분을 제거하면 클라리넷/플루트 등을 구별하기 어렵다.

## 4 압력변화에서 전기신호로

① 청각계의 정의

소리가 귀에 들어가고 청각 수용기까지 끝나는 경로이다.

② 청각계의 기능

ⓒ 소리 자극을 수용기로 전달

ⓒ 해당 자극을 압력변화로부터 전기신호로 변화

ⓒ 전기 신호를 처리하여 음고, 음량, 음색 및 음의 위치 등 소리 출처의 질을 나타냄

③ 소리의 지각 과정

ⓒ 소리가 수용기로 가는 경로에 있는 구조를 진동

ⓒ 진동이 한 구조에서 다른 구조로 전달

ⓒ 청각수용기의 진동

④ 귀의 구조

외이, 중이, 내이로 구성되며([그림 4-5]), 청각수용기는 귀청에서 시작해서 귀 안쪽 깊이 있는 털같이 생긴 작은 부위를 말한다.

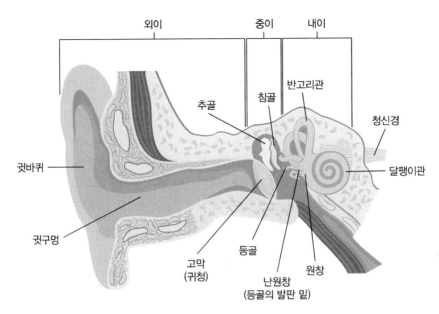

[그림 4-5] 귀, 외이, 중이, 내이의 세 분할 영역

## (1) 외이(outer ear)

### ① 구조

ⓐ 귓바퀴(이개, pinnae)

귀에서 가장 분명한 부분으로, 귓바퀴가 없어도 청력에는 문제가 없다. 소리의 위치를 정하는 데 도움을 준다.

ⓑ 귓구멍

약 3cm 길이의 관처럼 생긴 구조로, 중이를 외부 위험으로부터 보호한다.

### ② 기능

ⓐ 보호

귓구멍의 구조는 관 끝의 귀청(고막, tympanic membrane 혹은 eardrum)을 보호한다.

ⓑ 온도 유지

귀에서 분출되는 액은 중이의 막/구조가 일정한 온도 유지에 도움을 준다.

ⓒ 공명(resonance)

귓구멍의 폐쇄된 끝에서 반사된 음파가 귓구멍으로 들어오는 음파와 상호작용할 때 귓구멍에서 일어나는 생리학적 원리로, 소리의 강도를 증가시키는 역할을 한다. 공명을 통해 소리의 주파수 중 1,000Hz ~ 5,000Hz의 주파수의 소리 압력이 약간 증폭되며, 이는 인간 청각의 가장 민감한 범위를 포함한다.

ⓓ 공명 주파수(resonance frequency)

공명을 통해 가장 강조되는 주파수는 관의 길이로 결정되며, 이를 그 관의 공명 주파수라고 한다.

### (2) 중이(middle ear)

① **중이**

부피 2cm³ 가량의 작은 구멍으로, 이를 기준으로 외이/내이가 분리된다. 공기로 전달된 음파가 귓구멍 끝에 있는 고막에 도달되며, 막을 진동시키고. 이 진동은 고막의 반대편에 있는 중이의 구조로 전달된다.

② **구조**

　㉠ 이소골(ossicles)

　　ⓐ 구조

　　　신체에 있는 가장 작은 3개의 뼈로, 추골(malleus), 침골(incus), 등골(stapes)로 구성된다. 추골에 붙어 있는 고막에 의해 진동되어 그 진동을 침골로 전달하고 그 진동을 다시 등골로 전달한다. 등골은 난원창(oval window)을 덮고 있는 막을 눌러서 그 진동을 내이로 전달한다.

　　ⓑ 기능

　　　외이/중이 모두 공기로 채워져 있으나 내이는 공기보다 밀도가 더 높은 물과 같은 액체로 채워져 있다. 공기의 낮은 밀도와 액체의 높은 밀도 간의 불일치는 문제를 일으키며, 공기의 압력변화는 공기보다 밀도가 높은 액체에는 잘 전달되지 않는다.

　　　이소골은 큰 고막의 진동을 더 작은 등골에 집중시키며, 지렛대 작용을 일으킬 수 있도록 하여 해당 문제를 해결. 이소골이 손상된 경우, 소리 수준을 10~50배 증가시켜야 정상 수준의 청력이 가능하다.

　㉡ 중이근(middle-ear muscles)

　　ⓐ 구조

　　　중이에 있는 신체에서 가장 작은 골격근으로, 이소골에 붙어 있다.

　　ⓑ 기능

　　　매우 강한 소리 수준에 수축하여 이소골의 진동을 둔화시킨다. 저주파수 소리의 전달을 감소, 강한 저주파수가 고주파수 지각의 방해를 막도록 해준다.

　　　예 중이근 수축 → 자신의 발성, 껌 씹는 소리 등이 타인의 말소리 지각을 방해하는 것을 막는다.

### (3) 내이(inner ear) 중요도 상

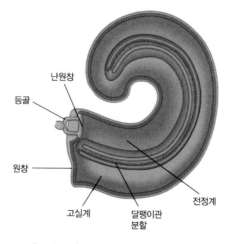

[그림 4-6] 부분적으로 풀려진 달팽이관

ⓒ Cengage Learning

① **달팽이관(cochlea)**

내이의 주요 구조로, 액이 채워져 있다([그림 4-6]). 이 액은 난원창에 기대있는 등골의 운동에 의해 진동된다.

② **달팽이관 분할(cochlea partition)**

완전히 풀린 달팽이관의 구조를 보면, 달팽이관의 위쪽 반인 전정계, 아래쪽 반인 고실계는 달팽이관 분할로 분리되며, 이는 등골 쪽의 기저(부)(base)부터 끝 쪽의 정점(부)(apex)까지 확장되어 있다.

③ **달팽이관의 횡단면([그림 4-7])**

ⓐ 코르티 기관(organ of Corti)

청각수용기인 융모세포(hair cells)를 포함하는 기관이다([그림 4-7] (b)).

ⓑ 기저막(basilar membrane)과 개막(tectorial membrane)

융모세포를 작동시키는데 결정적인 역할을 하는 두 개의 막이다.

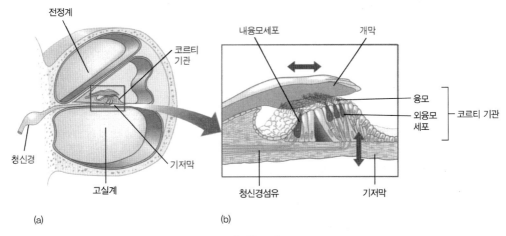

**[그림 4-7]**

(a) 달팽이관의 횡단면
(b) 코르티 기관의 확대 그림으로 그것이 기저막 위에 놓여 있는 모습을 보여준다.
▶화살표는 달팽이관 분할의 진동에 의해 생기는 기저막과 개막의 운동을 표시한다.

### (4) 융모세포와 두 개의 막

① **융모(cilia)**

세포의 머리부분에서 튀어나온 가느다란 처리기로, 융모세포는 압력변화에 반응해 휘어진다.

② **내융모세포(inner hair cells)와 외융모세포(outer hair cells)**

코르티 기관의 다른 기관 위치에 있으며, 인간의 귀에는 내융모세포와 외융모세포가 1:3의 비율로 존재한다. 외융모세포의 융모의 가장 긴 줄은 개막과 접촉해있는 반면, 내융모세포의 융모는 개막과 접촉하지 않는다.

### (5) 진동이 융모를 구부린다.

① **기저막의 상하 운동의 위치**

기저막의 상하 운동은 융모세포 위로 개막이 아치를 이루는 기저막 위의 코르티 기관에서 이루어진다.

② **기저막의 상하 운동의 과정**

㉠ 중이의 등골의 진동이 난원창의 앞뒤 운동을 유발한다.

㉡ 진동을 달팽이관 안의 액체로 전달한다.

㉢ 기저막에 운동이 일어난다.

③ **기저막의 상하운동의 결과**

㉠ 코르티 기관을 상하로 진동하게 한다.

㉡ 개막이 앞뒤로 움직이게 한다.

㉢ 위 두 가지 운동은 내융모세포의 융모 위의 개막이 앞뒤로 미끄러진다는 의미를 가진다.

④ 외융모세포는 융모가 개막에 접촉하고, 내융모세포는 융모 주변의 액체에 있는 압력파 때문에 진동의 결과 융모는 휘어지게 된다.

### (6) 구부림은 전기신호를 유발한다.

① **압력파(환경 자극)의 전기신호로의 변환**

청각의 변환에는 이온 흐름이 필요하며, 융모세포의 융모가 휘어짐에 따라 발생한다.

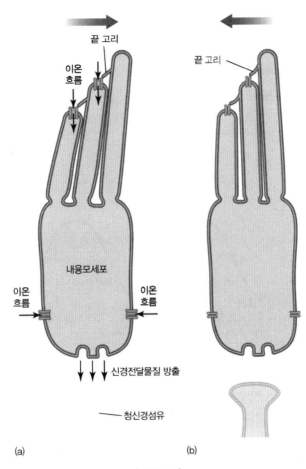

[그림 4-8]

(a) 융모세포 융모의 운동이 융모세포에서 전기적 변화를 어떻게 일으키는 방법
　융모가 오른쪽으로 휠 때, 끝 고리는 펴지며 이온 채널이 열린다. 양전하를 띤 칼륨이온($K^+$)이 세포 안으로 들
　어오며, 세포 내부에 양전하가 더 많게 만든다.
(b) 융모가 왼쪽으로 움직일 때 끝 고리는 느슨해지며 채널은 닫힌다.

## ② 청신경섬유 흥분 과정

　㉠ 전기신호 흥분

　　융모가 한 방향으로 움직이면 끝 고리 구조가 펴지며, 융모 막의 이온 채널이 열린다. 이온 채널
　　이 열려있을 때, 양극의 칼륨이온이 세포 안으로 유입된다.

　㉡ 비전기신호

　　융모가 반대 방향으로 휘어지면 끝 고리가 느슨해지며, 이온 채널이 닫힌다. 이때 전기신호 생성
　　을 멈추게 된다.

　㉢ 청신경섬유 흥분 과정

　　융모세포의 앞·뒤 휘어짐이 전기신호 흥분과 비전기신호를 교대로 일으킨다. 전기 신호는 신경
　　전달물질 방출을 유발. 이는 연접을 가로질러 확산하며 청신경섬유들을 흥분시킨다. 연접은 청
　　신경섬유와 내융모세포가 분리되어 있다.

**(7) 소리의 주파수는 전기신호의 시의성을 결정한다.**

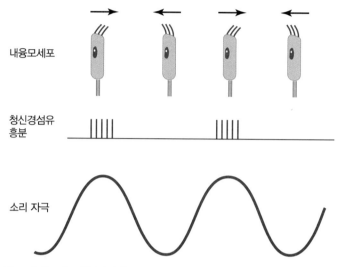

[그림 4-9] 융모세포 활성화와 청신경섬유 흥분이 자극의 압력 변화와 동기화되는 방법

▶ 청신경섬유는 융모가 오른쪽으로 휠 때 흥분한다. 이것은 압력에서 사인파 변화의 정점(꼭대기)에서 생긴다.

① **소리 자극의 압력 변화와 융모세포의 휘어짐**
  ㉠ 압력 증가
    융모가 오른쪽으로 휘며, 융모세포가 활성화되고, 융모에 부착된 청신경섬유가 흥분한다.
  ㉡ 압력 감소
    융모가 왼쪽으로 휘며, 어떠한 흥분도 일어나지 않는다.

② **위상 결속(phase locking)**
  청신경섬유는 단순음의 압력 증가·감소와 동시에 흥분하며, 이처럼 소리 자극의 같은 위치에서 흥분하는 속성을 위상 결속이라 부른다.

③ **시간적 부호화(temporal coding)**
  고주파수 음의 경우([그림 4-10] (a)), 압력 변화에 따라 단일 신경섬유는 불응기가 필요하므로 매번 흥분하지 않을 수 있다([그림 4-10] (b)). 그러나 음파의 정점에서 흥분하는 많은 신경섬유의 반응을 결합하면, 전반적 흥분 패턴은 소리 자극의 주파수에 대응함([그림 4-10] (c)). 이처럼 소리의 주파수는 전기신호의 시의성을 결정하며, 이를 시간적 부호화라고 한다.

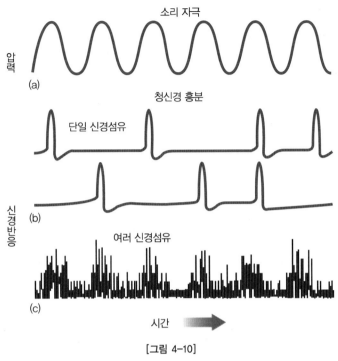

[그림 4-10]

(a) 250Hz 음에 대한 압력 변화
(b) 두 개의 분리된 신경 섬유에 의해 생성된 신경 흥분의 패턴
　흥분은 항상 압력파의 정점에서 생긴다는 점을 주목하라.
(c) 500개의 신경섬유에 의해 만들어진 조합된 흥분
　비록 단일 신경반응에서 어느 정도의 변동성이 있지만, 대집단의 신경세포의 반응은 250Hz 음의 주기성을
　나타낸다.

## 5 기저막의 진동

### (1) Békésy와 기저막 진동

#### ① 이동파(traveling wave)
Békésy는 기저막의 진동운동이 밧줄을 쳐서 파동을 아래로 이동시켜 보내는 것과 비슷한 '이동파'라는 것을 발견했다.

#### ② 이동파의 측면도
연속적인 세 시점에서 단순음에 의해 만들어진 이동파의 측면도
㉠ 수평선
　휴지기의 기저막
㉡ 곡선 1
　진동 중 한순간에서 기저막의 위치
㉢ 곡선 2와 곡선 3
　조금 지난 순간에서의 기저막의 위치를 나타냄

## (2) 청각의 장소설(place theory of hearing) 중요도 상

### ① 소리 주파수와 기저막의 최대 진동 장소

㉠ 기저막의 진동은 주파수에 따라 더 많이 진동하는 위치가 달라진다.

㉡ 기저부는 고주파수에 조율되어 있으며, 정점은 저주파수에 조율되어 있다. 최상의 주파수는 이 두 극단들 사이에서 기저막을 따라 계속 변동한다.

㉢ 소리 주파수가 달팽이관을 따라 있는 신경흥분이 최대인 장소에 의해 표시된다.

㉣ 기저막의 각 장소는 여러 주파수에 가장 잘 반응하도록 조율되어 있다(달팽이관의 장소와 소리의 주파수를 연결).

## (3) 장소설에 대한 증거

### ① 음위상 지도(tonotopic map)

달팽이관의 길이 방향을 따라 주파수가 질서 있게 배열되어 있는 지도이다([그림 4-11]). 달팽이관의 길이 방향에 있는 여러 위치에 전극을 꽂아 놓고 여러 주파수에 대한 전기반응을 측정하여 얻을 수 있다.

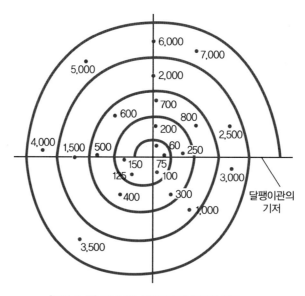

[그림 4-11] 기니피그 달팽이관의 음위상 지도

▶숫자는 각 주파수에 대한 최대 전기반응의 위치를 나타낸다.

### ② 전기생리학적 증거

달팽이관의 여러 장소에서의 활동을 신호하는 청신경섬유에 대한 신경 조율 곡선의 결정을 통해 제공된다.

㉠ 주파수 조율 곡선(frequency tuning curve)

각 융모세포·청신경섬유는 좁은 범위의 주파수에 반응하며, 그 범위는 각 신경세포의 주파수 조율 곡선으로 표시된다. 해당 곡선은 여러 주파수의 단순음을 제시하고, 주파수별 역을 표시한다([그림 4-12]).

ⓐ 특성 주파수(characteristic frequency)

각 신경세포가 가장 민감한 주파수로, 각 곡선 아래의 화살표로 표시된다.

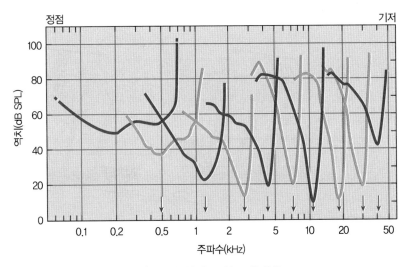

[그림 4-12] 청신경섬유의 주파수 조율 곡선

▶ 각 신경섬유의 특성 주파수는 주파수 축을 따라 그려져 있는 화살표로 표시되어 있다. 주파수 척도는 킬로헤르츠(kHz)인데, '1kHz = 1,000Hz'이다.

ⓑ 3,500개의 내융모세포들 각각이 자신의 조율곡선을 가지고 있으며, 모든 주파수가 그 주파수에 가장 잘 반응하는 여러 개의 신경세포에 의해 표상된다.

**(4) 실제적 응용 : 달팽이관 이식 장치(cochlear implant)**

① 기저막의 각 장소가 특정한 주파수와 연결된다는 발견으로 발달한 기구이다.

② **보청기와의 차이**

보청기는 증폭기로, 융모세포가 손상되면 증폭된 소리를 전기 신호로 바꿀 수 없기 때문에 보청기의 효과가 없다. 따라서 달팽이관의 내융모세포 손상의 경우 달팽이관 이식 장치를 사용한다.

③ **작동 방식**

㉠ 소형마이크를 통해 환경에서 소리 신호를 받음
㉡ 소리 처리기를 통해 소리 신호를 여러 개의 주파수 대역으로 분할
㉢ 송신기는 해당 신호를 달팽이관의 길이를 따라 이식된 22개의 전극의 열로 보냄
㉣ 전극은 길이 방향을 따라 여러 위치에서 달팽이관을 자극

**(5) Békésy 이론의 개정 : 달팽이관 증폭기**

① **주파수 진동의 국지화**

새로운 측정법의 발달에 따라, 주파수의 진동은 Békésy의 관찰보다 훨씬 더 세밀하게 국지화되어 있음이 밝혀졌다.

② **달팽이관 증폭기(cochlear amplifier)**

외융모세포의 활동은 달팽이관 증폭기라고 불리며, 이는 살아있는 동물에서 외융모세포가 기저막의 진동에 반응해서 확장/수축하며, 기저막의 진동을 날카롭게 하기 때문이다.

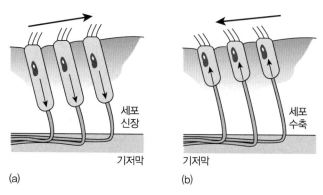

[그림 4-13]

▶ 외융모세포의 달팽이관 증폭기제는, (a) 융모가 한 방향으로 휘고 세포가 늘어날 때, 그리고 (b) 융모가 다른 방향으로 휘고 세포가 수축할 때 작동한다. 이것은 기저막 운동에서 증폭 효과를 낳는다.

③ **외융모세포의 달팽이관 증폭기제([그림 4-13])**

㉠ 융모가 한 방향으로 휠 때 외융모세포가 늘어나며, 기저막을 누른다.

㉡ 융모가 다른 방향으로 휠 때 외융모세포가 수축하며, 기저막을 당긴다.

㉢ 외융모세포의 신장과 수축은 기저막의 운동을 증가시키고, 특정 주파수에 대한 반응을 날카롭게 한다.

**(6) 복합음과 기저막 진동**

① **복합음**

환경 속 대부분 소리는 복합음이며, 여러 개의 배음으로 구성된다([그림 4-14] (a)).

② **기저막 진동의 봉우리(peak)**

기저막은 복합음의 배음들 각각에 진동하며, 이는 기저막의 복합음에 대한 반응 측정을 통해 확인이 가능하다.

㉠ 일차 배음(기초 주파수)과 고차 배음 각각에 상응하는 기저막 진동의 봉우리(peak)가 있다.

㉡ 복합음은 각 배음의 주파수와 연관되는 장소에서 기저막 진동의 봉우리를 만든다.

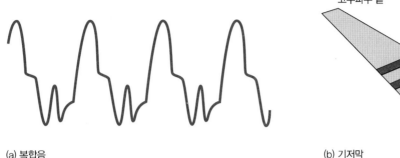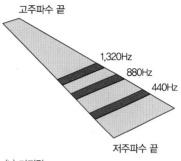

(a) 복합음
(440Hz, 880Hz, 1,320Hz 배음)

(b) 기저막

[그림 4-14]

(a) 세 개의 배음으로 구성되는 복합음의 파형
(b) 기저막. 음영 영역은 복합음에서 각 배음과 연관되는 최고점 진동의 위치를 가리킨다.

③ **음향 프리즘(acoustic prism)**

달팽이관이 길이를 따라 주파수를 분리시키는 방식은 음향프리즘으로 묘사된다. 프리즘이 백색 광선을 분리시키듯, 달팽이관은 귀에 들어오는 주파수를 기저막의 여러 장소에서의 활동으로 분리시킨다.

## 6 음고 지각의 생리학

### (1) 음고와 귀

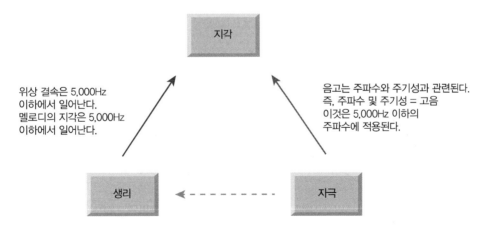

위상 결속은 5,000Hz 이하에서 일어난다. 멜로디의 지각은 5,000Hz 이하에서 일어난다.

음고는 주파수와 주기성과 관련된다. 즉, 주파수 및 주기성 = 고음 이것은 5,000Hz 이하의 주파수에 적용된다.

시의성 : 흥분 비율은 주파수와 주기성에 의해 결정된다.
고주파수/주기 = 고흥분 비율

장소 : 달팽이관에서 최대 흥분 장소는 주파수에 의해 결정된다.
저주파수 장소는 정점에, 고주파수 장소는 기저에 있다.

[그림 4-15] 음고 지각과 관련되는 관계성을 보여 주는 지각 과정

① **자극-지각 관계 ([그림 4-15]의 회색 화살표)**

㉠ 음고는 소리 주파수와 반복 비율(주기성 음고 및 시간 부호화)에 관련이 있다.

㉡ 단순음은 주파수가 높을수록, 복합음은 주기성이 증가할수록 더 높은 음고를 유발한다.

② **자극-생리 관계([그림 4-15]의 점선 화살표)**

자극 주파수에 관련된 2가지 유형의 생리학적 정보를 구별할 수 있다.

㉠ 시의성 정보

청신경섬유의 흥분비율은 자극주파수의 주기성과 관련된다. 더 높은 주파수와 주기성은 더 높은 흥분비율을 일으킨다(위상결속).

㉡ 장소 정보

최대의 흥분이 일어나는 달팽이관의 장소는 주파수와 관련된다. 낮은 주파수는 달팽이관의 정점 근처의 신경섬유에서 더 큰 흥분을 일으키며, 높은 주파수는 달팽이관의 기저 근처의 신경섬유에서 더 큰 흥분을 일으킨다.

③ **생리-지각 관계([그림 4-15]의 초록색 화살표)**

㉠ 시의성이 중요성을 지지하는 한 증거로, 위상결속의 생리학적 반응과 지각 간의 관계이다.

㉡ 위상결속(소리 자극의 정점에서 흥분 폭발)은 5,000Hz 이하의 주파수에서만 일어난다.

㉢ 음은 5,000Hz 이하일 때만 멜로디 지각이 가능하다(5,000Hz 이상에서는 변화만 알 수 있을 뿐, 이상하게 들리고 음악적으로 들리지 않음). 음고 감각은 위상결속을 일으키는 주파수로 한정된다.

## (2) 음고와 뇌

① **일차청각수용영역 A1**

㉠ 주파수 음위상 지도는 달팽이관에서 관자엽에 위치한 청각겉질까지의 경로상 구조 및 A1에서 일어난다.

㉡ 저주파수에 가장 잘 반응하는 신경세포는 왼쪽에, 고주파수에 가장 잘 반응하는 신경세포는 오른쪽에 위치한다([그림 4-16]).

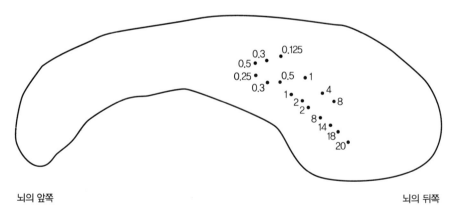

**[그림 4-16] 일차 청각 수용 영역, A1에 있는 음위상 지도**

▶ A1은 윤곽선으로 표시되어 있는 청각겉질의 핵심 영역 안에 포함되어 있다. 숫자들은 신경세포의 특성 주파수들(CF)을 1,000Hz 단위로 표시한다. 낮은 CF는 왼쪽, 높은 CF는 오른쪽에 걸쳐 있다.

② **음고신경세포(pitch neurons)**

　　㉠ Bendor와 Wang는 마모셋 원숭이를 대상으로 한 연구(2005)에서 같은 기초 주파수를 가지고 있으나 다른 배음 구조를 가진 복합음에 유사하게 반응하는 신경 세포를 발견했다.

　　㉡ 해당 신경 세포는 복합음 중 기초 주파수가 아닌 배음에는 반응을 보이지 않았으며, 기초 주파수 음이 단독으로 제시되었을 때, 즉 특정 기초 주파수에 관한 정보가 있을 때에만 흥분이 일어났다. 이 음은 특정 음고와 연관된 것으로, 이러한 신경세포를 음고신경세포라 부른다.

③ **주파수와 장소 및 시간 부호화**

　　주파수는 달팽이관과 청신경에서 부호화된 이후 청신경은 어떤 신경섬유가 활성화되는가(장소 부호화)와 청신경섬유에서 신경 활성화의 시점(시간적 부호화) 모두에 기반을 둔다고 알려져 있다. 5,000Hz를 기준으로 시간 부호화는 그 이하의 소리에 적용되며 그 이상은 장소 부호화에 적용된다.

## 7 융모세포 손상과 증상

**(1) 융모세포의 손상**

① **외융모세포 손상**

　　청신경섬유의 반응에 크게 영향을 미치며, 청력 손상의 가장 흔한 원인으로 여겨진다. 시끄러운 환경에서 말소리를 듣는 등, 소리를 분리시키는 데 어려움을 겪는다.

② **내융모세포의 손상**

　　내융모세포의 손상 역시 민감도의 손상을 낳을 수 있다.

③ **융모세포 손상과 주파수**

　　내융모세포와 외융모세포 손상은 모두 해당 세포가 민감하게 반응하는 주파수에 상응하는 주파수에 대해 발생한다.

④ **융모세포 손상의 원인**

　　청력 손상을 초래하는 소리에 노출되거나 산업화된 환경에 사는 것(노인성 난청) 등이 원인이 될 수 있다.

**(2) 노인성 난청(prebycusis)**

① 소음 노출 시간, 융모 손상을 유발하는 약물, 노화에 의한 퇴화 등에 걸쳐 축적된 영향에 의해 발생하는 융모세포 손상이다. 시각에서의 노안과 달리 노인성 난청은 나이 외에도 다양한 원인에 의해 유발된다.

② 노인성 난청 관련 민감도 손상은 고주파수에서 가장 크게 나타난다.

## (3) 소음이 유발한 청력 손실(noise-induced hearing loss)

### ① 정의

큰 소리에 노출될 때, 큰 소음이 융모세포의 퇴화를 일으킬 때 생긴다.

### ② 손상 기관

코르티 기관의 손상이 종종 나타난다. 동물 실험에서는, 고강도의 소리가 내융모세포를 손상시키거나 완전히 파괴할 수 있다는 증거를 제공한다.

### ③ 유발 원인

㉠ 소음 노출은 청신경섬유의 퇴화를 유발하기도 함

조용한 소리에 대한 민감도에는 영향을 미치지 않을 수도 있으나, 시끄러운 환경에서 복합음을 식별하는 능력을 손상시킨다.

㉡ 레저소음(leisure noise)

레저소음도 청력손실에 이르는 융모세포 손상을 유발할 수 있다.

㉐ 악기, 휴대용 음악기기, 오토바이, 밴드 연주 등

## 8 유아의 청력

초기 심리학자들은 신생아는 기능적으로 소리를 들을 수 없다고 여겼으나, 최근 연구에서는 신생아가 약간의 청각 능력을 가지고 있으며, 나이 듦에 따라 기능이 향상됨을 보여준다.

## (1) 역과 가청 곡선

### ① 유아의 가청곡선과 역은 성인과 어떻게 다른가?

3개월, 6개월 아기 및 성인의 가청 곡선([그림 4-17])을 보면 가청 함수들이 비슷하게 보이며 6개월이 되어야 유아의 역이 성인의 약 10~15데시벨 범위 안에 들어감을 보여준다.

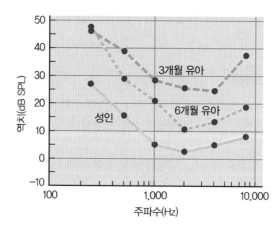

[그림 4-17] 3개월과 6개월 된 유아의 가청 곡선

**(2) 엄마의 목소리를 알아듣기**

① DeCasper와 Fifer의 실험(1980)

㉠ 실험 결과 생후 2일 된 신생아는 엄마 목소리를 선호한다.

㉡ 빠는 행동의 휴지 시간을 조절하여 이방인보다 엄마 목소리를 더 자주 듣고자 한다.

② Kisilevsky 등의 실험(2003)

실험 결과, 임산부의 배에서 엄마와 이방인의 글 읽는 소리를 들려주었을 때, 엄마의 목소리에 반응하여 더 많이 움직이고 심장 박동률이 올라감을 발견할 수 있다. 이방인에 대해서는 심장 박동이 감소한다.

③ 두 실험 결과는 태아의 자궁에서의 경험이 엄마의 목소리 재인에 영향을 미침을 시사한다. 즉, 태아가 자궁에서 엄마 목소리에 친숙해졌기 때문에 엄마의 목소리를 선호하는 것이다.

# 청각의 기본 기능

이번 장에서는 먼저 청각적 위치를 파악하기 위하여 청각계가 사용하는 위치 단서를 다루고, 이와 관련된 청각 겉질의 생리학적 구조와 기능을 설명한다. 두 귀를 이용한 위치 파악의 신경 기제를 Jeffress의 신경 동시성 모형을 중심으로 학습하고, 청각 수용 영역부터 고차 청각 영역, 관자엽 이후의 처리까지 위치 파악의 기제를 학습한다. 실제 환경에서 듣는 소리의 시간 지연과 위치 지각 문제를 다양한 분야에서의 적용을 통해 설명하고, 청각 장면에 대한 분석에 영향을 미치는 요소들을 알아본다.

**출제 경향 및 수험 대책**

소리 위치 파악에 사용되는 단서를 중점적으로 학습한다. 청각경로의 겉질하 구조와 함께, 두 귀를 이용한 위치 파악에 대한 Jeffress의 모형을 이해한다. 건축음향학에서 간접음에 영향을 주는 요인을 이해한다.

## 제 1 절 ▶ 청각적 위치 파악과 조직화 (중요도 중)

### 1 청각적 위치 파악

**(1) 용어**

① **청각 공간(auditory space)**

청각 공간은 각기 다른 장소에서 나는 소리에 의해 만들어지며, 소리가 있는 모든 곳에 존재한다.

② **청각적 위치 파악(auditory localization)**

청각 공간에서 음원의 위치를 파악하는 것이다.

③ **위치 단서(location cue)**

위치 단서는 청각계가 소리의 위치를 파악하기 위해 사용하는 정보로, 청자의 머리와 귀가 소리와 상호작용하는 방식에 의해 만들어진다. 위치 단서에는 두 귀 단서와 한 귀 단서의 두 종류가 있다. 방위각, 고도, 거리라는 위치 단서의 세 차원에서 사람들의 청각적 위치 파악 능력에 대한 연구가 이루어진다.

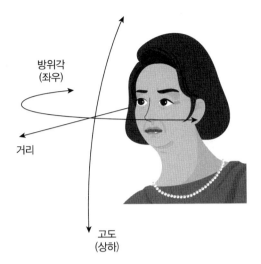

[그림 4-18] 위치 파악 연구에서 사용되는 세 차원 : 방위각(수평), 고도(수직)와 거리

    ㉠ 방위각(azimuth) : 수평(좌우) 차원
    ㉡ 고도(elevation) : 수직(상하) 차원
    ㉢ 거리(distance) : 청자로부터 음원까지의 거리

## (2) 소리 위치 파악의 두 귀 단서

### ① 두 귀 단서(binaural cue)

소리의 방위각을 알아내기 위해 두 귀에 도달하는 정보를 이용하여 소리의 방위각을 알아낸다.
두 귀 단서는 두 귀에 도달하는 소리신호 간의 차이를 토대로 만들어지는 두 귀 시간 차이와
두 귀 수준 차이라는 두 개의 단서가 존재한다.

### ② 두 귀 간 시간 차이(ITD : interaural time difference)

소리가 왼쪽 귀에 도달하는 시간과 오른쪽 귀에 도달하는 시간의 차이로, 저주파 소리의 위치
정보를 제공한다.
[그림 4-19]에서 지점 A는 두 귀에 소리가 동시에 도달해서 ITD가 0인 반면, 지점 A와 같이
음원이 한쪽으로 더 치우칠수록 ITD가 커지므로, ITD의 크기는 소리의 위치를 파악하는 단서로
사용될 수 있다.
ITD를 달리하면서 청자에게 소리의 위치를 판단하게 한 행동 연구는 ITD가 저주파 음의 위치를
판단하는 데 효과적인 단서라는 것을 알려준다.

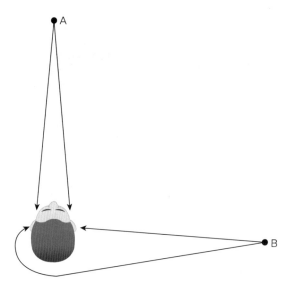

[그림 4-19] 두 귀 간 시간 차이(ITD)의 원리

▶ 듣는 사람의 정중앙 정면에서 나는 소리 A는 왼쪽 귀와 오른쪽 귀에 동시에 도달한다. 그러나 소리가 B처럼 옆에서 나면 왼쪽 귀보다 오른쪽 귀에 먼저 도달한다.

③ **두 귀 간 수준 차이**(ILD : interaural level difference)

두 귀에 도달하는 소리의 음압 수준의 차이로, 음향 그늘에 의해 발생하며, 고주파 소리의 위치 정보를 제공한다.

㉠ 음향 그늘(acoustic shadow)

청자의 머리의 방해를 받아 만들어지는 음향 그늘은 두 귀 간 수준 차이를 만들며, 음원에서 먼 쪽 귀에 도달하는 소리의 강도를 감소시킨다.

ⓐ 음향 그늘에 의한 소리의 강도 감소는 고주파에서만 일어나고([그림 4-20] (a)), 저주파에서는 일어나지 않는다([그림 4-20] (b)).

ⓑ 물결의 원리를 청자의 머리와 상호작용하는 음파에 적용해 보면, 고주파 소리에서 파동의 간격은 머리 크기보다 작아서 머리의 방해를 받아 음향 그늘을 만들지만, 저주파 소리에서 파동의 간격은 머리 크기보다 커서 음향 그늘을 만들지 않는다.

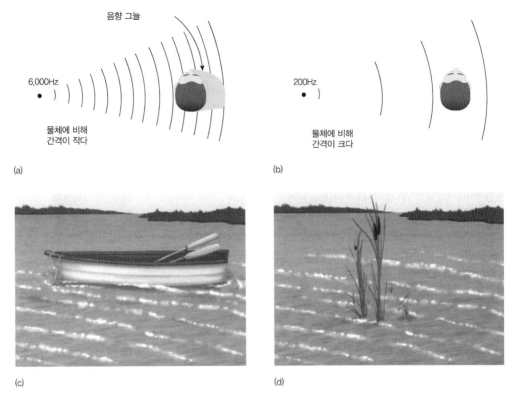

[그림 4-20] 두 귀 간 수준 차이가 고주파에서만 나오고 저주파에서는 나오지 않는 이유

© Cengage Learning

④ **혼동 원추(cone of confusion)**

두 귀 간 시간 차이(ITD)는 저주파 소리, 두 귀 간 수준 차이(ILD)는 고주파 소리의 위치 정보를 제공한다는 점에서 두 단서는 상보적인 관계를 가진다.

두 단서가 방위각 좌표에서 위치, 즉 좌우에 관한 판단을 가능하게 하는 정보를 제공하지만, 음원의 고저에 관해서는 애매한 정보를 제공하며, 이는 '혼동 원추' 현상에 잘 나타난다.

크기와 관계 없이 원추의 표면에 있는 많은 위치 왼쪽 귀에서의 거리와 오른쪽 귀에서의 거리가 같아 ITD와 ILD가 동일하며, 이를 혼동 원추 현상이라고 한다.

## (3) 위치 파악의 한 귀 단서

① **한 귀 단서(monaural cue)**

한 귀에서 오는 정보에 의존하여 음원의 고저에 대한 정보를 제공하며, 대표적으로 스펙트럼 단서가 있다.

② **스펙트럼 단서(spectral cue)**

음원의 고저 위치에 대한 정보를 제공하는 한 귀 단서로, 각기 다른 위치에서 나는 소리가 각 귀에 도달할 때의 주파수 분포(스펙트럼)의 차이에 위치 파악에 관한 정보가 들어 있기 때문에 이 단서는 스펙트럼 단서라고 불리며, 특히 고주파 소리에서 잘 작동한다.

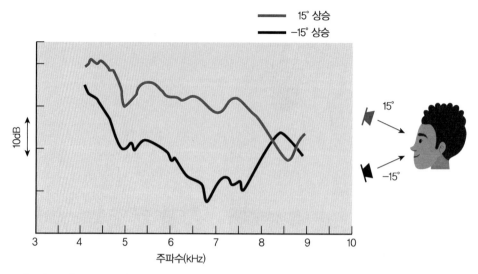

[그림 4-21] 두 개의 다른 곳에서 나는 같은 주파수 대역의 소리를 청자의 오른쪽 귓속에 설치한
소형 마이크를 통해 녹음한 주파수 스펙트럼

▶ 소리가 다른 각도에서 들어오면 다른 주파수가 귓속에서 반사하기 때문에 소리가 15° 위에서 날 때(초록 곡선)
와 15° 아래에서 날 때(검정 곡선) 패턴이 다르게 나타난다.

### (4) 청각적 위치 파악 정리

① 방위각 위치(좌우)를 파악할 때 ITD(저주파), ILD(고주파)가 작동한다.

② 고도 위치(고저)는 스펙트럼 단서(고주파)가 유용하다.

③ 머리 움직임은 ITD, ILD 그리고 스펙트럼 단서를 추가로 더 제공해서 혼동 원추의 효과를 최소
화시키고, 연속해서 나는 소리의 위치 파악에 도움이 된다.

④ 시각도 위치 파악에 관여한다.

⑩ 다른 사람이 하는 말을 들으며 말과 일치하는 동작이나 입모양을 보면 위치 파악이 쉬워진다.

## 2 청각적 위치 파악의 생리학

### (1) 청각경로와 겉질 (중요도 상)

① 겉질하 구조(subcortical structure)

달팽이관에서 나온 청신경섬유가 연접하는 겉질 아래의 일련의 구조들이다. 청각신호가 달팽이관
에서부터 청각 겉질에 이르는, '달팽이관 핵 → 상올리브핵 → 하구 → 안쪽무릎핵'의 경로이다.

㉠ 달팽이관 핵(cochlea nucleus)

청각 겉질하 구조의 시작으로, 두 귀의 신호를 상올리브핵으로 전달한다.

ⓛ 상올리브핵(superior olivary nucleus)

뇌간에 위치한 상올리브핵은 두 귀에서 온 신호가 처음으로 만나는 지점으로, 여기서의 처리는 두 귀 위치 파악에서 중요한 역할을 한다. 청각 구조에서 양측 간 정보 교차가 일어날 수 있음을 보여준다.

ⓒ 하구(inferior colliculus)

중뇌에 위치한 하구는 상올리브핵과 마찬가지로 두 귀 단서를 처리한다.

ⓔ 안쪽무릎핵(medial geniculate nucleus)

시상에 위치한 안쪽무릎핵은 청각 겉질하 구조의 마지막 구조로, 청신경섬유는 안쪽무릎핵에서 겉질의 관자엽에 있는 1차 청각겉질 또는 청각 수용 영역으로 계속된다.

② **1차 청각겉질(primary auditory cortex) / 청각 수용 영역(A1 : auditory receiving area)**

1차 청각겉질은 관자엽에 위치하며, 청각 신호를 겉질의 다른 청각 영역으로 이동시키며. 핵심 영역(core area)에 포함된다.

③ **겉질의 주요 청각 영역** 중요도(상)

㉠ 핵심 영역(core area)

1차 청각겉질([그림 4-22]의 A1)과 인근 영역을 포함하는 영역이다. 청각적 위치 파악과 소리 재인에 중요한 역할을 한다.

㉡ 벨트 영역(belt area)

핵심 영역을 둘러싸고 있는 영역([그림 4-22]의 A는 벨트 영역의 앞부분, P는 뒷부분)이다. 핵심 영역과 마찬가지로 청각적 위치 파악과 소리 재인에 중요한 역할을 한다.

㉢ 벨트 주변 영역(parabelt area)

[그림 4-22]의 화살표로 표시된 청각 신호가 핵심 영역에서 벨트 영역, 벨트 주변 영역으로 이동한다.

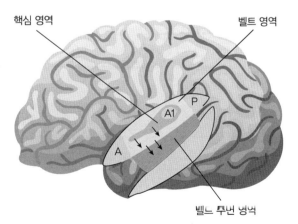

핵심 영역    벨트 영역

벨트 주변 영역

[그림 4-22] 원숭이 겉질에서의 세 개의 주요 청각 영역 : 1차 청각 수용 영역(A1)을 포함하는 핵심 영역, 벨트영역 그리고 벨트 주변 영역

▶ P는 벨트 영역의 뒷부분을 가리키고, A는 벨트 영역의 앞부분을 가리킨다. 화살표로 표시된 신호는 핵심 영역에서 벨트 영역, 벨트 주변 영역으로 이동한다. 짙은 선은 표면에서 보이지 않는 영역을 보여주기 위해 관자엽을 뒤로 제낀 부위를 가리킨다.

## (2) Jeffress 신경 동시성 모형 <sub>중요도 중</sub>

### ① Jeffress 모형(Jefferess model)

각 신경세포가 두 귀에서 온 신호를 수용할 수 있도록 신경세포들이 연결되어 있다고 제안한다.

### ② Jeffress 모형의 ITD 탐지기

Jefferess 모형은 'ITD 탐지기'를 포함한 신경회로를 제안한다.

ⓖ 장소 부호

특정 ITD에 최고로 반응하도록 조율된 일련의 탐지기(ITD 탐지기)가 존재하며, 활동이 일어난 장소(신경세포)에 의해 ITD를 알 수 있으므로 이 생각을 '장소 부호'라고 부른다.

ⓛ 동시성 탐지기(coincidence detector)

두 귀에서 온 신호가 동시에 신경세포에 도달할 때만 흥분하기 때문에 동시성 탐지기라고 불린다.

ⓒ 회로의 작동 방식([그림 4-23])

정중앙에서 나는 소리의 경우, 신호는 왼쪽 채널과 오른쪽 채널에서 동시에 출발하고([그림 4-23] (a)). 두 귀의 신호는 신경세포 5에서 만나며, 이 신경세포가 흥분한다([그림 4-23] (b)). 이는 ITD가 0이라는 정보를 제공한다.

오른쪽에서 나는 소리의 경우, 오른쪽 채널의 신호가 먼저 출발([그림 4-23] (c))하여 두 귀의 신호는 신경세포 3에서 만나고, 신경세포 3이 흥분한다([그림 4-23] (d)). 이는 0이 아닌 ITD에 대한 정보를 제공한다.

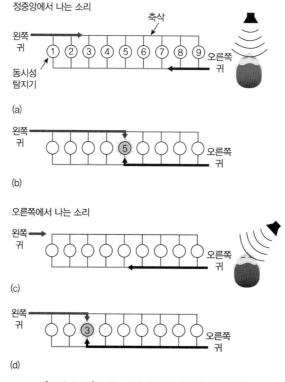

[그림 4-23] Jefferess가 제안한 회로의 작동방식

▶ 축삭은 왼쪽 귀(초록색)와 오른쪽 귀(검은색)에서 온 신호를 원으로 표시된 신경세포로 전달한다.

③ ITD 조율 곡선(ITD turning curve)

ITD에 대한 신경의 흥분 빈도를 그린 것으로, ITD 신경세포의 속성을 기술하는 한 가지 방법이다.

㉠ 특정 ITD에만 반응하는 신경세포의 조율 곡선을 보면, 왼쪽에 있는 신경세포는 소리가 왼쪽 귀에 먼저 도달할 때 반응하고, 오른쪽에 있는 신경세포는 소리가 오른쪽 귀에 먼저 도달할 때 반응한다.

㉡ 해당 곡선은 가면 올빼미 등 일부 동물에서 측정된 것으로 Jeffress 모형에서 예측한 조율 곡선과 잘 맞지만, 포유류에서는 이와 다른 양상을 보인다.

## (3) 포유류에서의 광대역 ITD 조율 곡선

① 포유류의 광범위한 ITD 조율 곡선

조류인 올빼미와 포유류인 저빌 쥐의 두 조율 곡선([그림 4-24])은 유사한 형태를 보이며, 얼핏 보면 Jeffress 모형을 지지하는 것처럼 보이나, 저빌 쥐의 범위([그림 4-24] (a))가 올빼미의 범위([그림 4-24] (b))에 비해 훨씬 넓은 것으로 나타난다.

㉠ 저빌 쥐의 조율 곡선의 범위는 주변에서 발생하는 소리의 전형적인 ITD 범위보다 넓으며, 주변에서 발생하는 소리의 ITD 범위는 밝은 막대로 표시되어 있다(점선 사이 영역).

㉡ 저빌 쥐의 그래프의 가로축의 ITD 척도가 올빼미보다 훨씬 더 넓고, 이는 소리 위치 파악에 실제 관여하는 ITD의 범위를 더 넘어서는 수준이다.

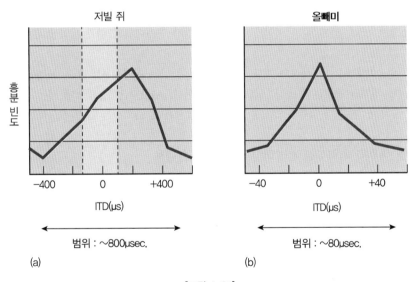

[그림 4-24]

(a) 저빌 쥐의 상올리브핵 신경세포의 ITD 조율 곡선
(b) 가면 올빼미의 하구 신경세포의 ITD 조율 곡선

② **포유류의 광대역 ITD 조율 곡선**

포유류에서 ITD 곡선이 넓기 때문에 위치 파악을 위한 부호화는 광대역으로 조율된 많은 신경 세포에 기초하는 것으로 제안한다.

㉠ 우반구에는 왼쪽에서 나는 소리에 반응하는 광대역으로 조율된 신경세포, 좌반구에는 오른쪽 에서 나는 소리에 반응하는 광대역으로 조율된 신경세포가 존재한다.

㉡ 위치 파악은 이 두 종류의 광대역 신경세포들의 반응 비율로 표시된다.

③ **두 귀를 이용한 위치 파악의 신경 기제 연구 정리**

㉠ 조류

세밀하게 조율된 신경세포를 기반으로 하는 ITD 조율 곡선. 특정 위치에 있는 신경세포의 흥분 에 의해 ITD를 알 수 있다. 소리의 위치 부호는 장소 부호이다.

㉡ 포유류

광대역으로 조율된 신경세포를 기반으로 하는 ITD 조율 곡선. 광대역으로 조율된 신경세포의 반응 비율로 ITD를 알 수 있다. 위치 부호는 분산 부호이다.

**(4) A1 영역과 청각 벨트 영역에서의 위치 파악**

① **A1 영역에서의 위치 파악**

흰 담비, 고양이를 대상으로 한 뇌 절제(손상) 시술 실험을 통하여 A1 영역뿐 아니라 A1의 외부 를 파괴하거나 불활성화시키자 위치 파악이 나빠지는 것을 발견한다.

② **고차 청각 영역에서의 위치 파악(예 벨트 영역, 벨트 주변 영역)**

㉠ 벨트 영역, 벨트 주변 영역과 같은 고차 청각 영역에서의 위치 파악에 대한 연구는 현재 초 기 단계이다.

㉡ 원숭이의 A1 신경세포와 벨트 영역 뒷부분에 있는 신경세포의 조율 곡선을 비교한 결과, 벨 트 영역의 뒷부분의 공간 조율이 더 세밀하며, A1보다 벨트 영역에 있는 신경세포가 음원의 위치에 대해 더 정확한 정보를 제공함을 발견했다.

**(5) 관자엽 이후의 처리 : 청각의 어디 경로와 무엇 경로**

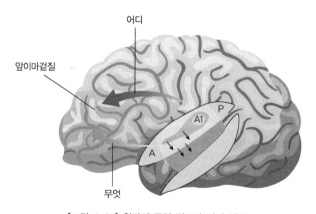

[그림 4-25] 청각의 무엇 경로와 어디 경로

① **청각의 무엇 경로와 어디 경로**

핵심 영역과 벨트 영역에서 앞이마겉질로 뻗어 있는 두 경로이다.

㉠ 무엇 경로([그림 4-25]의 초록 화살표)

핵심 영역과 벨트 영역의 앞부분에서 나오는 무엇 경로는 소리의 정체를 파악하는 것과 관련되며, 벨트 영역 뒷부분은 공간적인 조율과 연합한다.

㉡ 어디 경로([그림 4-25]의 검정 화살표)

핵심 영역과 벨트 영역의 뒷부분에서 나오는 어디 경로는 소리의 위치를 파악하는 것과 관련되며, 벨트 영역 앞부분은 여러 유형의 소리를 파악하는 것과 연합한다. 원숭이의 A1 영역 신경세포는 단순한 소리에 의해 활성화되는 반면, 벨트 영역 뒷부분의 신경세포는 복잡한 소리에 반응한다.

② **청각 경로에서 무엇 경로와 어디 경로의 차이에 대한 증거**

뇌 절제 및 냉각, 뇌영상 연구는 위치 파악에서 A1 영역이 중요하다는 점과 더불어 위치에 관한 처리는 벨트 영역에서도 일어나며, 관자엽에서 시작해서 이마옆의 앞이마 영역까지 뻗어 있는 어디 처리 흐름에서 계속 일어난다는 것을 보여준다.

㉠ 고양이의 청각 영역 냉각 연구

ⓐ 청각 영역 앞부분 : 무엇 경로와 관련

앞부분 비활성화 시 소리 구분 능력 손상, 소리 위치 파악 능력 온전함

ⓑ 청각 영역 뒷부분 : 어디 경로와 관련

뒷부분 비활성화 시 소리 구분 능력 온전, 소리 위치 파악 능력 손상됨

㉡ 사람의 뇌 손상 사례 연구

ⓐ 관자엽 손상 환자 J.G.

소리 위치 파악은 온전한 반면, 소리 재인 기능(무엇 흐름) 손상됨

ⓑ 마루엽 손상 환자 E.S.

소리 재인은 온전한 반면, 위치 파악 능력(어디 흐름) 손상됨

㉢ 사람을 대상으로 한 뇌 영상 연구에서도 청각의 무엇 경로와 어디 경로가 구분되어 있다는 것을 지지하는 증거가 발견되었다.

**3** 실내에서 소리 듣기

① 소리의 환경과 성질

소리를 듣는 환경에 따라 소리의 성질이 달라지며, 이는 직접음과 간접음을 통해 구분이 가능하다.

ⓐ 직접음(direct sound)

귀에 직접 들어오는 소리로, [그림 4-26]의 경로 1을 따라 들어온다. 야외([그림 4-26] (a))에서는 주로 직접음만을 듣게 된다.

ⓑ 간접음(indirect sound)

귀에 나중에 도달하는 소리로, [그림 4-26]의 경로 2, 3, 4와 같은 경로를 거쳐 들어온다. 실내([그림 4-26] (b))에서는 직접음과 간접음을 함께 듣게 된다.

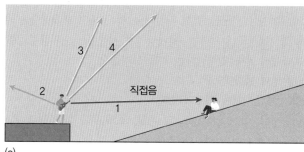

(a)

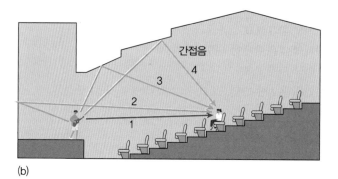

(b)

[그림 4-26]

(a) 야외에서 소리를 들으면 주로 직접음(경로 1)만을 듣는다.
(b) 실내에서 소리를 들으면 직접음(경로 1)과 벽, 마루, 천정 등에서 반사된 간접음(경로 2, 3, 4)을 듣는다.

② 소리의 시간 지연과 위치 지각 문제

소리가 한 지점에서 나는데도 소리는 여러 방향에서 조금씩 시간차를 두고 청자의 귀에 도달한다. 하지만 우리는 일반적으로 소리가 한 지점에서만 나는 것으로 지각한다.

**(1) 귀에 도달하는 시간이 다른 두 소리 지각하기**

① **선행 효과(precedence effect)**

두 소리 간 지연시간이 매우 짧은 경우, 귀에 먼저 도달한 음원에서 소리가 난 것으로 지각하기 때문에 하나의 음원에서만 소리가 나는 것으로 지각하는 효과이다.

**(2) 건축 음향학**

① **건축음향학(architectural acoustics)**

소리가 방에서 어떻게 반사되는가를 다루는 분야로, 간접음이 어떻게 우리가 실내에서 듣는 음의 질을 변화시키는가에 대해 관심을 가진다.

② **간접음에 영향을 주는 요인**

가장 중요한 요인은 방의 크기와 벽, 천장, 마루에 의해 흡수되는 음의 양이다. 대부분의 소리가 흡수되면 소리 반사가 거의 없으며, 간접음을 거의 듣지 못하는 반면, 대부분의 소리가 반사되면 소리 반사가 많게 되어 많은 간접음을 듣게 된다.

③ **반향 시간(reverberation time)**

방에서 만들어지는 간접음의 양과 지속시간을 표현하는 방식으로, 소리가 원래 압력 수준의 1000분의 1로 감소하는데(또는 강도가 60Db 줄어드는데) 소요되는 시간이다.

㉠ 반향시간이 긴 경우

반사된 소리가 오래 지속되어 소리가 뒤죽박죽으로 들리며, 벽이 돌로 장식된 성당과 같이 극단적인 경우 지연된 반사음이 메아리로 들리고, 소리 위치를 파악하기가 어려울 수 있다.

㉡ 반향시간이 짧은 경우

반사된 소리가 너무 짧으면 음악은 죽은 것처럼 들리고 강도가 큰 소리를 만들어 내기 어렵다.

④ **연주회장의 음향**

반향시간 외에도 친밀시간, 베이스 비율, 공간성 요인을 고려해야 좋은 음향을 만들어낼 수 있다.

㉠ 친밀시간(intimacy time)

음이 무대에서 직접 도달하는 시간과 첫 반사음이 도달하는 시간 간의 시간간격이다.

㉡ 베이스 비율(bass ratio)

벽이나 다른 표면에 반사되는 저주파음과 중간 주파음의 비율이다.

㉢ 공간성 요인(spaciousness actor)

청자가 수용하는 모든 간접음의 비율이다.

⑤ **강의실의 음향**

반향시간 외에 신호 대 잡음비를 고려해야 한다.

> **🔔 너 알아두기 🔍**
>
> **신호 대 잡음비(signal-to-noise-ratio)**
> 예를 들어 선생님 목소리의 dB과 교실의 배경 소음의 dB 차이이다. 이 값이 +10dB에서 +15dB 혹은 그 이상인 것이 이상적이며, 이보다 작으면 학생들이 선생님이 말하는 것을 듣는 데 어려움을 겪는다.

### 4 청각 조직화 : 장면 분석

청각계는 시각과 달리 공간 정보가 없지만, 스펙트럼 정보와 두 귀 간의 시간 차이와 수준 차이를 이용하여 소리의 위치를 파악한다. 음원이 여러 개라는 복잡성이 더해질 경우는 청각 장면 분석이 필요하다.

### (1) 청각 장면 분석의 문제점

① **청각 장면(auditory scene)**
　주위의 각기 다른 곳에서 나는 음원의 배열

② **청각 장면 분석(auditory scene analysis)**
　청각 장면에서 각각의 음원에서 산출된 자극을 분리하는 처리

　　㉠ 기타, 가수 그리고 키보드에서 각기 다른 소리신호를 만들어 내지만, 이 신호들은 청자의 귀에 같이 들어가 하나의 복잡한 파형으로 합쳐진다.

　　㉡ 이 신호에서 각각의 주파수는 기저막을 진동시키나 어떤 진동이 어떤 음원에서 만들어진 것인지를 알려줄 무슨 정보가 소리신호에 들어 있는지 분명하지 않다.

### (2) 음원을 분리하기 (중요도 중)

음원 분리는 청각 장면의 요소가 지각적으로 조직화하는 원리에 기초하며, 청각 장면을 여러 개의 구성 요소로 분석하는 데는 여러 가지 유형의 정보가 사용된다.

① **위치**
　ITD와 ILD와 같은 위치 단서는 공간상 떨어져 있는 두 소리의 분리를 도와주며, 음원이 이동하는 경우 연속적인 경로를 하나의 음원에서 나는 소리로 지각하는 것을 도와준다.

② **구동시간**
　두 소리가 시작하는 시간이 조금 다르면 각기 다른 음원에서 나왔을 가능성이 높다.

③ **음고와 음색**
　음고와 음색의 유사성에 의한 집단화를 통해서도 청각 장면의 분석이 이루어진다.

　　㉠ 청각 흐름 분리(auditory stream segregation)
　　　두 개의 소리 흐름이 음고가 다를 때 음고가 같은 음끼리 집단화하여 분리되어 지각되는 현상이다. 고음과 저음이 섞인 악보를 하나의 악기가 빠른 속도로 연주하면 높은 음과 낮은 음이라는 두 개의 분리된 가락이 서로 다른 악기로 연주되는 것처럼 지각하게 된다. 암시된 다성 음악(implied polyphony) 또는 복합 가락선(complex melodic line)이라고도 부른다.

　　㉡ 음의 제시 속도
　　　흐름 분리는 음고뿐만 아니라 음이 제시되는 속도에도 영향을 받는다. 높은 음과 낮은 음의 제시 속도가 느린 경우, 즉 교대 속도가 느린 경우 청각 흐름이 분리되어 지각되지 않게 된다.

　　㉢ 구보 현상
　　　한 흐름에서는 동일한 음이 반복되고 다른 흐름에서는 음이 계속 올라가며 제시되는 경우, 처음에는 두 흐름이 분리되어 반복되는 소리와 계속 올라가는 음계를 지각하게 된다. 그러나 두 흐름의 주파수가 비슷해지면 음고의 유사성에 의한 집단화가 일어나 두 흐름의 음이 서로 번갈아 들리는 구보 현상이 일어나게 된다. 음계가 계속 올라가 두 흐름의 주파수가 벌어지는 경우 다시 분리되어 지각하게 된다.

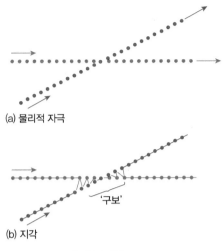

[그림 4-27]

(a) 두 개의 자극 연쇄 : 같은 음의 연쇄(회색)와 음계(초록색)
(b) 지각 : 두 연쇄의 음고가 다르면 두 개의 분리된 흐름이 지각된다. 그러나 두 연쇄의 음고가 비슷해지면 두 연쇄의 음이 번갈아 들리는 구보 현상이 나타난다.

ㄹ 음계 착각(scale illusion)/선율 통로화(melodic channeling)

오른쪽 귀에는 높은 음부터 시작하는 오르락내리락하는 음을, 왼쪽 귀에는 낮은 음부터 시작하는 오르락내리락하는 음을 동시에 들려주었을 때, 음고 유사성에 의한 집단화로 인해 오른쪽 귀에는 연속된 높은 음을, 왼쪽 귀에서는 연속된 낮은 음을 지각하게 되는 현상이다.

[그림 4-28]

(a) Deutsch(1975)의 음계 착각 실험에서는 이 음들을 왼쪽 귀(초록색)와 오른쪽 귀(회색)에 동시에 들려주었다. 각 귀에 들리는 소리들이 오르락내리락하는 것에 주목하라.
(b) 각 귀에 주어지는 음은 오르락내리락하지만 청자들은 각 귀에서 부드럽게 이어지는 음을 듣는다. 이 효과를 음계 착각 또는 선율 통로화라고 한다.

ⓜ 대부분의 경우 청각 집단화의 원리는 우리가 주위에서 일어나는 일들을 정확하게 해석하는 것을 도와주는데, 비슷한 소리는 같은 원천에서 비롯된다고 지각하는 것이 가장 효율적이다.

④ **청각적 연속** 중요도 중

일정하게 유지되거나 부드럽게 변하는 소리는 같은 음원에서 산출되는 소리이다. 이러한 소리의 속성은 주파수가 같거나 천천히 주파수가 변하는 소리 자극은 다른 자극에 의해 중간에 중단되어도 연속적인 소리로 지각되는 현상을 유도한다([그림 4-29]).

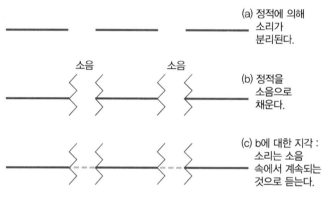

[그림 4-29] 음을 이용한 부드러운 연속의 예

⑤ **경험**

㉠ 멜로디 도식(melody schema)

익숙한 노래 멜로디를 듣는 경우, 원래보다 옥타브를 높게 조작하여도 멜로디를 알아차릴 수 있다. 이는 기억에 저장된 친숙한 멜로디의 표상인 멜로디 도식의 작동을 보여준다.

㉡ 이처럼 경험 또한 청각 자극의 지각 집단화에 영향을 미칠 수 있다.

**5** **청각 조직화 : 운율 지각**

음들의 시간적 패턴([그림 4-31])에서 리듬 패턴과 운율 구조를 볼 수 있다.

① **리듬 패턴**(rhythmic pattern, [그림 4-30] 위의 초록 선)
음들의 시간적 패턴에서 시간상의 일련의 변화이다.

② **운율 구조**(metrical structure, [그림 4-30] 아래의 회색 화살표)
리듬 패턴에 기저하는 보다 규칙적인 음악의 시간 요소는 박자로, 음악의 밑에 깔린 박자를 운율 구조라 한다.

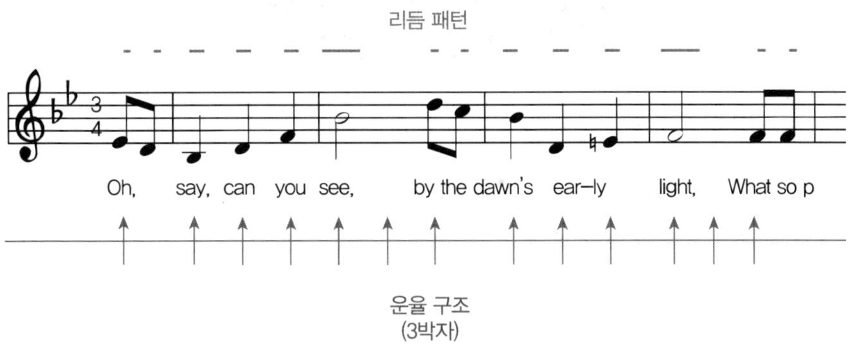

리듬 패턴

운율 구조
(3박자)

**[그림 4-30] 미국 국가의 첫 소절**

▶ 음악 기호 위에 있는 푸른 선이 시간 패턴을 보여준다. 시간상의 일련의 변화를 리듬 패턴이라 한다. 리듬 패턴
에 기저하는 보다 규칙적인 음악의 시간 요소는 박자이다. 어떤 음악의 밑에 깔린 박자를 운율 구조라 하는데,
그림에서 미국 국가 아래 붉은 화살표로 표시되어 있다.

## (1) 운율 구조와 마음

하나의 자극이 두 가지 혹은 그 이상으로 지각될 수 있는 자극으로, 메트로놈의 규칙적인 청각 박자를
그 예시로 들 수 있다. 시각과 마찬가지로 청각에서도 애매한 자극을 제시할 경우 물리적인 자극이 같
은데도 마음 속에서 운율 구조를 변화시키는 능력이 발견된다.

## (2) 운율 구조와 움직임

① 움직임이 박자의 지각 집단화나 운율 구조에 영향을 미칠 수 있음
규칙적으로 반복되는 애매한 리듬을 들을 경우, 영아와 성인 모두 실제 움직인 박자와 일치하는
패턴을 지각하였다. 이 효과는 시각과는 무관하였으며, 본인의 실제 움직임이 동반된 경우에만
발견된다.
② **전정계(vestibular system)**
몸의 균형과 몸의 위치를 판단하는 것을 담당하는 기관이다. 움직임이 운율 구조 지각에 영향을
미치게 하는 결정적인 요인은 전정계를 자극하는 것이다.

## (3) 운율 구조와 언어

① **모국어의 언어 강세 패턴**
㉠ 언어가 구성되는 방식의 차이 때문에 언어마다 강세 패턴이 다르다.
㉐ 영어 : 단-장(강세 없음-강세), 일본어 : 장-단(강세-강세 없음)
㉡ 긴 음과 짧은 음을 교대로 제시되는 소리를 들은 경우, 영어가 모국어인 사람들은 해당 소리
를 단-장으로 십난화하는 성향이 많았던 반면, 일본어가 모국어인 사람들은 장-단으로 집단
화하는 경향이 많았다.
㉢ 이러한 변화는 영아들의 언어 능력이 발달하기 시작하는 시기인 생후 6개월~8개월 사이에
일어나는 것으로 가설화된다.

# 제 3 장 청각 패턴 지각

이번 장에서는 먼저 말소리 자극의 특성과 조음 기관을 소개하고, 변동성이 높은 물리적 음향 신호가 말소리로 지각될 때 영향을 미치는 다양한 요인을 살펴본다. 말소리의 가장 작은 단위인 음소 지각을 중심으로 연속적인 말소리에 대한 범주적 지각이 이루어지는 방식을 상세히 다루고, 말소리 지각과 관련된 신경 기제의 구조와 경로를 알아본다. 말소리 지각과 움직임의 관계, 영아의 말소리 학습에 대해 다룬다.

**출제 경향 및 수험 대책**

말소리 지각의 처리 과정에 영향을 미치는 요인과 범주적 지각의 특성을 중점적으로 학습한다. 말소리 지각과 관련된 신경 기제의 구조와 함께 경로를 이해한다. 물리적 자극인 음향 신호와 말소리 지각의 구성 단위를 이해한다.

## 제 1 절 말소리 지각

### 1 말소리 자극

① 주파수와 같은 측면뿐 아니라 화자가 단어를 발음하면서 발생하는 소리의 갑작스러운 시작과 멈춤, 소리 끊김, 그리고 소음의 측면에서 소리를 기술할 수 있다.
② 말소리에서 단어는 화자가 말을 하며 문장을 엮으며 만들어내는 의미를 말소리에 더하는 역할을 하는데, 이러한 의미들은 들어오는 자극에 대한 우리의 지각에 영향을 준다.
③ 우리가 '무엇을 지각하는가?'하는 것은 물리적 소리 자극뿐만 아니라 우리가 듣고 있는 것을 해석하는데 도움을 주는 인지적 과정에 의존한다.

### (1) 음향신호

① **음향 자극(acoustic stimulus)/음향신호(acoustic signal)**
물리적 소리 자극으로, 음성기관에서 생성되는 공기 중의 압력 변화 패턴이다.
○ 성도
대부분 말소리에 대한 음향신호는 폐로부터 성대를 지나 성도로 밀려 올라오는 공기에 의해 생성되는데, 생성된 소리는 성도의 모양에 따라 달라진다([그림 4-31]).
○ 조음기관(articulators)
성도의 모양은 혀, 입술, 이, 턱, 연구개(입천장) 같은 구조들을 포함한 조음기관이 움직여서 바뀌게 된다.

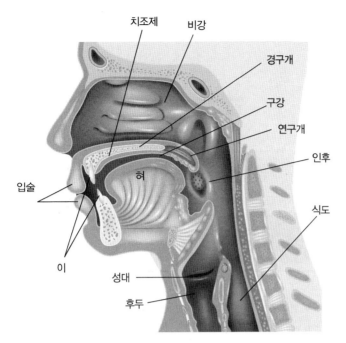

[그림 4-31] 비강, 구강, 그리고 기도와 혀, 입, 입술, 성대와 같이 움직이는 구성요소를 포함하는 성도

② 모음이 만들어지는 과정

성대가 진동하며 만들어지고, 각 모음의 특정한 소리는 성도의 전체적 모양을 변화시켜서 만들어진다. 성도의 변화는 성도의 공명 주파수의 변화를 일으키며, 여러 개의 상이한 주파수에서 압력 변화의 정점이 생성된다.

㉠ 포르만트(formant) 중요도 중

정점이 발생되는 주파수로, 각 모음은 특징적인 일련의 포르만트를 지닌다.

예 첫 번째 포르만트는 가장 낮은 주파수에, 두 번째 포르만트는 그 다음으로 낮은 주파수에 있는 방식

㉡ 분음파형도(sound spectrogram)

말소리의 음향신호를 이루는 주파수와 강도의 패턴을 시간 경과에 따라 나타낸 것이다([그림 4-32]). 주파수는 세로축에 시간은 가로축에 나타내며, 음영이 짙으면 더 큰 강도임을 나타낸다. 세로선은 성대의 진동으로 야기된 압력 진동을 나타내며, [그림 4-32]의 F1, F2, F3는 read 의 /e/ 소리와 연합된 포르만트를 나타낸다.

㉢ 포르만트 이동(formants transition)

포르만트의 앞 또는 뒤에 있는 주파수의 이동으로, 자음과 연합되어 있다. [그림 4-32]의 T2와 T3는 read 의 /r/과 연합된 포르만트 이동이다.

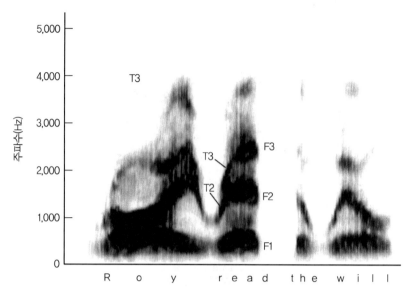

[그림 4-32] 첫 번째 (F1), 두 번째 (F2), 세 번째(F3) 포르만트와 T2, T3의 포르만트 이동을 보여주는
"Roy read the will" 문장에 대한 분음파형도

### (2) 말소리의 기본 단위 (중요도 상)

① 음소(phoneme)

말소리의 가장 작은 단위이며, 음소가 바뀌면 단어의 의미가 바뀐다.

② 음소의 수는 각 특정 언어마다 다르므로, 음소는 그 언어에서 사용되는 소리의 측면에서 정의된다.

③ 한 단위의 소리가 끝나면 다른 단위의 소리가 시작되는 식이 아니라, 이웃한 소리들이 서로 겹쳐 있다.

## 2 음소와 음향신호 사이의 가변적 관계 (중요도 중)

### (1) 맥락에서 나오는 변동성

① 음향 신호와 지각된 소리 간의 가변적 관계

음소와 연합된 음향신호는 그 맥락에 의존해 변화한다.

② 동시조음(coarticulation)

이웃한 음소를 조음할 때 생기는 중첩이다.

　예 bat와 boot : bat의 경우 /b/를 발음할 때 입술이 동그랗게 되지 않지만, boot의 경우 /oo/와 중첩되어서 /oo/를 발음하기 전에 입술이 동그랗게 된다.

③ 지각적 항등성(perceptual constancy)

음향신호가 동시조음 때문에 변하게 되어도 우리가 동일한 음소를 지각하는 것은 지각적 항등성의 한 예시이다.

**(2) 다양한 화자에서 발생하는 변동성**

① **상이한 화자에 따른 말소리의 광범위한 변동성**

사람들은 같은 단어를 다른 방식으로 말한다.

② **화자의 불분명한 발음에 따른 말소리의 변동성**

다양한 단어와 음소에 대한 발음은 화자에 따라 상이하게 나타난다.

## 3 음소 지각

**(1) 범주적 지각(categorical perception) (중요도 상)**

연속선상에 있는 자극이 별개의 범주로 구분되어 지각되는 경우에 발생한다.

① **음성구동시간(VOT : voice onset time)**

말소리의 연속성을 보여주는 특성으로, 소리의 시작과 유성화에 동반되는 성대 떨림의 시작 사이에 존재하는 시간적 지연이다.

예 [그림 4-33]의 /da/는 17ms, /ta/는 91ms. /d/는 VOT가 짧고 /t/는 VOT가 길다.

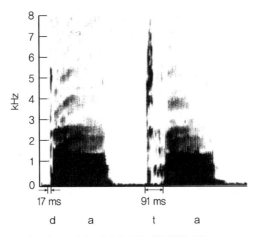

[그림 4-33] /da/와 /ta/에 대한 분음파형도

▶ 음성구동시간(소리의 시작과 성대 울림의 구동 사이의 시간)은 각 소리에 대한 분음파형도의 초기에 나타난다.

② **음소 경계(phonetic boundary)**

㉠ 컴퓨터를 이용한 연구에서 /da/와 /ta/ 사이의 음성 자극을 들려준 결과, VOT가 넓은 범위에 걸쳐 연속적으로 변화함에도 피험자들은 /da/또는 /ta/만 들었다고 보고했다.

㉡ 음소 경계는 [그림 4-35]의 /da/가 /ta/로 변화해서 지각할 때의 VOT를 말한다. 음소 경계의 왼쪽에 있는 VOT에서는 /da/가, 오른쪽에 있는 VOT에 대해서는 /ta/가 지각된다.

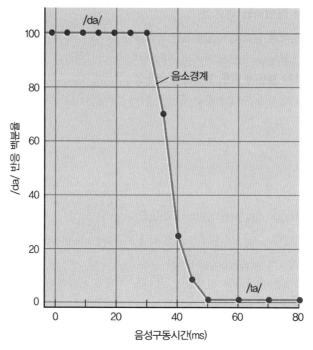

[그림 4-34] 범주적 지각 실험의 결과는 음성 경계의 왼쪽에 있는 VOT에 대해서는 /da/가 지각되고,
음성 경계의 오른쪽에 있는 VOT에 대해서는 /ta/가 지각된다.

ⓒ 변별 검사(discrimination test)

음소 경계를 이용하여, VOT가 상이한 두 자극을 제시하였을 때 두 소리가 같게 들리는지 다르게
들리는지 알아보는 검사이다.

ⓔ 음소 경계가 같은 편에 있는 모든 자극을 동일한 범주로 지각되는 것은 청각에서의 지각적
항등성의 예시이다.

## (2) 얼굴이 제공하는 정보

### ① 다중 양상(muiti-modal)

말소리 지각의 특성으로, 말소리에 대한 지각이 여러 가지의 상이한 감각에서 오는 정보에 의해
영향을 받을 수 있다는 것이다.

### ② 청시각적 말소리 지각(audiovisual speech perception) 중요도 중

언어 지각에 청각 정보뿐 아니라 시각 정보가 영향을 미치는 것이다.

ⓐ 맥거크 효과 (McGurk effect)

/ba-ba/ 소리를 듣고 있음에도 화면에 /ga-ga/ 소리를 낼 때의 입술 움직임을 보이는 사람이
나오는 경우, 청자는 /da-da/ 소리를 듣게 되며, 이는 청시각적 말소리 지각의 대표적인 예이다.

ⓑ 청자가 소음이 심한 환경에서 말소리 이해를 돕고자 화자의 입술 움직임의 시각 정보를 일
상적으로 사용하는 방식 또한 청시각적 말소리 지각의 예이다.

③ **청시각적 말소리 지각의 생리적 근거**

ㄱ 독순과 말소리 지각의 동일한 뇌 영역 활성화

ⓐ Gemma Calvert와 동료들의 실험(1997)에서 숫자를 발음하는 입 움직임을 보이는 사람을 찍은 무성 영화를 관찰자에게 보여주며 뇌 활동을 fMRI로 촬영했다.

ⓑ 실험 결과, 보이는 장면에서 나온 숫자를 소리를 내지 않으며 반복(독순), 즉 입술 움직임을 보는 것만으로도 말소리 지각할 때 활성화되는 청각피질 영역이 활성화된다.

ⓒ 맥거크 효과에 신경 기제가 있음을 시사한다.

ㄴ 말소리 지각과 얼굴 지각 사이의 관계

ⓐ Katharina von Kriegstein과 동료들의 실험(2005)에서 청자가 친숙한 화자와 친숙하지 않은 화자가 말하는 문장을 각각 포함하는 과제를 수행할 때의 fMRI 활성화를 측정했다.

ⓑ 모든 조건에서 목소리 지각과 관련된 영역, 즉 위관자고랑(STS : superior temporal sulcus)이 활성화되었지만, 친숙한 화자의 말소리를 들은 조건의 경우 얼굴을 지각하는 영역(FFA : fusiform face area)도 활성화되었다.

## (3) 언어에 관한 우리의 지식에서 오는 정보 `중요도 중`

① **음소 지각에 대한 의미의 효과**

의미 있는 맥락에서 등장하는 음소는 지각하기 쉽다.

예 단어와 비단어 간 반응시간 비교(Philip Rubin, M. T. Turvey와 Peter Van Gelder, 1976)

ㄱ sin, bat, leg와 같은 단어 혹은 jum, baf, teg 같은 비단어를 들려준 후, /b/로 시작되는 소리를 들었을 때 단추를 가능한 빠르게 누르도록 했다.

ㄴ 비단어에 비해 단어의 반응시간이 빠르게 나타났으며, 음소가 단어의 처음에 있는 경우 의미 없는 음절의 처음에 있는 경우보다 빠르게 나타났다.

② **음소복구 효과**(phonemic restoration effect)

음소 지각에 의미가 미치는 효과의 다른 예시로, 음소가 제시되지 않는데도 실제로는 맥락에 따라 들은 것으로 지각하는 효과이다. Richard Warren(1970)에 의해 제안되었다.

ㄱ 음소복구 효과의 예시

Warren의 실험에서 문장을 제시할 때, 한 음소를 기침 소리로 바꾸고 참가자에게 문장의 어디에서 기침 소리가 있었는지 찾게 한 결과, 기침 소리의 올바른 위치를 아무도 찾지 못했을 뿐 아니라, 음소가 빠진 사실도 알아차리지 못했다.

예 "The state governors met with their respective legislatures convening in the capital city."에서 'legistlatures'의 첫 번째 /s/를 기침 소리로 바꾸었다.

ㄴ 음소복구 효과에서 단어 뒷부분 의미의 효과

Warren은 음소복구 효과가 빠진 음소에 뒤따르는 단어의 의미에 의해 영향을 받음을 보여주었다.

예 "There was time to *ave."라는 문장의 마지막 단어의 첫 번째 음소를 기침이나 다른 소리로 바꾼 결과, 참가자들은 문장의 나머지 부분이 친구에게 안녕이라고 말한다는 의미와 관련될 때 'shave', 'save', 'rave'와 같은 단어가 아닌 'wave'로 지각하였다.

ⓒ 말소리 지각의 하향처리와 상향처리

Arthur Samuel(1981)은 음소복구 효과를 사용하여 말소리 지각이 사람의 기대를 낳는 맥락(하향처리)와 음향신호의 본질(상향처리) 모두에 의해 결정됨을 보였다.

ⓐ 음소복구 효과와 음향신호의 본질(상향처리)

음소를 차폐하는 소리와 음소가 주파수와 같은 특성이 유사한 경우에 복구가 잘 일어나며, 차폐음이 음소와 유사한 소리가 아니라면 음소 복구는 덜 일어나게 된다.

예 고주파 에너지가 큰 비중으로 있는 차폐음의 경우, 고주파 음향 에너지가 풍부한 /s/와 같은 음소에 대한 복구 효과가 나타나기 쉽다.

ⓑ 음소복구 효과와 맥락(상향처리)

음소복구 효과는 단어의 길이가 길수록 발생하기 쉬우며, 진짜 단어가 유사 단어보다 복구가 더 일어나기 쉬운데, 이는 추가 맥락을 사용할 수 있기 때문이다.

예 prOgress(진짜 단어, 대문자 단어가 가려진 음소를 나타냄), crOgress(유사 단어).

## 4 단어 지각

### (1) 문장 속의 단어 지각

① 단어에 대한 지식이 문장을 읽는 능력에 도움을 줌

문장 속에서 단어가 불완전한 경우에도 단어를 읽을 수 있다(Denes & Pinson, 1993).

예 1 : M*R* H*D* L*TTL* L*MB I*S FL** C*W*S WH*T* *S SN*W

예 2 : TH* S*N *S N*T SH*N*NG T*D**

예 3 : S*M W**DS *R*EATRT* U*D*R*N*T A* *T*E*S

② 의미성이 구어 단어 지각에 미치는 영향

㉠ 참가자에게 자극을 들려주고, 들은 것을 따라하도록 하는 따라하기(shadowing) 기법을 사용한 실험(George Miller & Steven Isard, 1963)

㉡ 세 가지 유형의 자극

ⓐ 정상적인 문법에 맞는 문장

예 Gadgets simplify work around the house.

ⓑ 문법에는 맞지만 아무런 의미가 없는 이상한 문장

예 Gadgets kill passengers from the eyes.

ⓒ 단어들의 비문법적 연결

예 Between gadgets highways passengers the steal.

㉢ 따라하기 과제 수행에서 정상 문장(89%), 비정상문장(79%), 비문법적 연결(56%) 순의 정확도를 보였다.

㉣ 배경소음 속에서 과제 수행 시 정확도의 차이는 더 커졌다.

→ 정상문장(63%), 비정상문장(22%), 비문법적 연결(3%)

ⓜ 문장과 같은 단위에서 단어들이 의미 있는 패턴으로 배열될 때 쉽게 지각하며, 이는 소음이 심한 환경과 같은 덜 이상적인 조건 또는 화자의 목소리 상태나 억양을 이해하기 어려울 때 특히 중요하다.

## (2) 일련의 단어 사이에 있는 끊김을 지각하기

① 말소리 분절(speech segmentation)

　ⓐ 연속적인 말소리 신호에서 개별 단어를 분절하여 지각한다.

　　예 [그림 4-35]의 'speech segmentation'

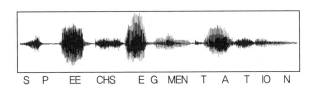

[그림 4-35] 'speech segmentation' 단어에 대한 소리 에너지

▶ 이 기록을 보고 한 단어가 끝나고 다른 단어가 시작되는 곳을 지적하기는 어렵다는 것에 주목하라.

　ⓑ 의미와 사전 지식, 또는 경험은 소리를 단어로 조직하는 역할을 한다.

② 이행 확률(transitional probabilities)

　ⓐ 한 소리가 다른 소리에 뒤따라 나올 확률로, 모든 언어는 상이한 소리에 대한 이행 확률이 존재한다.

　ⓑ 소리별 이행 확률은 말소리 분절에 중요한 역할을 한다.

　　예 pretty baby 라는 단어에서 pre 와 ty 는 이행 확률이 높으며(pre-tty), ty 와 ba 는 이행 확률이 낮으므로, 두 개의 단어(pretty baby)가 있게 된다. 따라서 prettybaby 구에 있는 공백은 pretty 와 baby 사이에 있을 가능성이 높다.

③ 통계적 학습(statistical learning) 중요도 중

언어의 이행 확률과 그 언어의 다른 특성에 관해서 학습하는 과정이다. Saffran과 동료들(1996)은 생후 8개월 정도의 어린 영아에게도 통계적 학습 능력이 있음을 보여주는 실험을 수행하였다.

　ⓐ 무의미 단어 자극 제시

　　bidaku, padoti, golabu, tupiro 같은 네 개의 무의미 단어를 무선으로 조합하여 2분간 지속하는 연속음을 만들고 영아에게 들려주었으며, 음높이도 같고 단어 사이의 끊김이 없었다.

　ⓑ 전체-단어 검사/부분-단어 검사

　　무의미 단어 자극을 단어로 지각하는지 알아보기 위해 세 음절 자극의 쌍을 제시하였다.

　　　ⓐ '전체-단어' 검사

　　　　이전에 제시되었던 padoti 같은 단어 전체를 이용한 검사이다.

　　　ⓑ '부분-단어' 검사

　　　　tibida처럼 한 단어의 끝 부분과 다른 단어의 시작 부분을 합해 만든 것이다.

    ⓒ 영아의 말소리 지각 시 이행 확률 사용

       소리가 나오고 있는 스피커 옆에 깜빡이는 불빛을 제시해서 영아가 각 소리에 얼마나 오랫동안 각 소리를 듣는 지 측정한 결과, 영아는 부분-단어 자극을 더 오래 들었다. 이행 확률을 사용하는 능력은 아주 초기에 시작됨을 보여주는 결과이다.

## (3) 화자의 특성을 고려하기

  ① **색인 특성(indexical characteristics)**

    어떤 말을 받아들일 때, 깨닫지도 못하는 와중에 화자가 가진 목소리의 특징을 받아들이는 것이다.

    ⑩ 화자의 나이, 성별, 출신 지역, 정서적 상태 등

  ② **화자의 정체가 말소리 지각에 미치는 영향을 보여준 연구**

    ㉠ Thomas Palmeri, Stephen Goldinger, 그리고 David Pisoni(1993)는 참가자가 일련의 단어를 듣는 상황에서 화자의 정체가 미치는 효과를 보여주었다.

    ㉡ 각 단어 뒤에 청자는 그 단어가 처음 등장하는 단어인지 아니면 이전에 등장한 적이 있는 단어인지를 지적하도록 했을 때, 각 단어를 여러 다른 화자가 말했을 경우보다 동일한 화자가 말했을 경우에 더 빠르고 정확하게 반응하였다.

    ㉢ 청자가 단어에 관한 정보를 단어의 의미와 말하는 사람 목소리의 수준에서 받아들였다.

  ③ **말소리 지각에 대한 하향 정보와 상향 정보의 상호 의존성**

    ㉠ 하향 정보 : 청자가 가지고 있는 지식 혹은 의미

    ㉡ 상향 정보 : 음향신호가 제공하는 정보

    ㉢ 정보의 대부분은 음향 신호에 담겨 있지만, 의미와 색인 특성을 고려함으로써 말소리 이해를 더욱 쉽게 할 수 있다.

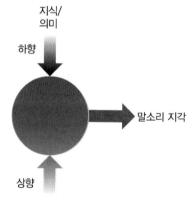

[그림 4-36]

▶ 말소리 지각은 (지식과 의미에 기반을 둔) 하향처리, (그리고 음향신호에 바탕을 둔) 상향처리가 함께 작용한 결과이다.

**5** **말소리 지각과 뇌** 중요도 상

**(1) 말소리 지각의 대뇌겉질 위치**

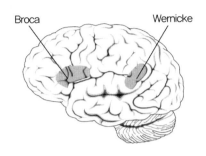

[그림 4-37] Broca와 Wernicke 영역

① **브로카 영역(Broca area)**
　㉠ 이마엽에 위치하며, 말소리 생성에 중요한 역할을 한다.
　㉡ 브로카 실어증(Broca aphasia)
　　브로카 영역이 손상된 환자는 말소리 이해는 온전한 반면 말을 하는 데 어려움을 겪으며 짧은
　　문장만을 말할 수 있다.

② **베르니케 영역(Wernicke area)**
　㉠ 관자엽에 위치하며, 말소리 이해에 중요한 역할을 한다.
　㉡ 베르니케 실어증(Wernicke aphasia)
　　베르니케 영역이 손상된 환자의 경우 말을 유창하게 할 수 있지만, 말하는 내용이 체계가 없고
　　의미가 없다. 또한, 말소리 이해에 어려움을 겪는다.
　㉢ 단어농(word deafness)
　　가장 극단적인 베르니케 실어증의 형태로, 순음을 듣는 능력은 이상이 없는 반면, 단어를 인식할
　　수 없다.

③ **목소리 영역과 목소리 세포**
　㉠ 목소리 영역
　　Pascal Belin과 동료들(2000)이 fMRI를 통해 찾은 영역으로, 인간의 위관자 고랑(superior
　　temporal sulcus, STS)에 위치하며, 다른 소리보다 사람의 목소리에 더 활성화된다.
　㉡ 목소리 세포(voice cell)
　　Catherine Perrodin과 동료들(2011)이 기록한 신경세포로, 다른 동물들의 부르는 소리 또는 '목
　　소리 아닌' 소리보다 원숭이끼리 부르는 녹음된 소리에 더 강하게 반응하는 세포이다.
　㉢ '목소리 영역'과 '목소리 세포' 둘 다 관자엽에 위치하며, '무엇' 경로에 포함된다.

④ **말소리 지각의 이중-흐름 모형(dual-stream model of speech perception)**
　말소리 지각과 관련하여 대뇌겉질 조직이 복측(무엇) 또는 배측(어디) 경로라는 이중 흐름으로
　구성된다는 제안이다([그림 4-38], Hikock & Poeppel, 2007).

ⓒ 복측(또는 무엇) 경로

관자엽에서 시작하는 경로로, 목소리의 재인을 담당한다.

ⓒ 배측 (또는 어디) 경로

마루엽에서 시작하는 경로로, 말을 생성하는 움직임과 음향신호의 관련을 담당한다.

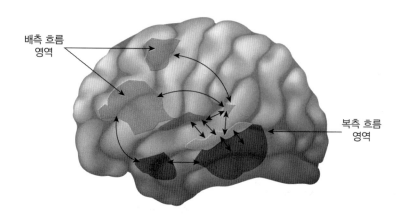

[그림 4-38] 배측 복측 흐름 영역

출처 : Hickok, G., & Poeppel, D. (2007). The cortical organization of speech processing. Nature reviews neuroscience, 8(5), 393-402.

## (2) 대뇌겉질 신호로부터 말소리를 재구성하기

① **말소리 해독기** : 말소리 영역에 있는 전기적 신호 패턴이 말소리로 표상되는 방식이다.

ⓐ Pasley와 동료 연구자들(2012)은 뇌 수술이 필요한 간질 환자를 대상으로, 뇌 표면에 전극을 부착하여 말소리를 제시 후 전극의 신호를 기록하였다.

ⓑ 다양한 전극에서 기록된 활동으로부터 나온 말소리 자극에서 주파수 패턴의 여부를 파악하고, 이 활동 패턴을 말소리 해독기가 분석했다.

② **'재구성된' 분음 파형도**

제시된 말소리를 바탕으로 말소리 분음 파형도를 재구성하며, 이는 뇌에 부착된 전극 배열이 기록한 전기적 신호로부터 구성되었기 때문에 '재구성된' 분음 파형도라고 부른다.

③ **결과 활용**

재구성된 분음파형도의 주파수 패턴을 소리로 바꿔 주는 재생 기구를 사용했을 때, 환자가 듣고 있는 단어처럼 재인될 수 있는 말소리로 듣는 것이 가능했다. 이러한 기구를 활용하면 말을 하지 못하는 환자들이 자신의 생각을 말소리로 변환하여 의사소통을 할 수 있게 해 주는 것이 가능할 것이다.

## 6 말소리 지각 그리고 행위

### (1) 말소리 지각의 운동 이론(motor theory of speech perception)

Alvin Liberman과 동료들이 제안한 이론으로, 말소리 지각과 생성 사이의 밀접한 연계에 주목했다.

① 특정한 말소리를 지각하면 혀와 입술 같은 소리의 생성을 담당하는 조음기의 운동을 통제하는 운동 기제를 활성화시킨다.
② 이러한 운동 기제의 활성화는 소리를 지각하게 하는 부수적인 기제를 차례차례 활성화시킨다.
③ 운동 기제의 활성화가 말소리 지각을 위한 첫 단계이다.

### (2) 말소리 지각의 운동 이론을 반박하는 증거

① 대부분의 관련 연구에서 운동 이론을 반박하는 결과를 얻었다.
　예 말소리 운동 기제가 기능하지 않는 뇌 손상을 입은 환자도 말소리 지각을 온전하게 한다.
② 오늘날 말소리 연구자들은 대체적으로 운동 기제에 대한 활성화가 말소리 지각을 위한 필요 조건이라는 생각을 거부한다. 그러나 운동 기제와 말소리 지각 사이의 연계에 대한 증거는 존재한다.

### (3) 운동 기제와 말소리 지각 사이의 연계에 대한 증거 중요도 중

① **원숭이의 청시각 거울 신경세포**
　㉠ 원숭이가 소리를 내려는 행위를 수행할 때, 또는 원숭이가 그 행위로부터 나온 결과인 바로 그 소리를 들었을 때 활성화된다(Kohler, 2002).
　　예 땅콩 까기와 같은 행위를 수행할 때/땅콩 까는 소리를 들었을 때
　㉡ 원숭이의 거울 신경세포는 인간의 Broca 영역과 대략적으로 동일한 영역에서 발견된다.
② **말소리 생성과 말소리 지각 간 관련성**
　D'Ausilio와 동료들(2009)은 말소리의 생성과 지각 사이의 연계를 초점 머리뼈 경유 자기자극법(focal transcranial magnetic stimulation) 실험을 통해 입증했다.
　㉠ 실험 설계
　　각 시행에서 제시된 소리가 어떤 소리인지를 가리키는 단추를 가능한 빠르게 누르도록 한 과제에서. 소리 제시 전 뇌의 입술 영역과 혀 영역을 각각 자극한 조건과 아무 자극이 주어지지 않은 기저선 조건 간을 비교했다.
　㉡ 실험 결과
　　ⓐ 순음(예 /b/, /p/) 조음의 생성을 담당하는 운동 겉질 영역(입술 영역) 자극 시 순음에 대한 반응 속도가 증가했다.
　　ⓑ 치음(예 /t/, /d/) 조음의 생성을 담당하는 운동 겉질 영역(혀 영역) 자극 시 치음에 대한 반응 속도가 증가했다.
③ **의의**
　운동 겉질의 활동은 말소리 지각에 영향을 줄 수 있다. 운동 활동과 지각 사이의 밀접한 관계는 시지각뿐 아니라 말소리 지각에서도 유지된다.

## 7 영아 말소리 지각

### (1) 음소의 범주적 지각

#### ① 영아의 범주적 지각 실험

Peter Eimas와 동료들(1971)은 생후 1개월 영아를 대상으로 범주적 지각 실험을 수행했다.

㉠ 소리의 습관화

동일한 언어 소리가 반복 제시될 경우 소리에 대한 습관화로 인하여 영아가 젖꼭지를 빠는 빈도가 감소했다.

㉡ 변별 지각 여부 판단

소리의 습관화 이후, 새로운 자극 제시 시 영아가 젖꼭지를 빠는 빈도가 감소하는지 여부에 따라 변별 지각 여부 판단이 가능하다.

㉢ VOT의 장단에 따른 음소 구별

영아에게 들려주는 음소의 VOT를 20ms(성인에게 /ba/로 들림), 40ms(성인에게 /pa/로 들림), 혹은 60ms, 80ms(둘 다 성인에게 /pa/로 들림)로 점차 증가시켰을 때, 영아의 반응을 관찰했다.

㉣ 실험 결과

ⓐ VOT가 20ms에서 40ms로 변화할 때

VOT가 증가함에 따라 빨기 반응의 빈도가 점차 감소하다가 음소 경계를 지날 때 빨기 반응의 빈도가 다시 증가하는 결과가 나타난다. 이는 영아가 두 소리 간의 차이를 지각하는 것을 의미한다.

ⓑ VOT가 40ms에서 60ms로 변화할 때

VOT의 증가가 빨기 빈도에 미미한 영향을 미치고 있다. 이는 영아가 두 소리의 차이를 거의 조금밖에 지각하지 못하는 것을 의미한다.

ⓒ VOT가 변화하지 않음(통제 집단)

실험 중 계속해서 빨기 반응의 수가 감소했다.

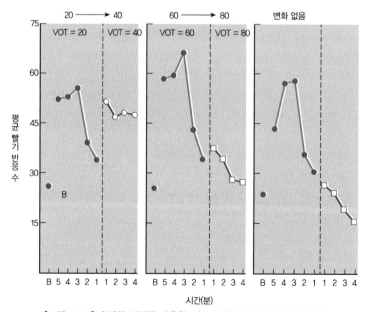

[그림 4-39] 습관화 절차를 사용한 영아의 범주적 지각 실험의 결과

▶ 왼쪽 그래프에서 VOT는 음소 경계를 넘어서 20ms에서 40ms로 변한다.
▶ 중앙 그래프에서 VOT는 음소 경계를 넘지 않고 60ms에서 80ms로 변한다.
▶ 오른쪽 그래프에서 VOT는 변하지 않는다.

  ◎ 의의
  생후 1개월밖에 되지 않는 영아도 성인과 마찬가지로 음소에 대한 범주적 지각 능력을 지닌다.

## (2) 언어 소리의 학습   중요도 중

### ① 청자의 모국어와 음소 지각 능력
언어별로 사용하는 음소에 차이가 있기 때문에, 청자가 사용하는 모국어에 따라 음소 지각 능력에도 차이가 발생한다.
  ⑩ 영어의 /l/과 /r/ 소리를 일본어 모국어 화자는 구별하지 못한다.

### ② 영아의 모국어와 음소 지각 능력
  ㉠ 한 살이 되기 전 모든 문화의 영아는 세상에 존재하는 모든 언어의 말소리를 구분할 수 있으나, 생후 12개월이 되면 모국어에 따라 음소 지각 능력을 잃을 수 있다.
  ㉡ 생후 6개월 일본 영아는 미국 영어의 /r/과 /l/ 사이의 차이를 미국 영아와 마찬가지로 구분할 수 있는 반면, 12개월이 되면 일본 영아는 /r/과 /l/을 혼동하게 된다. 12개월 된 미국 영아는 반대로 /r/과 /l/ 소리 사이의 차이를 구분하는 데 더 예민해진다.

### ③ 경험-의존적 가소성
  ㉠ 경험의 결과로서 발생하는 특정 자극에 대해 반응하는 능력에서 보이는 뇌의 변화를 말한다.
  ㉡ Maritza Rivera-Gaxiola와 동료들(2005)은 영아의 대뇌 겉질 표면의 전위를 측정하고 비교하였다.
    ⓐ 실험 설계
    영어 모국어 성인 화자에게는 동일하게 들리지만, 스페인어 모국어 성인 화자에게는 구분되어 들리는 소리 쌍에 대한 미국 영아의 대뇌 겉질 표면의 전기반응을 비교하였다.
    ⓑ 실험 결과
    7개월 된 영아는 두 소리에 대한 전기반응이 상이하게 나타난 반면, 11개월 된 영아는 반응의 차이가 나타나지 않았다.
    ⓒ 의의
    영아가 배우고 있는 특정한 언어에서 사용되는 소리에 반응하는 경험을 통해 뇌가 형성된다.

## 제 1 장  청각 체계

**01**  공기의 압력 변화 과정에서 공기 분자는 앞뒤로 움직이지만 거의 같은 자리에 머무르고 있다.

**01**  다음 중 소리가 나는 경로에 대한 설명으로 옳지 <u>않은</u> 것은?

① 공기 분자는 앞뒤로 움직이며 끊임없이 이동한다.
② 공기 분자들은 서로 영향을 주며 압력이 교대하는 패턴을 만든다.
③ 소리는 압축과 팽창을 반복하는 과정이다.
④ 팽창은 공기 분자가 퍼지는 것으로, 압력이 줄어들고 공기분자의 밀도가 감소한다.

**02**  복합음 중 한 배음을 제거하면 소리의 파형이 변하지만, 반복 비율은 동일하다.

**02**  주파수 스펙트럼에 대한 설명으로 옳지 <u>않은</u> 것은?

① 복합음의 배음 성분을 나타내는 방법이다.
② 단순음은 공기압력 변화가 사인파 패턴으로 발생할 때의 음파이다.
③ 배음의 제거는 파형에 영향을 미치고 반복 비율을 변화시킨다.
④ 기초주파수가 없어져도 반복비율은 기초주파수에 상응한다.

**03**  소리의 물리적 크기인 데시벨은 지각적 크기인 음량과 밀접한 관련을 지니지만, 역과 음량은 데시벨뿐 아니라 주파수에도 의존하므로 음량 지각에서 주파수를 평가하는 방법인 가청 곡선을 고려해야 한다.

**03**  가청곡선에 대한 설명으로 옳지 <u>않은</u> 것은?

① 가청곡선은 여러 주파수에서의 역이다.
② 음량 지각에서 주파수를 평가하는 방법이다.
③ 더 높은 데시벨은 더 큰 음량을 나타낸다.
④ 낮은 역일수록 작은 압력 변화만으로도 들을 수 있음을 의미한다.

**정답**  01 ①  02 ③  03 ③

**04** 음고 지각에 관련된 설명으로 옳지 <u>않은</u> 것은?

① 음고는 심리적인 것이므로 물리적으로 측정할 수 없다.
② 기초주파수의 높고 낮음과 반비례한다.
③ 주기성 음고는 실제적인 결과는 가지지 않는다.
④ 음고는 기초주파수의 존재가 아닌 연관 정보에 의해 결정된다.

**04** 음고와 기초주파수는 비례 관계를 가진다.

**05** 청각계에 대한 설명으로 옳지 <u>않은</u> 것은?

① 소리 자극을 수용기로 전달하는 과정을 포함한다.
② 소리 자극을 압력 변화에서 전기신호로 변환하는 과정을 포함한다.
③ 전기신호를 처리해서 질보다는 크기를 나타낸다.
④ 최종적으로 청각 수용기의 진동으로 끝난다.

**05** 청각계는 음고, 음량, 및 음의 위치 등 소리 출처의 질을 나타낸다.

**06** 귀의 구조와 역할에 대한 설명으로 옳지 <u>않은</u> 것은?

① 외이는 소리의 위치를 정하는 데 도움을 준다.
② 외이는 공명을 이용하여 소리의 강도를 증가시킨다.
③ 중이근은 이소골의 진동을 둔화시킨다.
④ 외이, 중이, 내이는 물과 같은 액체로 채워져 있다.

**06** 내이는 공기보다 밀도가 높은 물과 같은 액체로, 외이와 중이는 공기로 채워져 있다.

**정답**  04 ②  05 ③  06 ④

안심Touch

**07** 코르티 기관은 전정계와 고실계 사이에 위치한다.

**07 달팽이관에 대한 설명으로 옳지 <u>않은</u> 것은?**

① 달팽이관 안의 액은 이소골의 운동에 의해 진동된다.
② 코르티 기관은 전정계 안에 있다.
③ 기저막과 개막은 융모세포의 작동에 결정적인 역할을 한다.
④ 내융모세포의 융모는 개막과 접촉하지 않는다.

**08** 개막의 운동은 기저막의 상하 운동에 따른 코르티 기관의 상하 운동에 의해 발생한다.

**08 융모가 휘어지는 과정에 관한 설명으로 옳지 <u>않은</u> 것은?**

① 등골의 진동은 난원창을 운동시킨다.
② 난원창의 앞뒤운동은 달팽이관 액체에 진동을 전달한다.
③ 달팽이관의 액체는 개막의 운동을 일으킨다.
④ 기저막의 운동으로 인해 내융모세포 융모 위의 개막이 앞뒤로 움직인다.

**09** 융모세포는 앞뒤로 휘어질 뿐, 펼쳐지지 않는다.

**09 융모의 휘어짐과 전기신호의 발생에 대한 설명으로 옳지 <u>않은</u> 것은?**

① 융모가 한 방향으로 휘어질 때 전기신호가 생성된다.
② 단순음의 압력 증감에 따라 융모세포가 휘어지거나 펼쳐진다.
③ 단순음의 압력 증감에 따라 융모세포가 휘어지는 방향이 달라진다.
④ 압력이 증가하면 융모세포가 오른쪽으로 휘어진다.

**10** 최적의 주파수는 기저부가 조율된 고주파수, 정점이 조율된 저주파수 사이에서 기저막을 따라 끊임없이 변동한다.

**10 Bekesy의 청각장소이론에 대한 설명 중 옳지 <u>않은</u> 것은?**

① 기저막에서 가장 많이 진동하는 장소는 주파수에 달려있다.
② 기저막의 각 장소가 여러 주파수에 가장 잘 반응하도록 조율되어 있다.
③ 기저부는 고주파수에 조율되어 있다.
④ 최적의 주파수는 기저부와 정점 사이의 특정 위치에 있게 된다.

**정답** 07 ② 08 ③ 09 ② 10 ④

11 장소 이론에 관한 설명으로 옳지 <u>않은</u> 것은?

① 달팽이관을 따라 주파수가 배열되어 있는 지도가 음위상지도
이다.

② 각 융모세포는 좁은 범위의 주파수에 반응한다.

③ 각 청신경섬유는 좁은 범위의 주파수에 반응한다.

④ 반응 주파수 범위는 각 신경세포의 등음량 곡선으로 표시된다.

11 반응 주파수 범위는 각 신경세포의 주파수 조율 곡선으로 표시된다.

12 청각 보조 기구에 대한 설명으로 옳지 <u>않은</u> 것은?

① 달팽이관 이식 장치는 내융모세포의 손상에 의한 청각장애에
사용된다.

② 융모세포의 손상시에는 보청기가 효과가 없다.

③ 융모세포는 입력된 신호를 증폭시키는 기능을 한다.

④ 외융모세포의 활동은 달팽이관 증폭기라고 불린다.

12 융모세포는 증폭된 소리를 전기 신호로 변환하는 역할을 할 뿐, 증폭의 기능은 하지 못한다. 따라서 증폭기의 역할을 하는 보청기는 융모세포 손상 시 효과가 없다.

13 음고 지각과 생리학에 관한 설명으로 옳지 <u>않은</u> 것은?

① 음고는 주파수의 반복비율과 관련 있다.

② 자극 주파수에 관련된 2가지 생리학적 정보에는 장소정보가
포함된다.

③ 시의성은 흥분비율이 주파수와 강도에 의해 결정됨을 말한다.

④ 위상결속은 5,000 헤르츠 이하의 주파수에서만 일어난다.

13 시의성은 청신경섬유의 흥분비율이 자극 주파수의 높이와 주기성에 따라 결정됨을 말한다.

14 융모세포의 손상과 관련된 설명으로 옳지 <u>않은</u> 것은?

① 내융모세포의 손상은 민감도의 손상과는 관련이 없다.

② 외융모세포의 손상은 민감도이 상신과 예민한 주파수 그음의
손상을 유발한다.

③ 외융모세포의 손상은 청력 손상의 가장 흔한 원인이다.

④ 소음노출은 청신경섬유의 퇴화를 유발하기도 한다.

14 내융모세포의 손상 역시 민감도 손상을 낳을 수 있다.

정답 11④ 12③ 13③ 14①

제 **2** 장 **청각의 기본 기능**

**01** 위치 파악 연구에서 사용되는 세 차원 중 수평 차원을 가리키는
것은?

① 고도
② 거리
③ 방위각
④ 공간

**01** 위치 파악 연구에서 사용되는 세 차
원 중 방위각은 수평 차원을, 고도는
수직 차원을, 거리는 청자로부터 음
원까지의 거리를 가리킨다.

**02** 두 귀 간 시간 차이의 설명으로 **틀린** 것은?

① 소리의 방위각을 알아내기 위한 단서이다.
② 고주파 음의 위치를 판단하는 데 효과적이다.
③ 왼쪽 귀에 도달하는 시간과 오른쪽 귀에 도달하는 시간의 차
이를 말한다.
④ 소리의 위치를 파악하는 단서로 사용될 수 있다.

**02** 소리의 방위각을 알아내기 위한 두
귀 단서 중 하나인 두 귀 시간 차이
는 소리가 왼쪽 귀에 도달하는 시간
과 오른쪽 귀에 도달하는 시간의 차
이로, 저주파 음의 위치를 판단하는
데 효과적인 단서이다.

**03** 두 귀 간 수준 차이의 설명으로 **틀린** 것은?

① 두 귀에 도달하는 소리의 음압 수준의 차이를 말한다.
② 머리가 음향 그늘을 만드는 장애물이기 때문에 생긴다.
③ 저주파에서는 일어나지 않는다.
④ TD라고도 한다.

**03** 두 귀 간 수준 차이(ILD : interaural
level difference)는 두 귀에 도달하
는 소리의 음압 수준의 차이로, 머리
가 만드는 음향 그늘에 의해 발생하
며, 고주파 소리의 위치를 제공한다.

정답 01③ 02② 03④

**04** 다음 중 스펙트럼 단서에 대한 설명으로 옳은 것은?

① 두 귀 단서이다.
② 저주파 소리에서 잘 작동한다.
③ 고도 위치에 대한 정보를 제공한다.
④ 방위각 위치에 대한 정보를 제공한다.

**05** 청각신호가 귀에서부터 청각 겉질에 이르는 경로 중 왼쪽 귀와 오른쪽 귀에서 온 신호가 처음으로 만나는 곳은 무엇인가?

① 달팽이관핵
② 하구
③ 상올리브핵
④ 안쪽무릎핵

**06** 다음 중 Jeffress 모형에 대한 설명으로 틀린 것은?

① 동시성 탐지기라고 불린다.
② ITD 탐지기를 포함하는 신경회로를 제안했다.
③ 포유류에게서 잘 설명된다.
④ 장소 부호라고 불린다.

**04** 스펙트럼 단서는 위치 파악에 중요한 한 귀 단서로, 각기 다른 위치에서 나는 소리가 각 귀에 도달할 때의 주파수 분포, 즉 스펙트럼 차이에 위치 파악에 관한 정보가 들어 있으며, 특히 고주파 소리에서 잘 작동한다.

**05** 뇌간에 위치한 상올리브핵은 두 귀에서 온 신호가 처음으로 만나는 지점으로, 두 귀 위치 파악에서 중요한 역할을 한다. 이는 청각 구조에서 양측 간 정보 교차가 일어날 수 있음을 보여준다.

**06** Jeffress 신경 동시성 모형은 두 귀에서 온 신호가 동시에 신경세포에 도달할 때만 흥분하기 때문에 동시성 탐지기라 불리며, 특정 ITD에 최고로 반응하도록 조율된 일련의 탐지기인 ITD 탐지기를 포함한다. 이는 활동이 일어난 장소, 즉 신경세포를 통해 ITD를 알 수 있으므로 이를 '장소 부호'라고 부르기도 한다. Jeffress 모형은 아주 좁은 범위의 ITD에만 반응하는 신경세포를 가진 조류는 잘 설명하지만, 광범위한 ITD 조율 곡선을 가진 포유류는 잘 설명하지 못한다.

**정답**  04 ③  05 ③  06 ③

제 3 장 **청각 패턴 지각**

01  목소리 영역과 목소리 세포는 모두 관자엽에 위치하며, '무엇' 경로에 포함된다.

**01** 목소리 세포의 위치로 알맞은 것은?

① 전두엽
② 관자엽
③ 두정엽
④ 마루엽

02  음소는 말소리의 가장 작은 단위로, 음소가 바뀌게 되면 단어의 의미가 바뀌게 된다.

**02** 말소리의 가장 작은 단위로, 바뀌게 되면 단어의 의미가 바뀌는 것은?

① 음소
② 자음
③ 획수
④ 발음

03  목소리 영역은 인간의 위관자 고랑에 위치하며, 다른 소리보다 사람의 목소리에 더 활성화된다.

**03** 목소리 영역의 위치로 알맞은 것은?

① 변연계
② 동물의 위관자 고랑
③ 대뇌 피질
④ 인간의 위관자 고랑

04  말소리 분절에 중요한 역할을 하는 이행 확률은 한 소리가 다른 소리에 뒤따라 나올 확률로, 생후 8개월 정도의 어린 영아에게도 언어의 이행 확률과 그 언어의 다른 특성에 관해서 학습하는 통계적 학습 능력이 있음이 밝혀졌다.

**04** 언어의 이행 확률과 그 언어의 다른 특성에 관해서 학습하는 과정이며, 영아에게도 있는 능력은?

① 통계적 학습
② 모방
③ 언어 유창성
④ 관찰 학습

정답  01 ②  02 ①  03 ④  04 ①

**05** 말을 하려고 노력은 하지만 짧은 문장만 이야기할 수 있는 증상은 무엇인가?

① 설단 현상
② 베르니케 실어증
③ 실어증
④ 브로카 실어증

**05** 브로카 영역이 손상된 브로카 실어증 환자는 말소리 이해는 온전한 반면, 짧은 문장만 말할 수 있다. 반면 베르니케 영역이 손상된 베르니케 실어증 환자의 경우 말은 유창하게 할 수 있지만, 말하는 내용에 체계나 의미가 없으며 말소리 이해에 어려움을 겪는다.

**06** 말소리 지각의 처리 과정에 대해 알맞은 것을 모두 고른 것은?

> ㉠ 상향 처리
> ㉡ 지각 처리
> ㉢ 하향 처리
> ㉣ 자동 처리

① ㉠, ㉡
② ㉡, ㉢
③ ㉠, ㉢
④ ㉡, ㉣

**06** 말소리 지각은 지식과 의미에 기반을 둔 하향 처리, 음향신호가 제공하는 정보에 바탕을 둔 상향 처리가 함께 작용한 결과이다.

**07** 청각 정보에 시각 정보를 더해 실제로 듣게 되는 소리가 달라지는 효과는 무엇인가?

① 착각 효과
② 맥거크 효과
③ 환정 효과
④ 감각 협력 효과

**07** 맥거크 효과는 /ba-ba/ 소리를 듣고 있음에도 화면에 /ga-ga/ 소리를 낼 때의 입술 움직임을 보이는 사람이 나오는 경우, 현지는 /da-da/ 소리를 듣게 되는 효과이다. 이는 언어 지각에 청각 정보뿐 아니라 시각 정보가 영향을 미치는 청시각적 말소리 지각의 대표적인 예이다.

**정답** 05 ④ 06 ③ 07 ②

여기서 멈출 거예요? 끝지가 바로 눈앞에 있어요.
마지막 한 걸음까지 SD에듀가 함께할게요!

제 **5** 편

# 피부감각과 미각, 후각

*I wish you the best of luck*

독학사 심리학과 2단계

혼자 공부하기 힘드시다면 방법이 있습니다.
SD에듀의 동영상강의를 이용하시면 됩니다.
www.sdedu.co.kr ➔ 회원가입(로그인) ➔ 강의 살펴보기

# 제 1 장 　피부감각

> 이번 장에서는 먼저 피부감각계의 구조와 경로를 상세하게 알아본다. 피부의 세부 지각과 관련한 촉감 정밀도에 대한 수용기 기제와 겉질 기제를 다룬다. 진동, 결, 물체의 지각에 대하여 알아보고, 통증의 유형과 기제를 다룬다.

### 출제 경향 및 수험 대책

피부감각계의 구조와 경로를 중점적으로 학습한다. 결 지각의 이중 이론의 두 가지 단서와 피부의 세부 지각 중 촉감 정밀도를 학습하고, 통증의 출입문 제어 모형을 이해한다.

## 제 1 절 　피부감각

### 1 　체감각계

체감각계(somatosensory system)은 피부감각, 고유수용감각, 운동감각을 포함한다.

### (1) 피부감각(cutaneous sensation)

피부의 자극에 의해 보통 유발되는 촉각과 통증의 지각을 담당한다.

### (2) 고유수용감각(proprioception)

신체와 사지의 위치를 감지하는 능력이다.

### (3) 운동감각(kinesthesis)

신체와 사지의 운동을 감지하는 능력이다.

### (4) 피부감각, 고유수용감각, 운동감각 모두 체감각계에 포함한다.

## 2 피부감각계의 개관

### (1) 피부

① **표피**(epidermis)

죽은 세포층으로 피부의 바깥 층의 일부분

② **진피**(dermis)

표피 아래의 다른 층

③ **역학 수용기**

표피와 진피에서 발견되는데, 압력, 뻗기 및 진동과 같은 기계적 자극에 반응하는 수용기

### (2) 역학 수용기 (중요도 중)

① **천천히 순응하는 수용기**(SA receptors : slowly adapting receptors)

연속적인 압력에 대해 흥분의 연장(지속적인 흥분)으로 반응하며, 메르켈 수용기가 여기에 해당된다

② **빨리 순응하는 수용기**(RA : rapidly adapting receptors)

압력 자극이 제시될 때와 사라질 때에만 폭발적인 흥분으로 반응하며, 마이스너 소체가 여기에 해당된다.

③ **피부 수용장**(cutaneous receptive field)

자극 받았을 때, 신경세포의 흥분에 영향을 미치는 피부의 영역이다.

④ **피부 표면의 역학 수용기**

피부 표면, 즉 표피 가까이에 있는 역학 수용기이다. 표피 가까이에 있기 때문에 작은 수용장을 가지고 있다.

㉠ 메르켈 수용기(Merkel receptor, SA1)

천천히 순응하는 수용기(SA)로, 연속 압력과 같은 자극에 지속적으로 반응하며, 세밀한 부분(세부)을 감지한다.

㉡ 마이스너 소체(Meissner corpuscle, RA1)

빨리 순응하는 수용기(RA)로, 자극의 출현과 소멸에 흥분하며, 손으로 쥐기를 통제한다.

⑤ **피부 심부의 역학 수용기**

피부 깊숙이 위치하며, 더 넓은 수용장을 가지고 있다.

㉠ 루피니 원통(Ruffini cylinder, SA2)

연속 압력과 같은 자극에 지속적으로 반응하며, 피부의 펴짐 지각과 관련이 있다.

㉡ 파치니 소체(Pacinian corpuscle, RA2 혹은 PC)

자극의 출현과 소멸에 흥분하며, 빠른 진동과 섬세한 결의 감지와 관련이 있다.

### (3) 피부에서 겉질로 가는 경로

#### ① 피부에서 척수로 전달되는 신호

전신에 걸쳐 있는 신호는 피부로부터 척수로 전달된다. 척수는 31개의 마디로 이루어져 있으며 그 각각은 배근이라는 신경 다발을 통해 신호를 받는다([그림 5-1]).

#### ② 척수에서 겉질까지의 경로

신호가 척수로 들어간 후, 신경섬유는 내측모대 경로와 척수시상 경로라는 두 개의 주요 경로를 따라 뇌로 신호를 전달한다.

㉠ 내측모대 경로(medial lemniscal pathway)

사지의 위치 감지(고유수용감각)와 접촉 지각과 관련된 신호를 전달하는 큰 섬유를 가지고 있다. 큰 신경섬유는 고속으로 신호를 전달하는데, 이것은 운동을 통제하고 접촉에 반응하는 데에 중요하다.

㉡ 척수시상 경로(spinothalamic pathway)

더 작은 섬유들로 이루어지며 온도와 통증에 관한 신호를 전달한다.

㉢ 두 경로의 섬유는 시상으로 상향하는 길목 어디에선가 신체의 반대편으로 교차된다. 이 섬유의 대부분은 시상의 배쪽가쪽핵(복외측핵)에서 연접하지만, 일부는 다른 시상 핵에서 연접한다.

㉣ 척수의 신호는 신체의 반대쪽으로 교차하기 때문에, 몸의 왼쪽에서 오는 신호는 뇌의 우반구에 있는 시상에 도달하고, 몸의 오른쪽에서 오는 신호는 좌반구의 시상에 도달한다.

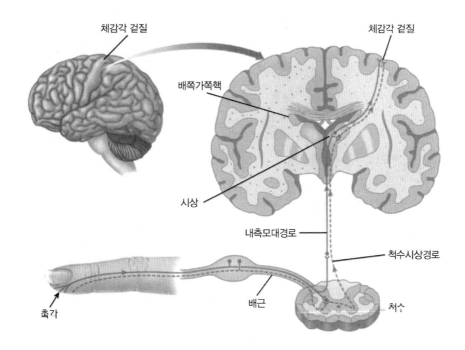

**[그림 5-1] 피부의 수용기로부터 겉질의 체감각 수용 영역으로 가는 경로**

▶ 손가락의 수용기에서 나오는 신호를 전달하는 섬유는 척수의 배근으로 들어간다. 그다음 신호는 내측모대 경로 및 척수시상 경로라는 두 경로를 따라 척수 위쪽으로 이동한다. 이 경로는 시상의 배쪽가쪽핵(복외측핵)에서 연접하고 그 다음 신경섬유들을 마루엽의 체감각 겉질로 보낸다.

ⓒ Cengage Learning

## (4) 체감각 겉질

### ① 체감각 수용 영역과 체감각 겉질

시상에서 신호는 겉질의 마루엽에 있는 체감각 수용 영역(somatosensory receiving area, S1) 혹은 이차 체감각 겉질(secondary somatosensory cortex, S2)로 이동([그림 5-2] (a)].

### ② 뇌소인(homunculus) 중요도 상

체감각 겉질의 중요한 특성은 그것이 몸의 위치에 상응하는 지도로 조직되어 있는 것이다. 그 결과로 얻은 신체 지도는 [그림 5-2] (b)이며 '작은 사람'이라는 라틴어인 뇌소인이라 불린다.

㉠ 뇌소인은 피부의 인접한 부위는 뇌의 인접 부위로 투사, 어떤 피부 부위는 비례에 맞지 않게 큰 뇌 영역으로 표상한다.

㉡ S1과 S2, 그리고 뇌소인이란 면에서 위의 서술은 정확하지만 단순화된 것이다. 최근의 연구는 S1이 각각 다른 기능을 가진, 네 개의 상호연결된 영역으로 나뉜다는 것을 보여 준다. 게다가 S1과 S2 안에 여러 개의 뇌소인이 있다(Keysers et al., 2010).

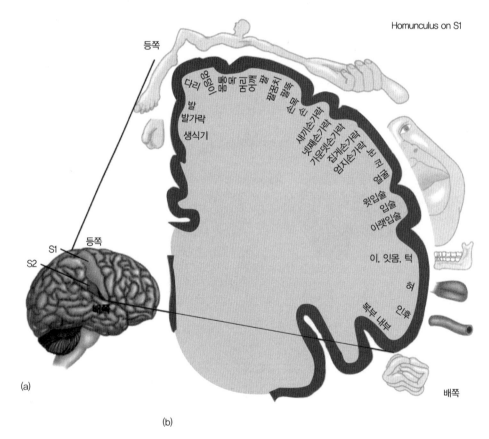

**[그림 5-2]**

(a) 마루엽의 체감각 겉질
 일차 체감각 영역인 S1(옅은 녹색)은 시상의 배쪽가쪽핵(복외측핵)으로부터 입력을 받는다. 이차 체감각 영역인 S2(짙은 녹색)은 부분적으로 관자엽 아래로 가려져 있다.
(b) 체감각 겉질의 감각적 뇌소인
 가장 높은 촉감 정밀도를 갖는 신체 부위는 겉질에서 더 큰 영역으로 표시된다.

### (5) 겉질 신체 지도의 가소성

① 경험-의존 가소성

겉질 조직화의 기본 원리 중 하나로 특정 기능에 대한 겉질 표상이 그 기능이 자주 쓰인다면 더 커질 수 있다는 것이다.

㉠ 동물 대상 실험

원숭이의 각 손가락에 할당된 겉질 영역을 측정 후, 손끝의 특정 위치를 집중적으로 사용하게 하는 과제를 완수하도록 훈련시킨 결과, 자극받은 손끝을 표상하는 영역이 크게 확장된다.

㉡ 인간 대상 실험

현악기 연주자는 오른손으로 활을 켜고 왼손으로 현을 짚는다. 이런 촉각 경험의 결과로 왼손의 손가락에 대한 겉질 표상이 정상보다 크다.

② 가소성이 의미하는 바는 신체의 특정 부위를 표상하는 일반적인 겉질 영역을 명시할 수 있긴 하지만, 신체의 각 부분을 표상하는 영역의 정확한 크기는 전혀 고정되어 있지 않다는 것이다.

## 3  세부의 지각

### (1) 피부의 세부 지각의 예 : 브라유 점자

① 브라유 점자(Braille)

시각 장애인이 손끝으로 읽을 수 있게 해주는 돋워진 점들의 체계이다. 점과 빈 공간의 여러 가지 배치가 알파벳 문자를 나타내며, 여분의 문자는 숫자, 구두점 및 흔한 말소리와 단어를 나타낸다.

② 촉감적(tactile) 세부 지각

브라유 독자가 촉감에 기초해서 작은 돋움 점들의 패턴을 식별하는 능력은 촉감적 세부 지각에 달려 있다. 숙련된 브라유 독자는 분당 약 100단어의 속도로 읽을 수 있으며, 이는 돋움 점들의 행렬을 단순한 피부 위의 감각을 넘어서는 정보로 변형시키는 결과이다.

### (2) 촉감 정밀도 측정하기

① 촉감 정밀도(tactile acuity)

피부의 세부를 탐지할 수 있는 능력

② 이점역(two-point threshold)

피부 상의 두 점이 자극되었을 때 두 점으로 지각될 수 있는, 두 점 간의 최소 거리를 측정하는 것이니. 피부를 두 점으로 가볍게 선느낄 때 피섬자가 한 점 혹은 두 점을 느끼는지를 표시하게 하는 방법으로 측정한다.

③ 격자 정밀도(grating acuity)

홈 파진 자극을 피부에 누르고 격자의 방향을 표시하도록 하여 측정한다. 정밀도는 어떤 방향을 정확하게 판단할 수 있는 가장 좁은 간격을 판정하여 측정한다. 문자와 같은 돋움 패턴을 피부에 누르고 패턴이나 문자가 식별 가능한 최소 크기를 판정하여 측정될 수도 있다.

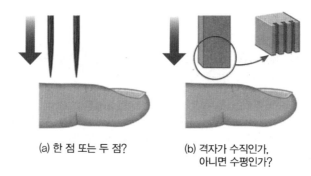

(a) 한 점 또는 두 점?　　　(b) 격자가 수직인가,
　　　　　　　　　　　　　　　아니면 수평인가?

[그림 5-3] 촉감적 정밀도를 판정하는 방법 : (a) 이점역, (b) 격자 정밀도.

ⓒ Cengage Learning

## (2) 촉감 정밀도에 대한 수용기 기제

수용기의 속성은 피부가 자극받을 때 우리가 경험하는 것을 결정하는 것 중 하나이다. 이 점을 보여
주기 위해 메르켈 수용기 및 관련 신경섬유들과 촉감적 정밀도 간의 연결에 초점을 두어야 한다.

### ① 세부 패턴에 대한 신경섬유의 흥분

ㄱ 메르켈 수용기와 연관된 신경섬유([그림 5-4] (a))

신경섬유의 흥분이 홈이 있는 자극의 패턴을 반영한다. 이는 메르켈 수용기의 신경섬유의 흥분
이 세부를 신호함을 가리킨다.

ㄴ 파치니 소체와 연관된 신경섬유([그림 5-4] (b))

홈이 있는 패턴과 신경 흥분 간 대응이 불일치한다. 이는 파치니 소체가 피부에 밀착된 패턴의
세부에 민감하지 않음을 보여준다.

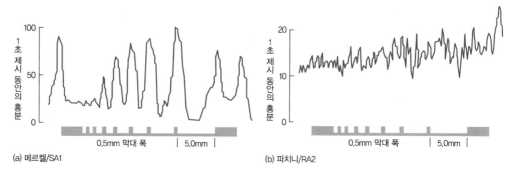

(a) 메르켈/SA1　　　　　　　　　　　　　　　　(b) 파치니/RA2

[그림 5-4] 홈 파진 자극 패턴에 대한 (a) 메르켈 수용기와 연관된 신경섬유, (b) 파치니 소체 수용기와 연관된 신경섬
　　　　　유의 흥분

▶ 각 홈의 폭에 반응은 각 막대 폭에 대해 1초 동안의 누름(indentation) 동안 기록되었으므로, 이 그래프는 여러
번 제시한 결과를 나타낸다.

② **촉감 정밀도의 결정 요인**

　㉠ 수용기 간격

　　더 나은 촉감 정밀도는 메르켈 수용기 간 더 좁은 간격과 연관된다([그림 5-5]).

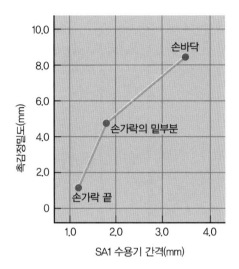

[그림 5-5] 메르켈 수용기의 밀도와 촉감 정밀도의 상관

　㉡ 겉질

　　촉감 정밀도가 새끼 손가락 끝보다 집게 손가락 끝에서 더 좋지만, 메르켈 수용기 간의 간격은
　　같다. 이는, 수용기 간격이 답의 일부이긴 하나 겉질도 촉감 정밀도의 결정에 한 역할을 한다는
　　것을 의미한다(Duncan & Boynton, 2007).

**(3) 촉감 정밀도에 대한 겉질 기제** 중요도 중

① **뇌에서의 신체 표상과 촉감 정밀도 간의 대응 관계**

　신체의 여러 부위에서 측정된 이점역과 뇌에서의 표상을 비교한다([그림 5-6])

　㉠ 손가락과 입술 같은 고정밀도 영역이 겉질에서 더 큰 영역으로 표상된다.

　㉡ 손끝과 같이 신체의 어떤 영역에 대한 뇌 표상의 '확대'는 시각에서 확대 계수에 필적한다.

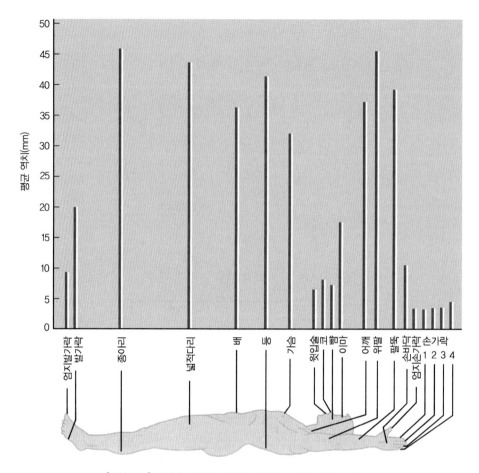

[그림 5-6] 남성의 이점역. 여성의 이점역도 같은 패턴을 따른다.

② **뇌소인의 여러 부분에서 신경세포의 수용장 크기**

원숭이의 손가락, 손, 그리고 팔에서 신호를 받는 겉질 신경세포의 수용장의 크기는 손가락이 가장 작고 손 그리고 팔이 가장 크다. 손가락에서 두 개의 인접 점의 자극은 겉질의 손가락 영역에서 분리된 활성화를 일으키지만, 팔에서 두 개의 인접 점의 자극은 겉질의 팔 영역에서 중첩되는 활성화를 일으킨다.

㉠ 신체 부위를 더 정밀하게 표상하는 겉질 신경세포는 더 작은 수용장을 가지고 있다는 것을 알 수 있다.

㉡ 이는 손가락에서 서로 가까이 있는 두 점이 서로 겹치지 않는 수용장에 떨어질 것이며, 따라서 겉질에서 떨어져 있는 신경세포가 각기 흥분하게 할 것임을 의미한다.

㉢ 팔에 적용된 같은 간격의 두 점은 서로 겹치는 수용장 위에 떨어질 것이며 겉질에서 서로 떨어져 있지 않은 신경세포가 흥분하게 될 것이다.

㉣ 손가락으로부터 신호를 받는 신경세포의 작은 수용장은 겉질에서 더 큰 간격으로 벌어지고, 이것은 피부에 있는 아주 가까이 있는 두 점을 두 개의 개별 점으로 느끼는 능력을 높여준다.

## 3 진동의 지각

### (1) 파치니 소체와 진동 지각

파치니 소체는 진동 감지를 일차적으로 담당하는 역학 수용기이다.

① 느리거나 일정한 밀착(pushing)에는 잘 반응하지 않지만, 높은 비율의 빠른 진동에는 잘 반응한다.

② 이는 신경섬유를 둘러싸는 파치니 소체의 존재가 어떤 압력 자극이 신경섬유에 실제로 도달하게 될지를 결정하기 때문이다.

### (2) 실험적 증거 : Werner Lowenstein의 실험(1960)

① 파치니 소체에 압력이 주어졌을 때, 압력이 처음 주어졌을 때와 사라졌을 때에만 반응한다. 지속적인 압력에는 반응하지 않는다.

② 파차니 소체를 떼어낸 후 신경세포에 직접 압력을 가했을 때는 신경세포가 지속적인 압력에 흥분한다.

③ 소체는 신경세포가 연속 압력에 잘 반응하지 않게 하며, 압력 자극의 처음과 마지막, 혹은 진동과 같이 특성이 신속하게 변화하는 자극의 변화에는 잘 반응하게 하는 역할을 한다.

## 4 결 지각 중요도 중

### (1) 표면 결(surface texture)

① 봉우리와 골짜기에 의해 만들어지는 표면의 물리적 결이다.

② 시각만으로 표면 결을 판정할 경우, 빛–어둠의 패턴은 조명의 각도에 따라 결정되므로 동일한 표면 결도 다르게 판정하는 등 부정확할 수 있다.

③ 접촉(touch)은 표면과의 직접적인 닿음을 말한다. 시각보다 표면 결에 대한 더 정확한 측정을 제공해 주지만, 항상 표면 결에 대한 정확한 지표를 주지는 않는다.

④ 표면 결 지각은 표면이 검사되는 방법과 어떠한 역할 수용기가 활성화되는가에 달려 있다.

### (2) 결 지각의 이중 이론(duplex theory of texture perception)

David Katz는 결 지각이 공간적 단서와 시간적 단서에 의존한다고 제안한다.

① 공간적 단서(spatial cues)

거친 결의 지각을 결정한다. 피부가 표면 요소를 가로질러 움직일 때 그리고 피부가 요소에 눌러질 때 느낄 수 있다. 표면 요소의 여러 모양, 크기 및 분포에 대한 느낌을 낳는다. 최근까지 결 지각에 대한 연구는 공간적 단서에 집중되었다.

㉘브라유 점이나 점자의 거친 결이나 빗살을 만질 때 느끼는 결 지각

② **시간적 단서(temporal cues)**

섬세한 결의 지각을 담당한다. 피부가 섬세한 사포와 같은 결이 있는 표면을 가로질러 움직일 때 발생한다. 표면 위에서의 운동의 결과로 발생하는 진동의 형태로 정보를 제공한다.

예 손가락을 표면 위로 움직이지 않으면 탐지되지 않는 섬세한 결 지각

### (3) 시간적 단서의 역할에 대한 실험적 증거

① 손가락을 움직이지 않고 표면을 접촉하여 크기 추정법으로 거칠기를 판단할 때, 두 개의 세밀한 결(10㎛ 및 100㎛의 입자 크기) 간의 차이점을 거의 감지하지 못한다(Hollins & Risner, 2002).

② **파치니 소체와 세밀한 결의 지각**

선택적 순응 절차를 사용한 실험(Hollins et al., 2001, 2002)

㉠ 두 개의 순응 조건

ⓐ 10Hz 순응

저주파수에 반응하는 마이너스 소체 순응을 위한 순응 주파수인 10Hz(초당 10회) 자극

ⓑ 250Hz 순응

고주파수에 반응하는 파치니 소체 순응을 위한 순응 주파수인 250Hz(초당 250회) 자극

㉡ '표준' 결과 '검사' 결이라는 두 개의 세밀한 결에 참가자들의 손가락을 문지르도록 한다.

㉢ 실험 결과([그림 5-7])

마이너스 소체 수용기 순응 시, 세밀한 결 지각의 정확도가 감소하지 않지만, 파치니 소체 수용기 순응 시, 세밀한 결을 감지하는 능력이 제거된다.

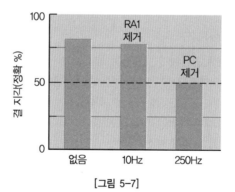

[그림 5-7]

▶ 10Hz의 진동에 순응시켜 마이너스 소체와 연관된 신경섬유의 작용을 제거하여도, 섬세한 결 지각에 아무 영향이 없다. 그러나 250Hz의 진동에 순응시켜 파치니 소체의 작용을 제거시키면 섬세한 결을 감지할 수 있는 능력이 사라진다.

③ **간접적 접촉 시 결 지각의 시간적 단서**

㉠ 도구를 써서 표면 위로 문지름으로써 결의 차이를 탐지할 수 있는 능력은 도구를 통해 피부로 전달되는 진동에 의해 결정된다(Klatzky et al., 2003).

㉡ 도구를 통한 결 지각 시에도 진동이 아니라 표면의 결을 지각한다(Carello & Turvey, 2004).

## 5  물체의 지각

### (1) 촉각

#### ① 능동적 촉감(active touch)

사람이 물체를 보통 손가락이나 손으로 능동적으로 탐색할 때의 촉각으로, 입체물을 손으로 탐색할 때의 지각인 촉 지각(haptic perception)을 할 수 있다.

#### ② 수동적 촉감(passive touch)

접촉 자극이 피부에 주어질 때 발생한다.

### (2) 촉 지각 탐색으로 물체 식별하기

#### ① 물체 식별 시 사용되는 세 가지 시스템

㉠ 감각 시스템

촉감, 온도 및 결 등의 피부감각과, 손가락과 손의 운동과 위치 등을 탐지한다.

㉡ 운동 시스템

손가락과 손의 움직임에 관여한다.

㉢ 인지 시스템

감각 시스템과 운동 시스템이 제공하는 정보에 관해 생각한다.

#### ② 능동적 촉감/수동적 촉감

㉠ 능동적 촉감

세 가지 시스템이 간 협동의 결과로 경험하게 되며, 접촉하는 대상을 경험하게 된다.

㉒ 스스로 뾰족한 물체의 끝에 손을 미는 경우

㉡ 수동적 촉감

피부에서 경험되는 감각과 관련이 있다.

㉒ 누군가 피부를 뾰족한 물체로 자극하는 경우

#### ③ 탐색절차(EPs : exploratory procedures)

물체를 식별할 때 사용하는 몇 가지 독특한 움직임이다. 사용되는 EP의 유형은 판단해야 하는 물체의 질에 따라 다르게 나타난다. 예를 들면 식빵을 만져서 인식할 때 우리는 누르고 테두리를 만져서 윤곽을 추적하고 표면을 비벼본다.

㉠ 결 판단 시 측면 운동(lateral motion) 및 윤곽 추적(contour following)을 주로 사용한다.

㉡ 정확한 모양 판단 시 감싸기(enclosure) 및 윤곽 추적을 사용한다.

### (3) 촉감적 물체 지각의 생리학

#### ① 굴곡 지각

굴곡에 대한 정보는 수많은 기계적 수용기들의 흥분 패턴에 의해 신호. 이는 반응 윤곽선에서 볼 수 있다.

㉠ 반응의 전반적 패턴이 굴곡에 대한 정보를 제공한다. 높은 굴절률을 갖는 자극을 접촉할 때 ([그림 5-8] (b))의 손끝 신경섬유의 흥분율이 더 부드러운 곡률을 갖는 자극을 접촉할 때보다 높다.

ⓛ 손 끝에 있는 정보가 압력의 탐색절차(EP)에 상응한다.

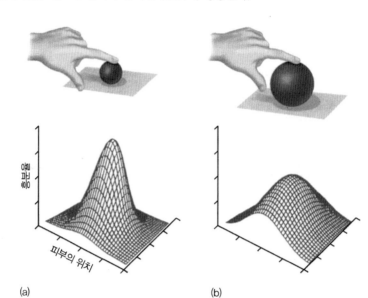

[그림 5-8]

(a) 높은 굴절률을 갖는 자극을 접촉할 때 손끝에 있는 신경섬유의 반응
윤곽선(profile)의 높이는 손끝을 가로질러 있는 여러 위치에서 관찰된 흥분율을 가리킨다.
(b) 더 부드러운 곡률을 갖는 자극에 접촉할때의 흥분 윤곽선

② **시상의 촉감 영역** : 배쪽뒤쪽(복후측) 핵 신경세포

배쪽뒤쪽 핵 신경세포는 흥분적 중심-억제적 주변의 수용장을 가진다. 이는 시각의 중심-주변 수용장과 유사하다.

③ **체감각 겉질 신경세포**

ⓐ 중심-주변 수용장을 가진 신경세포 일부와 더 특수화된 피부 자극에 반응하는 다른 신경세포가 존재한다.

ⓛ 특정 방위에 반응하는 신경세포도 있고, 특정한 방향으로 피부를 가로지르는 운동에 반응하는 세포들도 있다.

ⓒ 원숭이의 체감각 겉질에는 원숭이가 특정 물체를 붙잡을 때 반응하는 신경세포가 있다. 얇고 긴 막대를 잡을 때와 둥근 원통형 막대를 잡을 때 반응하는 신경세포가 모두 다르다.

ⓓ 겉질 신경세포는 물체의 속성뿐만 아니라 지각자가 주의를 주는지 아닌지에 의해서도 영향을 받는다.

　　ⓐ 원숭이의 손가락을 가로질러 돋움 문자를 스캔한 다음 S1 및 S2 영역에서 신경세포의 반응을 기록하였다(Steven Hsiao et al., 1993, 1996).

　　ⓑ 무관한 시각 자극에 주의를 집중해야 하는 시각-주의 조건보다 손가락에 제시되는 문자에 주의를 주어야 하는 촉각-주의 조건에서 반응이 크게 나타난다([그림 5-9]).

　　ⓒ 수용기에 대한 자극은 같은 반응을 일으키더라도 반응의 크기는 지각자의 주의, 사고 및 다른 행동과 같은 일의 영향을 받을 수 있다.

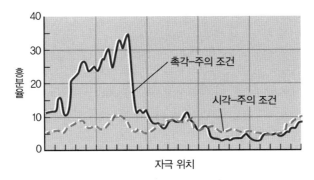

[그림 5-9]

▶ 원숭이 겉질의 S1 영역에 있는 한 신경세포의 흥분율로서, 원숭이의 손끝을 가로질러 굴려진 돋움 문자에 반응하고 있다. 신경세포는 원숭이가 촉감 자극에 주의를 줄 때에만 반응한다.

## 6 통증 (중요도 중)

### (1) 통증의 기능과 유형

#### ① 통증의 정의
㉠ 통증은 손상을 일으킬 우려가 있는 상황을 경고하는 기능을 가지며, 상해나 화상이나 골절을 피하는 데 도움이 된다.

㉡ 통증은 실제적 혹은 잠재적 조직 손상과 연합되거나, 혹은 그런 손상으로 묘사되는 불쾌한 감각적 및 정서적 경험을 의미한다.

#### ② 통증의 유형
㉠ 염증 통증(inflammatory pain)
조직의 손상과 관절의 염증 혹은 종양 세포에 의해 유발된다.

㉡ 신경병 통증(neuropathic pain)
신경계의 절제나 다른 손상에 의해 유발된다.
㉲ 팔목 터널 증후군

#### ③ 위해 통증(nociceptive pain)
피부에 막 주어지는 손상을 경고하는 임무를 가진다. 위해수용기(nociceptor)라는 피부에 있는 수용기의 활동에 의해 발생하며, 여러 종류의 위해 수용기가 서로 다른 자극에 반응한다.

### (2) 통증의 직접 경로 모형에 대한 탐구

#### ① 통증의 직접 경로 모형(direct pathway model of pain)
통증은 피부에 있는 위해수용기가 자극 받고 피부에서 뇌로 바로 신호를 보낼 때 발생한다는 초기의 설명이다.

② 피부자극 외의 요인

㉠ 부상으로 인해 전장에서 벗어나 병원으로 갈 수 있는 '긍정적 측면'이기 때문에 2차 세계대전에서 부상을 입은 미군들이 부상을 인정하지 않거나 조금만 인정하였다.

㉡ 환상지 현상(phantom limb)

팔이나 다리를 절단 당한 사람이 그 부위가 존재한다고 지속적으로 경험하는 것이다. 환상지에서 통증을 일으키는 것은 피부가 아닌 뇌에서 생겨나는 것이라는 증거로, 통증의 직접 경로 모형을 반박하는 증거가 된다.

### (3) 출입문 제어 모형 (종요도 중)

① 출입문 제어 모형(gate control model)

통증 신호가 신체로부터 척수로 들어가고 그 다음 척수로부터 뇌로 전달된다는 생각으로 시작된 모형이다. 척수에서 뇌로 보내진 신호에 영향을 주는 별개의 경로가 있다고 주장한다. 이 경로로부터 오는 신호들이 척수에 있는 출입문을 열거나 닫기 위해 작용하고, 이로 인해 척수를 떠나는 신호의 강도가 결정된다.

② 출입문 제어 시스템의 구성

척수의 배근에 있는 세포들로 구성된다([그림 5-10] (a)). 배근에 있는 세포들은 출입문 제어 회로([그림 5-10] (b))에서 회색 및 초록 원으로 표시된다.

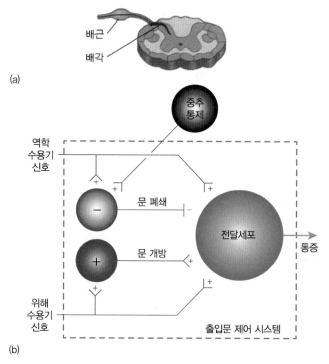

[그림 5-10]

(a) 척수의 단면으로서 배근으로 들어가는 신경섬유를 보여 준다.

(b) 통증 지각에 대한 자신들의 출입문 제어 모형을 위해 Melzack과 Wall(1965, 1988)이 제안한 회로

© Cengage Learning

③ 출입문 제어 시스템에 입력이 일어나는 세 개의 경로

　　㉠ 위해수용기 신호

　　　ⓐ 위해수용기로부터 오는 신경섬유는 흥분적 연접으로 구성되는 회로를 작동시키며 전달세포에 흥분적 신호를 보낸다.

　　　ⓑ 배근의 (+)신경세포로부터 오는 흥분적 신호는 출입문을 열고 전달세포의 흥분을 증가시킨다.

　　　ⓒ 전달세포의 활동 증가는 더 큰 통증을 낳는다.

　　㉡ 역학수용기 신호

　　　ⓐ 역학수용기로부터 오는 신경섬유는 통증이 없는 촉감적 자극에 관한 정보를 나른다.

　　　　㉖ 피부를 문지를 때

　　　ⓑ 역학수용기의 활동이 배근의 (−)신경세포에 도달할 때, 전달세포에 보내진 억제적 신호들이 출입문을 닫고 전달세포의 흥분을 줄인다.

　　　ⓒ 흥분의 감소는 통증의 강도를 낮춘다.

　　㉢ 중추 통제

　　　ⓐ 이 섬유들은 기대, 주의 및 주의산만 등과 같은 인지 기능과 관련된 정보를 포함한다. 겉질로부터 아래로 신호를 전달한다.

　　　ⓑ 역학수용기처럼, 뇌로부터 아래로 오는 활동은 출입문을 닫고 전달세포의 활동과 통증을 감소시킨다.

## (4) 인지와 통증

통증은 기대, 주의 전환, 정서적 산만의 내용, 최면 암시의 영향을 받는다.

① **기대**

기대 효과는 (통증)증상을 줄이는 데 효과가 있으며, 이는 환자들이 처방받고 있을 때보다 모르고 있을 때보다 약물의 효과가 더 좋다는 것을 보임으로써 입증된다.

　　㉠ 위약(placebo)

　　진통제가 포함되어 있다고 환자들이 믿지만 실제로는 어떤 약효 성분도 없는 약을 말한다.

　　㉡ 위약효과(placebo effect)

　　어떠한 약물적 효과도 없는 물질로부터 통증이 감소하는 현상을 일컫는다.

② **주의 전환**

통증 지각은 지각이 통증에 맞추어질 때 증가하고, 통증이 무시되거나 주의가 다른 곳으로 돌려지면 감소한다. 통증의 출처로부터 주의를 분산시키는 방법으로 통증을 줄일 수 있다.

③ **정서적 산만(주의 분산)의 내용**

주의를 방해하는 재료의 내용이 통증 지각에 영향을 줄 수 있다.

　　㉖ 정적인 그림(스포츠 그림과 매력적인 여성), 중성적인 그림(집안 물건이나 자연), 부적인 그림(화상 희생자, 사고)를 보며 한 손을 차가운 물에 담그고 손이 아프면 빼라는 지시를 받았는데, '정적인 그림 〉 중성적인 그림 〉 부적인 그림' 순으로 오래 담그고 있었다.

④ **최면 암시**

㉠ 통증 경험은 최면 암시에 의해 유발될 수 있다. PI 조건과 HI 조건에서 참가자들은 모두 통증을 경험한 것으로 보고하였다.

ⓐ 물리적으로 유발된 통증(PI) 조건

열이 자극기를 통해 실제로 주어진다.

ⓑ 최면으로 유발된 통증(HI) 조건

고통스러운 열이 자극기를 통해 제시될 것이라는 암시만 주었을 뿐, 실제로는 자극기가 작동하지 않은 조건이다.

㉡ fMRI를 사용하여 통증 추정 시 뇌 활동 측정 결과, 실제 자극을 준 조건(PI)과 최면으로 유발된 통증 조건(HI) 간 중첩되는 유사성이 발견된다. HI 조건 내에서 더 많은 통증을 보고한 참가자의 경우, 활성화가 더 넓은 영역에서 나타난다.

## (5) 뇌와 통증

① **통증 기반(pain matrix)**

통증 지각에 관여하는 뇌 영역의 전부이다([그림 5-11]). 시상하부, 가장자리계통 및 시상을 포함하는 겉질아래 구조와 체감각 영역(S1), 앞쪽 띠겉질(전대상 겉질, ACC : anterior cingulate cortex)을 포함한 겉질 영역, 앞이마옆(prefrontal cortex) 및 뇌섬(insula)을 포함한다.

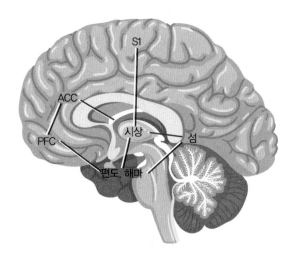

**[그림 5-11] 통증 지각은 뇌의 여러 다른 영역의 활성화를 수반한다.**

▶ 이 영역 모두는 통틀어서 통증 기반이라 불린다. 통증 기반에 들어가는 구조 중 일부가 여기에 나타나 있다. ACC는 앞쪽 띠겉질, PFC는 앞이마엽질, S1은 체감각 겉질이다. 이 구조들의 위치는 대략적이며, 편도, 시상 및 뇌섬과 같은 일부 구조는 겉질 안쪽 깊이 위치하고 있으며, S1과 PFC 같은 다른 것은 표면에 위치한다. 선은 구조들 간의 연결을 나타낸다.

② **통증의 감각적 및 정서적 성분의 표상**

ㄱ **통증의 다양성적 본질(multimodal nature of pain)**

통증은 '불쾌한 감각적 및 정서적 경험'으로 정의되며, 이는 통증의 다양성적 본질을 반영한다.

ⓐ 통증의 감각적 성분

욱신거리는, 찌르는, 뜨거운, 둔한 등의 묘사

ⓑ 통증의 정서적 성분

고문하는, 성가신, 무서운, 구역질 나는 등의 묘사

ㄴ 통증의 두 성분이 뇌의 다른 영역에 의해 처리된다는 증거이다.

ⓐ 실험 설계

참가자들이 뜨거운 물에 손을 담가서 유발되는 통증에 대해 반응할 때의 뇌 활동을 PET로 측정한다. 통증의 감각적 성분과 정서적 성분을 평정하며, 각 성분을 감소시키거나 증가시키기 위해 최면 암시를 사용한다.

ⓑ 실험 결과

주관적 강도(감각적 성분)에 대한 암시는 강도와 불쾌함 모두 영향을 준다. 통증의 불쾌함(정서적 성분)에 대한 암시는 강도에 영향을 주지 않지만 불쾌함에 영향을 준다. Hofbaur 등 (2001)의 실험 결과는 통증의 강도와 불쾌함에 대한 참가자의 평정은 최면의 영향을 받은 것으로 나타난다.

ⓒ 의의

앞쪽 띠겉질(ACC)이 불쾌함의 정서적 성분을 결정하는 데 중요. 통증의 강도가 그대로 유지되어도 불쾌함은 변할 수 있다.

③ **뇌에 있는 화학물질**

ㄱ **마취제(opioids)**

통증을 경감시키고 황홀감을 일으키기 위해 사용되며, 아편이나 헤로인 등이 포함된다.

ㄴ **아편 수용기와 마취제**

ⓐ 아편 수용기

마취제가 작용하는 뇌의 수용기로, 분자의 특징 구조로 인하여 마취제의 자극에 반응한다.

ⓑ 날록손(naloxone)

구조가 헤로인의 구조와 비슷하여, 보통 헤로인이 차지하는 수용기 자리에 자신을 부착시킴으로써 마취 작용을 차단한다. 이는 아편 수용기를 흥분시키는 데에 분자 구조의 중요성을 보여주는 예시이다.

ㄷ **엔도르핀(endorphins)**

몸에서 자연적으로 생기는, 아편, 헤로인과 같은 마취 역할을 하는 신경전달물질이다. 자연적으로 발생하는 모르핀(endogenous morphine)이라는 뜻이며, 아편 수용기에 작용한다.

ㄹ **엔도르핀과 통증 경감**

통증은 엔도르핀에 의해 감소될 수 있으며, 날록손을 주사함으로써 엔도르핀이 아편 수용기에 도달하는 것을 차단하여 통증을 증가시킬 수도 있다.

ⓜ 위약 효과와 엔도르핀

위약 효과는 엔도르핀 방출에 의해 일어나기 때문에, 날록손은 위약 효과도 저하시킨다(Benedetti et al., 1999).

ⓐ A집단에게 양손과 양발에 캡사이신을 주사한다. 이는 타는 듯한 감각을 일으킨다.

ⓑ B집단에게 양손과 양발에 캡사이신을 주사한다. 단, 한두 위치에 크림을 바르며 참가자들에게 국소진통제라고 말하는 위약 처치를 한다.

ⓒ 그 결과 B집단은 위약 효과가 크림을 바른 위치에만 일어났다.

ⓓ 통증을 줄여주는 화학물질이 전 신체에 발생하는 것이 아니라, 통증이 발생하는 특정 위치로 이 화학물질을 향하게 할 수 있다는 것을 알게 되었다.

## 7 다른 사람에게서 접촉과 통증을 관찰하기

### (1) 체감각계에 대한 촉각 연구

① **접촉 관찰 시 체감각 겉질 영역 활성화**(Keysers et al., 2004)

㉠ 실험 설계

참가자의 다리에 직접 물체들이 접촉되는 동안, 혹은 다른 사람 혹은 물체들이 접촉되는 영화를 볼 때의 체감각 겉질의 반응을 fMRI로 측정한다.

㉡ 실험 결과

ⓐ 참가자의 다리를 건드리는 조건

접촉이 없는 통제 조건 대비 주요 체감각 영역 S1, S2 활성화가 증가하였다.

ⓑ 참가자에게 접촉이 일어나는 영화를 보여준 조건

접촉이 없는 필름을 본 통제 조건 대비 타인이 다리를 건드리는 필름을 본 실험 조건에서 S2 영역의 활성화가 증가하였다. 이러한 결과는 사람의 다리가 2개의 흰 바인더와 같은 물체로 대체되었을 때도 나타났다.

ⓒ 참가자에게 접촉이 일어나는 영화와 유사한 패턴의 영화를 보여준 조건

조건과 시각 자극의 패턴이 유사하지만 비행기 날개가 땅 위로 지나갈 뿐, 접촉이 일어나지 않는 필름을 보여준 조건에서는 같은 결과가 나타나지 않았다.

㉢ 의의

뇌는 접촉이라는 시각 자극을 자신의 접촉 경험에 관여하는 뇌 영역의 활성화로 변형한다. 이는 시각 자극의 패턴이 아닌 접촉에 의해서만 나타난다.

② **촉각 탐색 관찰 시 체감각 겉질 영역 활성화**(Meyer et al., 2011)

㉠ 실험 설계

참가자들이 다른 사람의 손이 열쇠, 테니스공, 식물의 잎과 같은 흔한 물체들을 손을 써서 (haptically) 탐색하는 필름을 볼 때 활성화되는 뇌 영역을 fMRI로 측정한다.

ⓛ 실험 결과

촉각 탐색을 관찰만 하였을 때도 시각 및 체감각 영역 모두가 활성화되었다([그림 5-12]의 초록 영역).

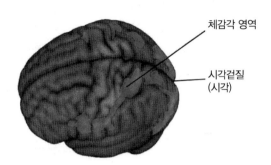

[그림 5-12]

▶ Meyer 등(2011)이 측정한 뇌 활성화로서, 촉각(haptically)으로 물체를 탐색하는 사람의 손을 필름(영화)으로 관찰하여 만들어진 것이다. 시각 및 체감각 영역 모두가 활성화된다.

## (2) 체감각계에 대한 통증 연구

다른 사람이 접촉되는 것을 관찰할 때, 자기 신체의 같은 부위에서 접촉을 경험하는 공감각(synethesia)을 가지지 않는 사람도 통증을 관찰할 때 통증을 경험한다.

① **통증 관찰 시 통증 경험 및 체감각 겉질 영역 활성화**(Osborn & Derbyshire, 2010)
  ㉠ 실험 설계
  참가자들에게 통증을 경험하는 사람을 묘사하는 이미지와 영상을 보여 주고, 어떠한 통증 감각을 느꼈는지 보고하도록 하였으며, 동시에 fMRI로 뇌 활동을 측정한다.
  ㉡ 실험 결과
  ⓐ 108명 중 31명의 참가자들이 이미지 중 적어도 하나에 대하여 통증 경험을 보고. 모든 참가자들이 그림 속 부상과 같은 신체 부위에서 통증이 일어났음을 보고했다.
  ⓑ 통증을 경험한 참가자들의 경우, 경험하지 못한 참가자들 대비 통증의 감각적 성분과 관련된 S2와 통증의 정서적 성분과 연관된 뇌섬에서 활성화가 증가하였다.

② **통증 관찰 시 통증 경험과 공감**(Singer et al., 2004)
  ㉠ 실험 설계
  낭만적인 관계에 있는 커플을 대상으로, fMRI로 여성의 뇌 활동을 측정하는 동안 여성이 직접 충격받거나, 남성 파트너가 충격을 받는 것을 지켜보도록 했으며, 또한 여성들의 공감 척도를 측정하였다.
  ㉡ 실험 결과
  ⓐ 직접 충격을 받은 조건(a)과 파트너가 충격을 받는 것을 지켜본 조건([그림 5-13] (b))에서 일부 중첩 영역이 활성화되었다.
  ⓑ 공감 점수가 높은 여성의 경우 ACC의 활성화가 높게 나타났다.

ⓒ 의의

통증 관찰은 물리적 통증과 매우 다른 자극에 의해 유발되지만, 두 통증은 생리적 기제를 공유한다.

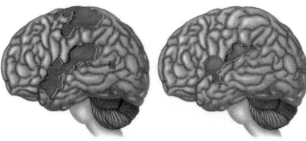

(a) 고통스러운 자극을
　　받을 때

(b) 파트너가 고통스러운 자극을
　　받는 것을 지켜볼 때

[그림 5-13]

▶ Singer와 동료들(2004)은 fMRI를 써서 (a) 고통스러운 자극을 받거나, (b) 다른 사람이 고통스러운 자극을 받는
것을 지켜볼 때 활성화되는 뇌 영역을 판정하였다. Singer는 (b)에서 활성화는 다른 사람에 대한 공감과 관련이
있다고 제안한다. 공감은 체감각 겉질을 활성화시키지 않았으나, 통증에 의해 활성화되는 다른 영역들, 예컨대
뇌섬(마루엽과 관자엽 사이에 파묻혀 있다)과 앞쪽 띠겉질(ACC)을 활성화시켰다.

# 미각 및 후각

 맛은 고체나 액체의 분자가 입으로 들어가 혓바닥에 있는 미각 수용기를 자극할 때 생기는 경험이고 향기는
후각 수용기를 자극할 때 생기는 경험이다. 우리는 먹을 때 '향미'를 느끼는데 이것은 맛과 냄새가 조합된 것이
다. 미각과 후각은 시각에 비해 연구가 적고 문제출제 빈도도 적어 주요 개념들만 주로 설명하였다.

---

**출제 경향 및 수험 대책**

미각과 후각은 시각에 비해 연구가 많지 않아, 시험 문제에 많은 비중을 차지하지 않을 수 있다. 그러나 미각과 후각에
서 한 문제 정도 출제될 수 있으니, 개념 위주로 숙지할 필요가 있다.

---

## 1 미각

### (1) 맛의 기능

미각은 맛의 질과 그 물질의 효과를 관련시킴으로써 문지기 기능을 수행한다.

① 단맛은 대게 영양분이나 칼로리를 가진 물질, 그래서 생존에 중요한 물질과 관련이 있다.

② 쓴맛은 유해한 물질에 대한 거부반응을 자동적으로 촉발시킨다.

### (2) 기본 맛의 특질 중요도 상

짠맛, 신맛, 단맛, 쓴맛, 유마미로 분류한다. 유마미는 화학조미료 MSG의 맛으로 다섯 번째 기본 맛으
로 인정되었다.

### (3) 미각 시스템의 구조

① 맛을 지각하는 과정은 자극이 혀에 있는 미각 수용기를 자극하면서 시작된다.

② 혀의 표면에 있는 유두라는 구조가 있고, 그 안에 미뢰가 있으며 미뢰 안에 미각세포 끝에 미각
수용기가 존재한다.

③ 유두의 4 종류

㉠ 섬유형 유두 : 혀 표면 전체에 널려 있으며 혓바닥의 대략적 외모를 결정한다. 미뢰가 없으
며 주로 혀의 가운데에 분포되어 있어 혀 가운데에는 맛을 못 느낀다.

㉡ 균상 유두 : 버섯 모양의 유두로 혀의 끝과 양옆에 존재한다.

㉢ 잎 모양 유두 : 혀의 양옆을 따라 겹겹이 접혀있다.

㉣ 성벽형 유두 : 혀의 뒷부분에서 발견되며, 참호를 에워싸는 낮은 언덕 같은 모양이다.

④ **중추신경계에서 미각신호가 전달되는 경로**

　㉠ 혀의 앞쪽과 옆쪽에서 나오는 신호를 전달하는 고삭신경

　㉡ 혀의 뒷부분에서 나오는 신호를 전달하는 설인신경

　㉢ 입과 후두에서 나오는 신호를 전달하는 미주신경

　㉣ 입과 천장에서 나가는 신경

　㉤ 혀와 입과 목에서 나온 신경은 뇌간의 고속로 핵으로 전달되고 시상을 통해 뇌섬과 이마덮개 겉질로 전달된다.

## 2 후각

### (1) 냄새 인식

① 우리는 보통 후각 자극의 농도가 식역 수준으로 그 냄새를 겨우 탐지할 때 그 냄새의 특질을 잘 알아차리지 못한다. 그 냄새가 무슨 냄새인지를 인식할 수 있으려면 그 자극의 농도가 식역 수준보다 3배 이상 높아야 한다.

② 사람들이 변별할 수 있는 냄새의 수는 약 10만 가지이지만 각 냄새의 구체적인 정체를 파악하는 능력은 매우 저조하다.

③ 냄새를 분자의 속성과 관련짓기 어렵다. 왜냐하면 분자의 구조는 비슷한데 냄새는 다를 수 있고 반대로 구조는 다른데도 냄새는 비슷할 수 있기 때문이다.

### (2) 후각 점막

① 후각 구 바로 아래 위치한 비강의 지붕에 위치한다.

② 점막 내의 후각 수용기 세포 속에 냄새를 풍기는 화학물질에 민감하게 반응하는 후각 수용기가 들어있다. 후각 수용기는 그 유형에 따라 매우 제한된 범위의 물질에만 반응한다. 후각 수용기는 350가지나 된다.

### (3) 냄새 신호의 이동 경로

후각 구에서 전달된 신호는 일차 후각 영역(primary olfactory area)에 있는 조롱박겉질(piriform cortex)과 이차 후각 영역(secondary olfactory area)에 안와전두피질(orbitofrontal cortex)로 전달된다. 그리고 그 정보들은 편도체와 상호작용한다.

### (4) 향미 지각 (중요도 중)

① 향미(flavor) 또는 맛은 혓바닥에 있는 수용기를 자극하여 생기는 미각과 후각 점막에 있는 수용기를 자극하여 생기는 후각이 조합된 결과이다.

② 향미를 느끼는데 후각이 결정적인 역할을 한다. 일반적으로 코를 막았을 때 맛의 정체를 파악하기가 어렵다.

③ 향미를 지각하는 곳이 입인 것처럼 느끼는 이유는 음식물이 입안의 촉각 수용기를 자극하기 때문이다. 후각 수용기와 미각 수용기의 작용을 입에서 벌어지는 작용으로 간주하는 구강 포획 현상이 입 안에서 발생하여 향미가 입안에서 느껴지게 한다.

④ Proust 효과는 오랫동안 생각도 해 보지 못했던 기억이 미각과 후각 때문에 생생하게 되살아나는 현상을 의미한다. 냄새로 유발된 기억과 '되돌아간' 느낌 및 강한 정서적 경험이 서로 관련되어 있다는 가정이 있을 수 있다. 그러나 이를 규명하기 위해서는 추가적 연구가 필요하다.

# 실제예상문제

**01** 내측모대 경로는 큰 신경섬유를 가지고 있고, 이는 운동을 통제하고 접촉에 반응하는 데 중요하다. 반면 척수시상 경로는 작은 섬유들로 이루어져 있으며, 온도와 통증에 관한 신호를 전달한다.

**01** 내측모대 경로에 관한 설명으로 <u>틀린</u> 것을 모두 고른 것은?

> ㉠ 큰 신경섬유로 이루어져 있다.
> ㉡ 작은 섬유들로 이루어져 있다.
> ㉢ 온도와 통증에 관한 신호를 전달한다.
> ㉣ 운동을 통제하고 접촉에 반응하는데 중요하다.

① ㉠, ㉡
② ㉠, ㉢
③ ㉡, ㉢
④ ㉡, ㉣

**02** 시간적 단서는 손가락을 표면 위로 움직이지 않으면 탐지되지 않는 섬세한 결의 지각을 담당하며, 표면 위에서의 운동의 결과로 발생하는 진동의 형태로 정보를 제공한다.

**02** 다음 중 시간적 단서에 대한 설명으로 옳은 것은?

① 예시로 브라유 점이나 점자를 만질 때 느끼는 결을 지각하는 것을 들 수 있다.
② 표면 요소의 여러 모양, 크기 및 분포에 대한 느낌을 낳는다.
③ 돌출부나 홈 같은 큰 표면 요소에 의해 제공된다.
④ 손가락을 표면 위로 움직이지 않는다면 탐지될 수 없다.

**정답** 01 ③  02 ④

**03** 다음 설명 중 옳지 <u>않은</u> 것은?

① 물체를 식별할 때는 세 가지 시스템이 협동하여 능동적 촉감을 경험하게 한다.

② 손끝과 비교해서 높은 굴절률을 갖는 자극을 접촉할 때 손끝에 있는 신경섬유의 흥분율이 크다.

③ 촉감 영역에 있는 신경세포는 시각 영역처럼 수용장을 가지고 있으며, 그것을 흥분적 중심-억제적 주변 수용장이라고 한다.

④ 촉감 영역에는 방위와 관련된 신경세포는 존재하지 않는다.

**03** 촉감 영역의 체감각 겉질 신경세포에는 특정 방위에 반응하는 신경세포도 있고, 특정한 방향으로 피부를 가로지르는 운동에 반응하는 세포도 존재한다.

**04** 다음 설명 중 옳지 <u>않은</u> 것은?

① 통증은 피부의 위해수용기가 자극 받아서 발생한다.

② 환상지 현상은 통증이 피부자극뿐만 아니라 뇌에서도 발생한다는 증거이다.

③ 출입문 제어 모형에서 통증은 위해수용기 신호와 역학수용기 신호 이 두 가지 경로를 통해 출입문 제어 시스템에 입력된다.

④ 위해수용기 신호는 전달세포의 흥분을 증가시킨다.

**04** 출입문 제어 모형에서 통증은 위해수용기 신호, 역학수용기 신호, 중추 통제라는 세 가지 경로를 통해 출입문 제어 시스템에 입력된다.

정답　03 ④　04 ③

여기서 멈출 거예요? 끝지가 바로 눈앞에 있어요.
마지막 한 걸음까지 SD에듀가 함께할게요!

# 최종모의고사

제한시간: 50분 | 시작 ___시 ___분 - 종료 ___시 ___분

🔁 정답 및 해설 309p

**01** 역(threshold)을 측정하는 방법이 <u>아닌</u> 것은?

① 한계법
② 조정법
③ 항상자극법
④ 크기 추정법

**02** 다음 중 수용기에 도달한 정보를 기초로 한 처리는 무엇인가?

① 상향처리
② 하향처리
③ 개념주도적 처리
④ 상호작용적 처리

**03** Stevens의 지수 법칙에 대한 설명으로 <u>틀린</u> 것은?

① $P = KS^n$으로 표현한다.
② 자극의 물리적 강도와 지각된 크기가 서로 무관하다.
③ 수식에서 K는 상수를 의미한다.
④ 이 법칙으로 반응확장을 잘 설명할 수 있다.

**04** 신호탐지 이론에서 신호가 제시되지 않았을 때 신호가 감지되었다고 보고하는 것은 무엇인가?

① 적중
② 누락
③ 누락신호
④ 오경보

**05** 이 접근법은 자극과 행동 반응 간의 관계를 측정한다. 이 접근법은 무엇인가?

① 정신물리학적 접근법
② 생리학적 접근법
③ 행동주의적 접근법
④ 정보처리적 접근법

**06** Weber의 소수가 의미하는 것은 무엇인가?

① 전대역의 수량화
② 표준 자극에 비례하는 차이역
③ 크기 추정을 위한 비율값
④ 자극의 강도와 지각된 양의 비율

**07** 빛이 망막에 닿는 순서대로 나열한 것은 무엇인가?

① 각막 → 수정체 → 동공 → 망막
② 수정체 → 각막 → 동공 → 망막
③ 각막 → 동공 → 수정체 → 망막
④ 동공 → 각막 → 수정체 → 망막

**08** 다음 설명에 적합한 시각 수용기는 무엇인가?

> 망막의 중심와(fovea)에 주로 위치하며 색을 지각할 수 있으며, 어두운 환경에서 재역할을 하지 못한다.

① 암세포(dark cell)
② 명세포(light cell)
③ 막대세포(rod)
④ 원뿔세포(cone)

**09** 시각 세포에서 레티날의 모양 변화와 옵신으로부터의 분리는 망막의 색깔을 짙은 색에서 옅은 색으로 바꾸는 이 과정을 유발한다. 이 과정은 무엇인가?

① 시각 색소 표백
② 원뿔세포-막대세포 분절
③ 시각 색소 재생
④ 망막박리

**10** 활동전위 발생 시 축삭(축색)에서 주로 발생하는 이온의 교환으로 옳은 것은?

① 축삭 밖으로 $Na^+$의 신속한 배출
② 축삭 안으로 $Na^+$의 신속한 유입
③ 축삭 밖으로 $K^+$의 신속한 배출
④ 축삭 안으로 $K^+$의 신속한 유입

**11** Hubel과 Wiesel이 대뇌 줄무늬겉질에서 발견한 수용장은 무엇인가?

① 단순 수용장
② 중심-주변 수용장
③ 병렬 수용장
④ 억제성 수용장

**12** V1의 세부특징 탐지기에 해당하지 <u>않는</u> 세포는 무엇인가?

① 단순세포
② 복합세포
③ 끝-멈춤 세포
④ 아마크린세포

**13** 지각하는 기계를 설계하기가 어려운 이유에 해당하지 <u>않는</u> 것은?

① 시각의 역투사 문제
② 흐릿한 물체의 처리 어려움
③ 시점 불변성의 구현 어려움
④ 인간보다 느린 처리의 속도

14 다음 설명에 해당하는 시각 조직화의 원리(게슈탈트 조직화)는 무엇인가?

> 직선이나 완만한 곡선으로 연결되는 점들은 함께 속한 것으로 지각되며, 이 선들은 가장 원만한 경로를 따르는 것으로 지각되는 경향이 있다.

① 단순성 원리
② 좋은 연속성 원리
③ 유사성 원리
④ 공통 운명 원리

15 Simons와 Chabris(1999)의 주의(attention)에 대한 연구를 보면, 주의를 기울이지 않은 자극은 인식되지 못하고 심지어 기억에도 남지 않는다. 이 현상은 무엇인가?

① 무시증
② 변화 맹시(change blindness)
③ 무주의 맹시(inattentional blindness)
④ 주의산만

16 Treisman의 주의 연구는 대상에 충분히 주의를 기울이지 못하면 여러 세부특징들이 잘못 결합될 수 있다는 것을 증명하였다. 이 현상을 무엇이라 하는가?

① 시각적 착시
② 접합검색
③ 시각검색
④ 착각접합

17 깊이 지각에서 단안 단서가 아닌 것은?

① 상대부등
② 상대적 높이
③ 가림 정보
④ 조망 수렴

18 우리는 각기 다른 거리에서 물체를 바라보더라도 그 물체의 크기는 변동이 없다는 것을 안다. 이 현상은 무엇인가?

① 색체 항등성
② 크기 항등성
③ 크기-거리 척도화
④ 상대적 크기

19 한 물체의 움직임 때문에 이웃에서 움직이지 않고 있는 다른 물체가 움직이는 것으로 지각되는 움직임은 무엇인가?

① 움직임 잔효
② 외견상 움직임
③ 유도 움직임
④ 착각성 움직임

20 대뇌에서 움직임을 지각하는 뇌 영역은 어디인가?

① 방추이랑(fusiform gyrus)
② 일차운동피질(primary motor cortex)
③ 전측 대상피질(anterior cingulate cortex)
④ 중간측두엽(middle temporal lobe)

21 색채지각의 삼원색 이론에 대한 설명으로 관련이 없는 것은?

① 색채 지각의 대립 신경세포가 망막과 가쪽 무릎핵에서 발견되었다.
② 세 개의 수용기가 각기 다른 빛의 스펙트럼 민감도를 갖는다.
③ 세 가지 원뿔세포 색소가 각각 민감한 빛의 파장에 반응한다.
④ 색 대응 실험을 통해 삼원색이 주장되었다.

22 물체의 전형적인 색에 대한 사전 지식이 지각에 미치는 영향을 무엇이라 하는가?

① 색채 항등성
② 기억색
③ 부분적 색채 항등성
④ 색채순응

23 조명이 달라져도 흰색, 회색, 검은색과 같은 무채색이 같은 밝기로 보이는 현상은 무엇인가?

① 조명 항등성
② 반사율
③ 밝기 항등성
④ 색채 항등성

24 색을 처리하는 대뇌 영역에 대한 설명으로 옳지 않은 것은?

① 대뇌 영역에는 단일 대립 신경세포와 2중 대립 신경세포가 존재한다.
② 색채 정보를 포함한 여러 정보가 대뇌 여러 영역에 분산되어 있다는 주장이 존재한다.
③ 색 정보에 특화된 대뇌 영역이 있다는 주장이 존재한다.
④ 색의 정보는 대뇌 영역에 도착하기 전에 처리된다.

25 다음 중 내이에 포함된 구성요소가 아닌 것은?

① 달팽이관
② 난원창
③ 코르티 기관
④ 융모세포

26 다음 중 청각계의 기본 임무가 아닌 것은?

① 소리 자극을 수용기로 전달한다.
② 소리 자극의 압력 변화로부터 전기신호로 전환한다.
③ 전기신호를 처리해서 음고, 음량, 음색을 처리한다.
④ 말소리와 운동 기제와의 대응을 처리한다.

27 소리의 진동이 전기 신호로 전환될 때 결정적 역할을 하는 것은 무엇인가?

① 달팽이관의 증폭
② 기저막의 진동
③ 융모세포의 휘어짐
④ 이소골의 진동

**28** 청각 장면의 분석을 위해 사용하는 지각적 조직화에 사용되는 여러 가지 유형의 정보가 <u>아닌</u> 것은?

① 신호 대 잡음의 정도
② 소리의 구동시간
③ 음원의 위치
④ 음고와 음색

**29** 시각이 청각을 지배하는 현상은 무엇인가?

① 두 불빛 착시
② 변사 효과
③ 칵테일 파티 효과
④ 청각적 연속

**30** 말소리의 가장 작은 단위는 무엇인가?

① 낱자
② 음절
③ 음소
④ 음향

**31** 이웃한 음소를 조음할 때 생기는 중첩을 무엇이라 하는가?

① 범주적 지각
② 포르만트 이동
③ 지각적 항등성
④ 동시조음

**32** 말소리 지각이 시각적 정보에 영향을 받는다는 것을 보여주는 효과는 무엇인가?

① McGurk 효과
② 음소복구 효과
③ 음소 경계 효과
④ 두 불빛 착시 효과

**33** 언어 처리와 관계 <u>없는</u> 영역은 어디인가?

① 조거구
② 좌측 측두엽
③ Broca 영역
④ Wernike 영역

**34** 영아의 언어 학습 능력에 대한 설명으로 <u>틀린</u> 것은?

① 1개월 이전에 범주적 지각이 형성된다.
② 6개월 이전에는 모국어에 없는 음소도 지각할 수 있다.
③ 태아 때부터 학습된 모국어는 출생 후에도 모국어 음소 지각에 영향을 준다.
④ 경험-의존적 가소성으로 인해 12개월 이후 모국어 음소에 더 민감히 반응한다.

**35** 이 피부 수용기는 표피 가까이 위치하며 작은 피부 수용장을 갖는다. 이 수용기는 무엇인가?

① RA2
② 파치니 소체
③ 루피니 원통
④ 메르켈 수용기

**36** 팔목터널 증후군과 같은 반복 작업 또는 척수 손상, 뇌졸중과 같이 뇌 손상에 의해 발생하는 통증은 무엇인가?

① 염증 통증
② 신경병 통증
③ 위해 통증
④ 환상지 통증

**37** 다음 중 미뢰에 대한 설명으로 틀린 것은?

① 혀 가운데 미뢰가 집중되어 있다.
② 혀에 분포된 미뢰는 약 10,000개 정도이다.
③ 혀의 뒤쪽 또는 주변 부분에 위치한 미뢰가 미각경험을 광범위하게 유발한다.
④ 유두 위에 위치한다.

**38** 기본 맛에서 다섯 번째 기본 맛으로 인정된 맛은 무엇인가?

① 짠맛
② 신맛
③ 쓴맛
④ 유마미

**39** 냄새 인식에 대한 설명으로 틀린 것은?

① 변별할 수 있는 냄새의 가지 수는 10만 가지가 넘는다.
② 냄새를 풍기는 물질의 이름을 알면 냄새의 정체를 정확히 파악한다.
③ 식역 수준의 냄새 농도이면 냄새의 특징을 알 수 있다.
④ 냄새의 이름을 기억에서 인출하는 능력과 냄새 인식은 밀접한 관련이 있다.

**40** 향미(flavor)를 느끼는데 후각이 결정적 역할을 한다는 증거로 이 현상이 거론된다. 이 현상은 무엇인가?

① 구체성 부호화
② 구강 포획
③ Proust 효과
④ 맛의 기억 효과

제한시간: 50분 | 시작 ___시 ___분 – 종료 ___시 ___분

🔁 정답 및 해설 313p

**01** 자극과 지각 간의 관계를 행동 반응을 기반으로 연구하는 지각 연구 분야는 무엇인가?

① 정신물리학적 접근
② 생리학적 접근
③ 정보처리적 접근
④ 뇌과학

**02** 다음 설명에 맞는 역(threshold) 측정 방법은 무엇인가?

> 자극이 탐지될 때까지 자극 강도를 계속 증가시키거나 계속 감소시킨다는 점에서 한계법과 유사하지만, 이 방법은 자극을 겨우 탐지할 때까지 관찰자가 자극의 강도를 서서히 변화시킨다.

① 크기 추정법
② 조정법
③ 항상자극법
④ 신호탐지

**03** Weber의 법칙은 무엇을 활용한 법칙인가?

① 절대역
② 조정법
③ 차이역
④ 크기 추정법

**04** 다음 수식에 대한 설명으로 **틀린** 것은?

$$P = KS^n$$

① 신호탐지이론에 관한 수식이다.
② 반응확장과 반응압축을 수식으로 설명할 수 있다.
③ 자극의 강도에 따른 지각된 강도에 대한 수식이다.
④ K는 상수, S는 자극의 물리적 강도를 의미한다.

**05** ROC 곡선은 무엇과 무엇에 대한 그래프인가?

① 적중률 대 누락의 그래프
② 적중률 대 오경보율의 그래프
③ 오경보율 대 누락의 그래프
④ 오경보율 대 정기각의 그래프

**06** 신호탐지이론에서 d'은 무엇을 의미하는가?

① 의사판단의 기준
② 의사판단의 중립적 기준과 보수적 기준의 차이
③ 신호가 없을 때의 지각 강도와 신호가 나타날 때의 강도의 차이
④ 적중률과 오경보율의 차이

**07** 유아의 지각적 반응을 측정하기 위한 방법은 무엇인가?

① 부모 인터뷰를 기반으로 한 측정
② 반응에 대한 언어반응
③ 자극에 대한 반응 정확도 측정
④ 탈습관화를 이용

**08** 빛의 초점 형성에 관여하는 눈의 구조는 무엇인가?

① 수정체
② 망막
③ 각막
④ 시신경

**09** 시냅스(synapse)의 역할은 무엇인가?

① 활동전위 생성
② 신경전달물질의 방출
③ 과분극 촉진
④ 탈분극화 억제

**10** 헤르만 격자에서 교차 지점에 존재하지 않는 반점이 보인다. 이 원인은 무엇인가?

① 측면억제
② 그림자 착시
③ 빛과 어둠의 동시대비
④ White 착시

**11** 다음 설명은 어떤 감각 부호화를 의미하는가?

> 이 부호화는 특정 물체에만 반응하고 다른 물체에는 전혀 반응하지 않는 하나의 신경세포에 의해 특정 물체가 표상된다고 제안한다.

① 성긴 부호화
② 특정성 부호화
③ 분산 부호화
④ 개념 주도적 부호화

**12** 원숭이 뇌를 절제한 실험에서 관자엽(측두엽) 일부를 제거한 한 경우 나타나는 증상은 무엇인가?

① 위치 변별력의 저하
② 자극에 대한 반응 시간 저하
③ 대상 변별력의 저하
④ 무증상

**13** 대뇌에서 특정 유형의 자극에 관한 정보를 처리하는데 전문화된 구조는 무엇인가?

① 초기둥(hypercolumn)
② 어디 경로
③ 시각장
④ 모듈(module)

**14** Rubin의 얼굴-꽃병 그림은 어떤 지각적 원리를 보여주는가?

① 균일 연결성 원리
② 형(전경)-배경 분리의 원리
③ 공통 영역 원리
④ 근접성 원리

**15** 우리는 지각 과정에서 환경의 규칙성에 관한 지식을 사용한다. 이 규칙성 중에서 대부분의 빛이 위에서 온다는 가정에 해당하는 환경의 규칙성은 무엇인가?

① 주관적 규칙성
② 의미적 규칙성
③ 물리적 규칙성
④ 전역 이미지 특징

**16** 지각용량과 지각부하로 무주의 맹시 현상과 같은 주의 현상을 설명하는 이론은 무엇인가?

① 주의 부하 이론
② 주의 여과 이론
③ 선택적 주의 이론
④ 주의 후기 선택 이론

**17** 주의와 뇌 활성화 영역에 대한 설명으로 <u>틀린</u> 것은?

① 주의는 신경반응에 영향을 끼친다.
② 주의는 뇌 특정 영역의 반응을 증가시킨다.
③ 주의는 신경세포의 수용장 위치를 이동시킬 수 있다.
④ 위치에 대한 주의는 뇌의 특정 위치의 반응과 무관하다.

**18** 다음 중 깊이 지각에서 양안 단서가 <u>아닌</u> 것은?

① 두 눈으로 깊이 보기
② 회화 단서
③ 양안부등
④ 기하학적 부등

**19** 다음과 같은 뮬러-라이어 착시를 길이에 대한 단서로 설명하는 이론은 무엇인가?

① 잘못 적용된 크기 항등성 척도화
② 갈등 단서 이론
③ 가현 거리 이론
④ 각 크기-대비 이론

**20** 다음 중 움직임 지각의 환경 속의 정보가 <u>아닌</u> 것은?

① 빛의 배열
② Reichardt 탐지기
③ 빛 배열의 부분적 교란
④ 전역적 빛 흐름

**21** 움직임 지각을 설명하는 동반 방출 이론에서 사용하는 신호가 <u>아닌</u> 것은?

① 그림자 신호
② 상 움직임 신호
③ 운동 신호
④ 동반 방출신호

**22** 색채 시각의 기능과 관련이 <u>없는</u> 것은?

① 대상 지각을 돕는 신호 기능
② 후각의 촉진
③ 지각 조직화 촉진
④ 물체의 탐지와 재인

**23** 다음 설명에 맞는 색채시 결함은 무엇인가?

이 결함을 갖은 사람은 스펙트럼상의 어떤 색이든 간에 색 대응을 하는데 한 개의 파장만 필요로 하며 밝기가 다른 회색으로 본다.

① 무시증
② 2색시
③ 단색시
④ 색채시

**24** 색채 지각에서 초록과 빨강이 지각적으로 짝지어져 있다는 신경적 증거는 무엇인가?

① 막대세포
② 원뿔세포
③ 대립세포
④ 대뇌 V1 영역

**25** 오른쪽 눈을 감고 왼쪽 눈으로만 빨간색 색종이를 근접해서 약 30초간 본 이후 같은 색종이를 오른쪽 눈으로 보면 빨간색이 더 밝고 채도도 높게 보인다. 이 현상은 무엇 때문에 발생하는가?

① 기억색
② 밝기 항등성
③ 부분 색채 항등성
④ 색채 순응

**26** 물리적 소리를 기술하기 위한 방법이 <u>아닌</u> 것은?

① 음량
② 주파수
③ 진폭
④ 데시벨

**27** 다음 중 중이에 해당하는 귀 구조는 무엇인가?

① 귓바퀴
② 침골
③ 달팽이관
④ 청신경

**28** 소리의 위치 파악의 한 귀 단서인 것은?

① ILD(interaural level difference)
② 혼동 원추
③ 스펙트럼 단서
④ ITD(interaural time difference)

**29** 청각적 위치 파악과 소리 재인에서 중요한 역할을 담당하는 뇌 영역은 어디인가?

① MT영역
② V4영역
③ 벨트 주변 영역
④ 핵심 영역

**30** 복잡한 파형의 소리를 파악하는데 사용되는 지각적 조직화 원리가 아닌 것은?

① 선행 효과
② 서로 다른 위치에서의 음원
③ 소리의 구동 시간
④ 음고와 음색

**31** 연주회장에서 음악이 어떻게 지각되는가와 관련된 물리적 요인에 속하지 않는 것은?

① 친밀시간
② 벽면 강도
③ 베이스 비율
④ 공간성 요인

**32** 말소리의 변이성을 유발하는 세 요인이 아닌 것은?

① 상이한 화자
② 동시조음
③ 화자의 어휘력
④ 불분명한 발성

**33** 말소리의 변이성을 극복하고 정확한 말소리 재인을 하는 지각적 능력이 아닌 것은?

① 범주적 지각
② 청시각적 말소리 지각
③ 음소복구 효과
④ 말소리 지각의 생득적 능력

**34** 단어농과 관련있는 언어처리 뇌 영역은 어디인가?

① A1 영역
② 전전두엽 영역(prefrontal lobe)
③ Wernike 영역
④ Broca 영역

**35** 말소리 지각에서 음소 경계를 기점으로 음소를 불연속적으로 지각한다는 이 현상은 무엇인가?

① 통계적 학습
② 범주적 지각
③ McGurk 효과
④ 동시조음

**36** 피부의 수용기 중에 피부 깊숙이 위치하며 자극의 출현과 소멸에 흥분하고 빠른 진동과 섬세한 설의 감시와 관련 있는 수용기는 무엇인가?

① 파치니 소체
② 루피니 원통
③ 메르켈 수용기
④ 마이스너 소체

**37** 체감각이 일차 체감각 겉질(일차 체감각 피질)에 도달하기까지 거치는 경로가 <u>아닌</u> 것은?

① 시상
② 척수
③ 편도체
④ 촉각

**38** 맛을 지각하는 혀의 유두에 네 종류에 해당하지 <u>않는</u> 것은 무엇인가?

① 원추형 유두
② 균상 유두
③ 잎 모양 유두
④ 성벽형 유두

**39** 미각세포에서 생성된 전기적 신호는 네 가지 신경을 따라 혀에서 빠져나간다. 이 네 가지 신경에 해당하지 <u>않는</u> 것은?

① 고삭신경
② 설인신경
③ 미주신경
④ 대립신경

**40** 후각처리에 관여하는 신경경로에 속하지 <u>않는</u> 것은?

① 조롱박겉질
② 시상
③ 안와전두겉질
④ 편도체

# 정답 및 해설

최종
모의고사

## 제1회

| 01 | 02 | 03 | 04 | 05 | 06 | 07 | 08 | 09 | 10 | 11 | 12 | 13 | 14 | 15 | 16 | 17 | 18 | 19 | 20 |
|----|----|----|----|----|----|----|----|----|----|----|----|----|----|----|----|----|----|----|----|
| ④ | ① | ② | ④ | ① | ② | ③ | ④ | ① | ② | ③ | ④ | ④ | ② | ③ | ④ | ① | ② | ③ | ④ |
| 21 | 22 | 23 | 24 | 25 | 26 | 27 | 28 | 29 | 30 | 31 | 32 | 33 | 34 | 35 | 36 | 37 | 38 | 39 | 40 |
| ① | ② | ③ | ④ | ② | ④ | ④ | ① | ② | ③ | ④ | ① | ① | ③ | ④ | ② | ① | ④ | ③ | ② |

**01 정답 ④**

역을 측정하는 방법은 Fechner가 1860년에 제안한 3가지 방법이 있으며 한계법, 조정법, 항상자극법이다.

**02 정답 ①**

하향처리와 개념주도적 처리는 경험이나 지식을 기반으로 하는 처리를 의미한다. 상호작용적 처리는 하향과 상향이 모두 작동한다는 것을 의미한다.

**03 정답 ②**

자극의 물리적 강도와 지각된 크기가 함수 관계에 있다. 이 관계는 지수 함수로 표현된다. 다음 식은 Stevens의 지수 법칙이다($P = KS^n$), 지각된 크기 P는 상수 K 곱하기 자극의 물리적 강도 S의 n승과 같다. 이 법칙은 반응압축 및 반응확장을 설명할 수 있는 근거를 제공한다.

**04 정답 ④**

- 적중(hit) : 자극이 제시되었을 때 '네'라고 정확반응하는 것
- 누락(miss) : 자극이 제시되었는데 '아니오'라고 오반응하는 것
- 오경보(false alarm) : 자극이 없는데 '네'라고 오반응하는 것
- 정기각(correct rejection) : 자극이 없는데 '아니오'라고 정확반응하는 것

**05 정답 ①**

정신물리학적 접근법은 자극과 행동 반응 간의 관계를 측정한다. 반대로 생물학적 접근은 자극과 생리적 반응 간의 관계와 생리적 반응과 행동 반응 간의 관계를 측정한다.

**06 정답 ②**

weber의 소수는 차이역에 대한 것으로 Weber는 표준자극이 달라져도 Weber 소수(무게는 0.02)는 일정하다는 Weber의 법칙을 주장했다. 따라서 절대역, 크기 추정, 자극의 강도와 지각된 양의 비율은 무관하다.

**07 정답 ③**

빛은 물체로부터 각막으로 그리고 동공, 수정체, 최종적으로 망막에 도달한다.

**08 정답 ④**

원뿔세포는 망막의 중심와에 주로 분포되어 있으며, 색을 지각할 수 있고 낮에 주로 활성화된다.

09 **정답** ①
② 원뿔세포-막대세포 분절은 암순응 곡선이 막대세포의 순응에 의해 좌우되기 시작하는 지점을 의미한다.
③ 시각 색소가 다시 생성되는 과정을 시각 색소 재생이라 한다.
④ 망막박리는 색소상피로부터 망막이 분리되는 조건을 의미한다.

10 **정답** ②
활동전위가 전극 쪽으로 다가오면 이온통로가 열려 Na$^+$가 축삭 안으로 신속히 유입된다. Na$^+$의 유입으로 축삭 안쪽 양전하가 증가하고 Na$^+$가 닫히면 안정전위로 돌아가기 위해 K$^+$이온 통로가 열린다. K$^+$의 유입 및 배출은 안정전위로 돌아가려는 이온 활동으로 활동전위와 관련이 적다.

11 **정답** ③
Hubel과 Wiesel은 망막과 LGN 신경세포의 중심-주변 수용장과 마찬가지로 흥분성 영역과 억제성 영역을 갖는 수용장을 지닌 세포들을 줄무늬겉질에서 발견하였다. 하지만 이 영역들은 중심-주변 형태가 아니라 서로 나란히 배열되어있는 병렬 수용장을 갖고 있었다.

12 **정답** ④
아마크린세포는 인간의 망막에서 신호를 측면으로 전달하는 역할을 한다.
단순세포, 복합세포, 끝-멈춤 세포들은 방위, 운동 방향 등 자극의 특정한 특징에 반응하여 발화하므로 세부특징 탐지기라고도 불린다.

13 **정답** ④
인간보다 컴퓨터가 정보를 더 빨리 처리하며 이것은 기계의 장점이다.

14 **정답** ②
① 단순성 원리는 모든 자극 패턴은 가능한 가장 간단한 구조를 내는 방향으로 보이는 원리이다.

③ 유사성 원리란 비슷한 사물은 함께 집단을 이룬다는 원리이다.
④ 공통 운명 원리는 같은 방향으로 움직이는 대상들이 함께 집단화되는 원리이다.

15 **정답** ③
① 무시증은 신경학적 문제로 인해 인식하지 못하는 것이다.
② 장면에서 변화를 탐지하는 것이 어려운 현상을 변화맹시라고 한다.

16 **정답** ④
② 접합검색은 두 개 또는 그 이상의 세부특징들의 조합을 동일 자극 내에서 검색하는 것을 의미한다.
③ 시각검색은 많은 사물 속에서 표적 사물을 찾을 때를 의미한다.

17 **정답** ①
장면에서 대상들의 절대부등의 차이를 상대부등(relative disparity)라고 하며, 관찰자가 장면을 빙 둘러볼 때 동일하게 유지된다. 상대부등은 장면의 대상들이 서로 상대적으로 어디에 위치하는지를 표시하는 것을 돕는 것으로 양쪽 눈의 시선의 이동에 의존한다.

18 **정답** ②
① 조명 상태가 달라져도 물체의 색을 비교적 일정하게 지각하는 것이 색채 항등성이다.
③ 크기 항등성과 깊이 지각 간의 관련성에서 크기 항등성이 대상의 거리를 감안함으로써 일어남을 가정하는 개념이 크기-거리 척도화이다.
④ 상대적 크기는 깊이 지각에서 단안 단서 중 하나이다.

19 **정답** ③
① 움직임 잔효는 움직이는 자극을 30~60초 동안 주시한 다음 고정된 자극을 바라볼 때 일어난다.

② 외견상 움직임은 약간의 거리를 두고 떨어져 있는 두 개의 자극을 적절한 시간 간격을 두고 번갈아 제시하면 움직임이 느껴지는 현상이다.
④ 착각성 움직임은 실제로는 움직이지 않는 물체를 움직이는 물체로 지각하는 현상을 의미한다.

**20** 정답 ④
① 방추이랑은 얼굴지각 영역과 관련이 있다.
② 일차운동피질은 운동 명령을 내리는 영역이다.
③ 전측 대상피질은 통증 지각과 관련 있는 영역이다.

**21** 정답 ①
가쪽무릎핵의 대립 신경세포는 삼원색 이론이 아닌 대립과정 이론의 증거이다.

**22** 정답 ②
① 조명 상태가 달라져도 물체의 색을 비교적 일정하게 지각하는 것이 색채 항등성이다.
③ 부분적 색채 항등성은 물체 지각이 약간 바뀌긴 했으나 색채 순응이 되지 않았을 때보다는 훨씬 적게 달라지는 현상을 의미한다.
④ 색채순응은 특정 유채색에 지속적으로 노출될 때 그 색에 대한 민감도가 감소되는 것을 의미한다.

**23** 정답 ③
① 조명 항등성은 물체가 조명받는 방식에 따라 적절하게 수정해서 항등적인 색채 지각을 하는 것을 의미한다.
② 물체가 우리 눈에 반사시켜 주는 빛의 비율을 반사율이라 한다.

**24** 정답 ④
색채 시각, 청각, 후각, 미각과 같은 경우 우리의 경험은 신경계에 의해 조형될 뿐만 아니라 우리 경험의 본질 자체가 신경계에 의해 창조된다. 즉, 색 경험은 우리의 대뇌가 해석한 결과이다.

**25** 정답 ②
난원창은 중이에 해당한다.

**26** 정답 ④
청각계의 기본 임무는 소리의 진동을 신경신호로 전환하는 것이고, 말소리와 운동 기제를 대응하여 처리하는 것은 대뇌의 기능이다.

**27** 정답 ③
③ 소리의 진동은 융모세포의 휘어짐을 유발하고 이 휘어짐은 전기신호를 유발한다.
① 달팽이관은 증폭하지 않는다.
② 기저막은 코르티 기관 아래 있으며 융모세포를 작동하는 데 역할을 한다.
④ 이소골은 소리의 진동을 증폭시키는 역할을 한다.

**28** 정답 ①
실내외 장소에 배경 소음이 있다는 것을 전제로 강의실이나 연주회장을 설계할 때 고려하는 것이 신호 대 잡음의 정도이다.

**29** 정답 ②
변사 효과는 시각이 청각을 지배하는 예이다. 이 현상은 어느 한 곳(변사의 입)에서 나오는 소리가 다른 곳(인형의 입)에서 나오는 것처럼 보일 때를 가리킨다. 인형 입의 움직임이 소리를 포획한다고 보고 있다.

**30** 정답 ③
말소리의 가장 단위는 음소(phoeme)이며, 음절은 음소의 집합이다.

**31** 정답 ④

① 범주적 지각은 음소의 변화를 음소 경계를 기준으로 범주적으로 지각하는 것을 의미한다.

② 말소리를 분석하면 여러 개의 상이한 주파수에서 압력 변화의 정점이 생성되고, 그 중에서 정점이 발생되는 주파수를 포르만트(formant)라고 부른다.

**32** 정답 ①

화면으로 화자가 '가-가'를 말하는 입모양을 보여주고 소리는 '바-바'로 청자에게 들려줄 때 시각적 정보와 청각적 정보가 충돌하여 '다-다'를 들었다고 착각하는 현상이 McGurk 효과이다. 다시 말해 이 효과는 시각적 정보가 말소리 지각에 영향을 준다는 증거이다.

**33** 정답 ①

조거구는 일차시각피질이다. Broca 영역은 말소리 생성, Wernike 영역은 말소리 이해, 좌측 측두엽은 말소리 재인과 관련이 있다.

**34** 정답 ③

출생 후 약 6개월 이전까지 모국어가 아닌 음소를 변별할 수 있는 능력이 있다. 따라서 태아 때부터 학습된 모국어란 성립하지 않는다.

**35** 정답 ④

루피니와 RA2(파치니 소체)는 피부 깊숙이 위치하고 넓은 수용장을 갖고 있다.

**36** 정답 ②

① 염증 통증은 조직의 손상과 관절의 염증 혹은 종양세포에 의해 유발되는 통증이다.

③ 위해 통증은 피부에 막 주어지는 손상을 경고하는 것이다.

④ 환상지 통증은 수술로 절단되어 존재하지 않는 사지에서 오는 통증을 의미한다.

**37** 정답 ①

미뢰에는 미각세포가 있는데, 이는 맛을 느낄 수 있다는 의미이다. 혀 중앙에는 미뢰가 없는 섬유형 유두만이 분포하여 맛을 느낄 수 없다.

**38** 정답 ④

맛을 연구하는 사람들은 대부분의 맛을 그 특질에 따라 다섯 가지 기본 맛(짠맛, 신맛, 단맛, 쓴맛, 유마미)으로 분류한다.

**39** 정답 ③

식역 수준의 냄새는 그 냄새의 정체를 거의 알 수 없는 정도의 미약한 자극으로 냄새의 특징을 알기 매우 어렵다.

**40** 정답 ②

① 구체성 부호화란 자극의 일정 한 특질이 그 특질에만 반응하도록 고안된 신경세포의 활동으로 부호화된다는 생각이다.

③ Proust 효과는 오랫동안 생각도 해 보지 못했던 기억이 미각과 후각 때문에 생생하게 되살아나는 현상이다.

## 제2회

| 01 | 02 | 03 | 04 | 05 | 06 | 07 | 08 | 09 | 10 | 11 | 12 | 13 | 14 | 15 | 16 | 17 | 18 | 19 | 20 |
|---|---|---|---|---|---|---|---|---|---|---|---|---|---|---|---|---|---|---|---|
| ① | ② | ③ | ① | ② | ③ | ④ | ① | ② | ① | ② | ③ | ④ | ② | ③ | ① | ④ | ② | ② | ② |
| 21 | 22 | 23 | 24 | 25 | 26 | 27 | 28 | 29 | 30 | 31 | 32 | 33 | 34 | 35 | 36 | 37 | 38 | 39 | 40 |
| ① | ② | ③ | ③ | ④ | ① | ② | ③ | ④ | ① | ② | ③ | ③ | ③ | ② | ① | ③ | ① | ④ | ② |

**01** 정답 ①

② 생리학적 접근은 생리적 반응 간의 관계와 생리적 반응과 행동 반응 간의 관계를 측정한다.

③ 정보처리적 접근은 인간의 인지처리 과정이 컴퓨터가 정보를 처리하는 과정과 같다고 보는 관점이다.

**02** 정답 ②

① 한계법은 자극이 탐지될 때까지 자극 강도를 계속 증가시키거나 계속 감소시킨다.

③ 항상자극법은 실험자가 강도가 다른 다섯 개에서 아홉 개의 자극을 무선적으로 제시하고 실험자는 항상 자극이 탐지되는 강도를 가장 강한 자극 강도로, 그리고 전혀 탐지될 수 없는 강도를 가장 약한 자극 강도로 선택하는 방법이다.

**03** 정답 ③

Weber의 법칙은 차이역에 대한 것으로 절대역, 조정법, 크기 추정법 등은 차이역과 관련이 없다.

**04** 정답 ①

이 수식은 Stevens의 지수 법칙이며 이 법칙은 크기 추정에 대한 수식이다.

**05** 정답 ②

ROC 곡선은 수용자 반응 특성 곡선이라 부르며, X축에 오경보 백분율을 배치하고 Y축에 적중 백분율을 배치한 곡선이다.

**06** 정답 ③

반응자의 민감도를 의미한다. 반응의 적중률과 오경보율의 차이에 따라 이 민감도는 달라지는 특징이 있다.

**07** 정답 ④

되풀이되는 자극이나 사건을 무시하는 것을 학습하게 되고, 이를 습관화라고 부른다. 습관화된 자극에 다시 반응하게 되는 것을 탈습관화라 한다. 영유아의 경우 말을 유창하게 하지 못하기 때문에 비언어적 반응인 탈습관화 반응을 이용한다.

**08** 정답 ①

각막은 빛이 가장 먼저 통과하는 막이고 망막은 빛이 도달하는 눈의 가장 뒷부분에 위치한 막이며, 망막에 시각 수용기가 배치되어 있고 이 수용기들의 정보가 시신경으로 수렴된다.

**09** 정답 ②

활동전위, 과분극, 탈분극 등은 모두 세포체 및 축색(축삭, axon)과 관련 있는 것이다.

**10** 정답 ①

헤르만 격자에서 흰 선의 교차점을 인식하는 망막 신경실 세포가 흰 선을 인식하는 세포보다 억제된 신호를 보내게 되어 교차점이 어두워 보이는데, 이 억제 신호를 보내는 것이 바로 측면억제이다.

**11** 정답 ②

성긴 부호화는 소수의 신경세포의 발화에 의한 표상이며, 분산 부호화는 신경세포의 큰 집단의 발화에 의한 표상이고, 개념 주도적 부호화라는 개념은 없다.

**12** 정답 ③

뇌의 측두엽(관자엽) 부분은 '무엇' 경로로 대상의 정체를 인식하는 영역이다. 따라서 측두엽의 손상은 대상의 정체 파악에 문제가 발생하여 대상 변별력도 손상된다.

**13** 정답 ④

특정 유형의 자극에 관한 정보를 처리하는 데 전문화된 구조를 모듈(module)이라 부른다. 논란의 여지가 있지만, FFA 영역은 얼굴 인식에 전문화된 모듈로 알려져 있다.

**14** 정답 ②

① 균일 연결성 원리는 밝기, 색, 표면 결, 또는 운동과 같은 시각 속성들로 연결된 영역이면 한 단위로 지각된다고 주장한다.
③ 공통 영역 원리는 이 원리는 같은 공간 영역 내의 요소들은 함께 집단화된다고 주장한다.
④ 근접성의 원리는 가까운 사물들은 함께 집단화되어 보인다는 지각 조직화의 원리이다.

**15** 정답 ③

① 주관적 규칙성이란 개념은 없다.
② 의미적 규칙성은 여러 유형의 장면에서 실행되는 기능과 상관된 성질을 말한다.
④ 전역 이미지 특징은 자연스런 정도, 트인 정도, 거친 정도, 확장도, 색 등으로 총체적으로 빠르게 지각된다.

**16** 정답 ①

주의 여과 이론과 주의 후기 선택 이론 등은 모두 선택적 주의를 지지하는 이론으로 지각용량과 지각부하가 아닌 선택적 주의 기제로 주의 현상을 설명한다.

**17** 정답 ④

주의는 생리적 반응에 영향을 미칠 수 있다. 같은 맥락에서 주의는 뇌 특정 영역의 반응을 증가시킨다. 그리고 관찰자가 자신의 주의를 어느 곳에 기울이느냐에 따라 활성화되는 뇌의 영역이 결정된다는 것을 관찰할 수 있다.

**18** 정답 ②

단안 단서에는 회화 단서와 운동−생성 단서가 있다.

**19** 정답 ②

갈등 단서 이론은 선 길이 지각이 두 가지 단서에 의존한다고 주장한다. 수직선의 실제 길이와 그림의 전체 길이이다. Day에 따르면 이 두 가지 갈등하는 단서가 통합되어 길이의 타협된 지각을 형성한다고 한다.

**20** 정답 ②

Reichardt 탐지기는 환경 속의 정보가 아니라 눈에서 뇌로 가는 신경계의 활동 중 하나이다.

**21** 정답 ①

움직임 지각을 설명하는 동반 방출 이론에서 사용하는 신호는 총 3가지로 상 움직임 신호, 운동신호, 동반 방출신호이다. 이 세 가지 신호는 망막 위에서 벌어지는 자극의 움직임과 안구의 움직임에 의해 생성된다.

**22** 정답 ②

색채 시각과 후각의 촉진 간의 관련성은 아직 규명된 바 없다.

**23** 정답 ③

무시증은 색채시의 종류가 아니고, 2색시는 스펙트럼상의 모든 다른 색에 대해 대응하는데 단지 두 개의 파장만을 필요로 한다.

**24** 정답 ③

초록과 빨강이 지각적으로 짝지어져 있다는 것은 대립과정 이론을 설명하는 것으로 신경학적으로 대립 신경세포와 관련이 있다. 막대와 원뿔세포는 망막에서 존재하는 시각 수용기이며 V1영역인 일차시각피질이다.

**25** 정답 ④

특정 유채색에 지속적으로 노출되면 색채 지각이 달라질 수 있다는 것을 보여 주는 것이 색채 순응이다. 빨간 빛에 순응하면 장파장 원뿔세포 색소를 선별적으로 표백시켜서 빨간색에 대한 민감도를 감소시켜 이 현상이 나타난다.

**26** 정답 ①

음량은 소리의 크기로 청자의 심리적 상태에 기인한다. 그러나 주파수, 진폭, 데시벨은 소리의 물리적 속성이다.

**27** 정답 ②

귓바퀴는 외이, 달팽이관과 청신경은 내이에 해당한다.

**28** 정답 ③

① ILD는 두 귀 간 수준 차이로 두 귀에 도달하는 소리의 음압 수준의 차이를 의미한다.
② 혼동 원추는 음원의 높이를 달리해도 시간 차이와 수준 차이는 같게 유지되기 때문에 이 두 정보는 음원의 고저에 대해 신뢰있는 정보를 제공하지 못한다.
④ ITD는 두 귀 간 시간 차이를 의미하며 이것은 소리가 왼쪽 귀에 도달하는 시간과 오른쪽 귀에 도달하는 시간의 차이를 말한다.

**29** 정답 ④

청각신호는 관자엽의 1차 청각 수용 영역에 도달한 다음 겉질의 다른 청각 영역으로 이동한다. 1차 청각 겉질과 인근 영역을 포함하는 핵심 영역과 핵심 영역을 둘러싸고 있는 벨트 영역 그리고 벨트 주변 영역으로 이동한다. 핵심 영역과 벨트 영역이 청각적 위치 파악과 소리 재인에 중요한 역할을 한다고 알려져 있다.

**30** 정답 ①

우리 귀에 먼저 도달한 음원에서 소리가 난 것으로 지각하기 때문에 선도 스피커에서만 소리가 나는 것으로 지각하는 이 상황을 선행 효과라고 한다. 그리고 이 효과는 복잡한 파형의 소리를 파악하기 위한 것이 아니라 소리의 위치에 대한 것이다.

**31** 정답 ②

연주회장에서 음악이 어떻게 지각되는가와 관련된 물리적 요인으로 Leo Beranek(1996)은 친밀시간, 베이스 비율, 공간성 요인을 들었다.

**32** 정답 ③

말소리의 음향신호와 우리가 듣는 소리 사이에 가변적 관계가 있다. 이 가변적 관계를 유발하는 세 요인에 화자의 어휘력은 해당하지 않는다.

**33** 정답 ④

말소리 지각을 위한 우리의 생득적 능력으로 생후 6개월 전에 모든 말소리를 구분할 수 있으나 이것은 말소리의 변이성을 극복할 수 있는 능력은 아니다.

**34** 정답 ③

순음을 듣는 능력은 이상이 없는데도 불구하고 단어를 인식할 수 없는 증상이 단어농이다. 단어 인식과 관련된 뇌영역은 Wernike 영역이다.

**35** 정답 ②

① 통계적 학습은 언어의 이행 확률과 그 언어의 다른 특성에 관해서 학습하는 과정을 의미한다.
③ McGurk 효과는 말소리 지각에 시각적 정보를 활용한다는 증거이다.
④ 동시조음은 말소리의 변이성에 대한 것이다.

**36** 정답 ①

메르켈 수용기와 마이스너 소체는 피부 표면에 있는 역학 수용기이며, 루피니 원통은 피부 깊숙이 위치하지만 연속 압력과 피부의 퍼짐 지각과 관련 있다.

**37** 정답 ③

체감각 정보가 일체 체감각 피질에 도달하는 경로에 편도체는 없다. 편도체는 정서반응과 관련이 있다.

**38** 정답 ①

섬유형 유두는 원추형 모양이지만 원추형 유두라 하지 않는다.

**39** 정답 ④

대립신경은 시각과정에 관여한다.

**40** 정답 ②

후각은 시상을 거치지 않는 유일한 감각이다.

컴퓨터용 사인펜만 사용

# 독학학위제 2단계 전공기초과정인정시험 답안지(객관식)

★ 수험생은 수험번호와 응시과목 코드번호를 표기(마킹)한 후 일치여부를 반드시 확인할 것.

전공분야

성명

(1) 2

(2) ① ● ③ ④

수험번호

| 과목코드 | 응시과목 |
|---|---|

교시코드 ① ② ③ ④

## 답안지 작성시 유의사항

1. 답안지는 반드시 컴퓨터용 사인펜을 사용하여 다음 보기와 같이 표기할 것.
   보기 잘된표기: ● 잘못된 표기: ⊗ ⊙ ◑ ◐ ○○
2. 수험번호 (1)에는 아라비아 숫자로 쓰고, (2)에는 "●"와 같이 표기할 것.
3. 과목코드는 뒷면 "과목코드번호"를 보고 해당과목의 코드번호를 찾아 표기하고,
   응시과목란에는 응시과목명을 한글로 기재할 것.
4. 교시코드는 문제지 전면 의 교시를 해당란에 "●"와 같이 표기할 것.
5. 한번 표기한 답은 긁거나 수정액 및 스티커 등 어떠한 방법으로도 고쳐서는
   아니되고, 고친 문항은 "0"점 처리함.

※ 감독관 확인란

(인)

관 리 번 호

(연번)

[이 답안지는 마킹연습용 모의답안지입니다.]

# 독학학위제 2단계 전공기초과정인정시험 답안지(객관식)

★ 수험생은 수험번호와 응시과목 코드번호를 표기(마킹)한 후 을치어부를 반드시 확인할 것.

전공분야

성명

수험번호

| (1) | 2 | | | | | | |

| (2) | ① ② ● ③ ④ | | | | | | |

과목코드

응시과목

교시코드  ① ② ③ ④

| | 1 | ① ② ③ ④ | 21 | ① ② ③ ④ |
| | 2 | ① ② ③ ④ | 22 | ① ② ③ ④ |
| | 3 | ① ② ③ ④ | 23 | ① ② ③ ④ |
| | 4 | ① ② ③ ④ | 24 | ① ② ③ ④ |
| | 5 | ① ② ③ ④ | 25 | ① ② ③ ④ |
| | 6 | ① ② ③ ④ | 26 | ① ② ③ ④ |
| | 7 | ① ② ③ ④ | 27 | ① ② ③ ④ |
| | 8 | ① ② ③ ④ | 28 | ① ② ③ ④ |
| | 9 | ① ② ③ ④ | 29 | ① ② ③ ④ |
| | 10 | ① ② ③ ④ | 30 | ① ② ③ ④ |
| | 11 | ① ② ③ ④ | 31 | ① ② ③ ④ |
| | 12 | ① ② ③ ④ | 32 | ① ② ③ ④ |
| | 13 | ① ② ③ ④ | 33 | ① ② ③ ④ |
| | 14 | ① ② ③ ④ | 34 | ① ② ③ ④ |
| | 15 | ① ② ③ ④ | 35 | ① ② ③ ④ |
| | 16 | ① ② ③ ④ | 36 | ① ② ③ ④ |
| | 17 | ① ② ③ ④ | 37 | ① ② ③ ④ |
| | 18 | ① ② ③ ④ | 38 | ① ② ③ ④ |
| | 19 | ① ② ③ ④ | 39 | ① ② ③ ④ |
| | 20 | ① ② ③ ④ | 40 | ① ② ③ ④ |

과목코드

응시과목

교시코드  ① ② ③ ④

| | 1 | ① ② ③ ④ | 21 | ① ② ③ ④ |
| | 2 | ① ② ③ ④ | 22 | ① ② ③ ④ |
| | 3 | ① ② ③ ④ | 23 | ① ② ③ ④ |
| | 4 | ① ② ③ ④ | 24 | ① ② ③ ④ |
| | 5 | ① ② ③ ④ | 25 | ① ② ③ ④ |
| | 6 | ① ② ③ ④ | 26 | ① ② ③ ④ |
| | 7 | ① ② ③ ④ | 27 | ① ② ③ ④ |
| | 8 | ① ② ③ ④ | 28 | ① ② ③ ④ |
| | 9 | ① ② ③ ④ | 29 | ① ② ③ ④ |
| | 10 | ① ② ③ ④ | 30 | ① ② ③ ④ |
| | 11 | ① ② ③ ④ | 31 | ① ② ③ ④ |
| | 12 | ① ② ③ ④ | 32 | ① ② ③ ④ |
| | 13 | ① ② ③ ④ | 33 | ① ② ③ ④ |
| | 14 | ① ② ③ ④ | 34 | ① ② ③ ④ |
| | 15 | ① ② ③ ④ | 35 | ① ② ③ ④ |
| | 16 | ① ② ③ ④ | 36 | ① ② ③ ④ |
| | 17 | ① ② ③ ④ | 37 | ① ② ③ ④ |
| | 18 | ① ② ③ ④ | 38 | ① ② ③ ④ |
| | 19 | ① ② ③ ④ | 39 | ① ② ③ ④ |
| | 20 | ① ② ③ ④ | 40 | ① ② ③ ④ |

※ 감독관 확인란

(인)

관리번호

(연번)

(응시자수)

## 답안지 작성시 유의사항

1. 답안지는 반드시 컴퓨터용 사인펜을 사용하여 다음 보기와 같이 표기할 것.
   보기  잘 된 표기: ●
   잘못된 표기: ⊘ ⊗ ⊙ ◑ ○●

2. 수험번호 (1)에는 아라비아 숫자로 쓰고, (2)에는 "●"와 같이 표기할 것.

3. 과목코드는 "응시과목" 코드번호를 보고 해당과목의 코드번호를 찾아 표기하고, 응시과목란에는 응시과목명을 한글로 기재할 것.

4. 교시코드는 문제지 전면 의 교시를 해당란에 "●"와 같이 표기할 것.

5. 한번 표기한 답은 답안 긁거나 수정액 및 스티커 등 어떠한 방법으로도 고쳐서는 아니되고, 고친 문항은 "0"점 처리함.

[이 답안지는 마킹연습용 모의답안지입니다.]

# 독학학위제 2단계 전공기초과정인정시험 답안지(객관식)

컴퓨터용 사인펜만 사용

★ 수험생은 수험번호와 응시과목 코드번호를 표기(마킹)한 후 일치여부를 반드시 확인할 것.

전공분야

성명

| 수 | 험 | 번 | 호 |

## 과목코드

교시코드

## 응시과목

| | 1 ① ② ③ ④ | 21 ① ② ③ ④ |
|---|---|---|
| | 2 ① ② ③ ④ | 22 ① ② ③ ④ |
| | 3 ① ② ③ ④ | 23 ① ② ③ ④ |
| | 4 ① ② ③ ④ | 24 ① ② ③ ④ |
| | 5 ① ② ③ ④ | 25 ① ② ③ ④ |
| | 6 ① ② ③ ④ | 26 ① ② ③ ④ |
| | 7 ① ② ③ ④ | 27 ① ② ③ ④ |
| | 8 ① ② ③ ④ | 28 ① ② ③ ④ |
| | 9 ① ② ③ ④ | 29 ① ② ③ ④ |
| | 10 ① ② ③ ④ | 30 ① ② ③ ④ |
| | 11 ① ② ③ ④ | 31 ① ② ③ ④ |
| | 12 ① ② ③ ④ | 32 ① ② ③ ④ |
| | 13 ① ② ③ ④ | 33 ① ② ③ ④ |
| | 14 ① ② ③ ④ | 34 ① ② ③ ④ |
| | 15 ① ② ③ ④ | 35 ① ② ③ ④ |
| | 16 ① ② ③ ④ | 36 ① ② ③ ④ |
| | 17 ① ② ③ ④ | 37 ① ② ③ ④ |
| | 18 ① ② ③ ④ | 38 ① ② ③ ④ |
| | 19 ① ② ③ ④ | 39 ① ② ③ ④ |
| | 20 ① ② ③ ④ | 40 ① ② ③ ④ |

## 답안지 작성시 유의사항

1. 답안지는 반드시 컴퓨터용 사인펜을 사용하여 다음 보기와 같이 표기할 것.
   보기 잘된표기: ●   잘못된표기: ⊘ ⊗ ◑ ○ ◐ ●

2. 수험번호 (1)에는 아라비아 숫자로 쓰고, (2)에는 "●"와 같이 표기할 것.

3. 과목코드는 과목코드번호를 보고 해당과목의 코드번호를 찾아 표기하고,
   응시과목란에는 응시과목명을 한글로 기재할 것.

4. 교시코드는 문제지 전면 의 교시를 해당란에 "●"와 같이 표기할 것.

5. 한번 표기한 답은 긁거나 수정액 및 스티커 등 어떠한 방법으로도 고쳐서는
   아니되고, 고친 문항은 "0"점 처리됨.

[이 답안지는 마킹연습용 모의답안지입니다.]

# 독학학위제 2단계 전공기초과정인정시험 답안지(객관식)

**컴퓨터용 사인펜만 사용**

★ 수험생은 수험번호와 응시과목 코드번호를 표기(마킹)한 후 일치여부를 반드시 확인할 것.

전공분야

성명

| | 수 험 번 호 | | |
|---|---|---|---|
| (1) | 2 | — | ① ● ③ ④ |

(2) 수험번호

응시과목

과목코드

교시코드

## 답안지 작성시 유의사항

1. 답안지는 반드시 컴퓨터용 사인펜을 사용하여 다음 <보기>와 같이 표기할 것.
   <보기> 잘 된 표기: ●   잘못된 표기: ⊘ ⊗ ⊙ ◐ ◑ ●

2. 수험번호 (1)에는 아라비아 숫자로 쓰고, (2)에는 "●"와 같이 표기할 것.

3. 과목코드는 뒷면 "과목코드번호"를 보고 해당과목의 코드번호를 찾아 표기하고,
   응시과목란에는 응시과목명을 한글로 기재할 것.

4. 교시코드는 문제지 전면 의 교시를 해당란에 "●"와 같이 표기할 것.

5. 한번 표기한 답은 긁거나 수정액 및 스티커 등 어떠한 방법으로도 고쳐서는
   아니되고, 고친 문항은 "0"점 처리함.

※ 감독관 확인란

(인)

| 관 리 번 호 | 응 시 자 수 |
|---|---|
| (연번) | |

# 참고문헌

1. 곽호완 외, 『감각 및 지각심리학』, 박학사

2. 박주용 외, 『심리학개론』, 서울대학교출판문화원

3. Bugelski, B. R., & Alampay, D. A. (1961). The Role of Frequency in Developing Perceptual Sets. Canadian Journal of Psychology

4. Regan, D. (1986). Form from motion parallax and form from luminance contrast : vernier discrimination. Spatial vision

5. Hickok, G., & Poeppel, D. (2007). The cortical organization of speech processing. Nature reviews neuroscience

6. https://www.illusionsindex.org/i/ponzo-illusion

여기서 멈출 거예요? 고지가 바로 눈앞에 있어요.
마지막 한 걸음까지 SD에듀가 함께할게요!

# SD에듀 독학사 심리학과 2단계 감각 및 지각심리학

| | |
|---|---|
| 개정1판1쇄 발행 | 2024년 02월 07일 (인쇄 2023년 12월 01일) |
| 초 판 발 행 | 2022년 06월 08일 (인쇄 2022년 04월 28일) |
| 발 행 인 | 박영일 |
| 책 임 편 집 | 이해욱 |
| 편 저 | 권유안 |
| 편 집 진 행 | 송영진 · 양희정 |
| 표 지 디 자 인 | 박종우 |
| 편 집 디 자 인 | 김기화 · 윤준호 |
| 발 행 처 | (주)시대고시기획 |
| 출 판 등 록 | 제 10-1521호 |
| 주 소 | 서울시 마포구 큰우물로 75 [도화동 538 성지 B/D] 9F |
| 전 화 | 1600-3600 |
| 팩 스 | 02-701-8823 |
| 홈 페 이 지 | www.sdedu.co.kr |
| I S B N | 979-11-383-4775-4 (13180) |
| 정 가 | 26,000원 |

# SD에듀 독학사
# 심리학과

_why_

## 왜? 독학사 심리학과인가?

4년제 심리학과 학위를 최소 시간과 비용으로 단 **1년 만에 초고속 취득 가능!**

**1** 독학사 11개 학과 중 가장 최근(2014년)에 신설된 학과

**2** 청소년상담사, 임상심리사 등 심리학 관련 자격증과 연관

**3** 심리치료사, 심리학 관련 언론사, 연구소, 공공기관 등 다양한 분야로 취업 가능

## 심리학과 과정별 시험과목(2~4과정)

1~2과정 교양 및 전공기초과정은 객관식 40문제 구성

3~4과정 전공심화 및 학위취득과정은 객관식 24문제+**주관식 4문제** 구성

※ SD에듀에서 개설된 과목은 굵은 글씨로 표시하였습니다.

| 2과정(전공기초) | 3과정(전공심화) | 4과정(학위취득) |
|---|---|---|
| 감각 및 지각심리학 | 산업 및 조직심리학 | 소비자 및 광고심리학 |
| 동기와 정서 | 상담심리학 | 심리학연구방법론 |
| 발달심리학 | 인지심리학 | 인지신경과학 |
| 사회심리학 | 학교심리학 | 임상심리학 |
| 성격심리학 | 학습심리학 | |
| 이상심리학 | 심리검사 | |
| 생물심리학 | 건강심리학 | |
| 심리통계 | 중독심리학 | |

## SD에듀 심리학과 학습 커리큘럼

기본이론부터 실전문제풀이 훈련까지!

SD에듀가 제시하는 각 과정별 최적화된 커리큘럼에 따라 학습해 보세요.

**STEP 01**
기본이론
핵심이론 분석으로
확실한 개념 이해

**STEP 02**
문제풀이
실제예상문제를 통해
실전문제에 적용

**STEP 03**
모의고사
최종모의고사로
실전 감각 키우기

**STEP 04**
핵심요약
빨리보는 간단한 키워드로
중요 포인트 체크

# 독학사 심리학과 2~4과정 교재 시리즈

독학학위제 공식 평가영역을 100% 반영한 이론과 문제로 구성된 완벽한 최신 기본서 라인업!

**START**

**2과정**

▶ **전공 기본서** [전 6종]
- 감각 및 지각심리학
- 동기와 정서
- 발달심리학
- 사회심리학
- 성격심리학
- 이상심리학

▶ **심리학 벼락치기** [출간 예정]
감각 및 지각심리학+동기와 정서+
발달심리학+사회심리학+
성격심리학+이상심리학

**3과정**

▶ **전공 기본서** [전 6종]
- 산업 및 조직심리학
- 상담심리학
- 인지심리학
- 학교심리학
- 학습심리학
- 심리검사

**4과정**

▶ **전공 기본서** [전 4종]
- 소비자 및 광고심리학
- 심리학연구방법론
- 인지신경과학
- 임상심리학

**GOAL!**

※ 표지 이미지 및 구성은 변경될 수 있습니다.

➕ **독학사 전문컨설턴트가 개인별 맞춤형 학습플랜을 제공해 드립니다.**

SD에듀 홈페이지 **www.sdedu.co.kr**   상담문의 **1600-3600**   평일 9~18시 / 토요일·공휴일 휴무